Zentrale Institutionen des deutschen Urheberrechts
und des französischen Droit d'auteur
auf dem Prüfstand der elektronischen Netzwerke

Saarbrücker Studien
zum Privat- und Wirtschaftsrecht

Herausgegeben von Johann Paul Bauer,
Michael Martinek (geschäftsführender Herausgeber)
und Helmut Rüßmann

Band 23

PETER LANG
Frankfurt am Main · Berlin · Bern · Bruxelles · New York · Oxford · Wien

Michael Fröhlich

Zentrale Institutionen des deutschen Urheberrechts und des französischen Droit d'auteur auf dem Prüfstand der elektronischen Netzwerke

PETER LANG
Europäischer Verlag der Wissenschaften

Die Deutsche Bibliothek - CIP-Einheitsaufnahme

Fröhlich, Michael:

Zentrale Institutionen des deutschen Urheberrechts und des französischen Droit d'auteur auf dem Prüfstand der elektronischen Netzwerke / Michael Fröhlich. - Frankfurt am Main ; Berlin ; Bern ; Bruxelles ; New York ; Oxford ; Wien : Lang, 2001

(Saarbrücker Studien zum Privat- und Wirtschaftsrecht ; Bd. 23)
Zugl.: Saarbrücken, Univ., Diss., 2000
ISBN 3-631-37538-7

D 291
ISSN 1433-8866
ISBN 3-631-37538-7

Saarbrücker Studien zum Privat- und Wirtschaftsrecht

herausgegeben von
Prof. Dr. Johann Paul Bauer
Prof. Dr. Dr. Michael Martinek
Prof. Dr. Helmut Rüßmann

Die Schriftenreihe "Saarbrücker Studien zum Privat- und Wirtschaftsrecht" bildet in erster Linie ein Forum für rechtswissenschaftliche Doktorarbeiten der Universität des Saarlandes auf zwei juristischen Schwerpunktgebieten. Zum einen sollen Dissertationen im klassischen Privatrecht, vor allem im bürgerlichen Vermögensrecht der ersten drei Bücher des BGB und ihrer Nebengesetze vorgestellt werden. Zum anderen findet das Wirtschaftsrecht im Sinne des Wirtschaftsprivatrechts besondere Berücksichtigung, womit namentlich die Gebiete des Handelsrechts einschließlich des Bilanzrechts, des Personen- und Kapitalgesellschaftsrechts einschließlich des Konzernrechts, des Gewerblichen Rechtsschutzes sowie des Wettbewerbs- und Kartellrechts bezeichnet sind. Es versteht sich, daß nicht nur rechtsdogmatische Studien, sondern auch rechtstatsächlich, rechtspolitisch oder interdisziplinär angelegte Arbeiten in die Schriftenreihe Aufnahme finden. Denn die Rechts- und Wirtschaftswissenschaftliche Fakultät der Universität des Saarlandes vereinigt unter *einem* Dach die Fachbereiche Rechtswissenschaft und Wirtschaftswissenschaft und regt damit Studenten und Hochschullehrer in besonderer Weise zu fachübergreifender Lehre und Forschung an. Die Schriftenreihe steht aber nicht nur sehr guten und ausgezeichneten Dissertationen, sondern auch anderen "Studien" zu privat- und wirtschaftsrechtlichen Themen offen, bis hin zu Materialien und Skripten des akademischen Unterrichts. Die drei Herausgeber, die zugleich stellvertretend für ihre anderen Saarbrücker Fakultätskollegen des Privat- und Wirtschaftsrechts handeln, verbinden mit den "Saarbrücker Studien zum Privat- und Wirtschaftsrecht" den Wunsch, daß die hier veröffentlichten Arbeiten die verdiente Resonanz in der breiteren juristischen Fachöffentlichkeit finden.

Meinen Eltern
in Dankbarkeit gewidmet ...

Vorwort

Das Urheberrecht hat sich in den letzten Jahren zu einem wirtschaftlich höchst bedeutsamen und schnell wachsendem Rechtsgebiet entwickelt. Auch im anbrechenden Informationszeitalter spielt das Urheberrecht eine Schlüsselrolle, wenn es darum geht, bei Inhalten Kreativität zu fördern und damit den elektronischen Geschäftsverkehr in den globalen Datennetzen erst möglich zu machen. Bei dem Urheberrecht handelt es sich daher um einen tragenden Stützpfeiler der Informationsgesellschaft. Die vorliegende Schrift, die auf meiner an der Universität des Saarlandes eingereichten Dissertation beruht und dessen Ausarbeitung im August 2000 abgeschlossen wurde, soll in übersichtlicher Darstellung eine umfassende Betrachtung der zentralen Institutionen des Urheberrechts im Hinblick auf die Besonderheiten der elektronischen Netzwerke wiedergeben. Hierbei sollen insbesondere auch dem technisch weniger versierten Leser die Zusammenhänge der technischen Vorgänge und die urheberrechtliche Würdigung auf verständliche Art und Weise näher gebracht werden.

Mein besonderer Dank gilt Herrn Prof. Dr. Dr. Michael Martinek, M.C.J. für seine umsichtige Betreuung und wertvolle Unterstützung. Darüber hinaus habe ich auch Prof. Dr. Dr. h.c. Michel Vivant zu danken, der mir den besonderen Reiz des Urheberrechts erst näher brachte sowie allen Personen, die mir bei der Erstellung meiner Dissertation bereitwillig Auskunft gegeben haben. Prof. Dr. Maximilian Herberger zeichnete für das Zweitgutachten verantwortlich. Auch ihm gebührt insoweit Dank.

Vor allen anderen bin ich jedoch meinen Eltern für ihre Geduld und finanzielle Unterstützung zu Dank verpflichtet. Als bescheidenes Zeichen dieses Dankes ist ihnen dieses Buch gewidmet. Besonderer Dank gebührt auch meiner Freundin für ihre einzigartige Großzügigkeit und ihre liebevolle und unermüdliche Fürsorge. Schließlich ist es mir auch noch ein besonderes Anliegen mich bei meinen Freunden für ihre Hilfe und moralische Unterstützung bei der Erstellung meiner Dissertation und meines ersten Buches zu bedanken.

Berlin, im September 2000

Michael Fröhlich

Inhalt

DRITTES KAPITEL: DAS URHEBERPERSÖNLICHKEITSRECHT

VIERTES KAPITEL: DIE VERWERTUNGSRECHTE DER URHEBER

FÜNFTES KAPITEL: DIE SCHRANKEN DES URHEBERRECHTS

SECHSTES KAPITEL: DIE INTERNATIONALE DIMENSION

SCHLUSS: ZUSAMMENFASSUNG IN THESEN

Abkürzungsverzeichnis

a.A.	Anderer Ansicht
ABl.	Amtsblatt
Abs.	Absatz
aff.	Affaire
AfP	Archiv für Presserecht
AGB	Allgemeine Geschäftsbedingungen
al.	Alinéa
amtl.	Amtlich
Anh.	Anhang
Arr.	Arrêté
Art.	Artikel / Article
Aufl.	Auflage
AZ	Aktenzeichen
Bd.	Band
BGB	Bürgerliches Gesetzbuch vom 18. August 1896
BGBl.	Bundesgesetzblatt
BGH	Bundesgerichtshof
BGHZ	Entscheidungen des Bundesgerichtshofs in Zivilsachen
BMJ	Bundesministerium der Justiz
BT-Drucks.	Bundestags-Drucksache
bzw.	Beziehungsweise
C. cass.	Cour de cassation
C. civ.	Code civil
C.A.	Copyright Act
c/	Contre
CA	Cour d'appel
Cass. 1re civ.	Arrêt de la première Chambre civile de la Cour de cassation
CE	Conseil d'Etat
Chron.	Chronique
Civ.	Arrêt d'une chambre civile de la Cour de cassation
CPI	Code de la propriété intellectuelle
CR	Computer und Recht
D.	Recueil Dalloz
d.h.	Das heißt
ders.	Derselbe
EG	Europäische Gemeinschaften
EGBGB	Einführungsgesetz zum Bürgerlichen Gesetzbuche vom 18. August 1896
EIPR	European Intellectual Property Review

endg.	Endgültig
EU	Europäische Gemeinschaften
EuGH	Europäischer Gerichtshof
EuGVÜ	Brüsseler EWG-Übereinkommen über die gerichtliche Zuständigkeit und die Vollstreckung gerichtlicher Entscheidungen in Zivil- und Handelssachen vom 27. September 1968
EVÜ	Römisches EWG-Übereinkommens über das auf vertragliche Schuldverhältnisse anzuwendende Recht vom 19. Juni 1980
EWG	Europäische Wirtschaftsgemeinschaft
EWR	Europäischer Wirtschaftsraum
F.A.Z.	Frankfurter Allgemeine Zeitung
ff.	Fortfolgende
FGG	Gesetz über die Angelegenheiten der freiwilligen Gerichtsbarkeit vom 17. Mai 1898
GATT	General Agreement on Tarifs and Trade
Gaz. Pal.	Gazette du Palais
gem.	Gemäß
GG	Grundgesetz für die Bundesrepublik Deutschland vom 23. Mai 1949
GRUR	Gewerblicher Rechtsschutz und Urheberrecht
GRUR Int.	Gewerblicher Rechtsschutz und Urheberrecht – Internationaler Teil
h.M.	Herrschende Meinung
Hrsg.	Herausgeber
i.d.F.	In der Fassung
i.d.R.	In der Regel
i.e.S.	Im engeren Sinn
i.S.	Im Sinne
i.V.m.	In Verbindung mit
i.w.S.	Im weiteren Sinn
ISOC	Internet Society
IuKDG	Gesetz zur Regelung der Rahmenbedingungen für Informations- und Kommunikationsdienste vom 22. Juli 1997
JCP	Juris-classeur périodique (La Semaine juridique)
JO	Journal officiel de la République française
KG	Kammergericht
KOM	Kommission der Europäischen Gemeinschaft
L.	Loi
LG	Landgericht
LGVÜ	Luganer Übereinkommen über die gerichtliche Zuständigkeit und die Vollstreckung gerichtlicher Entscheidungen in Zivil- und Handelssachen vom 16. September 1988

lit.	Litera (=Buchstabe)
LUG	Gesetz betreffend das Urheberrecht an Werken der Literatur und der Tonkunst vom 19. Juni 1901
m.w.N.	Mit weiteren Nachweisen
MarkenG	Gesetz über den Schutz von Marken und sonstigen Kennzeichen vom 25. Oktober 1994
MMR	Multimedia und Recht
NCPC	Nouveau code de procédure civile
NJW	Neue Juristische Wochenschrift
NJW-CoR	Neue Juristische Wochenschrift – Computerreport
OGH	Oberster Gerichtshof (Österreich)
OLG	Oberlandesgericht
OMC	Organisation mondiale du commerce
OMPI	Organisation mondiale de la propriété intellectuelle
p.	Page
Préc.	Précité
RA	Internationales Abkommen über den Schutz der ausübenden Künstler, der Hersteller von Tonträgern und der Sendeunternehmer (Rom-Abkommen) vom 26.10.1961
RBÜ	Berner Übereinkunft zum Schutz von Werken der Literatur und Kunst vom 9. September 1886 (Pariser Fassung)
Réf.	Référé
RG	Reichsgericht
RGBl.	Reichsgesetzblatt
RGZ	Entscheidungen des Reichsgerichts in Zivilsachen
RIDA	Revue internationale du droit d'auteur
RL	Richtlinie
Rspr.	Rechtsprechung
S.	Seite
s.	Siehe
s.o.	Siehe oben
sog.	Sogenannte
ss.	Sous
SZ	Süddeutsche Zeitung
TGI	Tribunal de grande instance
u.a.	Unter anderem
UFITA	Archiv für Urheber-, Film-, Funk- und Theaterrecht
UrhG	Gesetz über das Urheberrecht und verwandte Schutzrechte vom 9. September 1965 (Urheberrechtsgesetz)
UWG	Gesetz gegen den unlauteren Wettbewerb vom 7. Juni 1909

v.	Vom
vgl.	Vergleiche
WCT	WIPO Copyright Treaty vom 20.12.1996
WIPO	World Intellectual Property Organization
WPPT	WIPO Performance and Phonograms Treaty vom 20.12.1996
WTO	World Trade Organisation
WUA	Welturheberrechtsabkommen (Pariser Fassung) vom 6. September 1952
z.B.	Zum Beispiel
ZPO	Zivilprozessordnung vom 30. Januar 1877 in der Fassung vom 12. September 1950, BGBl. S. 533.
ZUM	Zeitschrift für Urheber- und Medienrecht

„La loi est une règle faite pour toujours, mais afin de rester vivante, elle doit sans cesse évoluer.“

Jean Cruet, La vie du droit, p. 301

Einleitung: Technik und Urheberrecht

"Das Urheberrecht ist ... ein Weltrecht und kann nur rechtsvergleichend behandelt werden."

Josef Kohler, Urheberrecht an Schriftwerken und Verlagsrecht, 1907 (zit. bei Schack, Urheber- und Urhebervertragsrecht, S. V)

Mit der Entwicklung internationaler Datennetze, die inzwischen als sogenannte „Datenautobahnen" oder „digitale Superhighways" bekannt sind, nimmt die Informationsgesellschaft immer mehr Gestalt an. Der Weg hin zur Informationsgesellschaft ist für den Staat, die Unternehmen und auch die Bevölkerung ein Ziel, um sich auch auf längere Sicht im weltweiten Wettbewerb behaupten zu können.[1]

Im Jahr 1969 waren erst vier Host-Computer miteinander vernetzt. Drei Jahre später, im Jahr 1972, belief sich die Zahl vernetzter Computer aber bereits schon auf über fünfzig. Allerdings blieb die Wachstumsrate in den nächsten neun Jahren, mit 163 neuen Netzrechnern relativ gering. Erst mit der Entwicklung leistungsfähigerer Computer und Software nahm die Vernetzung sprunghaft zu.[2] Mit der Anzahl der Netzrechner stieg dann auch die der Nutzer. Im Jahr 1989 belief sich deren Anzahl gerade einmal auf 1,3 Mio.. Diese Zahl stieg dann aber von 26,1 Mio. im Jahr 1994 über 68,2 Mio. im Jahr 1996 auf 147 Mio. im Jahr 1998. Für das Jahr 2000 wird mit einer weltweiten Nutzung der Datennetze von über 200 Mio. Personen gerechnet.[3] Diese exponentielle Entwicklung erscheint um so bemerkenswerter, als es gerade einmal fünfzig Jahre her ist, dass an der Universität von Pennsylvania die erste elektronische Rechenanlage (ENIAC) gebaut wurde, welche seinerzeit mit ihren 18000 Vakuumröhren eine riesige Fabrikhalle füllte und bei einer Betriebstemperatur von ungefähr 120°C lief.

Diese grundlegende technische Entwicklung nährt Spekulationen über Zukunftsmodelle. Es ist in diesen Tagen häufig davon die Rede, dass die Erschließung der elektronischen Netzwerke der Anfang einer digitalen Ära sei, welche das alltägliche Leben und auch die Arbeitswelt von Grund auf umgestalten wird.

---

1 Vgl. *Enquête-Kommission*, Zukunft der Medien in Wirtschaft und Gesellschaft - Deutschlands Weg in die Informationsgesellschaft, öffentliche Anhörung am 27.01.1997, Protokoll Nr.20, S. 5.

2 Vgl. *Der Spiegel* 32/1994, S. 152.

3 *Der Spiegel* 39/1998, S. 157.

Die Vernetzung und der freie Zugang zur Information, so wird gemutmaßt, bringe tiefgreifende soziologische Veränderungen mit sich.[4] Die anbrechende digitale Ära der elektronischen Netzwerke wird daher bereits schon heute vereinzelt als die dritte große Revolution der Menschheit nach der Erfindung des Buchdrucks und der Industrialisierung bezeichnet. In der Tat könnte die Entwicklung der Datennetze geeignet sein unser Leben zu revolutionieren, wie es der Buchdruck seinerzeit im europäischen Mittelalter tat. Damals wurde die Wissensverbreitung ermöglicht und das Ende des Kirchenmonopols und deren Machtverfall eingeläutet. Auch Parallelen zur industriellen Revolution, welche am Ende des letzten Jahrhunderts die Landflucht und die Denaturierung der Arbeit bei gleichzeitiger Erhöhung des Lebensstandards zur Folge hatte, sind durchaus denkbar. Indes besteht bei der Erstellung von Entwicklungsprognosen neuer Techniken stets die Gefahr einer Überbewertung der Kurzzeiteffekte unter gleichzeitiger Vernachlässigung der Langzeiteffekte.[5] Dieses Phänomen ist auch als „Larnier-Paradoxum" bekannt.[6] Daher ist daher eher anzunehmen, dass „das Potential neuer technischer Entwicklungen bei aller Sorgfalt niemals restlos erkannt werden"[7] kann.

Auf ökonomischer Ebene werden jedoch bereits schon heute konkrete Veränderungen, welche durch die Informations- und Kommunikationstechnik ausgelöst wurden, bemerkt.[8] Die Entwicklung der elektronischen Netzwerke hat das verstärkte Interesse der Wirtschaft geweckt. In den USA wurde etwa bereits 1995 ein Umsatz von über drei Milliarden US-Dollar in den elektronischen Netzwerken erzielt.[9] Allein der Internetmarkt wurde 1996 auf über 40 Milliarden US-Dollar geschätzt.[10] Ein neuer, sehr rasch wachsender Wirtschaftssektor ist im Entstehen, ohne welchen es keine dauerhafte wirtschaftlich und ökologische Entwicklung geben kann.[11] Um Investitionshindernisse für diese neuen Informa-

---

4 Eingehend hierzu *Rehbinder* in: *Hilty*, Information Highway, Soziologisches zum Information Highway S. 87-115.

5 Vgl. hierzu u.a. *Salmony* in: *Lehmann*, Cyberlaw, S. 4 Tab.1: Modelle für Zukunftsformen von Elektronischen Medien: von Chance bis Illusion; *Hilty* in: *Hilty*, Information Highway, S. 23f.; *Der Spiegel* 13/1998, S. 124ff.

6 Siehe hierzu auch *Rehbinder* in: *Hilty*, Information Highway, Soziologisches zum Information Highway S. 114f.

7 *Rüttgers*, CR 1996, 51, 52.

8 Siehe hierzu auch *Schmid* in: *Hilty*, Information Highway, Der Information Highway als Infrastruktur, S. 65-86.

9 *Süddeutsche Zeitung* vom 11. November 1995, S. 34.

10 *Clinton, Gore*, A framework for global electronic commerce, S. 2.

11 *Rüttgers* CR 1996, 51, 52; Enquête-Kommission, Zukunft der Medien in Wirtschaft und Gesellschaft - Deutschlands Weg in die Informationsgesellschaft, öffentliche Anhörung am 27.01.1997, Protokoll Nr.20, S. 5.

tions- und Kommunikationsdienste zu beseitigen und Wettbewerbsfähigkeit zu demonstrieren, bedarf es aber verlässlicher Rahmenbedingungen, die geeignet sind, die wirtschaftliche Entfaltung zu garantieren.

Dem Urheberrecht kommt hierbei eine enorme Bedeutung zu. Das Urheberrecht ist ein wichtiges Instrument der kulturellen und wirtschaftlichen Steuerung. Es dient dem Schutz der schöpferischen Persönlichkeit und stellt die Rechtsgrundlage der wirtschaftlichen Verwertung eines Werkes dar. Hierbei nimmt die wirtschaftliche und rechtliche Bedeutung des Immaterialgüterrechts in dem Umfang zu, in dem eine Verschiebung des Handels vom Land- beziehungsweise Seetransport von Waren - also von materiellen Atomen - hin zu einem Markt der Datenübermittlung - also der Immaterialität - festzustellen ist. Bereits heute machen die Waren und Dienstleistungen im Bereich des Urheberrechts in der Europäischen Gemeinschaft etwa 5 - 7 % des Bruttoinlandproduktes[12] aus und haben, nicht zuletzt aufgrund der steigenden Nachfrage an Netzwerktechniken und -produkten, eine geschätzte Wachstumsrate von über 16 % in den nächsten Jahren.[13]

Es wird zum Teil jedoch darauf hingewiesen, dass das Urheberrecht als Mittel benutzt wird, um die Entwicklung neuer Technologien zu verhindern und Investitionen zu hemmen. In diesem Zusammenhang ist häufig von sogenannten „Urhebermaximalisten“ und „Copyrightfundamentalisten“[14] die Rede. Hierbei wird jedoch verkannt, dass es sich bei dem Schutz des geistigen Eigentums, um die Voraussetzung jeglicher Kreativität handelt und zwar auch auf dem Gebiet der neuen Technologien.[15] Die Informationsgesellschaft soll eine informierte Gesellschaft werden. Hierfür brauchen die elektronischen Medien aber auch attraktive und schöpferisch anspruchsvolle Produkte. Anderenfalls ist nämlich zu erwarten, dass die Endverbraucher das Angebot nicht annehmen und die Investitionen unrentabel sein werden[16]. Die neuen wirtschaftlichen Impulse im digitalen Umfeld der Netzwerke sind daher vor allem auf die Urheber zurückzuführen. Ihre kreativen Schöpfungen sind es, die verwertet werden sollen. Auf ihren immateriellen Werken soll die Informationsgesellschaft beruhen. Die Aussage Marshall McLuhans: „The medium is the message“[17] trifft mithin im digitalen

12 Siehe Initiativen zum Grünbuch, KOM (96) 568endg., S.6.

13 Vgl. Weißbuch der Europäischen Kommission, 1994, S. 107.

14 *Weber*, *Zauner*, NZZ Folio 10/1997 [http://www-x.nzz.ch/folio/archiv/1997/10/articles/weberzauner.html].

15 Vgl. *Becker*, ZUM 1995, 231, 236.

16 *Clinton*, *Gore*, A framework for global electronic commerce, S. 9; *Rüttgers* CR 1996, 51, 52.

17 *Mc Luhan*, Pour comprendre les média, Les prolongements technologiques de l'homme, S. 25f.

Umfeld der elektronischen Netzwerke nicht zu, da es ohne einen Schutz der Urheber überhaupt keine „message" geben würde oder - um es anders auszudrücken - ohne die „Kreativität ... der Urheber ... würde es für die elektronischen Medien gerade einmal zum Testbild reichen"[18].

Will man also vermeiden, dass die digitalen Superhighways sich in leere Geisterbahnen verwandeln[19], so gilt es darauf zu achten, dass der Aufbruch ins Informationszeitalter nicht zu Lasten der Urheber geht.[20] In der Erklärung der Europäische Ministerkonferenz „Globale Informationsnetze: Die Chancen nutzen" wurde sodann auch festgestellt, dass „das Urheberrecht eine Schlüsselrolle spielt, wenn es darum geht, bei Inhalten Kreativität zu fördern und die kritische Masse zu erreichen sowie den elektronischen Geschäftsverkehr in den globalen Informationsnetzen möglich zu machen."[21] Das Urheberrecht erscheint in der neuen Informationsordnung mithin keineswegs entwicklungshemmend und investitionsfeindlich, sondern garantiert vielmehr erst, dass es überhaupt etwas zu verwerten gibt.

Vereinzelt wird dem Urheberrecht aber trotzdem oder vielleicht gerade wegen dieser Erkenntnis, die Existenzberechtigung im Informationszeitalter abgesprochen. Das Urheberrecht wird mitunter als ein lästiges Relikt der analogen Zeit angesehen, welches nunmehr dem Tode geweiht sein soll. Der Digital- und Netzwerkpapst Nicolas Negroponte vertritt etwa die Auffassung, dass das Urheberrecht beziehungsweise das Copyright veraltet und in der digitalen Welt der Netzwerke dem Zusammenbruch geweiht ist, bevor es noch den neuen technischen Gegebenheiten angepasst werden kann: *„Copyright law is totally out of date. It is a Gutenberg artifact. Since it is a reactive process, it will probably have to break down completely before it is corrected."*[22]

Dieser Ansicht widerspricht jedoch schon die Geschichte des Urheberrechts, dessen Entstehung und Wachsen eine Folge technischer Entwicklungen ist:[23] Die Antike kannte noch kein Urheberrecht.[24] Für den Künstler kam es da-

---

18 *Herzog*, JurPC Web-Dok. 155/1998, Abs. 6 [http://rw22big3.jura.uni-sb.de/jurpc/aufsatz/19980155.htm].

19 *Kreile, Becker*, GRUR Int. 1994, 901, 904.

20 *Leutheusser-Schnarrenberger*, ZUM 1996, 631, 632; i.d.S. auch *Herzog*, JurPC Web-Dok. 155/1998, Abs. 7 [http://rw22big3.jura.uni-sb.de/jurpc/aufsatz/19980155.htm].

21 *Europäische Ministerkonferenz* „Globale Informationsnetze: Die Chancen nutzen", 6. bis 8. Juli 1997 in Bonn [http://www2.echo.lu/bonn/finalde.html].

22 *Negroponte*, Being digital, S. 58.

23 In diesem Sinne auch *Schricker (Schricker)*, Einleitung Rn 1.

24 Siehe zum Urheberrecht in der Antike insbes. *Visky*, Geistiges Eigentum im Antiken Rom, UFITA 106 (1987) 17-40.

mals hauptsächlich auf die Verbreitung seines Ruhmes an, wozu unter anderem die Vervielfältigung seiner Werke dienlich war. Für sein Werk erhielt er allenfalls ein Geschenk von einem Mäzen. Das Übel zu dieser Zeit wurde in dem geistigen Diebstahl erblickt. Der römische Dichter Marcus Valerius Martialis (42-104 n.Chr.) verglich seine Epigramme etwa mit freigelassenen Sklaven und bezeichnete Fidentinus, der Martialis Gedichte als seine eigenen ausgegeben hatte, als Menschenräuber (plagiarius).[25] Auch bis zum ausgehenden Mittelalter änderte sich daran im Wesentlichen nichts: Die Künstler arbeiteten aus religiösen und wirtschaftlichen Gründen nicht gewerbsmäßig und wurden in Klöstern oder in Handwerkszünften abgesichert. Ein Schutz gegen Abschriften gab es nicht. Ein solcher war auch nicht unbedingt notwendig, da überwiegend antike Autoren kopiert wurden und die zeitgenössischen Urheber kaum betroffen waren. Gefürchtet waren hingegen Werkentstellungen, gegen die der Urheber machtlos war. Zur Verhinderung solcher Werkentstellungen bleiben den Urhebern nur die Bücherflüche. In seiner berühmten Vorrede zum Sachsenspiegel wünschte etwa Eike von Repgow um 1230 all denjenigen Aussatz und Hölle an den Hals, die sein Buch verfälschen.[26]

Erst im 15. Jahrhundert, als die einschneidenden technischen Entwicklungen des Buchdrucks, des Kupferstichs und der Holzschneidekunst fortan einen einfacheren und müheloseren Nachdruck, größere Auflagen und nicht zuletzt auch eine gesteigerte wirtschaftliche Nutzung der Werke ermöglichten, entstand ein dringliches Bedürfnis nach einem wirksamen rechtlichen Schutz gegen den Nachdruck. Dennoch dauerte es noch einige Jahrhunderte bis die ersten Gesetze zum Schutz des geistigen Eigentums erschaffen wurden. Erstmals fand das Urheberrecht seinen Ausdruck in den französischen Gesetzen vom 19. Januar 1791 und vom 19. Juli 1793. Le Chapellier merkte mit Zuhilfenahme einer Plädoyrie des Anwaltes Cochu von 1777 in seinem Bericht zur Loi de 1791 an: „*que la plus sacrée, la plus personnelle de toutes les propriétés est l'ouvrage, fruit de la pensée d'un écrivain*“[27]. Auch Lakanal äußert in seinem Bericht zur Loi de 1793 nichts anderes als Le Chapellier, wenn er meint, dass „*de toutes les propriétés, la moins susceptible de contestation, c'est sans contredire celle des productions du génie; et que quelque chose doit étonner, c'est qu'il eut fallut reconnaître cette propriété, assurer son exercice par une loi positive*“.[28]

In Deutschland ergingen die ersten Bestimmungen über den Büchernachdruck und den Verlagsvertrag 1794 im Allgemeinen Landrecht für die preußi-

---

25 Vgl. *Rehbinder*, Urheberrecht, S. 19.

26 Siehe hierzu *Müller*, Eyke von Repgow als Urheber, UFITA 10 (1937), 382-422.

27 Zitiert bei *Bertrand*, Le droit d'auteur, S. 47.

28 Zitiert bei *Colombet*, Propriéte littéraire et artistique et droits voisins, S. 5.

schen Staaten. Diese waren jedoch - im Gegensatz zu ihrem französischen Pendant - ganz auf den Verleger ausgerichtet. Das erste deutsche Urheberrechtsgesetz erging am 11.06.1870[29] und wurde durch drei weitere Gesetzesinitiativen[30] ergänzt. Die 1901 und 1907 erlassenen deutschen Urheberrechtsgesetze (LUG[31], KUG[32]) waren der nächste legislative Schritt. Sie blieben jedoch schon von Anbeginn ihrer Entstehung hinter der Entwicklung der Technik zurück: Der aufgeführte Katalog der Ausschließlichkeitsrechte konnte zu seiner Zeit die später wirtschaftlich stark ins Gewicht fallenden Techniken, wie etwa den Film, die Schallplatte, das Tonband, den Rundfunk usw. noch nicht berücksichtigen. Ein Einschreiten des Gesetzgebers während des 60jährigen Bestehens des LUG und des KUG fand jedoch nur in geringem Maße statt. Es blieb damit weitgehend der Rechtsprechung überlassen die veralteten, aus der Jahrhundertwende stammenden Vorschriften mit dem Fortschritt der Technik in Einklang zu bringen. Dies geschah in mehreren bekannten Entscheidungen, wie etwa für den Rundfunk in der Entscheidung des Reichsgerichts[33] aus dem Jahre 1926 „Der Tor und der Tod" oder 1936, als das Reichsgericht darüber zu befinden hatte, ob die Wiedergabe von Schallplatten über den Rundfunk einer Genehmigung des Urhebers bedarf[34]. Schließlich übernahm der BGH in den fünfziger Jahren die Auseinandersetzung mit den technischen Neuerungen des elektrischen Lautsprecherverfahrens[35], des Magnettonbandes[36] und der fotomechanischen Vervielfältigung[37]. Im Laufe der Jahre war aber eine gründliche Urheberrechtsreform zur Anpassung des Urheberrechts an die technische Entwicklung des 20. Jahrhunderts dringend notwendig geworden. Es galt schließlich auch die auf der Revisionskonferenz der Berner Übereinkunft zum Schutz von Werken der Literatur und Kunst 1948 in Brüssel erzielten Ergebnisse umzusetzen. Die Reformdiskussionen mündeten dann in dem Gesetz vom 09.09.1965 über das Urheberrecht

---

29 Gesetz vom 11.06.1870 betreffend das Urheberrecht an Schriftwerken, Abbildungen, musikalischen Kompositionen und dramatischen Werken.

30 Gesetz vom 09.01.1876 betreffend das Urheberrecht an Werken der bildenden Künste, RGBl. 1876, S.4; Gesetz vom 10.01.1876 betreffend den Schutz der Photographien gegen unbefugte Nachbildungen, RGBl. 1876, S. 8; Gesetz vom 11.01.1876 betreffend das Urheberrecht an Mustern und Modellen (GeschmMG), RGBl. 1876, S. 11.

31 Gesetz vom 19.06.1901 betreffend das Urheberrecht an Werken der Literatur und der Tonkunst (LUG), RGBl. S.227.

32 Gesetz vom 09.01.1907 betreffend das Urheberrecht an Werken der bildenden Künste und der Photographie (KUG), RGBl. S. 7.

33 *RG 12.05.1926,* RGZ 113, 413 ff. - Der Tor und der Tod.

34 RGZ 153, 1 ff. - Schallplatten und Rundfunk.

35 *BGH 06.11.1953*, BGHZ 11, 135ff. – Schallplatten-Lautsprecherübertragung..

36 *BGH 18.05.1955*, BGHZ 17, 266 ff. – Tonband/Grundig-Reporter.

37 *BGH 24.06.1955*, BGHZ 18, 44ff - Fotokopie.

und verwandte Schutzrechte[38], dessen Entwicklung ebenfalls stark von den technischen Neuerungen beeinflusst wurde.[39]

Den prägenden Einfluss, den einige grundlegende technische Entwicklungen der letzten 100 Jahre auf die Entwicklung des Urheberrechts hatten soll in der folgende Schautafel noch einmal verdeutlicht werden.

TECHN. NEUERUNG	AUSWIRKUNG	URHEBER-RECHTLICHE EINORDNUNG	URHEBER-RECHTLICHE VORSCHRIFT
Computer	Automatische Informationsverarbeitung, Speicherung und automatische Wiederauffindung von Informationen	*Neue Verwertungsart und neue Werkart*	*§ 2 II Nr.1 UrhG, §§ 69a-g UrhG, (RL 91/250/EWG)*
Datenbanken	Schnelle Recherche, einfache Verwaltung einer großen Menge von Daten	*Neue Verwertungsform*	*§§ 87a-e UrhG, (Richtlinie 96/9/EG)*
Film	Projektion bewegter Bilder, Lichtspieltheater, theaterähnliche Unterhaltung für viele	*Neue Werkart*	*Art. 14 RBÜ, § 12 II LitUrhG, §§ 88ff. UrhG*
Fernsehen	Drahtlose Übermittlung von Bild und Ton an eine Vielzahl Empfänger, aktuelle Berichterstattung	*Neue Verwertungsart*	*Art. 11bis RBÜ, §§ 15, 20 UrhG*
Magnetische Aufzeichnung	Löschbare Speicherung von Ton- und Bildsignalen, schnelle und billige Vervielfältigung	*Neue Verwertungsart*	*Art. 13 RBÜ, §§ 16 II, 21 UrhG*

38 Gesetz über das Urheberrecht und verwandte Schutzrechte (Urheberrechtsgesetz) vom 09.09.1965, BGBl. I S. 1273.

39 Vgl. nur die Urheberrechtsnovelle von 1985 und hierzu *Krause*, GRUR, 1986, 789 ff.

Nachrichten-Satellit		
Grenzüberschreitende Rundfunk- und Fernsehsendungen	*Erweiterte Verwertung*	*Richtlinie 93/83/EWG*
Photographie		
Bildaufzeichnung, Bildberichterstattung	*Neue Werkart*	*Art. 3 RBÜ, §§ 1, 3 KunstschG*
Schallplatte		
Ton- und Sprachaufzeichnung, Verbreitung von Musik, private Aufführung von Musik	*Neue Verwertungsform*	*Art. 13 RBÜ, § 12 II LitUrhG, §§ 85, 86 UrhG*
Radiorecorder		
Privates Aufzeichnen sowie Überspielen solcher Aufzeichnungen	*Neue Vervielfältigungsart*	*§§ 53, 54 UrhG*
Rundfunk		
Drahtlose Informationsübermittlung an eine Vielzahl Empfänger, Propagandamedium, unmittelbare Berichterstattung	*Neue Verwertungsart*	*Art. 11bis RBÜ, §§ 15, 20 UrhG*
Videorecorder		
Privates Aufzeichnen sowie Überspielen von Videoaufzeichnungen	*Neue Vervielfältigungsart*	*§§ 53, 54 UrhG*
Xerographie		
Kopieren von Druckschriften, einfach, schnell und billig	*Neue Vervielfältigungsart*	*§§ 53, 54 UrhG*

Abb. 1: Technik und Urheberrecht
Quelle: Eigene Darstellung in Anlehnung an Kindermann, ZUM 1987, 219, 222

Das Urheberrecht ist mithin eine Folge technischer Entwicklungen und die technische Entwicklung spielte bei jedem Urheberrechtsgesetz eine wichtige Rolle. Jede bedeutsame technische Entwicklung und der daraus entstandene freie Informationsfluss, brachten Probleme bei der Wahrung der Interessen der Beteiligten mit sich.[40] Dennoch hat das Urheberrecht in der Vergangenheit stets seine Wandlungs- und Anpassungsfähigkeit an diese technischen Neuerungen unter Beweis gestellt. Es ist gewissermaßen das verbindende Glied zwischen

---

40 *Kindermann*, ZUM 1987, 219, 220.

Recht und Technik[41] und entspricht dem Bedürfnis einer eigentumsähnlichen Güterordnung.[42] Ohne etwas vorwegzunehmen kann daher bereits jetzt schon gesagt werden, dass auch diese neue technische Entwicklung im Informations- und Kommunikationsmarkt nicht zu einem Zusammenbruch des Urheberrechts führen wird. Vielmehr ist aufgrund der soeben geschilderten Plastizität des Urheberrechts auch im digitalen Umfeld der elektronischen Netzwerke eher mit einer natürlichen, legitimen Evolution, denn mit einer Revolution zu rechnen.

Die geänderten technologischen Möglichkeiten der Verwertung und das mögliche Aufkommen neuer Werkarten stellen jedoch eine große Herausforderung an das Urheberrecht dar. Marshall McLuhan hat mit seiner *Behauptung „in the age of Xerox every man is a publisher"* die Auswirkungen der Reprographie auf die Printmedien auf den Punkt gebracht. Heute ist in dem digitalen Umfeld der elektronischen Netzwerke ein noch viel tiefgreifender Strukturwandel zu beobachten, der sich am besten mit *„any user may himself become easily a distributor"*[43] beschreiben lässt. Der Inhalt und die Schranken des Urheberrechts, insbesondere die Frage der Notwendigkeit neuer Verwertungsrechte zur Erfassung neuartiger Werknutzungen und das hiermit einhergehende problematische Gleichgewicht des sensiblen Gebildes der Schrankenbestimmungen, stehen auf dem Prüfstand der elektronischen Netzwerke. Solange die Gesetze über den Schutz geistigen Eigentums dem Territorialitätsprinzip gehorchen, ist darüber hinaus das internationale Urheberrecht notwendig vorhanden.

Für die zutreffende Beurteilung dieser Fragen müssen jedoch zunächst die technischen Sachverhalte richtig erfasst werden. Zu einem besseren Verständnis der technischen Gegebenheiten der elektronischen Netzwerke wird daher im ersten Teil der Arbeit die historische Entwicklung der Netzwerke kurz dargestellt und eine begriffliche Erfassung vorgenommen (*Erstes Kapitel*). Im weiteren Verlauf der Arbeit werden dann die zentralen Institutionen des Urheberrechts auf den Prüfstand der elektronischen Netzwerke gestellt. Aufgrund der planetaren Dimension der Netzwerke gebietet es sich hierbei, über den nationalen Horizont des deutschen Rechts hinauszugehen und zum Zweck einer vollständigeren Analyse der anstehenden Fragen ausländisches Recht mit in die Untersuchung einzubeziehen. Die Rechtsvergleichung führt darüber hinaus zu einem vertieften Verständnis von Sinn und Zweck des Rechts und eröffnet den Blick für die gesellschaftliche Funktion des Rechts sowie seine Einbettung in

---

41 *Fromm/Nordemann*, Einl. Rn 1.

42 *Dreier*, Urheberrecht und digitale Werkverwertung, S. 17f.

43 *Dreier*, Copyright isues in a digital publishing world, UNESCO 19-23. Februar 1996 [http://www.grainger.uiuc.edu/icsu/dreier.htm].

die jeweilige sozio-kulturelle Umwelt.[44] Dies scheint in einer Zeit, in der eine große Anzahl von Juristen die „ökonomische Explosivität des Online-Marktes imitieren … wollen … und sich im Wettlauf mit dem Igel Internet als wild gewordener Hase gerieren“[45] um so notwendiger, als es sich doch davor zu hüten gilt, schnell gestrickte „Reformen von solcher Komplexität zu unternehmen, dass es … unmöglich wird, Ursachen und Wirkungen zu entwirren und zu wissen, was eigentlich …“[46] getan wird.

In Zeiten der Harmonisierung des Urheberrechts auf europäischer Ebene und der Ähnlichkeit des französischen, kontinentalen Droit d'auteurs mit dem deutschen Urheberrecht eignet sich dieses im besonderen Maße zur Rechtsvergleichung. Die Arbeit folgt daher einer synoptischen Darstellung und stellt in jedem Kapitel neben das deutsche Urheberrecht, die jeweils mit dem zu behandelnden Kapitel zusammenhängenden Begriffe des französischen Droit d'auteur.

Naturgemäß wird zuerst der Werkbegriff auf den Prüfstand der elektronischen Netzwerke gestellt (*Zweites Kapitel*), denn nur bei Vorliegen eines Werkes im Sinne des Urheberrechtsgesetzes kann überhaupt ein Urheberrechtsschutz in Frage kommen. Im Anschluss hieran werden die Rechte des Urhebers untersucht. Diese sind als Urheberpersönlichkeitsrechte (*Drittes Kapitel*) und Verwertungsrechte (*Viertes Kapitel*) ausgestaltet. Die Schrankenbestimmungen, welche die Nutzung des Werkes ohne Zustimmung des Rechteinhabers unter bestimmten Voraussetzungen ermöglichen, werden im fünften Kapitel der Arbeit erörtert. Die internationale Dimension der Netzwerke erfordert darüber hinaus eine Behandlung des internationalen Urheberrechts und wirft die Frage nach dem anwendbaren Recht auf. Diese Probleme stehen im Mittelpunkt des sechsten und letzten Kapitels der Arbeit.

---

44 *Rheinstein*, Einführung in die Rechtsvergleichung, S. 3.
45 *Hoeren*, GRUR 1997, 868, 874.
46 *Popper*, Das Elend des Historismus, zitiert bei *Lehmann*, Cyberlaw, S.V.

Erstes Kapitel: Historische Entwicklung und begriffliche Erfassung der Netzwerke

„L'influence exercée sur le droit par les progrès des techniques doit le perfectionner sans porter atteinte à son essence"
René Savatier, Les métamorphoses économiques et sociales du droit privé d'aujourd'hui, p.52

Für eine richtige rechtliche Bewertung der anstehenden Probleme bedarf es zunächst der Kenntnis der Technik. Dem Bedürfnis das technische Umfeld der Netzwerke näher kennen zu lernen wird daher im folgenden nachgekommen. Ein genaues Verständnis der Gebrauchsmöglichkeiten sowie des sozialen und technischen Umfelds der Netzwerke, ergibt sich aus der Entwicklungsgeschichte des Internet (§ 1). Diese wird demnach auch vor der eigentlichen begrifflichen Erfassung (§ 2) der Netzwerke dargestellt.

§ 1 Die Geschichte des Internet

I. Die Entstehung des Internet

Als die Vereinigten Staaten von Amerika im Jahr 1957 die Schaffung einer Advanced Research Projects Agency (ARPA) innerhalb des Department of Defense (DoD) beschlossen, bestanden erst sehr unpräzise Vorstellungen von einem Computer-Netzwerk.[47] Es sollte jedoch in einem hohen Maße verfügbar und dezentral organisiert sein.[48] Nach Schaffung der ARPA dauerte es sodann auch noch einmal vier Jahre bis Leonard Kleinrock vom MIT im Juli 1961 ein erstes Papier über die *„packet-switching-theory"* mit dem Titel: *„Information Flow in Large Communication Nets"* veröffentlichte. Er stellte hierbei die theoretische Machbarkeit der Verwendung von Paketen anstelle der üblicherweise verwendeten Circuits überzeugend dar. Dieses Papier und die Arbeit von Paul Baran (*„On distributed Communication Networks"*) im darauf folgenden Jahr war ein enormer Schritt in Richtung eines paketorientierten Netzwerkes.

---

47 *Zakon*, Hobbes' Internet Timeline [http://www.isoc.org/guest/zakon/Internet/History/HIT.html]

48 *Leiner, Cerf, Clark, Kahn, Kleinrock, Lynch, Postel, Roberts, Wolff*, A brief history of the Internet, Internet Society (ISOC) All about the Internet [http://www.isoc.org/internet-history/brief.html].

Die ARPA entschloss sich im Jahr 1965, die Forschung zur Konkretisierung eines paketorientierten Netzwerkes zu sponsern.[49] Es dauerte aber noch einmal drei Jahre bis Larry Roberts vom MIT im Oktober 1966 mit seiner Studie „*Towards a Cooperative Network of Time-Shared Computers*" den ersten ARPANET-Plan präsentierte (die Geschwindigkeit der Datenübertragung im ARPANET war anfänglich auf 2,4 kbps vorgesehen). Ende 1969 wurden schließlich die ersten vier Host-Computer militärischer Forschungseinrichtungen, die auf unterschiedlichen Systemen und mit unterschiedlicher Betriebssoftware liefen (*UCLA - University of California at Los Angeles*: SDS SIGMA 7 - SEX; *SRI - Stanford Research Institute*: SDS940/Genie; *UCSB*: IBM 360/75, OS/MVT; *University of Utah*: DEC PDP-10, Tenex) im ursprünglichen ARPANET miteinander verbunden. In den folgenden Jahren wurden weitere Computer an das ARPANET angeschlossen, so dass im Jahr 1971 in 15 Knoten (23 hosts) die UCLA, das SRI, die UCSB, die University of Utah, BBN, MIT, RAND, SDC, Harvard, das Lincoln Lab, Stanford, UIU(C), CWRU, CMU sowie die NASA/Ames zusammengeschlossen waren.[50] Im selben Jahr hat Ray Tomlinson vom BBN das erste e-Mail-Programm erfunden, welches den Versand und die Verteilung von Nachrichten über das Netzwerk ermöglichte.[51] Zwei Jahre später fanden dann die ersten internationalen Anschlüsse an das ARPANET, in Form des University College of London und des norwegischen Royal Radar Establishment, statt. Das Fundament des Internet war gelegt.

Nach allgemeiner Auffassung[52] stellt das heutige Internet aber nur die erste Stufe zur Informationsgesellschaft beziehungsweise die Vorstufe zur „*National Information Infrastructure*" (NII)[53] dar. Dies wurde am 24. Februar 1999 mit der Eröffnung des Nachfolgenetzwerk des jetzigen Internets auch noch einmal belegt.[54] Das „Abilene" oder „I(nternet)2" ist mit einer Übertragungsgeschwindigkeit von 2,4 Gigabit pro Sekunde ungefähr 37500mal schneller als eine bisher herkömmliche ISDN-Leitung.

---

49 *Griese/Sieber* in *Hilty*: Information Highway, S. 45.

50 *R. Zakon*, Hobbes' Internet Timeline v3.3, Internet Society (ISOC) [http://www.isoc.org/guest/zakon/Internet/History/HIT.html].

51 1976 war die E-Mail Technologie bereits schon so weit fortgeschritten, daß die Königin des Vereinten Königreiches, Elizabeth II. Ein E-Mail versand.

52 Siehe hierzu *Cachin/Maurer*, Sicherheit im Internet: Illusion oder Realität; *Becker* in: *Becker*, Rechtsprobleme internationaler Datennetze, S. 9.

53 Siehe *Clinton*, *Gore*, A framework for global electronic commerce.

54 Vgl. *Der Spiegel* 9/1999, S. 212

II. Das Wachstum des Internet

Das ARPANET, welches seit 1970 auf der Basis des Network Control Protocol (NCP) funktionierte, wuchs in das Internet hinein und stellte das erste Teilnetz des Internet dar. Die Grundidee des Internet basierte auf dem Gedanken multipler, unabhängig voneinander funktionierender, paketorientierter Netzwerke; gewissermaßen ein *„open architecture network“* auf der Basis eines gemeinsamen Protokolls.[55] Aus diesem Grund fing Bob Kahn 1973 das *„Research Program at ARPA on Internetting Concepts“* an, welches nach einjähriger Arbeit in der Veröffentlichung von Vint Cerf und Bob Kahn *„A protocol for Packet Network Intercommunication“* mündete. In dieser Arbeit wurden die Details des Aufbaus eines Transmission Control Protocols (TCP) dargestellt.

Mitte der achtziger Jahre (1984) wurde die Zahl der tausend Hosts überschritten,[56] und am 1. Januar 1983 wurde das gesamte Netzwerk auf das Transmission Control Protocol und das Internet Protocol (TCP/IP) umgestellt. Das TCP/IP wurde drei Jahre früher als militärischer Standard eingeführt und stellt heute immer noch den Standard des Internets dar. Die Einführung dieses Protokolls führte im selben Jahr dazu, dass das militärische MILNET aus dem nunmehr rein wissenschaftlichen aber dennoch weiterhin unter Kontrolle der Defense Communication Agency stehenden ARPANET herausgebrochen wurde. In dieser Zeit wurden aber auch neben den moderierten Newsgroups im USENET, das THEORYnet, das BITNET und europäische Teilnetze, wie zum Beispiel das EUNet, in das bestehende Internet integriert. Ebenfalls Anfang der achtziger Jahren entstand mit dem CSNet ein weiteres unabhängiges Wissenschaftsnetz, welches unter anderem auf einige bestehende Netzstrukturen des ARPANET zurückgriff. Dieses Netz wurde von der National Science Foundation (NSF) betrieben und verschmolz 1986 mit dem BITNET. Im selben Jahr startete die US-Regierung das Nachfolgeprojekt: Das NFSNet (National Science Foundation Network). Dieses übernahm 1990 dann auch praktisch die Nachfolge des ursprünglichen ARPANET, welches in seiner damaligen Form eingestellt wurde.

Die Wachstumsrate der Host-Computer im Internet stieg über die gesamten Jahre quasi-exponential an. Die folgende Darstellung soll dies noch einmal verdeutlichen:

---

55 *Leiner, Cerf, Clark, Kahn, Kleinrock, Lynch, Postel, Roberts, Wolff*, A brief history of the Internet, Internet Society (ISOC) All about the Internet [http://www.isoc.org/internet-history/brief.html].

56 *R. Zakon*, Hobbes' Internet Timeline v3.3, Internet Society (ISOC) [http://www.isoc.org/guest/zakon/Internet/History/HIT.html].

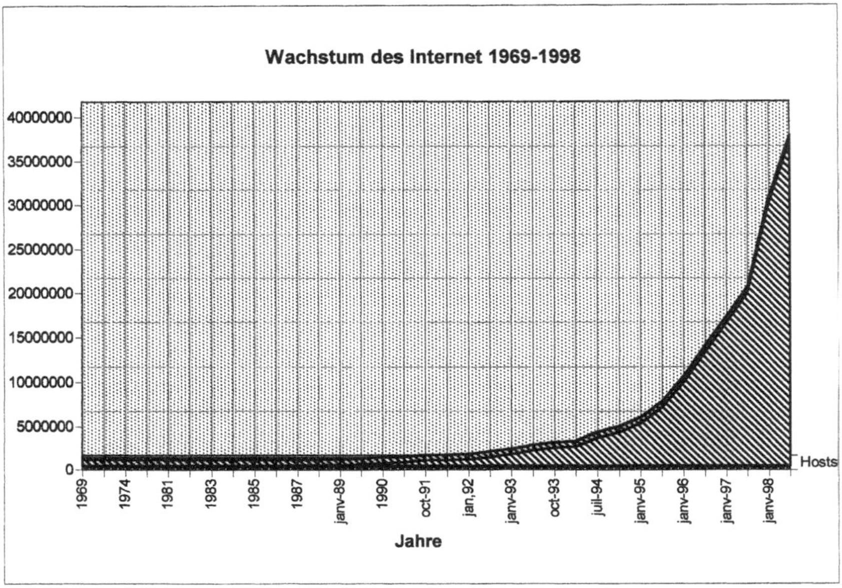

	1969	1974	1981	1983	1985	1987
Hosts	4	62	213	562	1961	28174
	01/89	**1990**	**07/92**	**01/93**	**01/94**	**07/94**
Hosts	80000	313000	992000	1313000	2217000	3212000
	01/95	**07/95**	**01/96**	**07/96**	**01/98**	**07/98**
Hosts	4852000	6642000	9472000	12881000	29670000	36739000

Abb. 2 : Wachstum des Internet 1969 - 1998
Quelle: Eigene Darstellung, Daten aus R. Zakon, Hobbes' Internet Timeline v3.3, Internet Society (ISOC) [http://www.isoc.org/guest/zakon/Internet/ History/HIT.html]

Im Jahr 1990 tauchte dann auch der erste kommerzielle Internet Access Provider (IAP) auf. Das darauffolgende Jahr brachte neben dem WAIS (Wide Area Information Servers), dem PGP-Verschlüsselungsverfahren und dem Gopher, das World Wide Web (WWW) mit sich. Dieses wurde im CERN (Centre Européen de la Recherche Nucléaire) von Tim Berners-Lee entwickelt und wurde sehr schnell zum beliebtesten Dienst des Internets. Die Anzahl der WWW-Server steigt seit seiner Entwicklung rapide an (siehe Abbildung 3).

Bereits in seinen Anfangsjahren war die Akzeptanz des WWW sehr groß. Das Weiße Haus und die Vereinten Nationen waren etwa bereits 1993 im W3 online und über das Internet zu erreichen. Mit der Verabschiedung des NII Act (*National Information Infrastructure*) im Jahr 1994 begannen auch die Medien und die kommerziellen Nutzer, dem Internet im breiten Maße Aufmerksamkeit zu schenken; aber auch eine steigende Anzahl von privaten Nutzern interessierte sich für das Internet und wollte im Internet „surfen“[57]. In den letzten zwei Jahren wurde die Attraktivität des WWW durch neue Programmiertechniken wie Java, VRML oder Javascript weiter gefördert. Diese Techniken ermöglichen insbesondere eine anspruchsvollere und auch marketinggerechtere Gestaltung der Webseiten.

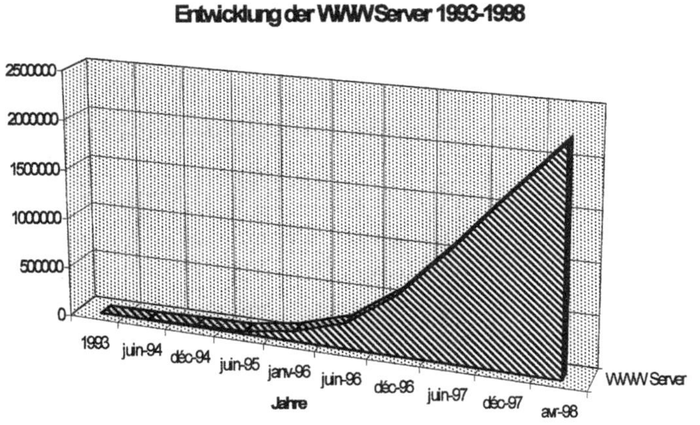

	1993	juin-94	déc-94	juin-95	janv-96	juin-96	déc-96	juin-97	déc-97	avr-98
WWW Server	130	2738	10022	23500	100000	252000	603367	1117255	1681868	2215195

Abb. 3 : Entwicklung der WWW-Server 1993-1998
Quelle: Eigene Darstellung, Daten aus *R. Zakon*, Hobbes' Internet Timeline v3.3, Internet Society (ISOC) [http://www.isoc.org/guest/zakon/Internet/History/HIT.html]

Zum enormen Wachstum des Netzes und zu einer gesteigerten Nachfrage trugen aber nicht zuletzt auch die professionellen Provider wie CompuServe, America Online, Prodigy, T-Online in Deutschland oder Wanadoo in Frankreich bei, die angesichts der zunehmenden Beliebtheit des Internets und dort insbesondere des WWW ihre restriktive Strategie des alleinigen firmenspezifischen Netzzugriffs nicht mehr weiterverfolgen konnten[58] und über ihre Netzwerke ab 1995 auch einen Zugang zum Internet anboten.

---

[57] Der Ausdruck "Surfing the Internet" wurde 1993 von Jean Armour Polly geformt.

[58] Es handelte sich im wesentlichen um traditionelle online dial-up systems

Das Internet hat in seinem gut 30-jährigen Bestehen sein Gesicht mehrmals verändert. Es wurde zu einer Zeit entworfen als es noch nicht einmal LANs gab und das sogenannte „time-sharing“ das Maß aller Dinge war.[59] Mittlerweile hat sich das Internet an die Ära der Personal Computers (PC), der Client-Server oder des sogenannten Peer-to-Peer-Computing angepasst. Die Entwicklung des Internets geht hierbei im Wesentlichen mit dem Fortschritts der Computerindustrie einher. Es ist daher auch nicht anzunehmen, dass das Netz in seiner heutigen Gestalt seinen endgültigen Zustand erreicht hat. Das Internet in seiner heutigen Form stellt vielmehr, wie bereits Eingangs erwähnt, nur den ersten Schritt zur Informationsgesellschaft[60] beziehungsweise den „Nukleus einer Datenautobahn“[61] dar.

§ 2 Begriffliche Erfassung der Netzwerke

I. Das Internet

Eine quasi-offizielle Definition des Internets gab der Federal Network Council:

„Internet“ refers to the global information system that -

(i) is logically linked by a globally unique adress space based on the Internet Protocol (IP) or its subsequent extensions/follows-ons;

(ii) Is able to support communications using the Transmission Contol Protocol (TCP/IP) suite or its subsequent extensions/follow-ons, and /or other IP-compatible protocols; and

(iii) Provides, uses or makes accessible, either publicly or privately, high level services layered on the communications and related infrastructure described herein.[62]

Das Internet ist durch den Zusammenschluss mehrerer Netze entstanden und ist nach dem Prinzip der Client-Server-Architektur aufgebaut. Die Teilnetze können alle aus unterschiedlichen Computertypen und Netzwerkarten bestehen und sind alle unabhängig voneinander organisiert. Zur Herbeiführung eines Standards, der einen vernünftigen Datenaustausch bei der Kommunikation un-

59 *Leiner, Cerf, Clark, Kahn, Kleinrock, Lynch, Postel, Roberts, Wolff*, A brief history of the Internet, Internet Society (ISOC) All about the Internet [http://www.isoc.org/internet-history/brief.html].

60 S.o. Einleitung.

61 *Salmony*, in *Lehmann*: Cyberlaw, S. 20.

62 FNC Resolution on 24.10.1995, Definition of "Internet" [http://www.fnc.gov/Internet_res.html].

abhängig voneinander funktionierender Systeme ermöglicht, wurde von der International Standardisation Organisation (ISO) das ISO/OSI Schichtenmodell präsentiert. Dieses Schichtenmodell teilt die Datenkommunikation in sieben Hauptfunktionen auf. Im Internet wird dieser Standard in ähnlicher Weise vom TCP/IP übernommen. Aufgrund dieses einheitlichen Übertragungsprotokolls wird eine system- und betriebsprogrammunabhängige Funktionsweise garantiert.

1. Die Funktionsweise des Internet

a) Grundlagen

Das Internet funktioniert in einer dezentralen, paketorientierten, offenen Art und Weise. Es ist nicht hierarchisch aufgebaut und kennt folglich auch keine Kontrollaufsicht. Der Zugang zum Internet erfolgt mit Hilfe der Provider. Es muss vom eigenen PC beziehungsweise vom eigenen lokalen Netzwerk eine Verbindung (meist über Modem) zu diesen Zugangsvermittlern hergestellt werden. Diese verschaffen dann über eine Anbindung an das Internet den Zugang zu letzterem. Man unterscheidet zwischen den Internet Access Providern (IAP), welche dem Nutzer lediglich den Zugang zum Internet vermitteln und den Internet Content Providern (ICP), die darüber hinaus noch eigene Inhalte über eigene Rechner und Speicher zur Verfügung stellen.

b) TCP/IP

Die Datenübertragung findet im Internet nicht auf einmal in einem fest vorbestimmten Circuit, sondern in kleinen Paketen, die ihren Weg durch das Netzwerk auf unterschiedlichste Art zurücklegen können, statt. Das *Transmission Control Protocol* (TCP) sorgt hierbei beim Sender für das Verpacken der Informationen in kleine Päckchen. Während das *Internet Protocol* (IP), dem die Pakete dann übergeben werden, für den eigentlichen Transport zum Empfänger beziehungsweise die Übertragungsfunktion zuständig ist.[63]

Jedem Paket werden wichtige Informationen, insbesondere der IP-Adresse, mitgegeben. Die IP-Nummern sind ein einheitliches Verfahren zur Adressierung im Internet und sind in etwa mit der Empfängeradresse und dem Absender bei der herkömmlichen Versendung von Paketen auf dem Postweg vergleichbar. Jeder an einem Datenaustausch im Internet teilnehmender Computer erhält eine solche ihm fest zugeordnete IP-Adresse, die sich in der Regel aus einer zwölf-

[63] *Hage/Hitzfeld* in: *Loewenheim*, *Koch*, Praxis des Online-Rechts, S. 22.

stelligen Zahlenfolgen zusammensetzt (z.B.: 125.650.560.780). Derart lässt sich jeder Computer im Netzwerk identifizieren. Zum Teil werden neben den festen IP-Adressen, aus Gründen der Adressenverknappung, auch dynamische IP-Nummern vergeben.

Neben dem TCT/IP gibt es im Internet noch weitere Protokolle, die zur Verständigung der einzelnen Dienste nötig sind: so etwa das Simple Mail Transfer Protocol (SMTP) für das e-Mail, das Hypertext Transfer Protocol (HTTP) für das World Wide Web oder das Network News Protocol (NNTP) für die Newsgroups.

c) Routing

Das Routing besteht in der Weiterleitung der einzelnen Datenpakete in eine andere Netzeinheit. Diese „Streckenbestimmer" oder Übermittlungsgeräte (Router) ermöglichen eine flexible Versendung der Pakete. Fällt etwa eine Verbindung aus oder ist ein Teilnetz überlastet, meldet dies der verantwortliche Router, so dass die Datenpakete anders geroutet, das heißt umgeleitet werden können und eine andere Strecke benutzen. Diese „autonome Verwaltung" garantiert die hohe Verfügbarkeit und die bestmöglichste Auslastung der beteiligten Netzwerke.[64] „Wenn man sich das Internet als ein globales Straßennetz vorstellt, dann ... sind die Router ... die Kreuzungen und die Ampeln".[65]

2. Anwendungen und Dienste im Internet

a) Das World Wide Web

(i.) Grundlagen

Im Jahr 1989 verfasste Tim Berners Lee einen Aufsatz mit dem Titel „Information Management: A Proposal"[66]. Hierin regte er die Einführung eines Hypertext-Systems am europäischen Teilchenforschungszentrum CERN an. Ein Jahr später wurde sein Vorschlag angenommen. Fortan befasste sich Tim Berners Lee mit der Entwicklung eines globalen Hypertextsystems. Das Ziel seiner Projektgruppe war es ein Hypertextsystem aufzubauen, mit dessen Hilfe die Darstellbarkeit wissenschaftlicher Texte mit ihren typischen Verweisapparat

---

64 *Griese/Sieber* in: *Hilty*, Information Highway, S. 53.

65 *Chambers* (im Spiegel-Gespräch), Der Spiegel 10/99, S. 109, 110

66 *Berners Lee*, Information Management: A Proposal [http://www.w3.org/History/1989/proposal.html].

unter Einbezug zusätzlicher Erklärungselemente vereinfacht werden sollte.[67] Dem Projekt gab er den Namen World Wide Web.[68] Dieses World Wide Web wurde 1991 erstmalig vorgestellt.[69]

Anfang des Jahres 1993 brachte das NCSA (National Center for Supercomputing Applications) die α-Version von Marc Andreessen's „Mosaic for X" Programm auf den Markt. Dieser Browser unterstützte das am CERN entwickelte Hypertextsystem auf besonders nutzerfreundliche Art und Weise. Dieser leicht handzuhabende Browser und die durch das Programm ermöglichte graphische Benutzeroberfläche garantierten den schnellen Erfolg des WWW und seine steigende Beliebtheit. Bereits im Dezember desselben Jahres erschienen die ersten Zeitungsartikel der „New York Times" und des „The Guardian" im WWW.[70]

Die ursprüngliche Implementierung ermöglichte den Benutzern lediglich den Zugriff auf Hypertext-Seiten und den Inhalt von Usenet-Newsgroups. Im Laufe der Zeit wurden jedoch zusätzliche Informationsquellen erschlossen. Zu diesem Zweck wurden weitere Schnittstellen zu WAIS, FTP, Gopher und Telnet in Angriff genommen. Mittlerweile verdankt das World Wide Web seinen Erfolg, neben der Möglichkeit mehrere Dokumente durch Querverweise (Hyperlinks) miteinander zu verknüpfen, vor allem auch der Tatsache, dass es einen einfachen Zugriff auf die anderen Dienste des Internet bietet.[71]

(ii.) Funktionsweise der Hyperlinks

Mittels der Hyperlinks können WWW Dokumente untereinander verknüpft werden. Es kann sich hierbei um eigene Dokumente handeln oder auch um Dokumente aus dem gesamten WWW. Die Hyperlinks heben sich vom normalen Dokument in der Regel durch ihre blaue Farbe und die Unterstreichung hervor. Man aktiviert sie durch Anklicken. Dieses bewirkt dann die Befolgung des im Hyperlink enthaltenen Verweises auf ein anderes Dokument.

Mittels dieser Technik lässt sich einem üblicherweise zweidimensionalen Text eine dritte Dimension hinzufügen. Dies erlaubt unter anderem neben der herkömmlichen Nutzung der syntagmatischen Achse, die der paradigmatischen

---

67 *Berners Lee*, Information Management: A Proposal [http://www.w3.org/History/1989/proposal.html].

68 *Cailliau*, A little history of the World Wide Web [http://www.w3.org/History.html].

69 *Cailliau*, A little history of the World Wide Web [http://www.w3.org/History.html].

70 *Cailliau*, A little history of the World Wide Web [http://www.w3.org/History.html].

71 Zum Teil wird daher irrtümlicherweise davon ausgegangen, daß das WWW das Internet sei.

Achse eines Textes und eröffnet, auch eine neuartige Zugriffsmöglichkeit auf das Dokument: zum Beispiel verlangt eine Recherche in einem herkömmlichen Text grundsätzlich eine lineare und damit sequentielle Vorgehensweise; der Hypertext hingegen, erlaubt einen direkten Zugriff auf die Information. Zur Optimierung des Informationszugangs sollte jedoch eine Modelisierung des Textes vorangehen. Hierbei wird dann die logische Struktur, die implizit in dem komplexen Informationssystem vorhanden ist, freigelegt und derart strukturiert, dass Deduktionen und Induktionen leicht möglich sind. Leider machen die meisten Informationsangebote im Internet hiervon bisher noch viel zu wenig Gebrauch. Vielmehr trifft man im WWW häufig auf Dokumente, die einfach nur eine getreue Umsetzung der ursprünglich auf zweidimensionalem Papier festgehaltenen Textes sind. Zur Ausnutzung der Ressourcen des Hypertext, bedarf es neben einem Minimum an Verständnis für die Modelisierung von Informationen, im World Wide Web aber auch noch der Kenntnis einiger Befehlcodes der Hypertext Markup Language (HTML).

(iii.) Die Hypertext Markup Language (HTML)

Anhand der Hypertext Markup Language werden, ähnlich einer Programmiersprache, Struktur und Inhalt sowie das Verhalten einer WWW-Seite festgeschrieben. Im Gegensatz zu Programmiersprachen bedarf HTML aber keinerlei Kompilation und lässt sich im Textformat mittels eines Textverarbeitungsprogramms erstellen und verändern. Es handelt sich daher als solches nicht um eine übliche Programmiersprache, sondern um eine Standardsprache, die alle Browser verstehen und interpretieren können. Diese im Textformat erstellte Datei enthält nichts anderes als den Inhalt des Dokuments und die Markierung, das heißt den Text oder die Informationen zur Steuerung der Anzeige oder die Verweisung auf einen anderen Punkt. Die Markierung beziehungsweise das HTML-Markup wird hierbei vom normalen Text durch Spitzklammern abgegrenzt. Diese beiden Zeichen: < > lassen den Parser[72] erkennen, was zum Text und was zum Markup gehört. Diese spitzen Klammern können alle möglichen Anweisungen enthalten. Im folgenden sollen die wichtigsten kurz dargestellt werden.

<A>...</A>	erstellt einen Anker im Dokument
* *	erzwingt einen Zeilenumbruch
EMBED> ... </EMBED>	markiert den Anfang und das Ende eines eingebetteten Elements

72 In einem Browser gibt es den Parser, der die Anzeigeinformationen eines WWW-Dokumentes liest und dieses aufbaut.

<FONT>	markiert den Anfang der Beschreibung des Schriftformats
<FORM>...</FORM>	liefert den Anfang und das Ende eines Formularblock
<FRAMESET>	setzt Frames
<HEAD>...</HEAD>	beschreibt den Kopf beziehungsweise Titel eines Dokumentes
<HR>	zieht einen horizontalen Strich
<HREF>	erstellt einen HyperLink
<HTML>...</HTML>	beschreibt ein ganzes HTML-Dokument
<IMG>	fügt ein Bild oder eine Graphik ein
<SCRIPT>...</SCRIPT>	markiert Anfang und Ende einer Programmsequenz einer Skriptsprache
<TABLE>	erstellt eine Tabelle
<TITLE> ... </TITLE>	beschreibt den Titel eines Dokuments

Tab. 1: HTML Befehle
Quelle: Eigene Darstellung

b) E-Mail

Einer der ältesten und auch heute noch am meisten genutzten Dienste des Internets ist die *electronic mail* (e-Mail). Diese elektronische Post ermöglicht den Austausch von Nachrichten über das Netz. Wurde die e-Mail früher nahezu ausschließlich zur Versendung von Textnachrichten verwendet, so ist es heute aufgrund größerer Bandbreite und des MIME-Standards (Multipurpose Internet Mail Extensions) gängig, auch umfangreiche Datenmengen mit der eigentlichen Nachricht zu verschicken. Solche *Attachments* (Anhang) können etwa aus großen Text-, Grafik-, Audio- oder Videodateien bestehen, aber auch ausführbare Programme enthalten. Zur Zustellung der Nachricht benötigt man allerdings eine Mailadresse, die jedem Nutzer in der Regel von seinem Provider erteilt wird. Grundsätzlich setzt sich ein solche aus dem Benutzernamen und dem Domain des die Adresse verschaffenden zusammen: user@provider.org. Die folgende (Abbildung 4) Darstellung verdeutlicht die genauen Abläufe bei der Nutzung von e-Mail und illustriert noch einmal die Client-Server-Architektur des Internets.

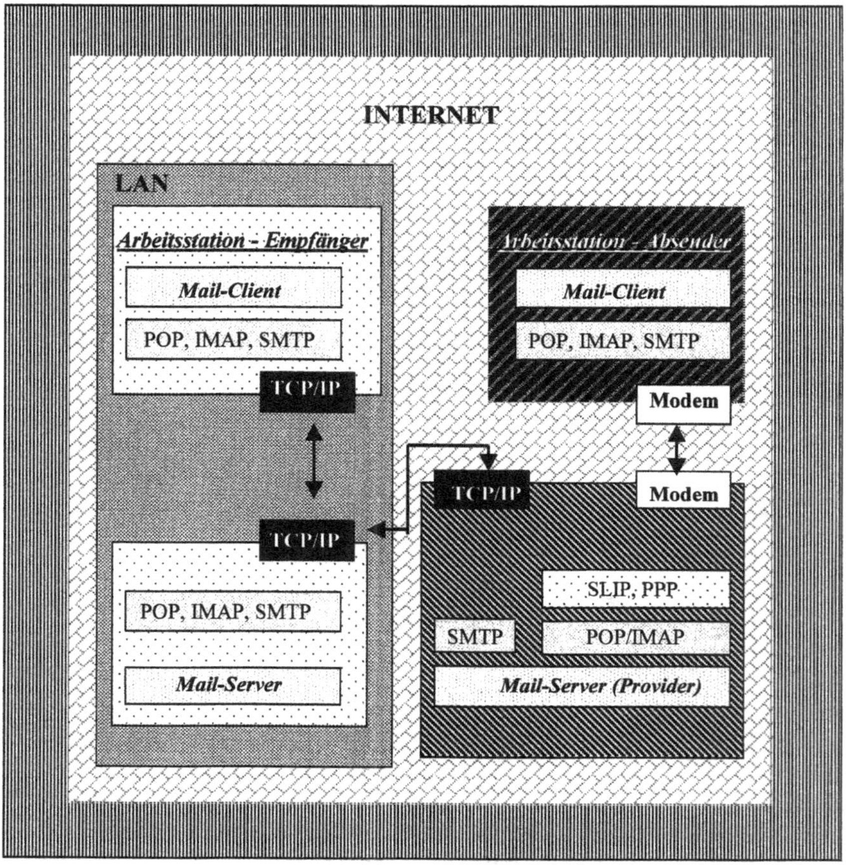

Abb. 4: Die Nutzung von e-Mail (Client - Server Prinzip)
Quelle: Eigene Darstellung in Anlehnung an *Griese/Sieber* in Hilty, Information Highway, S. 54

Mittels Zustellroboter können mit der e-Mail auch ganze Listen an eine bestimmte Adressgruppe verschickt werden. Diese Mailinglists ermöglichen die Kommunikation von einer zu vielen Personen. Derjenige der eine Nachricht an die Listenmitglieder schicken will, sendet diese dem Zustellroboter zu, von wo aus sie dann an die gesamte Liste weitergeleitet wird.

Es gibt im Internet viele Mailinglists denen in der Regel jeweils ein bestimmtes Diskussionsthema zugrunde liegt. So gibt es etwa die Netlaw-Mailinglist, in welcher grundsätzlich nur über das Online-Recht diskutiert wird oder aber die Urecht-Mailinglist, die ausschließlich Fragen des Urheberrechts gewidmet ist.

c) Newsgroups - Usenet

Bei den Newsgroups handelt es sich um diverse Diskussionsforen in Form einer Many-to-many-Kommunikation. Der Zusammenschluß der unzähligen Diskussionsgruppen bildet das Usenet, welches 1979 als Bulletin Board System (BBS) entstand. Jedes Forum befasst sich hierbei mit einem bestimmten Thema, zu dem die Benutzer ihre Beiträge „posten" können.

Im Gegensatz zu den Mailinglisten bedarf es keiner Anmeldung um die News lesen zu können. Die News unterscheiden sich in einem weiteren wesentlichen Punkt von den Mailinglisten: im Gegensatz zu letzteren, bei welchen jede gepostete Nachricht dem Nutzer sofort an seine Mailadresse zugestellt wird, erhält der Nutzer die News erst nach Abruf von dem Newsserver. Man unterscheidet zwischen moderierten und unmoderierten Newsgroups, das heißt solchen, bei denen die einzelnen Beiträge ungefiltert veröffentlicht werden und jenen, bei welchen vor der Veröffentlichung ein Moderator die jeweiligen Beiträge auf ihre Qualität und Sachbezogenheit überprüft.

d) FTP

Das File Transfer Protocol ermöglicht einen direkten Zugriff auf einen entfernten Computer. Derart ist es unter anderem möglich, Dateien über Internetverbindungen zu kopieren. Für den Datenzugriff, der sich entweder im binären oder ASCII-Übertragungsmodus vollziehen kann, benötigt der Benutzer entweder eine Zugriffsberechtigung oder ihm steht die Möglichkeit zur Verfügung, das sogenannte „Anonymous FTP" zu verwenden. Hierbei handelt es sich um eine besondere Art des FTP, welche den Zugriff auf den entfernten Computer und dessen unbeschränkte Nutzung ermöglicht, ohne dass hierfür ein eigenes Account nötig ist.

e) Telnet

Mit Telnet wird ebenfalls ein direkter Zugriff auf einen entfernten Computer ermöglicht. Im Gegensatz zum FTP stehen dem Benutzer hierbei aber die gesamten Ressourcen des entfernten Rechners zur Verfügung (Remote Control).

f) Sonstige Dienste und Anwendungen

(i.) Push-Dienste

Die Push-Technologie entstand 1996 und ermöglicht es seitdem, die in der Bookmark-Liste vorgemerkten Websites automatisch aktualisieren zu lassen. Derart werden die Informationsinhalte des Anbieters beim Starten des Browsers automatisch aktualisiert. Die Informationen werden also übertragen, ohne dass der Nutzer die einzelnen Webseiten erneut einzeln Abfragen muss. Zum Teil werden die Push-Dienste auch als Abonnement oder Web-Channels bezeichnet. Diese Push-Technologie ist seit Netscape 4.x und Microsoft Internet Explorer 4.x integrierter Bestandteil dieser Browser. Jedoch haben diese Dienste nicht die Erwartungen erfüllt, die in sie gesetzt wurden. Mittlerweile spielen diese Dienste daher nur noch eine untergeordnete Rolle.[73]

(ii.) Real Audio und Video

Bei Real Audio und Video handelt es sich nicht um einen spezifischen Dienst des Internet, sondern vielmehr um Programme der Firma Real. Diese eröffnen die Möglichkeit, die aus dem Netz heruntergeladenen Audio- und Videodaten nicht erst nach Ende, sondern bereits schon während dem Verlauf des Downloads abspielen lassen zu können (*streaming*). Derart lassen sich fernseh- beziehungsweise radioähnliche Inhalte transportieren.[74] Allerdings ist aufgrund der Kompression und der häufigen Netzwerk-Kongestionen die Bild- und zum Teil auch die Tonqualität eher von durchschnittlicher Qualität.

(iii.) IRC

Der Internet Relay Chat ist ein Dienst, der es ermöglicht, weltweite Online-Diskussionen (Chatting) in Echtzeit zu führen. Nach dem Einloggen in einem IRC-Server kann mit den ebenfalls anwesenden Personen eine Diskussion in einem „virtuellen" Raum geführt werden.

(iv.) Java und Active-X

Bei Java handelt es sich um eine von Sun Microsystems entwickelte objektorientierte Programmiersprache, die aufgrund ihrer Interoperabilität zwischen den verschiedenen Systemen für das Internet besonders geeignet ist. Java er-

---

73 Vgl. *Myhrvold* (im Spiegel-Gespräch), Der Spiegel 11/99, S. 188, 194

74 Es gibt zur Zeit eine Vielzahl von Informationsanbietern, die sich dieses Verfahrens bedienen. So kann man zum Beispiel etwa auf den Webpages der Tagesschau, mittels Real Video, die jeweiligen Nachrichten anschauen.

möglicht den Verzicht auf die Client-Komponente, das heißt, dass für die Ausführung des Programms[75] keine Spezialanwendung auf dem Client-Computer vorhanden sein muss. Das Microsoft-Konkurrenzprodukt und gewissermaßen das Gegenstück zu Java ist Active-X.

(v.) Internettelephonie

Seit einiger Zeit erscheinen vermehrt Programme[76], die es ermöglichen über das Internet zu telefonieren. Voraussetzung war hierfür bisher, dass sowohl der Anrufende als auch der Angerufene über einen Computer mit Soundkarte, Mikrofon und Lautsprechern sowie einem Internetanschluss verfügen und die notwendige Software installiert haben müssen. Mittlerweile ist es jedoch auch möglich, über das Internet in das Festnetz zu telefonieren und sogar mittels einer Voice-Gateway, Telefongespräche von herkömmlichen Telefonapparaten über das Internet abzuwickeln.[77]

Die Vorteile der Internettelephonie gegenüber der bisherigen Telephonie liegen auf der Hand. Mittels dieses Dienstes ist es möglich, Ferngespräche zum Preis von Ortsgesprächen zu führen, da der Nutzer jeweils nur die Telefonverbindung zu seinem Provider nutzt. Im Übrigen werden die Leitungen beziehungsweise Netze aufgrund des TCP/IP viel effektiver genutzt als dies bei herkömmlichen Telefonleitungen der Fall ist. Bei Letzteren muss nämlich für die gesamte Dauer eines Gesprächs eine Leitung aufgebaut werden. Der Nachteil der Internettelephonie ist jedoch (zumindest zur Zeit noch) die Qualität der Verbindung.

II. Die Online-Dienste

Online-Dienste sind die Nachfolger der „Mailboxsysteme" und gewähren ihren Nutzern gegen Zahlung einen Zugriff auf ein geschlossenes und relativ sicheres Kommunikationsnetz, in welchem Informationsangebote aufliegen. Die großen Online-Dienste, wie zum Beispiel America Online (AOL), Microsoft Network (MSN), CompuServe, T-Online (für Deutschland) oder Wanadoo (für Frankreich), bieten aber neben dem eigenen Informationsangebot auch einen Zugang zum Internet.

---

75 Die Java-Programme werden aufgrund ihrer kleinen Größe auch als Java-Applets bezeichnet.

76 z.B. Netscape Communicator, Microsoft Netmeeting ...

77 Siehe hierzu u.a. *Der Spiegel* 12/1998, S. 236f.

Bis 1995 haben die meisten Online-Dienste nur eine Strategie des firmenspezifischen Netzzugriffs verfolgt. Für Privatkunden waren die Online-Dienste deswegen weitgehend uninteressant, da diese trotz hoher Zugangskosten keinen Übergang zum Internet und damit zum beliebten WWW boten. Die Öffnung des Zugang zum Internet sorgte bei den Online-Diensten für stark ansteigende Nutzerzahlen. Allerdings brachte das Internet auch Konkurrenz zum eigenen Informationsangebot. Indes bieten die Online-Dienste unter anderem aufgrund ihrer geschlossenen Netzstruktur eine höhere Sicherheit und werden daher von den Nutzern häufig den reinen Internet-Access-Providern vorgezogen.

Zweites Kapitel: Der Werkbegriff

"Or l'art, c'est l'idée de l'œuvre, l'idée qui existe sans matière."

Aristote, Des parties des animaux, I, 1 (traduction J.M. Le Blond)

Das Vorliegen eines Werkes ist der Ausgangspunkt für den Schutz des Urheberrechts, dessen Schutzgegenstände individuelle Geisteswerke auf dem Gebiet der Kultur- und Informationstechnologie sind.[78] Ein Urheberrecht kann nur bestehen, sofern die Voraussetzungen, die an ein Werk gestellt werden, erfüllt sind. Im Bereich der Datennetze gilt diesbezüglich nichts anderes. Der jeweilige Schutzgegenstand muss auch im digitalen Umfeld der Netzwerke Werkqualität besitzen, um in den Genus der vom Urheberrecht gewährten Ausschluss- und Abwehrrechte zu kommen.

In den elektronischen Netzwerken lässt sich eine große Anzahl von Schutzgegenstände finden, welche eine Reihe unterschiedlichster Fragen aufwerfen. Ein erstes Problem ergibt sich etwa bereits aus dem Umstand, dass das Umfeld der elektronischen Netzwerke digital ist. Dies bedeutet, dass die dort anzutreffenden Gegenstände nicht-kontinuierlich dargestellt werden. Fraglich ist hier schon, ob dieses digitale Umfeld einen Einfluss auf die Werkqualität ursprünglich analoger Werke haben kann. In diesem Zusammenhang stellt sich aber auch die wichtige Frage der Ausrichtung des Urheberrechts in der Informationsgesellschaft. Probleme ergeben sich auch bei der Einordnung der netzspezifischen Schutzgegenstände in den Werkkatalog. Hierbei steht unter anderem auch die Werkqualität der Webpages und -sites, der Chat-Foren, der e-Mail Systeme, der Newsgroups und nicht zuletzt auch des gesamten Netzes zur Diskussion.

§ 3 Schutzvoraussetzungen nach dem Urheberrechtsgesetz

I. Werke der Literatur, Wissenschaft und Kunst

Die Urheber von Werke der „Literatur, Wissenschaft und Kunst" genießen für ihre Werke Schutz nach dem Urheberrechtsgesetz (§§ 1 und 2 UrhG). Die Sammelbegriffe „Literatur, Wissenschaft und Kunst" sind, ebenso wie die Aufzählung einzelner Werkarten in § 2 Abs. 1 UrhG[79], nur beispielhaft und in kei-

---

[78] Vgl. *Rehbinder*, Urheberrecht, Rn 113.

[79] Gesetz über Urheberrechte und verwandte Schutzrechte (Urheberrechtsgesetz) vom 9. September 1965, BGBl. I S. 1273.

nem Fall erschöpfend.[80] Werkarten und Kunstgattungen, die aufgrund technischer oder kultureller Entwicklung neu entstehen, sind daher ohne weiteres geschützt.[81] Dies trifft natürlich auch auf die hier in Frage stehenden Werke im Netzwerkbereich zu, sofern diese die Schutzvoraussetzungen des Urheberrechtsgesetzes erfüllen.

II. Schutzvoraussetzungen

Das „Tor zum Urheberrecht“[82] ist der § 2 UrhG. Ein Erfüllen seiner Voraussetzungen ist der Ausgangspunkt für einen urheberrechtlichen Schutz. Der Absatz 2 definiert das Werk als eine persönliche geistige Schöpfung. Hiermit normiert er aber nur ungenau die präzisen Schutzvoraussetzungen. Diese sind daher aus den Grundgedanken der gesetzlichen Regelung und dem Wesen des geistigen Schaffens zu entnehmen.[83] Hieraus ergibt sich, dass es sich bei einem Werk um eine persönliche Schöpfung des Urhebers handeln muss, die einen geistigen Inhalt aufweist und in einer bestimmten Form Ausdruck gefunden hat. Das Werk setzt darüber hinaus noch Individualität voraus.[84]

1. Persönliche geistige Schöpfung

Der Begriff der persönlichen Schöpfung dient vor allem der Klarstellung, dass es sich bei dem Werk um ein Erzeugnis handelt, welches aufgrund menschlicher Tätigkeit[85] neu entseht[86] (ohne dass hierbei etwas objektiv völlig Neues geschaffen werden muss[87]). Die Voraussetzung des geistigen Inhalts bedeutet ihrerseits, dass das Werk von seinem Urheber so gewollt wurde. Bei der Schöpfung des Werkes muss demnach eine Gedankenäußerung des Urhebers vorgelegen haben.[88] Derart sollen Zufallsprodukte und rein automatische Erzeugnisse aus dem Schutzbereich des Urheberrechts ausgegrenzt werden. Schließlich

---

[80] Vgl. *Fromm/Nordemann (Nordemann/Vinck)*, § 2. Rn 2; *Schack*, Urheber- und Urhebervertragsrecht, Rn 152; *Rehbinder*, Urheberrecht, Rn 113.

[81] *Rehbinder*, Urheberrecht, Rn 113.

[82] Fromm/Nordemann (Nordemann/Vinck), § 2. Rn 1.

[83] *Rehbinder*, Urheberrecht, Rn 115.

[84] Siehe zu den Schutzvoraussetzungen *Schack*, Urheber- und Urhebervertragsrecht, Rn 153; *Rehbinder*, Urheberrecht, Rn 117.

[85] *Schack*, Urheber- und Urhebervertragsrecht, Rn 155f.

[86] Vgl. *BGH 13.10.1965*, BGHZ 44, 288, 292 - Apfel-Madonna.

[87] *Schack*, Urheber- und Urhebervertragsrecht, Rn 161; *Fromm/Nordemann (Nordemann/Vinck)*, § 2. Rn 9.

[88] Fromm/Nordemann (Nordemann/Vinck), § 2. Rn 10.

grenzt das Erfordernis der Formgebung das urheberrechtsschutzfähige Werk noch von der bloßen Idee ab.

2. Individualität

Das wichtigste Element des Werkbegriffs ist jedoch die Individualität. In ihr lassen sich die oben aufgeführten Schutzvoraussetzungen als das Erfordernis einer individuellen Gestaltung zusammenfassen.[89] Das Werk muss sich demnach als Ergebnis des individuellen geistigen Schaffens seines Schöpfers darstellen.[90]

An die Individualität der Schöpfung werden hierbei mittlerweile keine hohen Anforderungen gestellt. Auf eine Prägung des Werkes durch die Persönlichkeit des Autors - wie etwa von der französischen Rechtsprechung gefordert[91] - kommt es dabei nach der in Deutschland h.L.[92] genauso wenig an, wie auf eine gewisse Gestaltungshöhe. Die höchstrichterliche Rechtsprechung des Bundesgerichtshofs hingegen, hält zum Teil an dem Begriff der Gestaltungshöhe fest und nimmt eine qualitative Bewertung der Schöpfung vor.[93] Einigkeit besteht zwischen aber insoweit, dass Allerweltserzeugnisse, die routinemäßig entstehen[94] sowie schablonenhafte oder rein handwerkliche Leistungen, die jedermann mit durchschnittlichen Fähigkeiten ebenso zustande bringen würde[95], durch das Erfordernis der individuellen Gestaltung ausgegrenzt werden. Hieraus ergibt sich unter anderem, dass die bloße Digitalisierung, die in der Regel keinen Raum für eigene kreative schöpferische Leistung lässt, zu keinem urheberrechtlichen Schutz, sondern allenfalls zu einem Leistungsschutzrecht führen kann.[96]

§ 4 Urheberrechtsschutzfähige Werke in den Netzwerken und ihre Einordnung in den Werkkatalog

Auch die Urheber von Werken in Datennetzen kommen nur dann in den Genuss eines urheberrechtlichen Schutzes, wenn es sich bei ihren Werken um sol-

---

[89] *Schack*, Urheber- und Urhebervertragsrecht, Rn 153.

[90] *BGH 21.05.1953* BGHZ 9, 262, 268 - Lied der Wildbahn I.

[91] Siehe Infra § 5 I.

[92] Vgl. etwa *Fromm/Nordemann (Nordemann/Vinck)*, § 2. Rn 13ff.; *Haberstumpf*, Handbuch des Urheberrechts Rn 70ff.; *Schack*, Urheber- und Urhebervertragsrecht Rn 163ff.

[93] Siehe hierzu Ausführungen bei *Erdmann*, GRUR 1996, 550.

[94] Schricker (Loewenheim) § 2 UrhG Rn 12.

[95] *Fromm/Nordemann (Nordemann/Vinck)*, § 2. Rn 20; *Schack*, Urheber- und Urhebervertragsrecht Rn 165.

[96] Ebenso *Schricker* in: *Schricker*, Urheberrecht auf dem Weg zur Informationsgesellschaft, S. 277.

che der „Literatur, Wissenschaft und Kunst“ handelt. Indes erweist sich diese Bezeichnung für einige urheberrechtsschutzfähige Werke in den Datennetzen als begrifflich zu eng.[97] Diese Bezeichnung ist jedoch keinesfalls abschließend (s.o. § 3 I.) und gibt kaum mehr als den „traditionellen Rahmen des Werkes“[98] vor. Sie wird sodann auch nur zur Abgrenzung des Urheberrechts vom Patentrecht verwendet. Obwohl diese Bezeichnung der Werke der „Literatur, Wissenschaft und Kunst“ mithin etwas unglücklich erscheinen mag, ist diese vom internationalen Recht vorgeben und passt sich letztendlich auch der international gebräuchlichen Terminologie an.[99] Daher handelt es sich auch bei den Werken in den elektronischen Netzwerken in aller Regel um Werke der „Literatur, Wissenschaft und Kunst“. Eine Erweiterung oder Änderung dieses Begriffes ist nicht nötig, da im Wege der Auslegung auch neue Werkarten und -formen erfasst werden können. Im Übrigen würde eine solche Änderung auch dem internationalen Recht zuwiderlaufen. Alle Werke in den Datennetzen sind, sofern sie der Prüfung des Erfordernisses der persönlichen geistigen Schöpfung gereichen, daher ebenfalls dem Urheberrechtsschutz zugänglich.[100] Keinen Urheberrechtsschutz können hingegen technische Komponenten, Schaltungen und dergleichen erlangen. Diese sind dem Patentrecht zugewiesen.[101]

Indes besteht ein Urheberrechtsschutz auch im digitalen Umfeld der elektronischen Netzwerke nur dann, sofern die Voraussetzungen des § 2 UrhG erfüllt sind. Bei dem jeweiligen Schutzgegenstand muss es sich mithin um ein Ergebnis eines individuellen geistigen Schaffens seines Schöpfers handeln. Die große Anzahl der Schutzgegenstände in den elektronischen Netzwerken lassen sich hierbei in drei Kategorien unterteilen: Es handelt sich bei diesen um

- die netzunabhängigen Werke (I.), das heißt solche, die bereits bestehen und eigentlich unabhängig von den Datennetzen sind aber in den Netzwerken verwendet werden und Eingang in Online-Produkte gefunden haben,
- die netzbezogenen Werken (II.), das heißt solche, die ein Netz voraussetzen und darauf basieren beziehungsweise den Betrieb eines Netzes erst ermöglichen und
- die Datennetze selbst (III).

97 So z.B. Java-Applets, Router-Software, Bildschirmdisplays …
98 *Schack*, Urheber- und Urhebervertragsrecht, Rn 152.
99 Art. 2 RBÜ, Art. 1 WUA.
100 So auch *Schricker* in: *Schricker*, Urheberrecht auf dem Weg zur Informationsgesellschaft, S. 29 für Multimediawerke im allgemeinen.
101 *Loewenheim* in: *Loewenheim/Koch*, Praxis des Online-Rechts, S. 271.

I. Schutz bereits bestehender Werke (netzunabhängige Werke)

Bereits bestehende Werke können auf unterschiedlichste Art eine Verwendung im Netz finden. Sie können für sich allein genommen verwendet oder als Teile in Arbeiten integriert werden. Zum Beispiel können Texte und Graphiken, die bereits bestehen und einen urheberrechtlichen Schutz genießen, zur Gestaltung einer Webseite benutzt werde; aber auch bestehende Sprachwerke oder Werke der Musik können als e-Mail beziehungsweise als Anlage zur e-Mail übertragen werden. In den Datennetzen kann auch eine elektronische Darstellung von Werken der bildenden Kunst erfolgen oder ein Sammel- beziehungsweise Datenbankwerk online zugänglich gemacht werden. Der Schutz dieser Werke bestimmt sich hierbei nach den oben erwähnten Schutzvoraussetzungen. Angesichts der Verwendung bereits bestehender analoger Werke in Datennetzen stellt sich einerseits die Frage, ob die Einführung eines analogen Werkes in ein digitales Umfeld einen Einfluss auf dessen Werkfähigkeit hat (1.) und andererseits, wie der Werkbegriff nach unten abgegrenzt werden kann beziehungsweise wo die Grenze des urheberschutzfähigen Werkes zu ziehen ist (2.)

1. Die Digitalisierung

Um ein bestehendes analoges Werk in einem elektronischen Netzwerk nutzen zu können muss es zuvor digitalisiert werden. Hierbei wird ein einheitliches Datenformat begründet, welches es unter anderem ermöglicht, unterschiedliche Werkarten in einem Medium zusammenzufassen und daher auch geeignet erscheint, die Unterschiede zwischen den einzelnen Werkarten zu verwischen.

Indes betrifft die Digitalisierung nur die äußere Erscheinung eines Werkes und nicht etwa seine Gestalt als geistige Wesenheit.[102]. Der Informationsträger bestimmt jedoch nicht die Werkfähigkeit.[103] Dies bedeutet, dass die schutzbegründenden Merkmale eines Werkes bei der Digitalisierung mithin unberührt bleiben.[104]

---

[102] *Schricker* in: *Schricker*, Urheberrecht auf dem Weg zur Informationsgesellschaft, S. 28.

[103] So auch *Koch*, GRUR 1997, 417; *Tissot*, in: *Hity*, Information Highway, S.202; *Loewenheim*, GRUR 1996, 830, 831f.; *Müller-Hengstenberg*, NJW 1996, 1777, 1778; *Loewenheim* in: *Loewenheim/Koch*, Praxis des Online-Rechts, S. 283.

[104] *Koch*, GRUR 1997, 417.

2. Die Schutzschwelle des Urheberrechtsschutzes - Werkteilschutz und "kleine Münze"

Eine der größten Schwierigkeiten des Urheberrechts ist es, die Schnittstelle zum urheberschutzfähigen Werk zu fixieren. Die Grenze ist hierbei zwischen den kulturell bedeutenden beziehungsweise subjektiv-individuellen Werken sowie den objektiv-eigenartige Alltagsprodukte zu ziehen.

a) Werkteilschutz und Fragmentierung

Aber nicht nur das Werk als Ganzes, sondern auch dessen Werkteile sind unter der Voraussetzung, dass diese die Anforderungen des § 2 Abs. 2 UrhG einer persönlichen geistigen Schöpfung erfüllen, geschützt.[105] Aufgrund der Digitalisierung, die eine Fragmentierung der Werke in bisher ungekanntem Ausmaß und eine Ausbeutung der Werkteile ermöglicht, ergeben sich im Bereich des Werkteilschutzes neue Probleme.

Bisher liegt die Untergrenze des Schutzes bei dem als solchen noch hinreichend individualisierten Werkbruchstücks.[106] Mit Hilfe der Digitalisierung ist es aber zum Beispiel denkbar, dass ein Werk in einfachster Weise in kleine Fragmente, die sich einem Urheberrechtschutz entziehen, zerlegt wird, diese sodann frei übernommen und dann zu einer neuen Einheit zusammengefügt werden. Vereinzelt wird daher befürchtet, dass mittels dieser Vorgehensweise das Urheberrecht umgangen und der Urheberrechtsschutz untergraben wird. Daher wird zum Teil gefordert, dass in einem digitalen Umfeld auch kleinste Teile und Werkbruchstücke in den Genuss des Urheberrechts kommen sollen.[107] Ein derartiger Schutz einzelner Pixel oder Töne würde aber eine gravierende Absenkung des Schutzniveaus des Werkteilschutzes erfordern.

Bei diese Fragmenten handelt es sich aber schon gar nicht um Geistesschöpfungen, sondern vielmehr um Bausteine menschlicher Kommunikation. Diese sind aber nach dem Grundsatz der Freiheit der Ideen und Informationen nicht schutzfähig, sondern stets „*de libre parcours*". Auch im digitalen Kontext der elektronischen Netzwerke verschließen sich diese kleinste elementare Fragmente einem Schutz nach dem Urheberrecht, denn ein solcher würde zu einer Monopolisierung der Gedanken führen und ein Ende der kulturellen Freizügigkeit

---

[105] *BGH 21.05.1953* BGHZ 9, 262, 268 - Lied der Wildbahn I.

[106] *Schricker* in: *Schricker*, Urheberrecht auf dem Weg zur Informationsgesellschaft, S. 31.

[107] Vgl. bei *Schricker* in: *Schricker*, Urheberrecht auf dem Weg zur Informationsgesellschaft, S. 31; siehe auch *Becker*, ZUM 1995, 231, 242

bedeuten.[108] Ein Vorbeugen dieser systematischen Ausbeutungshandlungen lässt sich mit dem Urheberrecht daher grundsätzlich nicht erreichen. Sofern die Grenze der Tolerierbarkeit überschritten wird, sind diese systematischen Ausbeutungshandlungen aber mit dem Recht des unlauteren Wettbewerbs zu bekämpfen.[109]

b) Die „kleine Münze" im digitalen Umfeld der Netzwerke - Urheberrecht zwischen Kultur- und Industrierecht

In diesem Kontext stellt sich auch noch ein bekanntes Problem neu. Es handelt sich hierbei um die Einbeziehung der sogenannten „kleinen Münze" in den Schutzbereich des Urheberrechts, also von Schöpfungen, die nur ein äußerst geringes Maß an Individualität aufweisen. Diese Problem ist zwar keine Eigenart der elektronischen Netzwerke, denn die Einbeziehung der „kleinen Münze" in den Schutzbereich des Urheberrechts ist schon seit geraumer Zeit Gegenstand heftiger Meinungsstreitigkeiten (s.o. § 3 II 2.). Indes bieten die Forderungen der Kulturindustrie, auch digitale Alltagserzeugnisse niedrigster Schöpfung mit in den Schutzbereich des Urheberrechts einzubeziehen sowie insbesondere die in letzter Zeit intensiv geführte Diskussion über die Entwicklung des Urheberrechts von einem Kultur- hin zu einem Industrierecht genügend Anlass, den bisher eingeschlagenen Weg noch einmal zu überprüfen und auch kritisch zu überdenken.

Eine zu niedrige Schutzgrenze ist zur Bestimmung des urheberschutzfähigen Werkes kategorisch auszuschließen (s.o. § 4 I. 2. lit. a). Aber auch ein zu hohes Ansetzen des Schutzes, indem etwa die Schutzgrenze erst bei einem deutlichen Überragen gegenüber der Durchschnittsgestaltung gezogen wird,[110] ist ebenfalls nicht wünschenswert. Nur weniges ist nämlich überragend und stellt große Kunst dar; das meiste weist eben doch nur ein äußerst geringes Maß an Individualität auf und stellt „kleinen Münze" dar.[111]

Die Rechtsprechung verhält sich in dieser Diskussion zur Schutzschwelle uneinheitlich und differenziert zwischen Gebrauchswerken und anderen Schöpfungen. Dies führt dazu, dass einerseits anhand des Merkmals der Gestaltungshöhe eine qualitative Bewertung der Schöpfung vorgenommen wird und zum

---

108 *Schack*, Urheber- und Urhebervertragsrecht, Rn 166.
109 Ebenso *Schricker* in: *Schricker*, Urheberrecht auf dem Weg zur Informationsgesellschaft, S. 32.
110 Siehe *Erdmann*, GRUR 1996, 550, 551f.
111 Siehe auch Fromm/Nordemann (Nordemann/Vinck), § 2. Rn 19.

Teil sehr hohe Anforderungen an die Individualität gestellt werden.[112] Andererseits aber der Schutz des Urheberrechts großzügig an Schöpfungen erteilt wird, die nur einen „äußerst geringen Grad“ an Individualität[113] beziehungsweise „ein bescheidenes Maß an geistiger schöpferischer Tätigkeit“[114] aufweisen und „kleine Münze“ darstellen.

Von Teilen der Literatur wird diese niedrige Schutzschwelle des Urheberrechts kritisiert. Diese Autoren fordern schon seit langem den Ausschluss der „kleinen Münze“ aus dem urheberrechtlichen Schutzbereich.[115] Unter Betonung der traditionell kulturellen Funktion des Urheberrechts[116] wollen die Vertreter dieser Meinung einen Ausschluss der „kleinen Münze“ und deren eher industriellen Erzeugnisse[117] aus dem Schutzbereich des Urheberrechts erreichen. Diese sollen dem Wettbewerbsschutz oder einem Leistungsschutzrecht überlassen werden.[118]

Hiergegen wird jedoch unter anderem eingewandt, dass das Urheberrecht sich an den Wandel der kulturellen Produktion anpassen muss und als effizientes Schutzinstrument den neuen Kategorien individueller Geistesschöpfungen nicht versagt werden dürfe. Schließlich handele es sich bei dem Urheberrecht um kein Standesrecht und solle daher auch nicht unangemessen idealisiert werden.[119] Diese Auffassung führt zu einem eher wirtschaftsorientierten Verständnis des Urheberrechts, dessen Ziel es ist - ähnlich dem des angelsächsischen Copyright - , die kulturelle Entwicklung und vor allem den wirtschaftlichen Fortschritt zu fördern. Nach dieser Ansicht verstellt die traditionell-individualschutzrechtliche Auffassung des Urheberrechts den Blick darauf, dass das Urheberrecht auch dazu berufen ist dem Allgemeininteresse zu dienen. Das Allgemeininteresse mithin nicht nur Urheberrechtsschranke, sondern auch Schutzgrund des Urheberrechts ist und daher auch der wirtschaftlichen und kulturellen Entwicklung dienen sollte.[120]

---

[112] Vgl. etwa *BGH 21.11.1980*, GRUR 1981, 352 – Staatsexamensarbeit oder *BGH 17.04.1986*, GRUR 1986, 739 - Anwaltsschriftsatz.
[113] RGZ 81, 120, 123 - Kochrezepte; *BGH 15.11.1960*, GRUR 1961; 85, 87f. - Pfiffikus-Dose.
[114] *BGH 21.11.1991*,BGHZ 116, 136, 144 - Leitsätze.
[115] So etwa *Rehbinder*, Urheberrecht, Rn 51.
[116] Vgl. etwa *Schraube*, UFITA 61 (1971) 127, 143.
[117] *Rehbinder*, Urheberrecht, Rn 51.
[118] *Rehbinder*, Urheberrecht, Rn 51.
[119] Vgl. *Schricker*, GRUR 1992, 242, 244.
[120] *Schricker*, GRUR 1992, 242, 245f., 247.

In diese Richtung scheint auch die europäischen Rechtsentwicklung zu gehen, wie sie in den Richtlinien zum Schutz von Computerprogrammen (91/250/EWG)[121] und Datenbanken (96/6/EG)[122] sowie zuletzt am 10. Dezember 1997 in dem Richtlinienvorschlag zum Urheberrecht und verwandte Schutzrechte in der Informationsgesellschaft[123] geäußert wurde. In den bestehenden EG-Richtlinien wird jede „eigene geistige Schöpfung" als individuelles Werk anerkannt. Die Schutzfähigkeit von Computerprogrammen bemisst sich daher in Folge der Umsetzung der Richtlinie auch im deutschen Urheberrechtsgesetz mittlerweile gemäß § 69a Abs. 3 nach dem Kriterium der „eigenen geistigen Schöpfung", wobei nach § 69a Abs. 3 S. 2 zur Bestimmung der Schutzfähigkeit keine anderen Kriterien, insbesondere nicht qualitative oder ästhetische, anzuwenden sind. Dies führt dazu, dass alles geschützt ist, was überhaupt irgendeine Individualität aufweist. Die Schutzschwelle liegt mithin sehr niedrig. Diese einheitliche objektive Bestimmung der Schutzuntergrenze hat den Vorteil, dass derart eine Kohärenz geschaffen wird, die es vermeidet, für den Genuss der selben Ausschließlichkeitsrechte unterschiedliche Anforderungen an die jeweiligen Werktypen zu stellen.

Indes werden die unterschiedlichen Anforderungen an die jeweiligen Werktypen damit gerechtfertigt, dass die „Schöpfung" je nach Werkart und Werktyp in unterschiedlichster Art und Weise auftreten und mithin die Anforderungen an die Gestaltungshöhe bei einzelnen Werkarten durchaus unterschiedlich sein kann.[124] Dem ist aber nur bedingt zuzustimmen. Die Anforderungen an die „Schöpfung" können in der Tat bei der zweckfreien Kunst niedriger liegen als etwa bei gebrauchsbezogenen Werken. Jedoch wird die „Schöpfung" kaum jemals ihre Natur verändern, das heißt, es kann nicht sein, dass einige Werkarten anhand subjektiv-individueller und andere anhand von objektiv-einzigartigen Kriterien zu beurteilen sind. Diese von der deutschen Rechtsprechung konstant vorgenommene Unterscheidung lässt sich zwar im deutschen Urheberrecht - zumindest für die Computerprogramme - (noch) rechtfertigen[125]; letztendlich

---

121 Richtlinie 91/250/EWG des Rates vom 14. Mai 1991 über den Rechtsschutz von Computerprogrammen, ABl. EG Nr. L 122/42.

122 Richtlinie 96/9/EG des Europäischen Parlaments und des Rates vom 11. März 1996 über den rechtlichen Schutz von Datenbanken, ABl. EG Nr. I 77/20.

123 Vorschlag für eine Richtlinie des Europäischen Parlaments un des Rates zur Harmonisierung bestimmter Aspekte des Urheberrechts und der verwandten Schutzrechte in der Informationsgesellschaft vom 10.12.1997, KOM(97) 628 endg.

124 Vgl. insbesondere *Erdmann*, GRUR 1996, 550ff.

125 der deutsche Gesetzgeber hat bei der Umsetzung der europäischen Richtlinie, im Unterschied etwa zum französischen, nämlich nicht den Weg gewählt die Vorschriften in die vorhandene Systematik des Urheberrechts einzuordnen, sondern hat sie in eigene Abschnitte (§§ 69a ff. UrhG für den Schutz der Computerprogramme) umgesetzt. Während

wird aber auch das deutsche Urheberrechtsgesetz auf längere Sicht nicht mehr der europäischen Rechtsentwicklung standhalten können. Es ist auch nicht nachvollziehbar, warum die Schutzfähigkeit für einige Werkarten anhand objektiver und für andere anhand subjektiver Merkmale geprüft werden soll. Die Entwicklung hin zu einem einheitlich niedrigen objektiven Werkbegriff hat mit der Einbeziehung der Computerprogramme in den Schutzbereich des Urheberrechts begonnen, wurde bereits zweimal bestätigt[126] und scheint mittlerweile wohl unumkehrbar.

Obwohl diese Entwicklung der Rechtssicherheit sicherlich zuträglich ist, ist sie aber dennoch in mehrfacher Hinsicht bedauernswert. Fraglich ist nämlich schon, anhand welcher Kriterien der Begriff der „Schöpfung" im Falle eines Abschieds von der „unseligen Erfindung"[127] der subjektiven Gestaltungshöhe bestimmt werden soll. Alles zu schützen was überhaupt nur irgendeine Individualität aufweist, ist nicht gerade als Ausschlusskriterium geeignet. Als objektive Begriffe bleiben nur die „Einzigartigkeit", die „Neuheit", die „Anteriorität", die „Komplexität" oder die „erfinderische Tätigkeit". Mit diesen Begriffen assoziiert man aber eher die gewerblichen Schutzrechte als das Urheberrecht. Sie sind insoweit auch komplett ungeeignet, eine Schutzgrenze des Urheberrechts zu bestimmen. Die europäische Lösung der „eigenen persönlichen Schöpfung" mit ihrem Anwendungsverbot qualitativer und ästhetischer Kriterien lässt mithin grundsätzlich keinen Raum zur Bestimmung einer gewissen Schutzhöhe. Die Konsequenz dieser Entwicklung ist die Umkehrung des Regel-Ausnahmeverhältnisses. Der Urheberrechtsschutz als Regelfall und die Schutzfreiheit als Ausnahme hätten jedoch katastrophale Auswirkungen auf die wirtschaftliche Entwicklung und den kulturellen Fortschritt: Selbst wenn man nämlich davon ausgeht, dass das Interesse der Allgemeinheit an einem wirtschaftlichen und kulturellen Fortschritt tatsächlich auch zum Schutzgegenstand des Urheberrechts gehört, lässt sich dieser Fortschritt in der Praxis nicht unbedingt effektiv mit einem Absenken der Schutzgrenze des Urheberrechts erreichen. Je geringer nämlich der Gestaltungsspielraum wird, desto geringer gestaltet sich auch die kulturelle Freizügigkeit und die gesellschaftliche Entwicklung (s.o. § 5 I. 2.a). Es ist daher dem Fortschritt beziehungsweise der Entwicklung nicht unbedingt zuträglich, wenn alles und jedes urheberrechtlich geschützt wird. Dies

---

sich im französischen Recht also aufgrund dieser systematischen Wahl nur schwerlich eine Rechtfertigung für die „*originalité à géométrie variable*" finden lässt, ist dies in Deutschland daher noch möglich.

126 Vgl. die Richtlinie zum Schutz von Datenbanken (96/6/EG), a.a.O., sowie Art. 6 der Richtlinie 93/98/EWG des Rates vom 29. Oktober 1993 zur Harmonisierung der Schutzdauer des Urheberrechts und bestimmter verwandter Schutzrechte.

127 Fromm/Nordemann (Nordemann/Vinck), § 2. Rn 19.

würde das Urheberrecht auf einen reinen Vergütungsmechanismus der getätigten Investition reduzieren. Das Urheberrecht darf aber - gerade auch im Interesse der Allgemeinheit und des kulturellen und wirtschaftlichen Fortschritts - nicht zu einem Investitionsschutz verkommen. Ansonsten könnte die Eingangs beschriebene Gefahr der entwicklungsfeindlichen „Copyrightfundamentalisten" Realität werden, wobei Täter und Opfer hierbei dann weitgehend identisch wären. Darüber hinaus hätte eine derartige Entwicklung mit an Sicherheit grenzender Wahrscheinlichkeit auch einen geminderten Werkrespekt zur Folge[128] und würde die Akzeptanz des Urheberrechts in der Allgemeinheit unterminieren. Die Forderung der Industrie, Alltagserzeugnissen niedrigster Schöpfung mit in den Urheberrechtsschutz einzubeziehen, hätte mithin eine gravierende Devalorisierung des Urheberrechts zur Folge und erweist sich dem wirtschaftlichen und kulturellen Fortschritt daher auch als gegenläufig.

In der Tat erleichtert eine niedrige Schutzgrenze, wie bereits gesehen, nicht unbedingt die Aufgabe des Urheberrechts als Teil des Wirtschaftsrechts die kulturelle Produktion in ihrer ganzen Breite zu fördern.[129] Begrüßenswerterweise wurde dies im Übrigen auch durch die Enquête-Kommission des Deutschen Bundestages in ihrem zweiten Zwischenbericht zur Zukunft der Medien in Wirtschaft und Gesellschaft - Deutschlands Weg in die Informationsgesellschaft noch einmal festgestellt: Hiernach besteht kein Anlass die Schutzvoraussetzungen des § 2 Abs. 2 UrhG, als zentralen Schutzstandard des deutschen Urheberrechts inhaltlich abzusenken, will man nicht eine Fortentwicklung des Urheberrechts in Richtung Investitionsschutz herbeiführen, der einer Wettbewerbsordnung notwendig fremd sei.[130] Leider findet sich diese Stellungnahme nicht im Diskussionsentwurf des Bundesjustizministeriums (BMJ) eines Fünften Gesetzes zur Änderung des Urheberrechtsgesetzes[131] wieder. Es bleibt zu hoffen, dass dies nur darauf zurückzuführen ist, dass es primäres Anliegen war, „die Rege-

[128] Wobei dies bereits schon durch das digitale Umfeld der Netzwerke und der dadurch, auf einfachste Weise ermöglichten Manipulation (Digipulation) gefördert wird.

[129] So aber *Schricker* in: *Schricker*, Urheberrecht auf dem Weg zur Informationsgesellschaft, S. 45; *Nordemann*, anläßlich der öffentlichen Anhörung der 20. Sitzung der Enquête-Kommission des Deutschen Bundestages zur Zukunft der Medien in Wirtschaft und Gesellschaft - Deutschlands Weg in die Informationsgesellschaft am 27.01.1997, Wortprotokoll, S. 16.

[130] Vgl. Zweiter Zwischenbericht der Enquête-Kommission des Deutschen Bundestages zur Zukunft der Medien in Wirtschaft und Gesellschaft - Deutschlands Weg in die Informationsgesellschaft, BT-Drucksache 13/8110, 4.1.

[131] Diskussionsentwurf eines Fünften Gesetzes zur Änderung des Urheberrechtsgesetzes, BMJ [http://www.bmj.bund.de/misc/urh_98.htm].

lungen der WIPO-Verträge[132] möglichst schnell – d.h. unbelastet von kontroversen, den Ratifikationsprozess möglicherweise verzögernde Diskussionen – umzusetzen".[133]

Letztendlich kann festgestellt werden, dass nur qualitativ-wertende Gesichtspunkte herangezogen werden können, um den Begriff der „Schöpfung" mit Inhalt zu füllen[134] und eine gewisse Schutzhöhe festzulegen; das Urheberrecht sich aber hiervon, auf seinem eingeschlagenen Weg vom Kultur- zum Industrierecht, entfernt und immer mehr zu einem reinen Investitionsschutz verkommt. Sollte hiervon nicht abgesehen werden, so müsste dann auch in letzter Konsequenz eine begriffliche Kehrtwendung gefordert werden, so dass nicht mehr von einer „eigener persönlicher Schöpfung mit Anwendungsverbot", sondern von einem neuen, von der Persönlichkeit losgelösten und mithin wirklich objektiven Konzept auszugehen wäre. An dieser Stelle wird dann die volle Brisanz dieser Entwicklung ersichtlich. Schließlich würde ein von der Persönlichkeit losgelöstes objektives Konzept auch den deutschen Monismus des Urheberrechts in Frage stellen und ein tiefgreifendes Umdenken im Bereich des Urheberpersönlichkeitsrechts erfordern. Will man im Übrigen verhindern, dass die kulturelle „Produktion" und die wirtschaftliche Entwicklung zum Erliegen kommt, so ist diese anscheinend unumkehrbare Entwicklung auch nur dann begehbar, wenn dieser Ausdehnung des Schutzbereichs an anderer Stelle eine Schutzaufhebung gegenüber gestellt wird.[135]

Angesichts dieser Schwierigkeiten ist es daher fraglich, ob die wirtschaftlich relevanten aber kulturell bedeutungslosen Leistungen, sofern man sie überhaupt für schutzbedürftig hält, nicht doch eher einem de lege ferenda zu schaffenden, zeitlich und inhaltlich abgestuften Leistungsschutzrecht oder dem Wettbewerbsrecht überlassen werden sollten.[136] In der Tat erscheint dies die bessere und einfacherer Lösung zu sein. Ausschließlich wirtschaftlich relevanten aber kulturell bedeutungslosen Leistungen sollte mithin kein Urheberrecht gebühren.[137] Die Probleme des Urheberrechts auf dem Weg zur Informationsgesellschaft beziehungsweise der Prüfstand der elektronischen Netzwerke geben hierbei noch

---

132 WIPO Copyright Treaty (WCT) und WIPO Performance and Phonograms Treaty (WPPT) vom 20. Dezember 1996, deutsche Fassung nach Abl. EU Nr. C vom 30. Mai 1998 165/9.

133 Begründung des Diskussionsentwurf eines fünften Gesetzes zur Änderung des Urheberrechtsgesetzes, BMJ 3600/13 - 5300/98, A.I. [http://www.bmj.bund.de/misc/urh_98.htam].

134 Ebenso *Hoeren*, GRUR 1997, 866, 870.

135 Ebenso *Hoeren*, GRUR 1997, 866, 871.

136 Ebenso *Rehbinder*, Urheberrecht, Rn 51; *Schack*, Urheber- und Urhebervertragsrecht, Rn 264f.

137 *Schack*, ZUM 1990, 59, 61f.

einmal die Gelegenheit, den auf europäischer Ebene eingeschlagenen Weg des Urheberrechts zu überdenken.

II. Schutz netzbezogener Werke

Netzbezogene Werke sind in den Datennetzen in großer Anzahl anzutreffen. Man kann diese hierbei in Werke, die das Netz generieren und damit ein Betreiben eines Netzwerkes erst ermöglichen (1.) und solche die ein Netz voraussetzen und darauf basieren (2.) aufteilen. Im Folgenden soll die Urheberrechtsschutzfähigkeit dieser Werke untersucht und eine Einordnung dieser zum Teil neuartigen Werktypen in den vorhandenen Werkkatalog des Urheberrechtsgesetzes vorgenommen werden. Diese Zuordnung der Werke in eine bestimmte Werkkategorie ist mitunter von großer Bedeutung, da an die unterschiedlichen Werkarten auch unterschiedliche Rechtsfolgen geknüpft sein können, wie etwa die damit verbundenen unterschiedlichen vertragsrechtlichen Folgen.

1. Schutz netzgenerierender Werke

Die Konfiguration der in Netzwerken zusammengeschlossenen Rechner übernehmen Computerprogramme. Hierzu gehört insbesondere die Router-Software (s.o. § 2 1. lit.c). Diese Programme sind nach den Maßgaben der §§ 69a ff. UrhG geschützt. Natürlich muss es sich auch bei Computerprogrammen um persönliche geistige Schöpfungen handeln (s.o. § 4), wobei die Rechtsprechung[138] aufgrund der EG-Richtlinie vom 14.05.1991 über den Rechtsschutz von Computerprogrammen an die Individualität weitaus geringere Anforderungen stellt als sonst üblich (s.o. § 5 I. 2. lit.b). Ein Minimum an Individualität ist gemäß § 69a Abs. 3 UrhG für die Schutzfähigkeit von Computerprogrammen bereits schon ausreichend, denn diese werden geschützt werden, sofern „sie individuelle Werke in dem Sinne darstellen, dass sie das Ergebnis der eigenen geistigen Schöpfung ihres Urhebers sind".

Angesichts der Komplexität netzgenerierender Software und den zu ihrer Entwicklung nötigen analytisch-konzeptionellen Fähigkeit sowie des planerisch-konstruktiven Denkens kann in der Regel davon ausgegangen werden, dass derartige Programme den Anforderungen der §§ 69a Abs. 3, 2 Abs. 2 UrhG genügen und in den Genuss des Urheberrechtsschutzes kommen.[139] Das Computer-

[138] Vgl. insbes. *BGH* GRUR 1994, 39 - Buchhaltungsprogramm; *OLG Karlsruhe 13.06.1994*, GRUR 1994, 726 - Bildschirmmaske.

[139] So auch *Koch*, GRUR 1997, 417, 419f.; *Loewenheim*, in: *Loewenheim/Koch*, Praxis des Online-Rechts, S. 284f.

programm ist hiernach in all seinen Formen (Software oder integrierte Hardware) und Entstehungsphasen geschützt.

2. Schutz netzbasierter Werke

Die Netzwerke bieten einen neuen grenzenlosen Gestaltungsspielraum. Der beliebteste und mittlerweile am meisten verbreitete Werktyp in den Netzwerken ist die Webpage. Aber auch e-Mails, Java oder Javascript sind häufig anzutreffende netzbasierte Werktypen, die einem Urheberrechtsschutz zugänglich sein können.

a) Webseiten (Webpages)

Webseiten können sowohl nur aus Texten, Graphiken, Links oder Videoeinbettungen (...) als auch aus einer Kombination dieser Elemente bestehen. Eine eindeutige Einordnung der Webseiten in den vorhandenen Werkkatalog scheint angesichts dieser unterschiedlichen Ausdrucksmittel schwierig. Man könnte daher auch leicht dazu verleitet sein, die Webseiten als unbenannte Werkart einzuordnen oder kurzum die Schaffung einer neuen Werkkategorie „multimediale Werke" im § 2 Abs. 1 UrhG fordern. Eine Einordnung neuer Werktypen als „Innominatwerke" i.S.d. § 2 Abs. 1 UrhG („insbesondere") sollte aber bereits schon deswegen nur als ultima ratio vorgenommen werden, da an die unterschiedlichen Werkarten auch unterschiedliche Rechtsfolgen geknüpft sind. Auch die Schaffung einer neuen Werkkategorie im Katalog des § 2 UrhG sollte erst dann erwogen werden, sofern eine Zuordnung zu einer der vorhandenen Werkarten nicht vorgenommen werden kann.[140]

(i.) Sammel- beziehungsweise Datenbankwerk nach § 4 UrhG

Angesichts der möglichen Verknüpfung verschiedener Werke miteinander könnte man daran denken, die Webseite als Sammel- beziehungsweise Datenbankwerk zu qualifizieren.[141] Diese auf den ersten Blick bestechende Lösung krankt jedoch daran, dass dem zum Teil schöpferischen Charakter der Einzelbeiträge und der durch die gelungene Kombinierung dieser Elemente und deren

---

[140] Ebenso im Ergebnis *Nordemann*, anläßlich der öffentlichen Anhörung der 20. Sitzung der Enquête-Kommission des Deutschen Bundestages zur Zukunft der Medien in Wirtschaft und Gesellschaft - Deutschlands Weg in die Informationsgesellschaft am 27.01.1997, Wortprotokoll, S. 16 [http://www.bundestag.de/ftp/9000500a.htm] ; *Koch*, GRUR 1997, 417, 418; *Koch*, Urheberrecht an Homepages, NJW-CoR online [http://www.njw-cor.de/].

[141] Ebenso *Koch*, NJW-CoR online [http://www.njw-cor.de/].

Zusammenwirken entstandene Individualität der gesamten Seite keine Rechnung getragen wird.[142]

(ii.) Katalogwerk (§ 2 Abs. 1 UrhG) nach wertender Betrachtung

Unter diesem Aspekt des „Zusammenwirkens" einzelner Elemente drängt sich allerdings sofort die Parallele zum Filmwerk (§ 2 Abs. 1 Nr. 6 UrhG) auf. Die neuartige Webpage, also nichts anderes als das bereits 100-jährig bestehende Filmwerk ? Die Webpage als neue Art der Verknüpfung von Text, Musik, Bild und Technik unterscheidet sich jedoch in einem wesentlichen Punkt vom traditionellen Filmwerk: sie wird am Computer geschaffen.[143] Die Webpage ist daher allenfalls als eine neue, dem Filmwerk lediglich verwandte Werkart einzustufen.[144]

Eine derartige Einordnung der Webseite würde dieser jedoch insgesamt nicht gerecht und hätte eine uneinheitliche Einordnung zur Folge. In der Tat weisen nicht alle Webseiten diese Eigenschaften auf, die es ermöglichen, sie als „Gesamtkunstwerk" zu klassifizieren. Vielmehr erscheinen nur die wenigsten Webseiten als eine Nachbildung eines Bewegungsablaufs durch die Aneinanderreihung vieler, kurz hintereinander aufgenommener Einzelbilder. Bei den meisten Webseiten ist von einer „Typenverschmelzung" oder einem „Gesamtkunstwerk" nichts zu erkennen. Es ist vielmehr so, dass viele der im World Wide Web anzutreffenden Webseiten einzig und allein aus einem Text, einem Photo oder einer Graphik bestehen.

Denkbar wäre es hingegen die Webseiten jeweils der Werkart zuzuordnen, die dem Werk in wertender Betrachtung sein Gepräge gibt. Dies bedeutet, dass diejenigen Webseiten, die etwa eine Typenverschmelzung aufweisen, als eine dem Filmwerk verwandte Werkart und jene, die etwa besonders ausgefallen gestaltet und durch Signets, Bilder und einem eigenwilligen Hintergrundmuster auffallen, als Werk der bildenden Künste (§ 2 Abs. 1 Nr. 4 UrhG) einzuordnen wären.[145] Andere Webseiten ließen sich derart wiederum als wissenschaftlich-

---

142 Ebenso für Multimediawerke *Schricker*, in: *Schricker*, Urheberrecht auf dem Weg in die Informationsgesellschaft, S. 43.

143 Fromm/Nordemann (Nordemann/Vinck), § 2. Rn 79.

144 Zum "Multimediawerk" ebenso *Schricker*, in: *Schricker*: Urheberrecht auf dem Weg in die Informationsgesellschaft, S. 42ff.; *Loewenheim*, GRUR 1996, 830; *Schack*, Urheber- und Urhebervertragsrecht, Rn 217.

145 *Richter/Ferdinand*, Internet und Urheberrecht, 2.b [http://www.web-master.de/Recht.htm], in diese Richtung einer wertender Betrachtung auch *Fromm/Nordemann (Nordemann/Vinck)*, § 2. Rn 89.

technische Darstellung (§ 2 Abs. 1 Nr.7 UrhG) klassifizieren,[146] sofern sie in irgendeiner Weise der Unterrichtung oder Belehrung dienen.

Eine solche unterschiedliche Einordnung je nach Inhalt der Webseite würde aber zum Missbrauch einladen, denn eine Webseite könnte derart intentionell so gestaltet werden, dass möglichst viele Rechte gesichert werden.[147] Darüber hinaus würde eine solche Einordnung nach wertender Betrachtung auch der Webseite als eigenständiger Werktyp nicht gerecht. Bei einer Webseite handelt es sich nicht einfach nur um einen neuen Informationsträger. Vielmehr stellt sie einen eigenständigen Werktyp dar. Eine Einordnung der Webseite in den Werkkatalog kann daher auch nicht einfach anhand des jeweiligen Erscheinungsbildes am Bildschirmdisplay oder mittels Screenshots beurteilt werden.[148]

(iii.) Computerprogramm, §§ 2 Abs. 1 Nr.1, 69a ff. UrhG

Alle Webseiten haben eines gemeinsam, was sie von anderen Werktypen unterscheidet. Hierbei handelt es sich um den HTML-Code. Anhand der Hypertext Markup Language (HTML) werden Struktur und Inhalt sowie das Verhalten einer WWW-Seite festgeschrieben (s.o. § 2 I. 2. lit.a) iii.). Dieser "Source-Code" bestimmt mithin unter anderem an welcher Stelle der Seite eine Graphik eingefügt werden soll oder in welchem Format der Text erscheinen soll. Zum Teil wird daher davon ausgegangen, dass dieser Code programmartige Befehle enthält, durch welche die logische Struktur eines Internet-Dokuments definiert wird.[149] HTML wird folglich als Programmierung aufgefasst und die mit HTML erzeugten Webseiten als Computerprogramm eingeordnet.

Eine Legaldefinition des Computerprogramms findet sich weder im Urheberrechtsgesetz noch in der Richtlinie des Rates vom 14. Mai 1991 über den Rechtsschutz von Computerprogrammen (91/250/EWG) beziehungsweise in einem der Erwägungsgründe. Nach der DIN 44.300 Teil 4 Nr. 4.1.9 wird ein

---

[146] *Fromm/Nordemann (Nordemann/Vinck)*, § 2. Rn 89; *Koch*, GRUR 1997, 417, 418; *Koch*, Urheberrecht an Homepages, NJW-CoR online [http://www.njw-cor.de/]; *Loewenheim*, in: *Loewenheim/Koch*, Praxis des Online-Rechts, S. 287f.

[147] Ebenso für das „Multimedia-Werk“, Zweiter Zwischenbericht der Enquête-Kommission des Deutschen Bundestages zur Zukunft der Medien in Wirtschaft und Gesellschaft - Deutschlands Weg in die Informationsgesellschaft, BT-Drucksache 13/8110, 4.1. [http://www.bundestag.de/ftp/9000500a.htm]

[148] So aber anscheinend *LG Düsseldorf* 29.04.1998 – AZ 12 O 347/97[http://www.netlaw.de/urteile/lgd_3.htm].

[149] *Fromm/Nordemann (Nordemann/Vinck)*, § 69a. Rn 2; *Bechtold,* Der Schutz des Anbieters von Informationen - Urheberrecht und gewerblicher Rechtsschutz im Internet [http://www.jura.uni-tuebingen.de/~s-bes1/sem96/].

Computerprogramm „als eine nach den Regeln der verwendeten Sprache festgelegte syntaktische Einheit aus Anweisungen und Vereinbarungen" definiert, welches „die zur Lösung einer Aufgabe notwendigen Elemente umfasst".[150] In der Inkasso-Programm-Entscheidung hat der BGH unter Berufung auf diese Norm das Computerprogramm als „eine Folge von Befehlen, die nach Aufnahme in einen maschinenlesbaren Träger fähig sind zu bewirken, dass eine Maschine mit informationsverarbeitenden Fähigkeiten eine bestimmte Funktion oder Aufgabe oder ein bestimmtes Ergebnis anzeigt, ausführt oder erzielt" umschrieben.[151]

Indes handelt es sich bei HTML nicht um eine Programmiersprache im eigentlichen Sinn, sondern vielmehr um eine funktionale Beschreibungssprache beziehungsweise um eine formale Sprache zur inhaltlichen Strukturierung eines Textes.[152] Hierauf deutet im Übrigen auch schon der Name Hypertext Markup Language hin. Die hauptsächliche Funktion von HTML besteht im Text Markup, also der Markierung und Referenzierung von Texten. Insoweit ist HTML durchaus mit „*.doc-Dateien" vergleichbar, denn auch ein in Word gespeicherter Brief wird nicht deshalb zum Computerprogramm, weil er im doc-Format gespeichert wurde.

Selbst bei einer extensiven Begriffsauslegung des Computerprogramms, wie sie etwa der BGH in der „Inkasso-Programm-Entscheidung"[153] vorgenommen hat, unterscheidet sich HTML - wie bereits gesehen (§ 2 I. 2 lit. a iii.) - in wesentlichen Punkten von üblichen Programmiersprachen: so bedarf HTML etwa keinerlei Kompilation[154] und lässt sich auch im Textformat mittels eines Textverarbeitungsprogramms erstellen und verändern. Mit HTML ist es darüber hinaus unmöglich, ein Programm zu schreiben, welches in der Lage ist, einfachste mathematische Rechenarbeit, wie etwa addieren oder multiplizieren, zu leisten. Neben Variablen fehlt HTML auch noch eigene Kontrollstrukturen wie Schleifen oder bedingte Ausführungen. Hierbei handelt es sich aber um elementare Komponenten einer jeden Programmiersprache. Eine Einordnung der Webseiten als Computerprogramm ist daher abzulehnen.[155]

---

150 Zitiert bei *Lehmann*, Rechtsschutz und Verwertung von Computerprogrammen, S. 78.

151 *BGH 09.05.1958*, BGHZ 94, 276, 283 - Inkasso-Programm.

152 *Semken*, E-Mail vom 08.01.1999; vgl. auch *Semken*, in Netlaw-L Archives: September 1998 dort insbes.: [http://www.listserv.gmd.de/htbin/ wa.exe?A1=ind9809&L=netlaw-l#30].

153 *BGH 09.05.1958*, BGHZ 94, 276, 283 - Inkasso-Programm.

154 Insoweit auch technisch gar nicht möglich *Fromm/Nordemann (Nordemann/Vinck)*, § 69e. Rn 2, die Anwendung von § 69e UrhG auf Webseiten bejahend.

155 So im Ergebnis auch *Loewenheim*, in: *Loewenheim/Koch*, Praxis des Online-Rechts, S. 286.

(iv.) Ausdrucksform eines Computerprogramms, § 69a Abs. 2 S. 1 UrhG

Der für Computerprogramme gewährte Schutz gilt gemäß § 69a Abs. 2 S. 1 UrhG allerdings auch für alle Ausdrucksformen eines Computerprogramms. Diese Formulierung hat in der Rechtsprechung mitunter dazu geführt, dass auch Bildschirmmasken als Ausdrucksform eines Computerprogramms angesehen wurden.[156] Daher wird vereinzelt die Auffassung vertreten, dass auch Webpages als bildschirmbezogene Ausdrucksform eines Computerprogramms verstanden werden könnten.[157]

Gegen ein derartiges Verständnis des Computerprogramms spricht jedoch schon die Gesetzesformulierung des § 69a Abs. 2 UrhG. Dieser will nur das Programm selbst und seine Ausdrucksform schützen, das heißt das Programm als solches und nicht etwa das Ergebnis.[158] Ausdrucksform des Computerprogramms ist daher lediglich das Computerprogramm in Datenform, in ausgedruckter Form, in Form des Entwurfmaterials oder in Form des Source-Codes.[159] Die audiovisuelle Erscheinung einer Webseite auf dem Bildschirm, ist aber nur ein Ergebnis des Programmablaufes und ist als solches unter keinen Umständen vom Schutz des Computerprogramms umfasst.[160] Die Webpages sind mithin weder als Computerprogramm gemäß §§ 2 Abs. 1 Nr. 1, 69a ff UrhG noch als Ausdrucksform eines Computerprogramms einzuordnen.[161]

(v.) Sprachwerk nach § 2 Abs. 1 Nr. 1 UrhG

Bei HTML handelt es sich zwar um keine Programmiersprache und die Webseite ist daher als solche auch nicht als Computerprogramm einzuordnen. Indes könnte aber der die Eigenschaften der Webseite für den Browser beschreibende Source-Code als einfaches Sprachwerk zu qualifizieren sein.

Sprachwerke sind Schöpfungen, die mit sprachlichen Mitteln ausgedrückt sind oder wiedergegeben werden können,[162] gleichviel ob sie schriftlich niedergelegt sind oder nicht.[163] HTML folgt ebenfalls einem logischen Satzaufbau, unterscheidet sich aber von herkömmlichen Sprachen dadurch, dass die HTML-

---

156 *OLG Karlsruhe* GRUR 1995, 726, 728f. - Bildschirmmaske.
157 *Koch*, GRUR 1997, 417, 420; *Zscherpe*, MMR 1998, 404, 405.
158 Fromm/Nordemann (Nordemann/Vinck), § 69a. Rn 3.
159 Fromm/Nordemann (Nordemann/Vinck), § 69a. Rn 3.
160 *Saake*, in: *Götting*, Multimedia, Internet und Urheberrecht, S. 26.
161 Im Ergebnis so auch *OLG Düsseldorf 29.06.1999*, MMR 1999, 729, 730 - Zulässigkeit von Frames.
162 Fromm/Nordemann (Nordemann/Vinck), § 2. Rn 29.
163 *Rehbinder*, Urheberrecht, Rn 124.

Befehle von ihrer Erscheinung her nicht in Worten, sondern eher formelhaft auftreten. Anerkanntermaßen kann aber der Inhalt, der durch die Sprache transportiert wird, nicht nur durch Worte, sondern auch durch verschlüsselte Buchstaben, Symbole, Zahlen und Formeln geschehen.[164] Ein HTML-Dokument stellt mithin zumindest ein dem Sprachwerk ähnliches Werk dar. Dies ergibt sich auch schon aus der Entstehungsgeschichte der Markup Languages, die in erster Linie mit dem Ziel entwickelt wurden eine Sprache zu schaffen, die gleichermaßen für den Menschen und die Maschine verständlich sein sollte.

Die Webseite als HTML-Dokument ist mithin ähnlich dem Sprachwerk in § 2 Abs. 1 Nr. 1 UrhG einzuordnen. Dies bedeutet aber keinesfalls, dass die Webseite in ihrer Gesamtheit als Sprachwerk einzuordnen wäre. Vielmehr muss zwischen der Form der Webseite, die durch den HTML-Code bestimmt wird und dem Inhalt der Webseite, also etwa einer Graphik, eines Textes oder eines Musikwerkes, unterschieden werden. Die Seitenkonfigurierung beziehungsweise die Form, wird durch das HTML-Dokument bestimmt. Der Inhalt der Webseite ist aber von dem HTML-Dokument grundsätzlich gelöst zu beurteilen. Dies bedeutet, dass die in einer Webseite eingebetteten Elemente keinen Einfluss auf die Schutzfähigkeit der Webseite als solches haben und umgekehrt das HTML-Dokument keinen Einfluss auf die Schutzfähigkeit der verwendeten Elemente hat. Ein Autor einer Webseite kommt daher nicht schon deswegen in den Genuss des Schutzes, weil er ein Gedicht von Baudelaire mit einigen Markups versehen hat.

Gegen diese Unterscheidung zwischen dem HTML-Dokument einerseits und den verwendeten Elementen andererseits kann zwar angebracht werden, dass es immer möglich sei, ein Werk in Einzelteile zu zerlegen. Vorliegend geht es allerdings nicht darum, ein Werk zu zerlegen, sondern es handelt sich ganz offensichtlich um zwei unterschiedliche Werktypen, die nicht untrennbar miteinander verbunden sind. Dies soll anhand einiger HTML-Zeilen noch einmal verdeutlicht werden:

```
<HTML>
<P ALIGN="CENTER"><IMG SRC="image/beispiel.jpg"
 WIDTH=365 HEIGHT=305></P></BODY>
</HTML>
```

Anhand dieser drei Zeilen lässt sich eine Graphik – vorliegend „beispiel.gif“ – mit der Breite von 365 und der Höhe von 305 Pixel in der Mitte einer Webseite einfügen und die Gestaltung in der Mitte des Fensters festlegen. Die Graphik befindet sich in diesem Fall auf dem Server im Verzeichnis „image“. Will man

[164] Vgl. *Schack*, Urheber- und Urhebervertragsrecht, Rn 172.

also eine Graphik auf einer Webseite einfügen, so erscheint diese Graphik grundsätzlich nicht im HTML-Dokument selbst. Vielmehr wird im HTML-Dokument nur der Standort der einzufügenden Graphik angeben, so dass diese dann durch den Browser an der bestimmten Stelle auf der Webseite eingefügt werden kann.[165] Das vorliegende HTML-Dokument, dürfte wohl kaum der Anforderung des § 2 Abs. 2 UrhG „einer persönlichen geistigen Schöpfung" genügen, denn es ist schlichtweg banal. Dies schließt es aber eben gerade nicht aus, dass die Graphik gestalterisch äußerst anspruchsvoll sein kann. Beide Elemente, HTML-Dokument und Graphik, sind leicht und eindeutig zu trennen. Die vorgebrachte Kritik ist mithin verfehlt und beruht auf dem Gedanken, dass eine Webseite nur als Erscheinungsbild beziehungsweise Screenshot existiert.

Nicht jedes HTML-Dokument muss jedoch banal sein. Die Hypertext Markup Language bietet aufgrund ihrer zahlreichen Markups, in der Regel genügend Raum für eine individuelle Gestaltung einer Webseite, wobei das HTML-Dokument die Grundlage für die gelungene Kombination der in der Webseite verwendeten Einzelelemente darstellt. Abschließend kann daher festgestellt werden, dass HTML-Dokumente einem Urheberrechtsschutz ähnlich dem eines Sprachwerkes (§ 2 Abs. 1 Nr. 1 UrhG) grundsätzlich zugänglich sind, während die in den Webseiten verwendeten netzbasierten oder netzunabhängigen Elemente (Text, Graphik ..) jeweils einzeln auf ihre Schutzfähigkeit untersucht werden müssen. Die Webseite in ihrer Gesamtheit lässt sich ihrerseits als eine Werkverbindung qualifizieren,[166] denn die einzelne Elemente einer Webseite sind nicht untrennbar miteinander verschmolzen. Ergänzend sei in diesem Zusammenhang noch darauf hingewiesen, dass es bei § 9 UrhG unerheblich ist, ob es sich bei den verbundenen Werken um selbständige Werke desselben Urhebers oder mehrerer Urheber handelt.[167]

Die Forderungen nach einer Einfügung einer neuen Werkart in den Werkkatalog, in welcher festgestellt werden soll, dass ein Werk auch aus der Verschmelzung von Elementen bestehen kann, die verschiedenen Werkskategorien angehören[168] beziehungsweise die Forderungen[169] nach einer Ergänzung des § 2 UrhG durch einen Abs. 3 mit dem Wortlaut:

---

[165] Die einzufügende Graphik o.ä. kann hierbei eine externe Ressource sein, die sich nicht auf dem eigenen Server, sondern zum Beispiel irgendwo im WWW befindet.

[166] In diese Richtung auch *Rehbinder*, Urheberrecht, Rn 162, allerdings nur auf „Multimediawerke" bezogen.

[167] Vgl. Fromm/Nordemann (Nordemann), § 9 Rn 3.

[168] So *Schricker* in: in: *Schricker*, Urheberrecht auf dem Weg zur Informationsgesellschaft, S. 49f.

[169] So *Klett*, Urheberrecht im Internet aus deutscher und amerikanischer Sicht, S. 46.

„Werke im Sinne dieses Gesetzes auch sind solche Schöpfungen, die aus untrennbaren Teilen bestehen, welche sich verschiedenen Werkkategorien nach Abs. 1 zuordnen lassen“

mögen für die sogenannten „Multimediawerke“ sinnvoll sein.[170] Indes sind sie für Webseiten, die sich zwar ebenfalls mehrerer Ausdrucksmittel bedienen, deren Elemente aber stets selbständig verwertbar bleiben und nicht untrennbar miteinander verschmolzen sind, abzulehnen.

b) Websites

Die einzelnen Webseiten können mittels Hyperlinks zu einem zusammengehörigen Ganzen verbunden werden. Diese sogenannten Websites werden von den Benutzern in der Regel über die Homepage als Einstiegsseite betreten. Wie bereits gesehen können die einzelnen Komponenten der Webseiten schutzwürdig sein. Fraglich ist nunmehr, ob auch der Zusammenschluss dieser Webpages und der in ihr verwendeten Elemente zu einem Website einen urheberrechtlichen Schutz genießen können. [171]

Ein Website enthält alle zur Gestaltung der einzelnen Webpages verwendeten Dokumente, das heißt sowohl die HTML-Dokumente als auch die Graphik-Dateien (*.gif, *.jpg oder *.bmp ...), Video- und Audiodateien usw. Die Website stellt mithin eine Sammlung aller zur Gestaltung der einzelnen Webpages verwendeten Dokumente dar. In Betracht käme daher ein Schutz als Sammel- beziehungsweise Datenbankwerk gemäß § 4 UrhG.[172] Gemäß Art. 3 Abs. 1 der Datenbank-Richtlinie sind Sammlungen als Sammel- beziehungsweise Datenbankwerke geschützt, wenn sie aufgrund ihrer Auswahl oder Anordnung des Stoffes eine eigene geistige Schöpfung ihres Urhebers darstellen, wobei eine Beurteilung der Qualität oder des ästhetischen Wertes der Datenbank ausgeschlossen ist. Der deutsche Gesetzgeber hat diese Formulierung jedoch nicht in § 4 UrhG übernommen. Der Art. 3 Abs. 1 RL 96/9/EG liegt der seit dem 01.01.1998 geltenden Neufassung (durch Art. 7 IuKDG[173]) des § 4 UrhG nur zugrunde. Der Werkbegriff des § 4 UrhG, ergibt sich daher grundsätzlich weiterhin aus dem § 2 Abs. 2 UrhG. Ob dies nun bedeutet, dass der deutsche Gesetzgeber den § 2 Abs. 2 UrhG mit dem Werkbegriff der Datenbank-Richtlinie

---

170 So *Schricker* in: *Schricker*, Urheberrecht auf dem Weg zur Informationsgesellschaft, S. 49f.

171 Für einen Schutz ohne jedoch vertieft darauf einzugehen: *Koch*, Urheberrecht an Homepages, NJW-CoR online [http://www.njw-cor.de/].

172 Ebenso *Zscherpe*, MMR 1998, 404, 405.

173 Gesetz zur Regelung der Rahmenbedingungen für Informations- und Kommunikationsdienste (IuKDG) vom 22. Juli 1997, BGBl. 1997 I S. 1870.

gleichsetzt[174] oder aber ähnlich der Computer-Richtlinie, die Ausstrahlung der notwendigen Sonderregelungen auf das „klassische Urheberrecht“ durch Zusammenfassung in einem eigenen Abschnitt (Zweiter Teil - Sechster Abschnitt) verhindern wollte, kann vorliegend dahingestellt bleiben, da Grenzfälle eher selten sein dürften. Die Anordnung einer Website verlangt in der Regel nämlich eine individuell gestaltete Konzeption des Informationszugangs. Dies verlangt aber bereits schon mehr als nur ein äußerst geringes Maß an Individualität.[175] Jeder wird die einzelnen HTML-Dokumente hierarchisch unterschiedlich anordnen, je nach Inhalt und gewünschter Wirkung der Information. Die einzelnen Dokumente werden gewissermaßen modelliert. Die folgenden Darstellungen, sollen einige Modelle veranschaulichen:

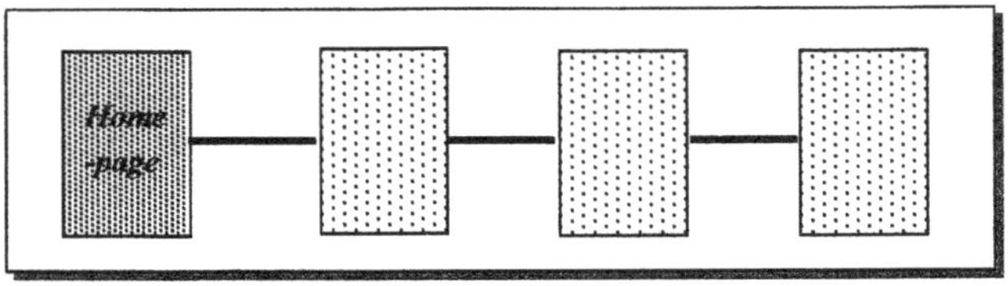

Abb. 5: Lineare Struktur einer Website
Quelle: Eigene Darstellung

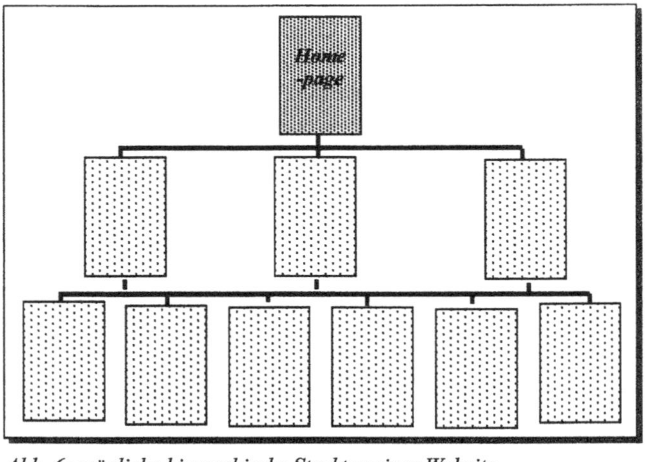

Abb. 6: mögliche hierarchische Struktur einer Website
Quelle: Eigene Darstellung

---

[174] So Fromm/Nordemann (Nordemann), § 4. Rn 3.
[175] In diese Richtung auch *Köhler*, ZUM 1999, 548 ff.

Nur in den Fällen bei denen Websites einem bereits vorgegebenen Ordnungsprinzip folgen oder reine Zusammenstellungen mit Vollständigkeitsanspruch darstellen sind diese nicht mehr von dem Werkbegriff der Datenbank-Richtlinie erfasst.[176] Hersteller derartige Websites, die keinerlei kreativen Beitrag enthalten, können aber seit der Umsetzung der Datenbank-Richtlinie unter Umständen in den Genuss des Schutzrechtes sui generis gemäß § 87b UrhG (Art. 7 Richtlinie 96/9/EG) kommen.[177]

c) Schutz sonstiger netzbezogener Werktypen

Im Folgenden sollen noch einige der wichtigsten netzbezogenen Werktypen behandelt werden. Diese Untersuchung muss aber angesichts der Vielfalt der neuen Werktypen notwendig unvollständig bleiben.

(i.) Search-Engines und Knowbots

Die Search-Engines oder Suchmaschinen sind ein wichtiger Bestandteil der internationalen Datennetze. Sie ermöglichen es, einzelne Webseiten oder gesamte Websites einfach aufzufinden. Mit ihrer Hilfe ist es aber zum Beispiel auch möglich, einen FTP-Server oder eine e-Mail Adresse ausfindig zu machen. Diese Suchdienste beschaffen sich ihre Informationen entweder durch freiwillige Angaben der Nutzer oder in den meisten Fällen durch das Aussenden von Knowbots. Hierbei handelt es sich um kleine Programme, die selbständig in der Lage sind, Informationen zu beschaffen und zu sammeln. Diese durch die Knowbots gesammelten Informationen werden in der Regel automatisch erstellt und sind als solche daher grundsätzlich weder als Sammel- noch als Datenbankwerk i.S.d. § 4 UrhG schutzfähig. Allerdings können die Betreiber der Search-Engine seit der Umsetzung der Richtlinie 96/9/EG des Europäischen Parlaments und des Rates vom 11. März 1996 über den rechtlichen Schutz von Datenbanken durch Art. 7 IuKDG in den Genuss eines Leistungsschutzrecht für diese gesammelten Daten gemäß §§ 87a ff. UrhG kommen. Durch die europäische Richtlinie wurde für den Datenbankhersteller ein Schutzrecht sui generis geschaffen, welches ihm nunmehr gemäß § 87b UrhG das ausschließliche Recht vorbehält, die Datenbank insgesamt oder einen nach Art und Umfang wesentlichen Teil der Datenbank zu vervielfältigen, zu verbreiten und öffentlich wiederzugeben, wobei dies gemäß Absatz 1 Satz 2 auch für unwesentliche Teile der Datenbank gilt, sofern die Handlung einer normalen Auswertung der Datenbank

176 Vgl. Fromm/Nordemann (Nordemann), § 4. Rn 3.

177 So auch *Köhler*, ZUM 1999, 550 f.; Bechtold, Der Schutz des Anbieters von Informationen - Urheberrecht und gewerblicher Rechtsschutz im Internet [http://www.jura.uni-tuebingen.de/~s-bes1/sem96/].

zuwiderläuft oder die berechtigten Interessen des Datenbankherstellers unzumutbar beeinträchtigen würde. Dieser Investitionsschutz der Beschaffung, Überprüfung oder Darstellung des Inhalts einer Datenbank rechtfertigt sich nach den Erwägungsgründen 8, 9 und 40 der Datenbankrichtlinie damit, dass die Datenbanken Investitionen erheblicher menschlicher, technischer und finanzieller Mittel verlangen, während sie zu einem Bruchteil der zu ihrer unabhängigen Entwicklung erforderlichen Kosten kopiert oder abgefragt werden können und diese unerlaubte Entnahme und/oder Weiterverwendung des Inhalts einer Datenbank eine schwerwiegende Handlung mit wirtschaftlichen und technischen Folgen darstellen würde.

Voraussetzung für diesen sui generis Schutz ist jedoch, dass es sich bei dem von den Search-Engines generierten Ergebnis tatsächlich um Datenbanken handelt. Nach der Legaldefinition des § 87a Abs. 1 S. 1 UrhG sind Datenbanken eine Sammlung von Werken, Daten oder anderen unabhängigen Elementen, die systematisch oder methodisch angeordnet und einzeln mit Hilfe elektronischer Mittel oder auf andere Weise zugänglich sind. Diese Definition findet sich im Übrigen, auch noch einmal im § 4 Abs. 2 UrhG wieder. Die von den Knowbots gesammelten Daten werden als maschinell verwaltete Mengen gesammelt, in redundanzfreien Tabellen angeordnet und über ein Abfrage und Ordnungsmodell dem Benutzer zugänglich gemacht. Insoweit sind sie systematisch oder methodisch angeordnet[178] und stellen mithin eine Datenbank i.S.d. Urheberrechtsgesetzes dar. Sie sind daher grundsätzlich gemäß § 87b UrhG vor einer Entnahme und Weiterverbreitung im Wesentlichen geschützt.[179]

Die Knowbots als solche könnten als Datenbanksoftware und mithin als Bestandteil der Datenbank möglicherweise ebenfalls in den Genuss des Schutzes der §§ 87a ff. UrhG kommen. Der § 4 Abs. 2 S. 2 UrhG, der auf den Erwägungsgrund 23 der Richtlinie zurückzuführen ist, sieht jedoch vor, dass der Begriff „Datenbank" nicht auf die für die Herstellung oder den Betrieb einer Datenbank verwendete Computerprogramme anzuwenden ist. Die Knowbots, als zur Herstellung der Datenbank notwendigen Programme, sind daher nicht als Datenbank, sondern als von der Datenbank unabhängige Computerprogramme gemäß §§ 69a ff. UrhG geschützt.[180]

---

[178] Fromm/Nordemann (Hertin), § 87a. Rn 4.

[179] *Nordemann, Czychowski*, Urheberrecht in globalen Netzen, V. 7. [http://www.gen.com/ihnolaura/copyright.html]; *Bechtold,* Der Schutz des Anbieters von Informationen - Urheberrecht und gewerblicher Rechtsschutz im Internet [http://www.jura.uni-tuebingen.de/~s-bes1/sem96/]; *Fromm/Nordemann (Hertin)*, § 87a. Rn 3.

[180] Ebenso *Koch* GRUR 1997, 417, 422.

Nicht alle Suchdienste verfahren mit den gesammelten Daten aber auf gleiche Art und Weise. So gibt es Dienste, welche die gesammelten Informationen einfach unbehandelt in einer Datenbank dem Nutzer zur Abfrage über eine Suchmaske bereithalten[181] und solche, die nach sorgfältiger Untersuchung, der in einer Datenbank gesammelten Informationen, eine Art Branchenverzeichnis, anlegen.[182] Während die Hersteller ersterer in den Genuss eines Leistungsschutzrechtes gemäß der §§ 87a ff. UrhG kommen können (s.o.), bleibt ihnen ein Urheberrecht verwährt. In der Tat handelt es sich bei diesen Diensten - wie bereits gesehen - um eine rein automatische Sammlung der Daten, bei denen eine Auswahl oder Anordnung, mithin eine persönliche geistige Schöpfung, in der Regel unterbleibt. Die Daten werden vielmehr ohne eigene Auslese und eigenschöpferischer Leistung zusammengestellt.[183] Im zweiten Fall gestaltet sich dies hingegen etwas anders. Hier wird eine zumeist qualitative Auswahl getroffen und eine themenorientierte Anordnung der generierten Ergebnisse vorgenommen. Sofern diese nicht ganz banal ist und nur als Etat (bildliche Bestandsaufnahme) der Datenbank semi-automatisch generiert wird, sind die Ergebnisse dieser Search-Engines daher als Sammelwerk beziehungsweise Datenbankwerk gemäß § 4 Abs. 2 UrhG einzuordnen. Die in dem Datenbankwerk enthaltenen schutzlosen Daten werden ihrerseits unter den Voraussetzungen des § 87b Abs. 1 UrhG vor der Entnahme und Weiterverwertung geschützt.

(ii.) Einzelne Verweisungsstrukturen (Hyperlinks) sowie Linksammlungen

Hyperlinks sind logische Verknüpfungen und haben in der Regel nur rein funktionalen, nicht individuell-schöpferischen gestalteten Charakter (s.o. § 2 I 2. lit.a ii.) und sind einem Urheberrechtsschutz daher auch nicht zugänglich.[184] Etwas anderes gilt jedoch für Linksammlungen, welche aus einer Auswahl einzeln zusammengestellter Hyperlinks bestehen. Diese Linksammlungen erfordern zum Teil eine gewisse geistige Anstrengung hinsichtlich der Linkauswahl, der Aktualisierung und der Anordnung der Links in ein attraktives und übersichtliches System mit möglichen Kommentierungen.[185] In solchen Fällen liegt in der Regel eine persönliche geistige Schöpfung vor und die Hersteller von Linksammlun-

---

181 So z.B. Altavista oder Lycos.

182 So z.B. Yahoo oder Nomade.

183 Ebenso *Koch* GRUR 1997, 417, 422.

184 Ebenso *Koch*, GRUR 1997, 417, 420; *Nordemann/Fromm* (*Nordemann/Vinck*), § 69a Rn 2; *Loewenheim*, in: *Loewenheim/Koch*, Praxis des Online-Rechts, S. 287f.; *Schwarz*, in: *Schwarz*: Recht im Internet, S. 5; *Zscherpe*, MMR 1998, 404, 405.

185 *Laga*, JurPC Web-Dok. 25/1998, Abs.14 [http://www.jura.uni-sb.de/jurpc/aufsatz/19980025.htm].

gen können als Urheber von Sammel- beziehungsweise Datenbankwerk gemäß § 4 UrhG geschützt werden.[186]

Aber nicht alle im WWW anzutreffenden Linksammlungen genügen den Anforderungen einer „persönlich geistigen Schöpfung". Sofern die Linksammlungen wahllos oder nur auf Vollständigkeit bedacht zusammengestellt sind, erfüllen sie die Voraussetzungen des § 2 Abs. 2 UrhG nicht. Aber auch diese Linksammlungen sind nicht unbedingt frei von Rechten, denn die Hersteller dieser Zusammenstellungen können unter Umständen in dem Genuss eines Leistungsschutzrechtes sui generis gemäß § 87b UrhG sein.[187]

(iii.) Java

Bei Java handelt es sich um eine von Sun Microsystems entwickelte objektorientierte Programmiersprache. Anhand kleiner Computerprogramme (Applets) lassen sich etwa ein Nachrichtenticker oder eine Uhr in die Webseite einfügen. In Betracht kommt konsequenterweise daher nur ein Schutz als Computerprogramm.[188] Es ist hierbei jedoch zu beachten, dass es sich bei Java-Applets mitunter um kleine und einfache Programme handeln kann, denen im Einzelfall sogar der Schutz der „kleinen Münze" verschlossen bleiben kann.

(iv.) Javascript

Im Gegensatz zu Java handelt es sich bei Javascript um keine reine Programmiersprache, sondern um eine Skriptsprache zur Verbesserung des Funktionsumfangs von HTML. Allerdings stellt auch diese Skriptsprache eine Programmiersprache dar, so dass auch die in Javascript geschriebenen Computerprogramme unter die §§ 2 Abs. 1 Nr. 1, 69a ff. UrhG einzuordnen sind.

Fraglich ist, ob diese Einordnung nicht auch Auswirkungen auf die Einordnung eines HTML-Dokumentes hat. Im Unterschied zu anderen inhaltlichen Elementen einer Webseite, welche im HTML-Dokument nicht selbst enthalten

---

[186] Ebenso *LG Köln* vom 12.05.1998 (28 O 216/98) - Linksammlung als Datenbank [http://www.online-recht.de/vorent.html?LGKoeln980512 +auswahl=1&st_num=1&case]; *Nordemann*, *Czychowski*, Urheberrecht in globalen Netzen, V. 3. [http://www.gen.com/ihnolaura/copyright.html]; *Bechtold,* Der Schutz des Anbieters von Informationen - Urheberrecht und gewerblicher Rechtsschutz im Internet [http://www.jura.uni-tuebingen.de/~s-bes1/sem96/].

[187] Fromm/Nordemann (Nordemann/Vinck), § 2. Rn 89.

[188] *Koch*, NJW-CoR 1999, 252, 253; *Bechtold,* Der Schutz des Anbieters von Informationen - Urheberrecht und gewerblicher Rechtsschutz im Internet [http://www.jura.uni-tuebingen.de/~s-bes1/sem96/].

sind, findet sich ein in Javascript geschriebenes Programm direkt im HTML-Dokument wieder. Man könnte daher daran denken, dass ein mit Javascript angereichertes HTML-Dokument ebenfalls als Computerprogramm eingestuft werden muss. Dies würde dann grundsätzlich bedeuten, dass sobald ein HTML-Dokument mit Javascript angereichert wurde, dessen Individualität nicht mehr anhand von subjektiven Merkmalen festgestellt werden darf, sondern insgesamt anhand des § 69a Abs. 3 UrhG zu beurteilen ist. Ein in Javascript geschriebenes Programm lässt sich aber, obwohl es direkt im HTML-Dokument enthalten ist, klar von diesem unterschieden und trennen. Der Anfang und das Ende eines in Javascript geschriebenen Programms wird im HTML-Dokument nämlich folgendermaßen markiert: <script language="JavaScript"> ... </script> markiert. Eine Verschmelzung im eigentlichen Sinne findet also nicht statt. Folgerichtig hat das in Javascript geschrieben Programm auch keinen Einfluss auf die Einordnung des HTML-Dokumentes. Ein mit Javascript angereichertes HTML-Dokument ist demnach weiterhin als Sprachwerk nach § 2 Abs. 1 Nr.1 einzuordnen. Das in Javascript geschriebene Programm selbst ist hingegen, sofern es die Schutzvoraussetzungen erfüllt, als Computerprogramm, §§ 2 Abs. 1 Nr.1, 69a ff. UrhG einzuordnen.

(v.) Animated Gifs

Animated Gifs sind animierte Grafiken im GIF-Format, die aus mehreren Einzelbildern zusammengesetzt sind. Durch diese Aneinanderreihung von Einzelbildern wird ein Bewegungsablauf nachgebildet. Es ist daher daran zu denken, die Animated Gifs als Filmwerke in den § 2 Abs. 1 Nr. 6 UrhG einzuordnen.[189] Problematisch hierbei ist allerdings die schöpferische Natur der Animated Gifs. Das Filmwerk drückt seinen geistigen Inhalt in einer Bildfolge auf der Fläche aus.[190] Das bedeutet, dass zur individuellen schöpferischen Gestaltung, filmische Gestaltungsmittel (z.B. besondere Kameraführung ...) gezielt eingesetzt werden müssen.[191] Die Herstellung von Animated Gifs gestattet es aber nicht, individuell in die Gestaltung einzugreifen. Ein dramatisches Element lässt sich zum Beispiel mit Animated Gifs nicht realisieren. Vielmehr ist man bei der Herstellung darauf beschränkt, einzelne Bilder aneinander zu reihen. Mangels einer „persönlich geistigen Schöpfung" handelt es sich bei Animated Gifs daher in der Regel nur um Laufbilder. Der Hersteller von Animated Gifs kann demnach grundsätzlich nicht in den Genuss des Urheberrechts kommen, sondern erhält allenfalls nur ein Leistungsschutzrecht nach § 95 UrhG.

---

[189] So für „im Internet anzutreffende Fotoclips": *Zscherpe*, MMR 1998, 404, 405.

[190] *Rehbinder*, Urheberrecht, Rn 144.

[191] Vgl. *Schack*, Urheber- und Urhebervertragsrecht, Rn. 652f.

(vi.) Netzbezogene Programme

Browser-Software, e-Mail-Programme sowie IRC-Software, um nur einige zu nennen, weisen einen gewissen Einfallsreichtum auf und sind nur anhand planerisch-konstruktiven Denkens herstellbar. Sie sind daher in der Regel als Computerprogramm nach den §§ 69a ff. UrhG geschützt.[192]

(vii.) E-Mails

Bei den e-Mails (electronic mails) handelt es sich um nichts anderes, als um elektronische Briefe und mithin um Sprachwerke (§ 2 Abs. 1 Nr.1 UrhG).[193] Briefe werden nach der ständiger Rechtsprechung jedoch nur geschützt, sofern sie sich von üblichen Mitteilungen, das heißt der Masse des Alltäglichen abheben und ein literarisch-geistiges Gepräge aufweisen.[194] Dies trifft aber auf die Mehrzahl der verschickten Mails in der Regel nicht zu. Im weiteren gilt es noch zu berücksichtigen, dass ein urheberrechtlich geschütztes Werk, welches als Attachement an das Mail angeheftet wird (etwa eine Textdatei, eine Graphik oder eine Audio- oder Videodatei), keinen Einfluss auf die Schutzfähigkeit der eigentlichen Mail hat. Deren Schutzfähigkeit ist jeweils getrennt zu prüfen, wobei dies natürlich auch im umgekehrten Fall gilt.[195]

(viii.) Newsgroups und Mailinglists

Bei den Newsgroups und Mailinglists gilt es zwischen den einzelnen Beiträgen und den Beiträgen in ihrer Gesamtheit zu unterscheiden. Ferner gilt es noch die Besonderheit der „Threads" zu berücksichtigen.

· *Einzelne Beiträge*

Bei den Beiträgen in den Newsgroups beziehungsweise Mailinglists handelt es sich um einzelne elektronische Beiträge in Form von e-Mails, die entweder einem abonnierten Nutzer mittels eines Verteilungscomputers sofort an seine e-Mail-Adresse übermittelt und zugestellt werden (Mailinglist) oder auf einem Newsserver gespeichert werden und von dort von beliebigen Nutzer abgerufen werden können (Newsgroup). Für diese Beiträge gilt das zu den e-Mails Gesagte: Sie sind als Briefe geschützt, sofern sie sich von üblichen Mitteilungen abhe-

---

[192] Siehe auch Fromm/Nordemann (Nordemann/Vinck), § 69a. Rn 2.

[193] So auch *Wendel*, Urheberrecht im Internet, 3. [http://www.ra-dr-d-wendel.de/parts/download/inturh.txt]; *Zscherpe*, MMR 1998, 404, 405

[194] Vgl. etwa *BGH 22.12.1959*, BGHZ 31, 308, 311 - Alte Herren; *RG 07.11.1908*, RGZ 69, 401, 409 - Nietzsche-Briefe.

[195] Siehe zur Nutzung von e-mails auch *Heermann*, MMR 1999, 3.

ben. Ob dies der Fall ist, bleibt aber auch hier eine Frage des Einzelfalls. Allenfalls kann gesagt werden, dass in einigen Newsgruppen beziehungsweise Mailinglisten ernsthafte Auseinandersetzungen über verschiedene wissenschaftliche, kulturelle oder politische Themen stattfinden und dass diese Beiträge einem Urheberrechtsschutz näher stehen dürften als etwa Beiträge in Newsgroups, die sich mit den Themen der Freizeitkleidung, der Sitcoms oder der Tandemfahrradfahrer beschäftigen.[196]

· *Beiträge in ihrer Gesamtheit*

Die Beiträge in den meisten Newsgroups beziehungsweise Mailinglisten werden ungefiltert vom Absender an den Nutzer oder Empfänger zugestellt. In der Regel wird dies mit Hilfe eines Verteilungsserver erledigt. Dies bedeutet, dass die Beiträge in ihrer Gesamtheit keinem besonderen Ordnungsprinzip unterliegen und mangels einer menschliche Tätigkeit keinen Urheberrechtsschutz erhalten können. Diese Beurteilung ändert sich jedoch, wenn es sich um moderierte Newsgroups handelt. Diese unterscheiden sich von den unmoderierten Newsgroups dadurch, dass die einzelnen Beiträge nicht ungefiltert veröffentlicht werden, sondern vor der Veröffentlichung von einem Conférencier beziehungsweise Moderator auf ihre Qualität und Sachbezogenheit überprüft werden. Die vorgenommene Stoffauswahl, auch wenn sie in gewisser Weise durch den chronologischen Eingang der Beiträge bestimmt wird, kann im Einzelfall den Anforderungen des § 2 Abs. 2 UrhG genügen. Der Moderator kann dann als Urheber eines Sammel- beziehungsweise Datenbankwerkes i.S.d. § 4 UrhG in Betracht kommen.[197]

· *Threads*

Bei den Threads handelt es sich um eine knotenhafte Zusammenfassung mehrerer Diskussionsbeiträge, die alle das gleiche Thema behandeln. Man kann daher auch von einer Art roten Faden in der Diskussionsliste sprechen. Threads werden in der Regel aber mittlerweile automatisch von einem Computerprogramm erstellt. Dieses erfasst systematisch-chronologisch die einzelnen Beiträge und verknüpft diejenigen miteinander, die einen gemeinsamen Titel (Subject) haben. Threads stellen daher keine persönliche geistige Schöpfung im Sinne des

---

[196] Insoweit etwas zu vereinheitlichend: *Zscherpe*, MMR 1998, 404, 405; *Strömer*, Online-Recht, S. 134.

[197] Vgl. *Bechtold,* Der Schutz des Anbieters von Informationen - Urheberrecht und gewerblicher Rechtsschutz im Internet [http://www.jura.uni-tuebingen.de/~s-bes1/sem96/].

Urheberrechtsgesetzes dar und sind mithin urheberrechtlich auch nicht schutzfähig.[198]

III. Schutz des gesamten Netzes

Eingangs (s.o. § 2) wurde festgestellt, dass zwischen den geschlossenen Netzen, etwa den Online-Diensten oder Intranets und den offenen Netzen, wie zum Beispiel dem Internet, unterschieden werden muss. Diese Unterscheidung ist auch vorliegend zu berücksichtigen. In beiden Fällen, also sowohl bei der Frage der Schutzfähigkeit geschlossener Netze als auch bei der offener Netzer, kommt jedoch nur eine Qualifizierung als Sammel- beziehungsweise Datenbankwerk oder als Datenbank in Betracht.

1. Geschlossene Netze

Bei den Online-Diensten oder Intranets handelt es sich in der Regel um einheitlich ausgearbeitete Systeme. Angesichts ihres zum Teil großen Umfanges bieten sie hinsichtlich der Gestaltung in Auswahl und Anordnung der verschiedenen Komponenten genügend Raum, um der Anforderung des § 2 Abs. 2 UrhG zu genügen. Die Hersteller dieser geschlossenen Netzwerke können daher grundsätzlich einen Urheberrechtsschutz gemäß § 4 UrhG erhalten.[199]

2. Offene Netze

Offene Netze sind hingegen dezentral organisiert und nicht einheitlich konzipiert. In der Auswahl und der Anordnung der Elemente liegt keine persönliche geistige Schöpfung,[200] da diese vielmehr von der Technik vorgegeben ist (s.o. Kapitel 1). Die offenen Netze sind daher einen Urheberrechtsschutz nicht zugänglich. Allerdings könnten die Hersteller einen Leistungsschutz gemäß §§ 87a ff. UrhG erhalten. So könnte man etwa das WWW als Datensammlung aller URL ansehen, die den Zugriff auf über Webpages aufgeschlüsselte Dateien eröffnen und über Search-Engines zugänglich gemacht werden. Derart würde das

---

[198] So auch *Weinknecht/Bellinghausen*, Multimedia-Recht, S. 112; *Zscherpe*, MMR 1998, 404, 405f.; *Bechtold*, Der Schutz des Anbieters von Informationen - Urheberrecht und gewerblicher Rechtsschutz im Internet [http://www.jura.uni-tuebingen.de/~s-bes1/sem96/].

[199] Ebenso *Loewenheim*, in: *Loewenheim/Koch*, Praxis des Online-Rechts, S. 288f.

[200] Ebenso *Koch*, GRUR 1997, 417, 422; *Loewenheim*, in: *Loewenheim/Koch*, Praxis des Online-Rechts, S. 289.

WWW tatsächlich eine datenbankähnliche Struktur aufweisen.[201] Diese ist im Übrigen auch in anderen Teilnetzen des Internets festzustellen. Die Teilnetze des Internet erfüllen mithin alle Merkmale einer dezentral verwalteten Datenbank, so dass ein Schutz der in der Einrichtung der Datenbank liegenden Investition zwar grundsätzlich bestehen kann,[202] es aber in aller Regel niemanden gibt, dem dieser Schutz zugute kommt. Im Gegensatz zu den geschlossenen Netzen ist nämlich bei den meisten offenen Teilnetzen kein Hersteller auffindbar. Dies gilt natürlich erst recht für das gesamte Internet. Nur der Hersteller und nicht etwa das Werk oder die Leistung als solches ist aber Adressat des Schutzes.

§ 5 Die Lage in Frankreich

Das Urheberrecht wurde in Frankreich mit dem Gesetz Nr. 92-597 vom 1. Juli 1992 zusammen mit den anderen Rechten des geistigen Eigentums (*propriété intellectuelle*)[203] im Code de la Propriété Intellectuelle (CPI)[204] neu kodifiziert. Es findet sich einschließlich der verwandten Schutzrechte im ersten Teil (*la propriété littéraire et artistique*) des in drei Büchern gegliederten Code de la Propriété Intellectuelle wieder.

I. Der Werkbegriff im Code de la Propriété Intellectuelle

Gemäß Art. L. 112-1 CPI werden die Rechte der Urheber an allen Geisteswerken geschützt und dies unabhängig von der Art, der Ausdrucksform, dem Wert oder der Bestimmung des Werkes.

Art. L. 112-1 CPI: *Les dispositions du présent code protègent les droits des auteurs sur toutes les œuvres de l'esprit, quels qu'en soit le genre, la forme d'expression, le mérite ou la destination.*

Die Geisteswerke im Netzwerkbereich werden daher grundsätzlich auch vom Droit d'auteur erfasst, wobei der Schutz ohne Erfüllung irgendwelcher Formalitäten erteilt wird (Art. L. 111-1 CPI: *du seul fait de sa création*). Allerdings tritt als ungeschriebene Schutzvoraussetzung noch die Originalität (*originalité*) des Werkes hinzu. Hierbei handelt es sich um einen extrem subjektiven

---

201 Vgl. *Koch*, GRUR 1997, 417, 421f.

202 Ebenso *Loewenheim*, in: *Loewenheim/Koch*, Praxis des Online-Rechts, S. 289; *Zscherpe*, MMR 1998, 404, 406; *Koch*, GRUR 1997, 417, 421f.

203 Patentrecht (droit des brevets), Markenrecht (droit des marques), Recht der Muster und Modelle (droit des dessins et modèles).

204 Code de la Propriété Intellectuelle, J.O. 03.07.1992, S. 8801ff.

Begriff,[205] welcher das Werk vom banalen und rein handwerklichen abgrenzen soll.[206] Ein Werk erfüllt grundsätzlich das Erfordernis der Originalität, sofern es die Prägung beziehungsweise den Stempel der Persönlichkeit des Schöpfers trägt (*empreinte de la personnalité de l'auteur*).[207] Schwierigkeiten ergeben sich an dieser Stelle jedoch unter anderem daraus, dass die Persönlichkeit des Urhebers umgekehrt ihre Prägung gerade auch durch die Werke erhält, die ihm zugeschrieben werden.[208] Des weiteren erscheint es auch schwierig, bei einem industriell hergestellten Computerprogramm oder einem Wörterbuch den Stempel der Persönlichkeit des Autors zu erblicken. Dies hat auch die Cour de Cassation erkannt und hat in ihrem „*Arrêt Babolat c/ Pachot*" für die Computerprogramme den Begriff der „*empreinte de la personnalité de l'auteur*" mit der Formel des „Merkmals des geistigen Beitrages des Autors" (*marque de l'apport intellectuel de l'auteur*) ersetzt und dem Begriff der „*originalité*" etwas von seiner Subjektivität genommen.[209] Für die klassischen Werke des Urheberrechts (Werke der Musik und der bildenden Künste ...) wird die Originalität des Werkes jedoch zum Teil[210] weiterhin anhand des Stempels der Persönlichkeit festgestellt. Man spricht hierbei von der sogenannten *originalité „à géométrie variable"*.

Nicht schutzfähig sind, wie auch im deutschen Recht, Erzeugnisse von Maschinen. Dies wird auch in Zukunft so bleiben, denn auch im französischen Droit d'auteur wird nicht das Werk als solches geschützt, sondern der Urheber des Werkes. Bei diesen kann es sich aber nur um einen Mensch handeln. Etwas anderes gilt jedoch für den Fall computerunterstützter Erzeugnisse.[211] Diese sind grundsätzlich schutzfähig, sofern die Person nicht hinter der Maschine ver-

---

[205] Siehe *Colombet*, Propriété littéraire et artistique et droits voisins, Rn 32; *Gautier*, Propriété littéraire et artistique, Rn 24.
In den anderen Ländern des kontinentalen Urheberrechtssystems ist die Terminologie weniger klar. Eine subjektive Ausgestaltung scheint sich jedoch in Belgien wiederzufinden (*Cass. 25.10.1989*, Pas. 1990.I. 238) und bis vor nicht allzu langer Zeit auch noch in Deutschland, welches den Begriff der Individualität anhand des Erfordernisses einer gewissen Gestaltungshöhe versubjektivisierte (*Jahn*, JIS - Abteilung Urheberrecht, [http://www. jura.uni-sb.de/urheberrecht/915-Jahn.htm]; *Rehbinder*, Urheberrecht, Rn 117; siehe zur Gestaltungshöhe auch *Schricker* in: FS für Kreile, S.715-721.

[206] *Edelmann*, Création et banalité, D. 1983 chron. 73ff.

[207] *Gautier*, Propriété littéraire et artistique, S. 44; *TGI Paris vom 09.03.1979*, RIDA 1970, S. 100.

[208] Vgl. *Rehbinder*, Urheberrecht, Rn 114.

[209] Grundlegend *Cass. Ass. plén., 07.03.1986*: JCP 1986.II.20631 - Babolat c/ Pachot, note *Mousseron*, *Teyssié* et *Vivant*; D. 1986.405, note *Edelmann*.

[210] Siehe *Strowel*, *Triaille*, Le droit d'auteur, Du logiciel au multimédia, Rn 19f.

[211] Computerunterstützte Zeichnung, Texteditoren ...

schwindet, sondern sich dieser nur für seine Schöpfung bedient.[212] Der Stempel der Persönlichkeit des Autors beziehungsweise das Merkmal seines geistigen Beitrags muss stets ersichtlich bleiben.

Der Art. L. 112-2 CPI zählt, ähnlich dem § 2 Abs. 1 UrhG, vierzehn einzelne Werkarten beispielhaft auf. Dieser nicht-abschließende Katalog erfasst also auch neue Werkformen und Kunstgattungen, die aufgrund kultureller oder technischer Entwicklung neu entstanden sind.[213] Seit der Loi n° 94-361 vom 10.05.1994, welche die Richtlinie des Rates vom 14. Mai 1991 über den Rechtsschutz von Computerprogrammen (91/250/EWG) umsetzte, werden im Art. L. 112-2 n° 13 CPI darüber hinaus ausdrücklich auch die Computerprogramme als geschützte Werke aufgelistet. Die Datenbankwerke finden sich zusammen mit den Sammelwerken und Anthologien, seit der Umsetzung der Richtlinie 96/9/EG des Europäischen Parlaments und des Rates vom 11. März 1996 über den rechtlichen Schutz von Datenbanken im Art. L. 112-3 CPI wieder.

II. Der Werkbegriff in der aktuellen Diskussion in Frankreich

Im Zentrum der aktuellen Diskussion steht in Frankreich hauptsächlich die Problematik des anscheinend überkommenen subjektiven Begriffs der Originalität und des Schutzniveaus des Urheberrechts. Dieses Problem fußt zwar nicht ausschließlich auf den Netzwerken, ist aber aufgrund des dortigen digitalen Umfeldes ebenfalls anzutreffen. Die subjektive französische Auffassung der Originalität scheint nach überwiegender Ansicht[214] nicht weiter in der Lage zu sein, der Entwicklung des Urheberrechts vom Kultur- zum Industrierecht gerecht zu werden. Es wird daher erwogen, eine Abkehr von der subjektiven Auffassung des Begriffs der *„originalité“* zu vollziehen und sich der europäischen Rechtsentwicklung[215] hin zu einem objektiven Werkbegriff anzuschließen. Die Ent-

---

212 Vgl. *Jahn*, JIS - Abteilung Urheberrecht, Abs. 19 m.w.N. [http://www.jura.uni-sb.de/urheberrecht/915-Jahn.htm].

213 *Lucas und H.J. Lucas*, Traîté de la Propriété littéraire et artistique, Rn 120.

214 Vgl. *A. Lucas*, Droit d'auteur et numérique, Rn 79ff., m.w.N.; *Rapport du Conseiller rapporteur Jonquères*, zitiert bei *A. Lucas*, Droit d'auteur et numérique, Fn 83: „De quel secours la notion de marque de personnalité sera t-elle lorsqu'il ne s'agira plus seulement de protéger les œuvres littéraires et artistiques, pour lesquels ce critère pouvait paraître adapté, mais de couvrir les produits d'une technologie avancée tels que les logiciels parfois fabriqués en grande série par les ordinateurs ?“.

215 Vgl. Art. 1 III der Richtlinie 91/250/EWG des Rates vom 14. Mai 1991 über den Rechtsschutz von Computerprogrammen, Art. 3 I Richtlinie 96/9/EG des Europäischen Parlaments und des Rates vom 11. März 1996 über den rechtlichen Schutz von Datenbanken (siehe hierzu u.a. *Lehmann*, in: *Lehmann*, Cyberlaw, S. 67ff. und Art. 6 Richtlinie

scheidung für den objektiven Werkbegriff soll jedoch nicht dazu führen, dass die Schutzvoraussetzung der „*originalité*" gänzlich ihres Inhaltes entleert wird und das Droit d'auteur zu einem reinen Investitionsschutz verkommt.[216] Unklar bleibt in Frankreich bei dieser Diskussion aber ebenfalls, anhand welcher Kriterien die Schutzhöhe dann bestimmt werden soll. Wie auch in Deutschland kann dies eigentlich nur anhand von Begriffen erfolgen, die eigentlich eher den gewerblichen Schutzrechten zugeordnet sind. Mithin ist auch für Frankreich festzustellen, dass ein Verbot qualitativer Kriterien zur Bestimmung der Schutzhöhe undenkbar ist, sofern man nicht von einem neuen von der Persönlichkeit losgelösten und mithin wirklich objektiven Konzept ausgehen möchte und zwar mit all den Konsequenzen die dies für das Droit d'auteur haben würde.

Auch die Frage der Einordnung von Multimediawerken in den Werkkatalog ist in Frankreich problematisch. Im zweiten Sirinelli-Bericht[217] wird hierbei festgestellt, dass sich Multimediawerke einer einheitlichen Einordnung entziehen. Erwogen wird dennoch eine Einordnung als audiovisuelle Werke, als Datenbank und unter Umständen als Computerprogramm.[218] Eine detaillierte Untersuchung der neuen Werkarten in den elektronischen Netzwerken erfolgte in den offiziellen Berichten jedoch kaum. Diese wurden einfach unter dem Schlagbegriff Multimedia zusammengefasst. Ein Versuch die neuen Werktypen der Datennetze in den vorhandenen Katalog einzuordnen und eine detaillierte Darstellung der neuen Werkarten erfolgte bisher ausschließlich in der Lehre. Linant de Bellefonds[219] und Gautier[220] sprechen sich zum Beispiel für einen Schutz von Java und Javascript aus. Die beiden Begriffe werden jedoch zum Teil verwechselt und missverständlicherweise gleichgesetzt. Zum Teil wird auch die Schutzfähigkeit der von den Suchmotoren generierten Ergebnisse bejaht.[221] Auch ein Schutz von Hypertextdokumenten, als Bearbeitungen (*oeuvres dérivées*) wird erwogen, sofern die Hyperlinks nicht nur Teile des vorhandenen Dokuments verbinden, sondern externe Ressourcen einbringen und derart dem Dokument einen neuen Wert geben.[222] Während der einzelne Link als nicht schutzfähig erachtet wird,[223] sollen hingegen die Linksammlungen als Sammelwerke (*compilation*) in den Schutz

---

93/98/EWG des Rates vom 29. Oktober 1993 zur Harmonisierung der Schutzdauer des Urheberrechts und bestimmter verwandter Schutzrechte.

216 *Lucas*, Droit d'auteur et numérique, Rn 89.

217 Siehe dazu *Genton*, GRUR Int. 1996, 693ff.

218 Siehe hierzu auch *Vivant, LeStanc u.a.*, Lamy droit de l'informatique, n° 667ff.

219 *Linant de Bellefonds*, Les outils logistiques du Net et la propriété intellectuelle, S. 149f.

220 *Gautier*, Œuvre "multimédia", J.-Cl. Propriété intellectuelle et artistique, Fasc. 1165, n.10.

221 *Gautier*, Œuvre "multimédia", J.-Cl. Propriété intellectuelle et artistique, Fasc. 1165, n.10.

222 Livre blanc du groupe audiovisuel et multimédia de l'édition, S. 31.

223 *Carrière*, Les cahiers de propriété intellectuelle 1997, vol. 9, S. 467, 471ff. und 490 [http://www.robic.ca/publications/205.htm].

des Droit d'auteur kommen.[224] Zum Teil wird auch ein Schutz einer gesamten Website als Datenbank erwogen.[225]

§ 6 Zusammenfassung

Die Werke in den Datennetzen sind sowohl in Frankreich als auch in Deutschland grundsätzlich einem Schutz nach dem Urheberrecht beziehungsweise dem Droit d'auteur zugänglich, sofern es sich nicht um reine technische Schöpfungen handelt. Jedoch begründet die bloße Digitalisierung eines analogen Werkes für sich allein noch kein Urheberrecht, da hierbei nur die äußere Erscheinung des Werkes betroffen ist.

Die Werkteile genießen auch in den elektronischen Netzwerken nach wie vor Schutz, sofern sie den Schutzvoraussetzungen genügen. Eine Absenkung des Schutzniveaus zwecks Vermeidung systematischer Ausbeutungshandlungen von Werkteilen, die durch die digitale Fragmentierung vereinfacht werden, ist jedoch aufgrund des Grundsatzes des *„libre parcours des idées"* generell abzulehen. Die Frage der Schutzgrenze des Urheberrechts ist im Rahmen der Diskussion über die Entwicklung des Urheberrechts vom Kultur- zum Industrierecht in Frankreich von gleicher Aktualität wie in Deutschland. Eine generelle Absenkung des Schutzniveaus wird zwar abgelehnt, es wird jedoch auf beiden Seiten des Rheins eine Abkehr von der Subjektivität des Begriffs der „Schöpfung" gefordert, ohne diesen jedoch gänzlich seines Inhalts entleeren zu wollen. Derart soll der Entwicklung auf europäischer Gemeinschaftsebene Rechnung getragen und eine Kohärenz in der Beurteilung einer Schöpfung geschaffen werden. Diese wirtschaftsorientiertere Ausrichtung des Urheberrechts dient aber nur vordergründig zur verstärkten Förderung des kulturellen Fortschritts und der wirtschaftlichen Entwicklung. Sie hätte nämlich eine Umkehrung des Regel-Ausnahmeverhältnisses zur Folge und würde in letzter Konsequenz auch die gesamte Natur des Urheberrechts in Frage stellen. Die Verwendung rein objektiver Kriterien zur Bestimmung der Schöpfung bietet darüber hinaus keinen Raum, eine Schutzgrenze des Urheberrechts zu bestimmen und führt im weiteren dazu, dass das Urheberrecht auf einen reinen Vergütungsmechanismus reduziert wird. Ohne qualitativ-wertende Gesichtspunkte lässt sich der Begriff der „Schöpfung" nicht mit Inhalt füllen. Sowohl die *„originalité"* im französischen Droit d'auteur als auch der Begriff der „Gestaltungshöhe" im deutschen Urheberrecht sind daher von zentraler Bedeutung für den Schutzstandard des Urhe-

[224] *Carrière*, Les cahiers de propriété intellectuelle 1997, vol. 9, S. 467, 473ff. und 490 [http://www.robic.ca/publications/205.htm].
[225] *Hance*, Business et Droit, S. 78.

berrechts. Leistungen niedriger Schöpfung, welche die Schutzvoraussetzungen nicht erfüllen, sollten daher auch weiterhin einem Schutz nach dem Urheberrecht nicht zugänglich sein, sondern eher einem de lege ferenda zu schaffenden Leistungsschutzrecht überlassen oder dem Wettbewerbsrecht zugewiesen werden.

Die Einordnung in den Katalog des § 2 Abs. 1 UrhG beziehungsweise des Art. L. 112-2 CPI der in dem digitalen Umfeld der Netzwerke anzutreffenden Werke ist grundsätzlich durchweg möglich. Schwierigkeiten treten aber bei der Einordnung der Webpages auf, was unter anderem darauf zurückzuführen ist, dass diese sich häufig nicht nur eines, sondern mehreren Ausdrucksmittel bedienen. Diese sind aber nicht untrennbar miteinander verschmolzen. Vielmehr bleiben bei einer aus mehreren Ausdrucksmitteln bestehender Webseite alle Elemente selbständig verwertbar. Insoweit handelt es sich bei ihnen um verbundene Werke.

Der Werkbegriff des Urheberrechts, aber auch des Droit d'auteur ist nach alldem den Anforderungen der modernen Informationsgesellschaft gewachsen.

Drittes Kapitel: Das Urheberpersönlichkeitsrecht

"Tu oublies encore une fois, mon ami, que la loi ne se préoccupe pas d'assurer un bonheur exceptionnel à une classe de citoyens, mais qu'elle s'efforce de réaliser le bonheur de la cité toute entière, en unissant les citoyens par la persuasion ou la contrainte, et en les amenant à se faire part les uns aux autres des avantages que chaque classe peut apporter à la communauté."

Platon, La République VII/519e, (trad. R. Baccou)

Neben den materiellen Interessen des Urhebers schützt das Urheberrecht auch die persönlichen Beziehungen des Urhebers zu seinem Werk. Der Schutz dieses geistigen Bandes, welches den Urheber mit seinem Werk als einem manifestierten Teil seiner Persönlichkeit verbindet, ist die Aufgabe des Urheberpersönlichkeitsrechts.[226] Seit der Rom-Konferenz von 1928 ist das Urheberpersönlichkeitsrecht in Art. 6bis RBÜ[227] international rechtlich anerkannt. Leider nimmt der Art. 9 Abs. 1 des TRIPs-Übereinkommen[228] - welches nach Abschluss der Uruguay-Runde des GATT am 15.04.1994 als integraler Bestandteil des WTO-Übereinkommens verabschiedet wurde - den Art. 6bis RBÜ aus der Verweisung auf die Art. 1 bis 21 der RBÜ aus, so dass das TRIPs-Übereinkommen nicht zu einem Schutz des Urheberpersönlichkeitsrechtes verpflichtet, einen solchen wohlgemerkt aber auch nicht ausdrücklich ausschließt.[229] Jedoch marginalisiert dieser Satz 2 des Art. 9 Abs. 1 TRIPs das Urheberpersönlichkeitsrecht auf internationaler Ebene und kam nicht zuletzt auf Betreiben der Vereinigten Staaten von Amerika zustande, die dem Urheberpersönlichkeitsrecht traditionell eher kritisch gegenüberstehen und es in der Regel als einen entwicklungshemmenden und investitionsfeindlichen Fremdkörper ansehen.

---

226 Vgl. *Schack*, Urheber- und Urhebervertragsrecht, Rn. 315.

227 Berner Übereinkunft zum Schutz von Werken der Literatur und Kunst (Pariser Fassung) vom 9. September 1886, zuletzt vervollständigt in Paris am 24. Juli 1971, BGBl. 1973 II, S. 1071; geändert durch Beschluss vom 2.10.1979, BGBl. 1985 II S. 81.

228 Trade-Related Aspects of Intellectual Property Aspects (Übereinkommen über handelsbezogene Aspekte der Rechte des geistigen Eigentums) vom 15.04.1994, BGBl. II S. 1730 [http://ra.irv.uit.no/trade_law/documents/freetrade/wta-94/art/ iia1c.html].

229 Art. 9 I 2 TRIPS: „Die Mitglieder haben jedoch aufgrund dieses Übereinkommens keine Rechte oder Pflichten in bezug auf die in Art. 6bis der Übereinkunft gewährten oder die daraus abgeleiteten Rechte."

Aber nicht nur in den Ländern der angelsächsischen Rechtstradition bilden die individuellen Urheberpersönlichkeitsrechte Reibungsflächen. Auch im kontinental-europäischen Rechtskreis ist das Verhältnis zwischen Investitionen und dem Urheberpersönlichkeitsrecht nicht erst seit dem Beginn der modernen Informationsgesellschaft konfliktträchtig.[230] Die elektronischen Netzwerke und die damit einhergehenden erleichterten Manipulationsmöglichkeiten bei digitalisierten Daten eröffnen heutzutage jedoch eine gänzlich neue Konfliktdimension. Hierbei stößt vor allem bei einem Großteil der modernen Rechteverwerter die „idealistische Färbung“[231] des Urheberpersönlichkeitsrecht auf Misstrauen[232]. Insbesondere die dauerhafte und ideelle Beziehung des Urhebers zu seinem Werk wird von diesen Vertretern als unzeitgemäßer Störfaktor empfunden, der einer kommerziellen Werknutzung entgegensteht. Daher wird das Urheberpersönlichkeitsrecht zunehmend als Hypothek für die wirtschaftliche Verwertung von urheberrechtlichen Werken angesehen, welches im Zeitalter der Informationsgesellschaft einen Unsicherheitsfaktor für die Verwertung der Werke darstellt und damit Investitionen entmutigt.[233] Der Ursprung des Urheberpersönlichkeitsrechts wird im Bereich der „schönen Künste“ angesiedelt und wird im Zeitalter der Informationsgesellschaft als nicht mehr zeitgemäß angesehen.[234]

Im Folgenden soll auf diesen Konflikt eingegangen werden, der letztendlich auf die Frage hinausläuft, ob die Probleme der Nutzung von Werken in elektronischen Netzwerken zum Anlass genommen werden sollten, das Urheberpersönlichkeitsrecht tiefgreifend zu verändern und abzuschwächen oder ob das Urheberpersönlichkeitsrecht in dem digitalen Umfeld der Netzwerke eine neue Bedeutung erlangen und gestärkt sowie allgemein anerkannt aus der Prüfung hervor gehen kann.

---

230 *Alder*, in: *Hilty*, Information Highway, S. 332.

231 *Alder*, in: *Hilty*, Information Highway, S. 333.

232 Siehe u.a. *Weißbuch der USA* zum geistigen Eigentum und zur „National Information Infrastructure“, S. 146f.; *Grünbuch der Kommission der Europäischen Gemeinschaften*, KOM (95) 382 endg., S. 67f., 19.07.1995 [http://www.ispo.cec.be/infosoc/legreg/com95382.doc].

233 Vgl. *Grünbuch der Kommission der Europäischen Gemeinschaften*, KOM (95) 382 endg., S. 66f., 19.07.1995 [http://www.ispo.cec.be/infosoc/legreg/com95382.doc].

234 So *Hoeren*, Vortrag zum Thema „Multimedia und die Zukunft“, im Rahmen der Tagung „Multimedia und Recht“ am 4./5. Mai 1995 in München, zit. von *Wachter*, GRUR Int. 1995, 860, 873.

§ 7 Das Urheberpersönlichkeitsrecht im deutschen Urheberrechtsgesetz

Das Urheberpersönlichkeitsrecht war in Deutschland schon lange vor seiner Kodifizierung im Jahr 1965 der Sache nach anerkannt. Mittlerweile ist es in den §§ 12 – 14 UrhG näher bestimmt. Neben den Kernrechten des Urheberpersönlichkeitsrechts aus den §§ 12 – 14 UrhG, in welchen das Veröffentlichungsrecht, das Recht auf Anerkennung der Urheberschaft und das Recht des Urhebers Entstellungen und Beeinträchtigungen des Werkes zu verbieten festgelegt sind, treten im Urheberrechtsgesetz aber noch weitere Befugnisse zum Schutz der geistigen und individuellen Interessen des Urhebers hinzu. Hierzu gehören insbesondere das Recht auf Zugang zum Werkstück aus § 25 UrhG, das Folgerecht aus § 26 UrhG sowie die Vergütungsansprüche für Vermietungen und Verleihen aus § 27 UrhG.[235]

Im Gegensatz zum französischen „Droit moral" ist das deutsche Urheberpersönlichkeitsrecht nicht von unbegrenzter Dauer. Es erlischt vielmehr 70 Jahre post mortem auctoris. Dies entspricht der Auffassung, dass das Urheberrecht kein Vehikel für kulturlenkende Maßnahmen des Staates darstellt, sondern als individuelles Recht lediglich die Beziehung des Urhebers zu seinem Werk schützt.[236] Auch die Rechtsgeschäfte über Urheberpersönlichkeitsrechte werden in Deutschland anders beurteilt. Grundsätzlich steht die deutsche Rechtsprechung diesen empfänglicher gegenüber als dies in Frankreich der Fall ist.[237]

I. Das Veröffentlichungsrecht

Das in § 12 UrhG geregelte Veröffentlichungsrecht ist von zentraler Bedeutung für den Urheber. Denn er selbst muss darüber entscheiden können, ob, wann und in welcher Form er sein Werk veröffentlichen will.[238] Dieses Verbotsrecht umfasst nach überwiegender Meinung[239] allerdings nur die erste Werkver-

---

235 Daneben ergeben sich noch Befugnisse aus § 29 UrhG (Unübertragbarkeit des Urheberrechts), aus § 39 UrhG (Verbot von Änderungen des Werks), aus § 42 UrhG (Rückrufsrecht wegen gewandelter Überzeugung), aus 62 UrhG (Änderungsverbot bei zulässiger Werknutzung), aus 63 UrhG (Quellenangabe) und den §§ 122ff. UrhG (Einschränkung der Zwangsvollstreckung).

236 Siehe *Schack*, Urheber- und Urhebervertragsrecht, Rn. 321.

237 Siehe nur *BGH 26.11.1954*, BGHZ 15, 249 = GRUR 1955, 201 - Cosima Wagner.

238 Vgl. *Rehbinder*, Urheberrecht, Rn 235.

239 Vgl. etwa *Ulmer*, Urheber- und Verlagsrecht, S. 210f.; *Schack*, Urheber- und Urhebervertragsrecht, Rn. 329.

öffentlichung. Hat der Urheber ihr zugestimmt, dann ist sein Recht verbraucht.[240] Eine nachfolgende Veröffentlichung in einer abweichenden Form wird also nicht erfasst.[241] Das Werk gilt gemäß § 6 Abs. 1 UrhG als veröffentlicht, wenn es „mit der Zustimmung des Berechtigten der Öffentlichkeit zugänglich gemacht worden ist".

II. Das Recht auf Anerkennung der Urheberschaft

Der § 13 UrhG schützt das Recht auf Anerkennung der Urheberschaft. Dieses gehört „zu den wesentlichen urheberpersönlichkeitsrechtlichen Berechtigungen", „die ihre Grundlage in den geistigen und persönlichen Beziehungen des Urhebers zu seinem Werk haben".[242] Das Recht auf Anerkennung der Urheberschaft wird noch durch das Änderungsverbot des § 39 UrhG und der im § 63 UrhG geregelten Pflicht zur Quellenangabe ergänzt. Der § 13 S. 1 UrhG erfasst hierbei das Recht auf Anerkennung der Urheberschaft im engeren Sinne und entspricht dem in Art.6bis RBÜ gewährten Recht. Es handelt sich hierbei um das Abwehrrecht, mit dem sich der Urheber gegen die Anmaßung der Urheberschaft beziehungsweise der fälschlichen Zuschreibung seines Werkes an jemand anderen wehren kann. Der § 13 S. 2 UrhG hingegen regelt die Bestimmung der Urheberbezeichnung. Hiernach kann der Urheber frei bestimmen, ob er sein Werk mit einer Urheberbezeichnung versehen will und welche Bezeichnung zu verwenden ist. Dieses Recht, sein Werk mit einer Urheberbezeichnung zu versehen, gilt für das Werkoriginal, die Vervielfältigungsstücke und auch der unkörperlichen Wiedergabe gleicher-maßen.[243] Bei Sammelwerken wird indes häufig nur ein Herausgeber genannt.[244]

III. Das Recht auf Werkintegrität

Das Werk ist Träger der Individualität des Urhebers. Aus diesem Grund gewährt der § 14 UrhG dem Urheber das Recht eine Entstellung oder andere Beeinträchtigung seines Werkes zu verbieten, die geeignet sind, seine berechtigten geistigen oder persönlichen Interessen am Werk zu gefährden. Dadurch soll das urheberpersönlichkeitsrechtlich begründete Interesse des Urhebers daran ge-

---

[240] Siehe *Schack*, Urheber- und Urhebervertragsrecht, Rn. 329.
[241] So aber *Fromm/Nordemann* (*Hertin*), § 12 Rn. 10.
[242] *BGH 16.06.1994*, BGHZ 126, 245, 248 = GRUR 1995, 671, 672f. – Namensnennungsrecht des Architekten.
[243] *BGH 16.06.1994*, BGHZ 126, 245, 248 = GRUR 1995, 671, 672f. – Namensnennungsrecht des Architekten.
[244] Fromm/Nordemann (Hertin), § 13 Rn. 12.

schützt werden, dass sein Werk einschließlich der einzelnen Werkstücke in ihrer individuellen schöpferischen Eigenart und Integrität erhalten bleiben.[245]

Die Entstellung und Beeinträchtigung des Werkes, zu der es insbesondere durch Verstümmelungen, Kürzungen und Änderungen kommen kann, muss geeignet sein, die geistigen oder persönlichen Interessen des Urhebers zu gefährden. Der deutsche Gesetzgeber wählte für den § 14 UrhG den Weg, dessen Schutzbereich nicht klar zu umgrenzen. Anders als etwa der Art. 6bis RBÜ, welcher nur Einzelgüter wie die Ehre und den Ruf in den Schutzbereich des Rechts auf Werkintegrität stellt, ist nach dem deutschen Urheberrechtsgesetz die Gesamtheit der geistigen und persönlichen Beziehungen des Urhebers zu seinem Werk einbezogen. Mangels einer klaren Umgrenzung des Rechts auf Werkintegrität ist eine eindeutige Bestimmung einer zulässigen konkreten Änderungen und damit Beeinträchtigung des Werkes nicht möglich. Der Integritätsschutz ist daher auch nicht absolut. Das bedeutet, dass die ideellen Interessen des Urhebers von § 14 UrhG nur geschützt werden, soweit sie berechtigt sind.[246] Die Feststellung, ob eine zulässige Änderung vorliegt oder nicht, kann daher erst nach einer Abwägung der widerstreitenden Interessen im Einzelfall getroffen werden.[247] Im Rahmen dieser Interessenabwägung hat der Urheber auf die Realitäten des Lebens, die Verkehrsgewohnheiten und die Interessen des im Übrigen berechtigten Werknutzers Rücksicht zu nehmen. Eitelkeiten sind hierbei ebenso außer Betracht zu lassen wie übertriebene Empfindlichkeiten des Urhebers.[248] Insbesondere müssen die Interessen des Eigentümers gebührend berücksichtigt werden.[249] Eine Schützenswürdigkeit des Interesses des Urhebers an der Integrität seines Werkes ergibt sich darüber hinaus auch nur dann, wenn die Veränderung nicht nur im privaten Kreis auftritt, mithin die Gefahr besteht, dass das veränderte Werk einem großen Personenkreis zur Kenntnis gelangt.[250] Werkänderungen können im Übrigen auch noch vom Inhaber eines Nutzungsrechtes vorgenommen werden, zu denen der Urheber seine Einwilligung ausdrücklich[251] erteilt hat oder zu denen der Urheber seine Einwilligung nach Treu und Glauben nicht versagen kann. Dies wird von § 39 Abs. 2 UrhG auch noch einmal ausdrücklich klargestellt.

---

245 Vgl. *Fromm/Nordemann (Hertin)*, § 14 Rn. 1.
246 *Schack*, Urheber- und Urhebervertragsrecht, Rn. 350.
247 *Schack*, Urheber- und Urhebervertragsrecht, Rn. 350ff., *Rehbinder*, Urheberrecht, Rn. 243f.
248 So Fromm/Nordemann (Hertin), § 14 Rn. 1.
249 Vgl. *Rehbinder*, Urheberrecht, Rn. 244.;
250 Vgl. *Rehbinder*, Urheberrecht, Rn. 244.
251 *Rehbinder*, Urheberrecht, Rn. 246.

Im Bereich des Filmwerkes wird der den Urhebern durch die §§ 14 und 83 UrhG gewährte Integritätsschutz im Interesse des Filmherstellers an einer möglichst reibungslosen Verwertung gemäß § 93 UrhG auf „gröbliche Entstellungen oder andere gröbliche Beeinträchtigungen ihrer Werke oder Leistungen" beschränkt.[252] Auch bei Computerprogrammen sind notwendige Umarbeitungen nur erlaubt, sofern diese für eine bestimmungsgemäße Benutzung notwendig sind (§§ 69c Nr. 1, 69d Abs. 1 UrhG).

§ 8 Das Urheberpersönlichkeitsrecht im digitalen Umfeld der Netzwerke

Das Urheberpersönlichkeitsrecht beansprucht auch im digitalen Umfeld der elektronischen Netzwerke Geltung.[253] Die durch die Netzwerke eröffneten neuen Möglichkeiten der Werknutzung werfen auch im Bereich des Urheberpersönlichkeitsrechts Probleme auf. Deren Identifikation steht konsequenterweise vor der Frage der Zeitgemäßheit des Urheberpersönlich-keitsrechts. Im folgenden werden daher auch zunächst nur die einzelnen Gefährdungshandlungen für das Urheberpersönlichkeitsrecht in seiner aktuellen Form untersucht (I.), um danach die möglicherweise neue Bedeutung des Urheberpersönlichkeitsrechts in der modernen Informationsgesellschaft zu analysieren (II.).

I. Ein erhöhtes Gefährdungspotential für das Urheberpersönlichkeitsrecht

Bei der Nutzung von Werken in Datennetzen tauchen eine Reihe schwieriger urheberpersönlichkeitsrechtlicher Fragen auf. Das Grünbuch der Europäischen Gemeinschaften über das Urheberrecht und die verwandten Schutzrechte in der Informationsgesellschaft[254] stellt diesbezüglich etwa fest, dass „Werke und Leistungen infolge der totalen Digitalisierung sowie der Interaktivität im Netz wesentlich leichter verändert, koloriert oder verkleinert werden können"[255]. Aber nicht nur diese sogenannte „Digipulation", sondern auch netztypische Erscheinungen wie das Framing oder das Hyperlinking stellen das Urheberpersönlichkeitsrecht auf die Prüfung. Indes wird durch diese neuen Nutzungshandlungen

---

252 Siehe hierzu *Schack*, Urheber- und Urhebervertragsrecht, Rn. 362ff.

253 So auch *Nordemann, Czychowski*, Urheberrecht in globalen Netzen, VI. 3. [http://www.gen.com/ihnolaura/copyrght.html].

254 *Grünbuch der Kommission der Europäischen Gemeinschaften vom , 19.07.1995*, KOM (95) 382 endg. [http://www.ispo.cec.be/infosoc/legreg/com95382.doc].

255 *Grünbuch der Kommission der Europäischen Gemeinschaften*, KOM (95) 382 endg., S. 65, 19.07.1995 [http://www.ispo.cec.be/infosoc/legreg/com95382.doc].

nicht etwa ein neuer Gefährdungstatbestand für das Urheberpersönlichkeitsrecht geschaffen, sondern die bekannten Verletzungs-handlungen vielmehr nur erleichtert. Die Digitalisierung und die Allzeit-Verfügbarkeit von Werken in den Datennetzen führt mithin nicht zu einer qualitativ anderen Beeinträchtigung des Urheberpersönlichkeitsrechts, sondern eröffnet allenfalls eine neue quantitative Dimension von Verletzungs-handlungen.[256]

1. Das Veröffentlichungsrecht

Die Frage „ob" der Urheber sein Werk veröffentlichen will oder nicht, ist in den elektronischen Netzwerke nicht anders zu beurteilen, als herkömmlicher Weise. Eine Verletzung des Veröffentlichungsrechts im digitalen Umfeld der elektronischen Netzwerke könnte sich daher möglicherweise bereits aus der Speicherung eines unveröffentlichten Werkes auf einem Server zwecks Abrufs ohne Zustimmung des Urhebers ergeben. Wie bereits gesehen (s.o. § 8 I.) folgt aus der Systematik des Urheberrechtsgesetzes, dass für die Frage der Veröffentlichung alleine die Definition des § 6 Abs. 1 UrhG heranzuziehen ist und nicht etwa die Legaldefinition des § 15 Abs. 3 UrhG Anwendung findet, die ihrerseits nur die öffentliche Wiedergabe betrifft.[257] Eine Veröffentlichung ist demnach dann anzunehmen, wenn das Werk mit Zustimmung des Berechtigten der Öffentlichkeit zugänglich gemacht worden ist. Ein Werk ist hierbei der Öffentlichkeit zugänglich gemacht, sobald die Allgemeinheit die Möglichkeit erhalten hat, es mit Auge oder Ohr wahrzunehmen, wobei eine Verfügbarmachung eines Vervielfältigungsstückes für die Öffentlichkeit nicht notwendig ist.[258] Auch die tatsächliche Wahrnehmung des Werkes durch die Öffentlichkeit ist unerheblich.[259]

Das „Uploading" eines Werkes auf einen Server der an ein Netz angeschlossen ist, also mithin die Einspeicherung eines Werkes auf einer EDV-Anlage, auf deren Daten über ein elektronisches Netzwerk – welches wie etwa das Internet oder ein bedeutendes Intranet einer Mehrzahl von Personen zur Verfügung steht –, zugegriffen werden kann, ist als Veröffentlichung zu qualifizieren.[260] Hierbei ist es dann unerheblich, wie oft das Werk tatsächlich abgerufen wird. Auch die Form des „Uploads" ist selbstverständlich ohne Bedeutung. Werke im WWW, die mittels FTP auf einen Server geladen werden, sind daher genauso erfasst, wie auch Werke die über e-Mail oder mittels MIME-Standards als Attachment

---

[256] Ebenso *Wachter*, GRUR Int. 1995, 860, 862.
[257] *Schack*, Urheber- und Urhebervertragsrecht, Rn. 231.
[258] Vgl. Amtl. Begründung, UFITA 45 (1965) 240, 254.
[259] Vgl. Amtl. Begründung, UFITA 45 (1965) 240, 254.
[260] *Alder*, in: *Hilty*, Information Highway, S. 336.

an das eigentliche Mail angeheftet sind und auf einen Newsserver geladen werden. Die unerlaubte Speicherung eines unveröffentlichten Werkes auf einem Server stellt mithin eine Verletzung des § 12 Abs. 1 UrhG dar. Das gleiche gilt im Übrigen auch für die Mitteilung oder Beschreibung des Werkinhalts nach § 12 Abs. 2 UrhG.[261] Werke die jedoch nur an einzelne, bestimmt abgegrenzte und persönlich untereinander verbundene Personen übermittelt werden, gelten als noch nicht veröffentlicht. Wenn also ein Urheber etwa sein Werk über ein Datennetz nur an seine Verwandten oder Freunde übermittelt (z.B. mittels einer e-Mail), hat er mangels Öffentlichkeit sein Erstveröffentlichungsrechts noch nicht ausgeübt.[262]

Eine Verletzung des Veröffentlichungsrechts kann sich allerdings auch noch in den Fällen ergeben, in denen sich das Einverständnis des Urhebers nur auf eine Veröffentlichung auf einem traditionellen Träger, wie etwa Papier, erstreckt hat und die elektronische Veröffentlichung über Datennetze nicht bedacht wurde; letztere Form aber vom Werknutzer schließlich zur Werkver-öffentlichung gewählt wurde. Die Probleme verlagern sich hier vom „Ob" auf das „Wie" der Veröffentlichung. Eine Verletzung käme allerdings in einem solchen Fall nur dann in Betracht, sofern nicht überhaupt nur über ein elektronisches Netzwerk veröffentlicht wird[263] und die Zustimmung des Autors sich nur auf diese Form der Veröffentlichung beziehen konnte. Aber auch in den anderen Fällen der voraus- oder einhergehenden Veröffentlichung des Werkes über Datennetze (die nachfolgende Veröffentlichung wird vom § 12 UrhG ohnehin nicht erfasst[264]) ist eine Verletzung des Veröffentlichungsrechts nicht unbedingt gegeben. Die voraus- oder einhergehende Veröffentlichung eines Werkes über elektronische Netzwerke betrifft weder die Veröffentlichungsreife noch die Entwicklungsstufen des Werkes. Nur diese verkörpern aber die ideellen Interessen des Urhebers i.S.d. § 12 UrhG. Es kann daher festgestellt werden, dass die Veröffentlichung in der Form der Kommunikation über elektronische Netzwerke die ideellen Interessen des Urhebers in aller Regel nicht tangiert und eine solche dem § 12 UrhG grundsätzlich nicht zuwiderläuft.[265]

---

261 So auch *Schack*, Urheber- und Urhebrvertragsrecht, Rn. 232; *Fromm/Nordemann* (*Nordemann*), § 6 Rn. 1.

262 Ebenso *Alder*, in: *Hilty*, Information Highway, S. 336; .; *Klett*, Urheberrecht im Internet aus deutscher und amerikanischer Sicht, S. 95.

263 So etwa die Zeitschrift JurPC o.ä.

264 Supra § 8 I.

265 Ebenso im Ergebnis *Katzenberger*, Elektronische Printmedien und Urheberrecht, S. 65f.

2. Das Recht auf Anerkennung der Urheberschaft und die Bestimmung der Urheberbezeichnung

Probleme im Bereich des Rechts auf Anerkennung der Urheberschaft und der Bestimmung der Urheberbezeichnung im Umfeld der Datennetze entstehen insbesondere durch die erleichterte Möglichkeit der Segmentierung, Kombination, Umgestaltung und Verfremdung von Werken.[266] Derart können etwa Urheberbezeichnungen von in Datennetzen angebotene Werke sehr einfach entfernt oder Werke mit einem falschen Urhebernamen geschmückt werden. Für den Verwerter bedeutet dies dann entweder die „Befreiung“ des Werkes von einem lästigen, kostentreibenden Ballast oder im umgekehrten Fall eine ungeahnte Wertsteigerung einer handwerklichen Leistung beziehungsweise eines durchschnittlichen Werkes. Außer der „Digipulation“ die es auf unumständliche Weise ermöglicht, vorhanden Urheberbezeichnungen zu entfernen oder zu verändern oder eine falsche Urheberbezeichnung anzubringen, kann sich eine Verletzung des § 13 UrhG in den Datennetzen aber auch noch aus der Verwendung von Frames ergeben. Frames ermöglichen die Aufteilung des Bildschirmbereichs eines Browsers in mehrere unabhängig voneinander stehende Abschnitte. Das Hauptdokument sowie jeder Abschnitt des Bildschirmbereiches besteht hierbei aus einem HTML-Dokument. Dieses muss aber nicht notwendigerweise ein eigenes Dokument sein. Es können auch solche Dokumente, die außerhalb des eigenen Verzeichnisses liegen, ganz einfach in das eigene Hauptdokument eingerahmt werden. Folgende Abbildung soll dies noch einmal verdeutlichen:

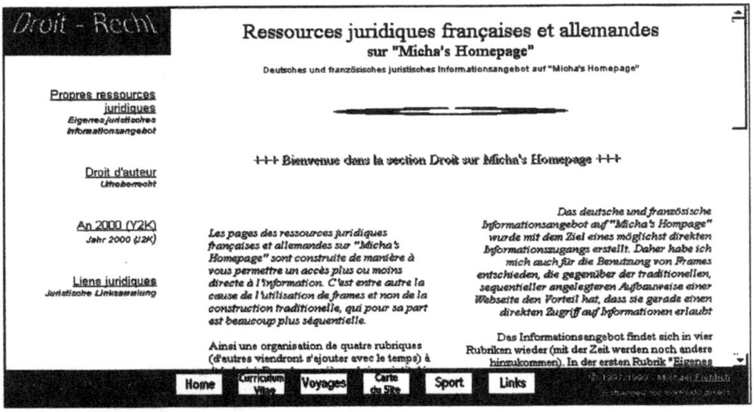

Abb. 7: Verwendung von Frames 1.
Quelle: Eigene Darstellung

---

[266] Vgl. *Schricker*, in: *Schricker*: Urheberrecht auf dem Weg in die Informationsgesellschaft, S. 96.

Der Source Code zur Gestaltung dieser Webseite sieht hierbei folgendermaßen aus:

```
<frameset rows="454,47" cols="*" frameborder="NO" border="0">
 <frameset cols="170,590" rows="*" border="0" frameborder="NO">
  <frameset rows="57,391" cols="*" frameborder="NO" border="0">
   <frame src="dr_frmtop.htm" noresize scrolling="AUTO" marginwidth="0" margin-
height="0" name="dr_frmtop">
   <frame src="dr_frmlft.htm" scrolling="AUTO" noresize frameborder="NO" margin-
width="0" marginheight="0" name="dr_frmlft">
  </frameset>
  <frame src="dr_main.htm" frameborder="NO" scrolling="AUTO" noresize
name="dr_main">
 474</frameset>
 <frameset cols="160,597" rows="*" frameborder="NO" border="0">
  <frame src="dr_frmdwnlft.htm" scrolling="NO" noresize marginwidth="0" margin-
height="0" frameborder="NO" name="dr_frmdwnlft">
  <frame src="dr_frmdwn.htm" scrolling="AUTO" frameborder="NO" marginwidth="0"
marginheight="0" name="dr_frmdwn">
 </frameset>
</frameset>
```

Vorliegend wurden nur eigene Dokumente benutzt. Es ist aber zum Beispiel auch möglich, dass ein Hyperlink in der gelben Navigationsleiste am linken Bildschirmrand zu einem externen Informationsangebot führt, welches dann anstelle des aktuellen Dokumentes im weißen Hauptfenster erscheint. Eine Verletzung des § 13 UrhG ist auch hier unzweifelhaft dann gegeben, wenn die Herkunft der geframten Seite verheimlicht wird, indem etwa eine vorhandene Urheberbezeichnung entfernt wird.[267]

Eine Verletzung des Rechts auf Anerkennung der Urheberschaft und der Bestimmung der Urheberbezeichnung ist aber auch in einem anderen Fall denkbar. Angenommen der Urheber (U) der vorangegangenen Abbildung hat seine Urheberbezeichnung nur auf einem HTML-Dokument angebracht (vorliegend in dem Dokument mit dem Namen „dr_frmdwn.htm“, welches sich am unteren Bildschirmrand befindet). Angesichts der Tatsache, dass dieser Rahmen während der gesamten Navigation (die sich in dem großen weißen Hauptfenster vollzieht) auf seinen Webseiten sichtbar bleibt, dachte er derart seine Namensnennung auf all seine Dokumente zu erstrecken und sah von einer Urheberbezeichnung auf den anderen Dokumenten ab. Ein Framebenutzer (F) rahmt nun aber eine der Seiten ohne Urheberbezeichnung auf seinem eigenen Informationsangebot ein, auf dem

---

[267] Das gleiche gilt auch für eine Einbettung eines fremden Werkes auf einer Webseite durch Verwendung eines Hyperlinks (inline-Linking) unter Verheimlichung der Herkunft des Werkes. Vgl. auch *Klett*, Urheberrecht im Internet aus deutscher und amerikanischer Sicht, S. 188 und 190.

er wiederum im Frame 3 (siehe nachfolgend Abbildung 8) seine eigene Urheberbezeichnung angebracht hat. Derart erweckt F den Eindruck, dass er der Urheber der Seiten des U ist.

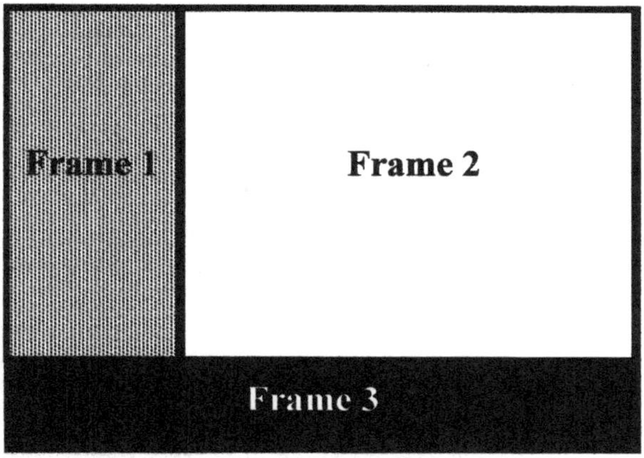

Abb. 8: Verwendung von Frames 2.
Quelle: Eigene Darstellung

Das Dokument „dr_main.htm" aus Abbildung 7 erscheint nunmehr also ohne Urheberbezeichnung im Frame 2 von F. Problematisch ist hierbei, dass F keinerlei Urheberbezeichnung entfernt hat. Entfernt wird durch das Framing in der Regel nur die ursprüngliche URL des Anbieters, dessen Werke oder Inhalte übernommen werden, vorliegend also die URL der Webpage von U. Für den Nutzer ist es daher nicht mehr feststellbar, ob es sich tatsächlich um eigenes Material des Framebenutzers handelt oder fremde Werke verwendet werden. Ob die Entfernung der ursprünglichen URL aber ebenfalls zu einer Verletzung des § 13 UrhG führt, ist zweifelhaft und kann auch dahingestellt bleiben, da der F seine Urheberbezeichnung zumindest derart eng mit dem Werk des U in Verbindung bringt und dessen Herkunft für den Benutzer derart unkenntlich macht, dass letzterer in der Regel nur davon ausgehen kann, dass F der Urheber ist. Hierdurch wird das Band zum Urheber in unzulässiger Weise gelockert. Es handelt sich mithin bei dem Framing fremder Werke um eine Anmaßung der Urheberschaft, die das Recht des Urhebers auf Anerkennung der Urheberschaft verletzt. Eine Verletzung des § 13 UrhG ergibt sich darüber hinaus auch noch durch die Beeinträchtigung des Rechts der Namensnennung. Dieses Recht war zwar in der Begründung des Regierungsentwurfes nicht vorgesehen, wurde aber gleichwohl vom BGH bestätigt.[268]

[268] *BGH 28.04.1972*, GRUR 1972, 713 - Im Rhythmus der Jahrhunderte

Bei der Verletzung seines Rechtes auf Anerkennung der Urheberschaft und der Bestimmung der Urheberbezeichnung kann der Urheber dann gemäß § 13 i.V.m. § 97 Abs. 1 UrhG anstelle einer Zahlung auf Entschädigung einen Schadensersatzanspruch auf Naturalrestitution geltend machen. Dies bedeutet, dass der Urheber die Veröffentlichung eines Korrekturhinweises auf der jeweiligen Seite des Fremdbenutzers verlangen kann. Dieser Hinweis kann dann möglicherweise auch auf der Homepage des Fremdbenutzers anzubringen sein.[269]

3. Das Recht auf Werkintegritätsschutz

Die Nutzung von Werken in elektronischen Datennetzen gefährdet auch die Integrität der Werke weit mehr als sonst. Auch hier ist es insbesondere die erleichterte Möglichkeit der Segmentierung, Kombination und Umgestaltung von Werken in den Datennetzen, die eine Reihe schwieriger Fragen aufwirft.

Für ihre „online-Verwendung" werden die Werke mitunter in beliebig viele Teile zerlegt und auf eine andere Größe zurechtgestutzt, bei der nicht immer der vom Urheber gewählte Maßstab eingehalten wird. Die Veränderung des Maßstabes eines Bildes oder einer Graphik führt unzweifelhaft zu einer Entstellung des Werkes. Aber auch in den Fällen, bei denen der Maßstab respektiert und nur die Größe verändert wird, kann eine Beeinträchtigung des Werkes vorliegen. Es ist hier dann zunächst an die geringere Auflösungsqualität zu denken, die mit einer Änderung der Größe einhergehen kann, aber auch an den Urheber, der zum Beispiel für sein Gemälde ganz bewusst eine Größe ausgewählt hat, um eine bestimmte Wirkung zu erzielen. Das Zurechtstutzen eines Werkes auf eine andere Größe für seine „online-Verwendung" und hier insbesondere die im WWW häufig verwendeten sogenannten Thumbnails, bei welchen die Bilder in der Regel auf ein 80x80 Pixel Format kleingeschrumpft werden, um dem Nutzer und dem Netz eine unnötige Datenübertragung zu ersparen, können demnach zu Beeinträchtigungen eines Werkes führen.

Eine Beeinträchtigung kann sich aber auch bereits schon aus der Digitalisierung eines analogen Werkes ergeben, wenn aus datenökonomischen Gründen eine hohe Komprimierung des Werkes gewählt wurde.[270] Eine Kompression der Daten ist in den aktuellen Datennetzen aufgrund der noch relativ geringen Bandbreite unumgänglich. Daher wird so ziemlich jedes Werk vor der Übertragung über ein elektronisches Netzwerk komprimiert. Zum Beispiel wird dann

---

[269] *Hoeren*, in: *Lehmann*, Cyberlaw, S. 87.
[270] *Hoeren*, in: *Lehmann*, Cyberlaw, S. 87.

anstelle der Verwendung vom Bitmaps ein Kompressionsformat wie *.jpg oder *.gif verwendet. Dies führt selbstverständlich in den meisten Fällen zu einem Qualitätsverlust, der sich dann etwa bei Bildern oder Graphiken in einer geringere Auflösungsqualität manifestiert. Bis vor wenigen Monaten galt dies für nahezu alle Formen der Datenkompression, ob diese nun Bilder, Audio oder Video zum Gegenstand hatte. Mittlerweile hat die Datenkompression aber erhebliche Fortschritte gemacht, so dass zum Beispiel mit dem mp3 Format eine zwölf- bis dreizehnfache Kompression von Audiodateien möglich ist, ohne dass hierbei ein merklicher Qualitätsverlust eintritt. Dennoch führen zur Zeit die Mehrzahl der Kompressionsverfahren noch zu einem Qualitätsverlust und stellen mithin eine Beeinträchtigung des Werkes dar. In absehbarer Zeit werden jedoch auch hohe Kompressionen ohne Qualitätsverlust möglich sein, so dass dann eine Werkbeeinträchtigung durch die Kompression nicht mehr zu befürchten steht.

Weitere Beeinträchtigungen können sich auch noch aus der Implementierung oder Entfernung interaktiver Gestaltungsmöglichkeiten, wie der Hyperlinks oder ähnliches, in ein bestehendes Werk ergeben.[271] Die Nutzung der Interaktivität hingegen führt zu keiner Beeinträchtigung. Der Nutzer hat hierbei unter Umständen zwar den Eindruck, als ob er das Werk verändert oder mitgestaltet, tatsächlich bewegt er sich aber nur in einem vom Urheber vorgegebenen Rahmen. Eine Bedrohung der Integrität der Werke kann sich aber auch daraus ergeben, dass es sich bei den elektronischen Netzwerken in der Regel um paketorientierte Datennetze handelt (§ 2 I. lit. b). Das TCP sorgt bekanntlich beim Sender für das Verpacken der Informationen in kleine Päckchen.[272] Die Werke werden also vor der Übertragung in kleine Teile zerstückelt, die dann über die Router den Weg zum Empfänger finden.[273] Grundsätzlich läge in dieser Zerstückelung beziehungsweise Verpackung eine Beeinträchtigung der Werke. Allerdings werden diese in keinerlei anderem als dem von Urheber geschaffenen Gesamteindruck präsentiert, da das Werk als solches während des Transports über das Netz gar nicht wahrnehmbar ist. Mithin besteht auch keine Gefahr, dass das Werk einer größeren Anzahl von Personen zur Kenntnis gelangt. Erst wenn die Entstellung oder Beeinträchtigung nach außen dringt, kann das Ansehen des Urhebers in den Augen Dritter Schaden nehmen.[274] Das Routing im weiteren Sinne stellt demnach keine Entstellung oder Beeinträchtigung dar.[275]

---

[271] Vgl. für den Bereich von „Multimedia“: *Rehbinder*, ZUM 1995, 687.
[272] Supra § 2 I. 1. b).
[273] Zum Routing s.o. *§ 2 I. 1. c)*.
[274] *Schack*, Urheber- und Urhebervertragsrecht, Rn. 349.
[275] Ebenso *Klett*, Urheberrecht im Internet aus deutscher und amerikanischer Sicht, S. 132.

Hingegen ist die Verwendung von Inline-Links und Frames grundsätzlich geeignet, im Einzelfall eine Beeinträchtigung oder sogar eine Entstellung des Werkes herbeizuführen. Das Werk kann mittels dieser Techniken ohne weiteres in einen ihm völlig widersprechenden, möglicherweise sogar kompromittierenden Sachzusammenhang gestellt werden.[276] Schließlich können auch noch die Zwischenspeicherungen von Werken auf Proxy-Servern zu einer Beeinträchtigung des Werkes führen. Hierbei werden häufig abgerufenen Daten in einem Intranet zur Verminderung der Belastung des Internetverkehrs zwischengespeichert, so dass bei erneuter Anfrage durch einen Nutzer, diese Kopie an letzteren übermittelt werden kann und die Datei nicht erst wieder neu angefordert und übertragen werden muss. Eine Werkbeeinträchtigung kann in den Fällen vorliegen, bei denen dem Nutzer nur die im Proxy-Server gespeicherte Kopie übermittelt wird, diese aber nicht mehr aktuell ist, weil der Urheber den Inhalt seiner Webpage geändert hat und derart nicht mehr dem tatsächlichen Informationsangebot des Urhebers im Internet entspricht. Dies kann insbesondere dann zu einer Beeinträchtigung des Werkes führen, wenn der Urheber auf die Aktualität seiner Seiten angewiesen ist und seine Werke gerade aus diesem Grund ihre Attraktivität erhalten.

Die Gefahr einer Entstellung oder Beeinträchtigung eines Werkes ist in den elektronischen Netzwerken also erheblich gesteigert. Für eine Verletzung des § 14 UrhG bedarf es aber außer der Entstellung oder Beeinträchtigung auch noch der Eignung zur Interessengefährdung sowie einer Abwägung des Integritätsinteresses des Urhebers mit dem Verwertungsinteresse der Nutzungsberechtigten. Die Frage, ob die soeben identifizierten Entstellungen und Beeinträchtigungen geeignet sind, die geistigen oder persönlichen Interessen des Urhebers zu gefährden, kann daher nicht pauschal beantwortet werden, sondern ist vielmehr nach objektiven Kriterien im Einzelfall festzustellen. Allerdings ist eine Interessengefährdung eher zu bejahen, wenn ein Werk von hohem künstlerischen Rang vorliegt, während hingegen eine Gefährdung der ideellen Interessen eines Urhebers eines Werkes der kleinen Münze kaum jemals gegeben sein wird.[277] Bei der Abwägung des Integritätsinteresse des Urhebers an seinem Werk und den Nutzungs- beziehungsweise Gebrauchsinteressen der Werknutzer handelt es sich ebenfalls wieder um eine Frage des Einzelfalls. In die Abwägung fließt allerdings die Tatsache hinein, dass eine Bearbeitung oder Umgestaltung einzelner Werke oftmals aber notwendig und unvermeidbar ist, um diese in Datennetzen nutzen zu können. Angesichts dieser neuen technischen Realitäten und Verkehrsgewohnheiten werden die Urheber daher wahrscheinlich eine Zurückstu-

[276] Ebenso *Alder*, in: *Hilty*, Information Highway, S. 339; *Klett*, Urheberrecht im Internet aus deutscher und amerikanischer Sicht, S. 187, 190.
[277] Vgl. *Schack*, Urheber- und Urhebervertragsrecht, Rn. 348.

fung hinnehmen müssen.[278] In diesem Zusammenhang wird auch insbesondere der § 39 Abs. 2 UrhG, wonach Änderungen des Werkes durch den Inhaber eines Nutzungsrechts zulässig sind, zu denen der Urheber seine Einwilligung nach Treu und Glauben nicht versagen kann, verstärkt zu berücksichtigen sein.[279] Vielfach wird man aber auch von einer stillschweigenden Zustimmung des Berechtigten ausgehen können[280] und dies insbesondere dann, wenn die Änderung zur Erfüllung des Vertragszwecks erforderlich ist.

II. Eine neue Bedeutung für das Urheberpersönlichkeitsrecht

Die soeben festgestellte erhöhte Gefahr einer Verletzung des Urheberpersönlichkeitsrechts und hierbei insbesondere des Rechts auf Werkintegrität führt dazu, dass das Urheberpersönlichkeitsrecht in der öffentlichen Diskussion und auch in der gerichtlichen Praxis wieder zunehmend in den Mittelpunkt des Urheberrechts rücken wird. Der Wahrung der Urheberpersönlichkeitsrechte kommt bei der digitalen Nutzungen von Werken in elektronischen Netzwerken wieder eine besondere Bedeutung zu.[281] Insofern kann man durchaus von einer Renaissance des Urheberpersönlichkeitsrechtes sprechen.[282]

Dieser wiedererlangten Bedeutung des Urheberpersönlichkeitsrechtes kann auf unterschiedlicher Art und Weise begegnet werden. Unter besonderer Berücksichtigung der Nutzungs- beziehungsweise Gebrauchsinteressen der Verwerter könnte man dem vergrößerten Anwendungspotential der Regelungen des Urheberpersönlichkeitsrechts eine Aufhebung oder Einschränkung entgegensetzen (1.). Ein interessengerechter Ausgleich ließe sich aber möglicherweise auch über die rechtsgeschäftliche Disposition von Urheberpersönlichkeitsrechten erreichen (2.).

1. Aufhebung oder Einschränkungen des Urheberpersönlichkeitsrechts

In Deutschland wie auch in Frankreich ist die Befürchtung, den Anschluss an die führenden Nationen in der Nutzung und Entwicklung von Datennetzen zu

---

278 *Alder*, in: *Hilty*, Information Highway, S. 340.

279 Ebenso *Hoeren*, in: *Lehmann*, Cyberlaw, S. 87.

280 *Loewenheim*, in: *Loewenheim/Koch*, Praxis des Online-Rechts, S. 292.

281 *Wachter*, GRUR Int. 1995, 860, 866.

282 So für das Integritätsrecht, *Wachter*, GRUR Int. 1995, 860, 866.; siehe auch *Becker*, ZUM 1995, 231, 242

verlieren, weitverbreitet.[283] Die Bereitschaft Zugeständnisse zu machen, um in der internationalen Entwicklung nicht abgehängt zu werden und die Wettbewerbsfähigkeit nationaler Unternehmen nicht zu schmälern, findet immer mehr Anhänger. Eine Aufhebung oder Einschränkung des Urheberpersönlichkeitsrechts ist aber nicht einfach so möglich.

a) Das Recht auf Anerkennung der Urheberschaft

Der BGH hat etwa eine einschränkende Interpretation de lege lata des Rechts der Urhebernennung deutlich zurückgewiesen.[284] Dies erklärt sich unter anderem damit, dass das Recht aus § 13 UrhG ein Schwerpunkt des Schutzes der persönlichen und geistigen Interessen des Urhebers darstellt.[285] Aber auch de lege ferenda ist angesichts der Regelung des Art. 6bis RBÜ und des grund- und menschenrechtlichen Fundaments des Urheberpersönlichkeitsrechts, eine Einschränkung des Rechts auf Anerkennung der Urheberschaft nicht begehbar.[286] Eine Aushöhlung oder gesetzliche Einschränkung des Schutzes aus § 13 UrhG ist mithin ausgeschlossen.

b) Das Recht auf Werkintegrität

Aber auch im Bereich des § 14 UrhG wäre eine Einschränkung zunächst nur im Rahmen des Art. 6bis RBÜ möglich. Dieser verpflichtet die Verbandsländer der Berner Übereinkunft den Urheber vor jeder Entstellung, Verstümmelung, sonstigen Änderungen oder Beeinträchtigungen des Werkes zu schützen, die seiner Ehre oder seinem Ruf nachteilig sein könnten. Eine Aufhebung des Integritätsschutzes ist also aufgrund dieser internationalrechtlichen Verpflichtung nicht möglich. Begehbar wäre aber der Weg, dem Recht auf Werkintegrität klar umzogene Grenzen zu setzen und den Schutz der Werkintegrität derart einzuschränken beziehungsweise zurückzunehmen. Der im § 14 UrhG verwendete Begriff der Gefährdung der berechtigten geistigen oder persönlichen Interessen am Werk, könnte dann etwa durch das in der RBÜ verwendete Kriterium der Nachteiligkeit für Ehre und Ruf ersetzt werden.[287] Bei einer derartigen Schutzre-

---

283 Siehe z.B. *Süddeutsche Zeitung* vom 04.03.1999, Multimedia bläst zur Aufholjagd [SzonNet - http://www.sueddeutsche.de]

284 *BGH 16.06.1994*, BGHZ 126, 245, 248 = GRUR 1995, 671, 672f. – Namensnennungsrecht des Architekten.

285 Supra § 8 II.

286 *Schricker*, in: *Schricker*, Urheberrecht auf dem Weg in die Informationsgesellschaft, S. 87.

287 Vgl. *Schricker*, in: *Schricker*: Urheberrecht auf dem Weg in die Informationsgesellschaft, S. 91.

duktion würde allerdings außer acht gelassen, dass die zu schützenden persönlichen Interessen hinsichtlich der Werkintegrität über den bloßen Schutz von Ehre und Ansehen weit hinaus gehen können und auch die Meinungsfreiheit sowie die Freiheit der Wissenschaft und Kunst ebenfalls zu berücksichtigen sind.[288] Eine Reduktion wäre mithin zwar konventionsrechtlich grundsätzlich möglich, allerdings steht die grund- (insbesondere die Art. 5 Abs. 1 und Abs. 3 GG[289]) und menschenrechtliche Perspektive des Urheberpersönlichkeitsrechts einer solchen Lösung entgegen.

Eine Einschränkung des Rechts auf Werkintegrität könnte aber dennoch zu erreichen sein. In der Tat könnte die analoge Anwendung des § 93 UrhG zu einem solchen Ergebnis führen. Im Bereich der Filmherstellung ist der Integritätsschutz bekanntermaßen (s.o. § 8 III.) auf gröbliche Entstellungen oder andere gröbliche Beeinträchtigungen beschränkt. Eine Ausdehnung dieser Regelung auf den Bereich der digitalen und in Netzwerken verfügbaren Werke gebietet sich jedoch schon wegen der unterschiedlichen Interessenlage nicht.[290] Im Übrigen sind gegen die Regelung des § 93 UrhG zum Teil schwerwiegende Bedenken hinsichtlich seiner Verfassungsmäßigkeit und seiner Vereinbarkeit mit Art. 6bis RBÜ erhoben worden.[291] Anstatt den diskriminierenden § 93 UrhG auszuweiten, sollte die aktuelle Diskussion daher vielmehr dazu genutzt werden, den § 93 UrhG noch einmal zu überdenken und ihn für den Fall einer verfassungs- und konventionsrechtlich besser befriedigenden Lösung des Interessenkonflikts ganz aufzuheben.[292]

2. Rechtsgeschäftliche Disposition über die Urheberpersönlichkeitsrechte

Nachdem eine generelle Aufhebung oder Einschränkung des Urheberpersönlichkeitsrechts nicht ohne weiteres begehbar ist, könnte ein zufriedenstellender Interessenausgleich in rechtsgeschäftlichen Regelungen zu finden sein.

---

288 Vgl. *Schricker*, in: *Schricker*: Urheberrecht auf dem Weg in die Informationsgesellschaft, S. 92.

289 Grundgesetz für die Bundesrepublik Deutschland vom 23. Mai 1949, BGBl. S. 1.

290 In diese Richtung auch *Riekert*, in: Götting, Multimedia, Internet und Urheberrecht, S. 143f.

291 Siehe hierzu auch *Fromm/Nordemann* (*Hertin*), § 93 Rn. 2 und *Schricker* (*Dietz*), § 93 Rn. 2 m.w.N.

292 So auch *Schricker*, in: *Schricker*: Urheberrecht auf dem Weg in die Informationsgesellschaft, S. 92.

Problematisch hierbei ist aber zunächst, dass das Urheberpersönlichkeitsrecht als höchstpersönliches Recht grundsätzlich unübertragbar ist. Dies wird auch im § 29 S. 2 UrhG, der das Prinzip der Unübertragbar und Unverzichtbarkeit des Urheberrechts im Ganzen und in seinen Teilen festschreibt, noch einmal ausdrücklich festgestellt. Der Urheber kann über sein Urheberrecht nur im Rahmen der §§ 31 ff. UrhG verfügen, das heißt er kann nur Nutzungsrechte einräumen. Diese sind jedoch verwertungs- und nicht persönlichkeitsbezogen.[293] Es besteht im Bereich des Rechts auf Werkintegrität, wie auch im Bereich des Rechts auf Anerkennung der Urheberschaft aber dennoch Übereinstimmung darin, dass der Urheber eine Möglichkeit haben muss, gewisse einschränkende rechtsgeschäftliche Dispositionen vornehmen zu können.[294] Dies gebietet sich im Übrigen auch unter Berücksichtigung der grundsätzlichen Zulässigkeit von Änderungsvereinbarungen im Bereich des Rechts auf Werkintegrität gemäß § 39 Abs. 1 UrhG. Die Vornahme gewisser rechtsgeschäftlicher Dispositionen ist darüber hinaus häufig angebracht, da der Lizenznehmer die ihm eingeräumten Nutzungsrechte in vielen Fällen nur dann sinnvoll nutzen kann, wenn ihm auch persönlichkeitsrechtliche Befugnisse mitübertragen wurden.[295] Ein lizenzierter Informationsanbieter in einem Datennetz kann zum Beispiel viele Werke nur dann sinnvoll nutzen, wenn er sie an die technischen Gegebenheiten der Netzwerke anpassen kann und berechtigt ist Veränderung vorzunehmen, die mitunter geeignet sein können, das Recht auf Werkintegrität des Urhebers zu tangieren.[296]

Zwei dogmatische Rechtsfiguren ermöglichen es daher bisher dem Urheber, sein Urheberpersönlichkeitsrecht zu beschränken. Die erste Möglichkeit besteht darin, dass der Urheber praktisch zusammen mit den Nutzungsrechten eine „gebundene" Rechtseinräumung von persönlichkeitsrechtlichen Befugnissen, die zur vertragsgemäßen Nutzung unumgänglich sind, vornimmt.[297] Es handelt sich hierbei um eine der Nutzungseinräumung vergleichbare konstitutive Belastung des Urheberpersönlichkeitsrechts mit der Befugnis zur treuhänderischen Rechtswahrnehmung.[298] Die andere Lösung sieht für den Urheber die Möglichkeit vor, einen schuldrechtlich wirkenden Verzicht auf die Geltendmachung einzelner Ansprüche zu tätigen.[299] Dieser antizipierte Verzicht hat nach der Auffassung des BGH[300] zur Folge, dass die Forderung gar nicht erst entsteht und eine

---

[293] *Schack*, Urheber- und Urhebervertragsrecht, Rn. 563.
[294] *Fromm/Nordemann* (*Hertin*), § 14 Rn. 20, *Rehbinder*, Urheberrecht, Rn. 319ff.; *Schack*, Urheber- und Urhebervertragsrecht, Rn. 563ff.
[295] Vgl. *Schack*, Urheber- und Urhebervertragsrecht, Rn. 563.
[296] S.o. § 9 I. 3.
[297] *Rehbinder*, Urheberrecht, Rn. 320; *Schack*, Urheber- und Urhebervertragsrecht, Rn. 563.
[298] Vgl. *Rehbinder*, Urheberrecht, Rn. 319.
[299] *Rehbinder*, Urheberrecht, Rn. 335.
[300] BGHZ 40, 326, 330

Klage mithin unbegründet wäre, während er von einem Teil der Literatur[301] und vom Reichsgericht[302] schlicht als pactum de non petendo gedeutet wird und demnach eine bloße Einrede des Beklagten darstellt.

Unklar und umstritten an diesen dogmatischen Rechtsfiguren ist jedoch, in welchen Grenzen solche Rechtsgeschäfte getätigt werden können. Einen ersten Eckpunkt setzen hierbei die §§ 41 Abs. 4, 42 Abs. 2 UrhG aus denen sich ergibt, dass ein Globalverzicht auf das Urheberpersönlichkeitsrecht nicht möglich ist. Zum Teil wird daher auf die Schwere der Beeinträchtigung oder auf einen „unverzichtbaren" Kern des Urheberpersönlichkeitsrechts abgestellt.[303] Dies führt aber zu einer gesteigerten Rechtsunsicherheit. Zudem kann es durchaus vorkommen, dass der Urheber einmal einen tiefgehenden Eingriff gestatten möchte.[304] Eine vorzugswürdigere Lösung ließe sich ausgehend von der Vertragsfreiheit möglicherweise durch eine Anwendung des im Urhebervertragsrecht wurzelnden Zweckübertragungsgedanken erreichen. Danach räumt der Urheber im Zweifel keine weitergehenden Nutzungsrechte ein, als zur Erreichung des Vertragszwecks nötig sind.[305] Es müsste hierbei allerdings sichergestellt werden, dass es nicht bei einer bloßen Auslegungsregel verbleibt, da eine solche nach der Rechtsprechung des BGH bekanntlich ja keine Rechte begründen kann.[306] Ansonsten bestünde die Gefahr, dass die Werknutzer unter Verwendung von Allgemeinen Geschäftsbedingungen das Ausmaß der geplanten Werkveränderung nur hinreichend konkret bezeichnen und Listen beabsichtigter oder denkbarer Verletzungen des Urheberpersönlichkeitsrechts in ihre AGB aufnehmen. Das Urheberpersönlichkeitsrecht darf aber nicht einfach de facto durch geschickte Formulierungskunst ausgehöhlt werden.[307] Daher muss bei der vertraglichen Disposition bestimmter urheberpersönlichkeitsrechtlicher Fragen der Urheber durch eine gesetzliche Regelung geschützt werden. Dies würde auch dem Interesse des Werkverwerters an Rechts- und Planungssicherheit Rechnung tragen.[308] Der Urheber könnte demnach aufgrund der Vertragsfreiheit auch tiefgehende Eingriffe gestatten, sofern er konkret erkennen kann, was er kondiziert und mithin sein Selbstbestimmungsrecht in klarer Sicht der Konsequenzen aus-

---

301 *Rehbinder*, Urheberrecht, Rn. 335.

302 RGZ 148, 257, 263

303 Siehe *BGH* GRUR 1995, 671, 672f.

304 Vgl. *Schricker*, in: *Schricker*, Urheberrecht auf dem Weg zur Informationsgesellschaft, S. 93.

305 *Schack*, Urheber- und Urhebervertragsrecht, Rn. 968.

306 Vgl. *BGH 18.02.1982*, GRUR 1984, 45, 48f. - Honorarbedingungen: Sendevertrag

307 Ebenso *Hoeren*, GRUR 1997, 866, 873.

308 So auch *Stellungnahme des Max-Planck-Instituts* auf das Grünbuch der Europäischen Kommission zit. bei *Schricker*, Urheberrecht auf dem Weg in die Informationsgesellschaft, S. 86., ebenso *Loewenheim*, GRUR 1996, 830, 833

übt.[309] Dies bedeutet, dass einzelne, bestimmt konkret umschriebene Eingriffe durchaus zur vertraglichen Disposition stehen können, wobei der Kerngehalt des Urheberpersönlichkeitsrechts dann immer dadurch gewährt wird, dass die Einschränkung nur einen einzelnen Eingriff ermöglicht und in anderem Kontext gerade nicht gilt.[310] Der Urheber hat derart die Möglichkeit, die Tragweite des Geschäfts zu überblicken und sich der Folgen bewusst zu werden. Derart kann er dann in folgenorientierter Selbstbestimmung eine Beteiligung an den wirtschaftlichen Früchten seines Werkes entsprechend bemessen.

In diese Richtung geht nunmehr der Entwurf eines Gesetzes zur Stärkung der vertraglichen Stellung von Urhebern und ausübenden Künstlern vom 22. Mai 2000[311]. Dieser von Dietz, Loewenheim, Nordemann, Schricker und Vogel ausgearbeitete Entwurf soll ein Höchstmaß an ausgleichender Wirkung und Handlungsfreiheit der Urheber- wie der Verwerterseite gewährleisten und den Urhebern und ausübenden Künstlern in allen Bereichen zu einer angemessenen Vergütung verhelfen.[312] In Artikel 1 sieht der Entwurf eine Änderung des § 29 Abs. 2 und § 39 UrhG vor, wonach es künftig zulässig sein soll einzelne Rechtsgeschäfte über bestimmte Urheberpersönlichkeitsrechte vorzunehmen. Dieser Entwurf stellt einen bedeutenden Schritt auf dem Weg zu angemessenen Vertragsbedingungen im Bereich der Kulturwirtschaft dar.[313]

Die Einwilligung der Urheber zu den einzeln umschriebenen Eingriffen hat der Werknutzer aber jeweils bei den betroffenen Urhebern einzuholen. Zum Teil wird dies als ein administratives Hemmnis angesehen, welches einer effektiven Werknutzung entgegenstehen soll. Es wird daher unter anderem gefordert, dass derartige einschränkende vertragliche Dispositionen über das Urheberpersönlichkeitsrecht auch durch Kollektivvereinbarungen erteilt werden können.[314] Hiergegen spricht jedoch, dass das Urheberpersönlichkeitsrecht individu-

309 *Schricker*, in: *Schricker*, Urheberrecht auf dem Weg zur Informationsgesellschaft, S. 93.

310 *Schricker*, in: *Schricker*, Urheberrecht auf dem Weg zur Informationsgesellschaft, S. 97f.

311 Entwurf eines Gesetzes zur Stärkung der vertraglichen Stellung von Urhebern und ausübenden Künstlern vom 22. Mai 2000 [http://www.bmj.bund.de/ggv/ggv_i.htm#Forschungsvorhaben]

312 *Bundesministerium der Justiz*, Überblick über die Vorschläge zum Entwurf eines Gesetzes zur Stärkung der vertraglichen Stellung von Urhebern und ausübenden Künstlern [http://www.bmj.bund.de/misc/2000/m_35u_20.htm].

313 *Bundesministerium der Justiz*, Überblick über die Vorschläge zum Entwurf eines Gesetzes zur Stärkung der vertraglichen Stellung von Urhebern und ausübenden Künstlern [http://www.bmj.bund.de/misc/2000/m_35u_20.htm].

314 In diese Richtung *Rieckert*, in: *Götting*, Multimedia, Internet und Urheberrecht, S. 151f.; vgl. auch *Grünbuch der Kommission der Europäischen Gemeinschaften*, KOM(95) 382 endg., S. 68, 19.07.1995 [http://www.ispo.cec.be/infosoc/legreg/com95382.doc].

eller und höchstpersönlicher Natur ist und Kollektivvereinbarungen daher schon aus diesem Grund nicht möglich sind. Einschränkende Rechtsgeschäfte über das Urheberpersönlichkeitsrecht erfordern daher immer die ausdrücklich erklärte Einwilligung des Urhebers.[315] Hierin muss im Übrigen kein Werknutzungshindernis liegen. Mittels digitaler Signatur könnte das Werk etwa den Namen und die Anschrift des jeweiligen Urhebers enthalten. Derart könnte dann der Werknutzer den Urheber schnell und einfach identifizieren und per e-Mail oder Fax umgehend und ohne administrative Hemmnisse erreichen und seine Einwilligung einholen.

Neben der Möglichkeit ausdrücklich einschränkende rechtsgeschäftliche Dispositionen vorzunehmen, wird vermehrt versucht, von einer stillschweigenden Zustimmung zu bestimmten Eingriffen auszugehen und vorgeschlagen, eine gesetzliche Vermutung aufzustellen. Obwohl das Urheberpersönlichkeitsrecht bisher noch nicht Gegenstand einer Harmonisierung auf europäischer Ebene war und auch in der Richtlinie über das Urheberrecht und verwandte Schutzrechte in der Informationsgesellschaft keine Berücksichtigung finden wird,[316] erwägt die Europäische Kommission etwa von der Zustimmung des Urhebers zu bestimmten Veränderungen im Rahmen einer „Online-Verwendung" des Werkes auszugehen, wenn er die Digitalisierung genehmigt oder der Einspeisung seines Werkes in ein Datennetz zugestimmt hat.[317] Dem kann aber nicht gefolgt werden. Die Digitalisierung des Werkes als solche, wie auch das „Uploading" eines Werkes auf einen Server, hat nämlich gerade noch keine urheberpersönlichkeitsrelevante Werkveränderung zur Folge.[318] Mit der Zustimmung zur Digitalisierung oder „Uploads" seines Werkes hat der Urheber eben gerade noch nicht seinen Willen kundgetan, einer konkreten Veränderung zuzustimmen. Auch ist aus der durch die Digitalisierung technisch erleichterten Veränderbarkeit beziehungsweise aus der durch das „Upload" gesteigerten Vulnerabilität des Werkes, noch nichts über den vermeintlichen Willen des Urhebers, einer konkreten

---

[315] *Loewenheim*, GRUR 1996, 830, 833.

[316] Siehe Vorschlag für eine Richtlinie über das Urheberrecht und verwandte Schutzrechte in der Informationsgesellschaft, IP/97/1100.

[317] *Grünbuch der Kommission der Europäischen Gemeinschaften*, KOM(95)382 endg., S. 67f., 19.07.1995 [http://www.ispo.cec.be/infosoc/legreg/com95382.doc]; *von Lewinski*, GRUR Int. 1995, 836; diese Auffassung findet auch in Japan zahlreiche Anhänger: vgl. *Heat*, GRUR Int. 1995, 843ff.; in diese Richtung für die Schweiz ebenso *Alder*, in: *Hilty*, Information Highway, S. 347.

[318] Die mögliche Beeinträchtigung des Rechts auf Werkintegrität durch eine während der Digitalisierung stattfindende Datenkompression (s.o. *§ 9 I. 3.*) hat mit der Digitalisierung als solche nur insoweit zu tun, als sie durch diese erst ermöglicht wird. Die Digitalisierung ist für die Werkveränderung aber auch hier nicht relevant.

Werkveränderung zuzustimmen, ausgesagt.[319] Eine Indizwirkung kann daher auch nicht angenommen werden.

§ 9 Die Lage in Frankreich

Die nationalen Regelungen im Bereich des Urheberpersönlichkeitsrecht sind zum Teil ganz unterschiedlich ausgestaltet.[320] Hierbei weichen nicht nur die Droit d'auteur- und die Copyrightsysteme erheblich voneinander ab, sondern auch innerhalb der kontinentalen Rechtsordnungen finden sich zum Teil große Unterschiede wieder. Dies beruht mitunter auf den verschiedenen Konzeptionen der Natur des Urheberrechts.

I. Das Droit moral im Code de la Propriété Intellectuelle

In Frankreich geht man - im Gegensatz zu der in Deutschland herrschenden Auffassung[321] - davon aus, dass die Natur des Droit d'auteur hybrid ist. Der Art. L. 111-1 al. 2 CPI gestaltet daher das Droit d'auteur dualistisch aus (*Ce droit comporte des attributs d'ordre intellectuel et moral ainsi que des attributs d'ordre patrimonial, qui sont déterminés par les livres I et III du présent code)*.[322] Dies bedeutet, dass der Schutz persönlicher und vermögensrechtlicher Interessen nicht wie im deutschen System (§ 11 UrhG) eng miteinander verbunden ist und ein einheitliches Recht mit doppelter Funktion darstellt, sondern dass das Urheberrecht als Doppelrecht ausgestaltet ist, bei dem die persönlichkeits- von den vermögensrechtlichen Befugnissen abgekoppelt sind.

Die Bedeutung der persönlichkeitsrechtlichen Befugnisse des Urhebers wurde in Frankreich bereits in der ersten Hälfte des 19. Jahrhunderts erkannt. Traditionell genießt es daher einen hohen Stellenwert. Im Code de la Propriété Intelectuelle wird das Droit moral dann auch in den Art. L. 121-1 bis L. 121-9 CPI vor den vermögensrechtlichen Belangen (*droits patrimoniaux*) des Urhebers gestellt. Die Bezeichnung des Urheberpersönlichkeitsrechts als „Droit moral" - was in etwa mit „geistigem Recht" übersetzt werden kann - verdeutlicht hierbei

---

[319] *Stellungnahme des Max-Planck-Instituts* auf das Grünbuch der Europäischen Kommission zit. bei *Schricker*, Urheberrecht auf dem Weg in die Informationsgesellschaft, S. 87; Siehe auch *Loewenheim*, GRUR 1996, 830, 833.

[320] Siehe hierzu *Colombet*, Grands principes du droit d'auteur et des droits voisins dans le monde, S. 40ff.

[321] Siehe zum Monismus des Urheberrechts, *Rehbinder*, Urheberrecht, Rn. 28; *Schack*, Urheber- und Urhebervertragsrechts, Rn. 306ff.

[322] Siehe zur hybriden Natur des Droit d'auteur auch *Colombet*, Propriété littéraire et artistique et droits voisins, Rn 21.

eindrucksvoll den Schutz der geistigen, außerpatrimonialen Interessen des Urhebers. Zentrale Vorschrift der Regelungen des Urheberpersönlich-keitsrechtes im Code de la Propriété Intellectuelle ist der Art. L. 121-1 CPI, auch wenn dieser ausdrücklich nur das Namensnennungsrecht (*droit au respect du nom*) und den Integritätsschutz (*droit au respect de l'œuvre*) betrifft. Das Droit moral ist hiernach an die Person des Urhebers gebunden,[323] von unbegrenzter Dauer, unveräußerlich und unverjährbar sowie, von Art. L. 121-1 CPI nicht ausdrücklich erwähnt, unpfändbar.[324] Wie im deutschen Recht (§§ 28 ff. UrhG) geht es mit dem Tod auf den Erben über.

Art. L. 121-1 CPI: *L'auteur jouit du droit au respect de son nom, de sa qualité et de son œuvre.*
Ce droit est attaché à sa personne.
Il est perpétuel, inaliénable et imprescriptible.
Il est transmissible à cause de mort aux héritiers de l'auteur.
L'exercice peut être conféré à un tiers en vertu de dispositions testamentaires.

Neben dem Namensnennungsrecht und dem Recht auf Werkintegrität aus Art. L. 121-1 CPI, stehen dem Urheber auch noch gemäß Art. L. 121-2, L. 121-3 und L. 121-9 CPI das Veröffentlichungsrecht (*droit de divulgation*), das Rücktritt- oder Rückrufsrecht (*droit de retrait ou de repentir*) aus Art. L. 121-4 CPI sowie seit 1992 das Recht alleine über die Aufnahme seiner Artikel und Reden in einer Sammlung entscheiden zu können (Art. L. 121-8 CPI) zu.

1. Das Veröffentlichungsrecht (*droit de divulgation*)

Das Veröffentlichungsrecht gewährt dem Urheber die Befugnis der Erstveröffentlichung. Es konditioniert daher das Entstehen der Patrimonial-rechte, denn erst mit der Entscheidung sein Werk zu veröffentlichen, eröffnet sich der Urheber die Verwertungsrechte.[325] Der Urheber bestimmt also ob, wie und zu welchen Bedingungen er sein Werk veröffentlichen will.

Im französischen Urheberrecht wird zwischen der „*divulgation*" und der „*publication*" unterschieden. Beide Begriffe lassen sich indes wörtlich mit „Veröffentlichung" übersetzen. Mit der „*divulgation*" wird jedoch die Veröffentlichung im engeren Sinne bezeichnet. Es handelt sich hierbei um den Akt durch den das Werk nach dem Willen des Berechtigten zum ersten Mal der Öf-

---

323 Colombet vergleicht die Bindung des Urheberpersönlichkeitsrechtes mit der Person des Urheber, mit dem Schimmer des Phosphors („*comme la lueur au phosphore*"), *Colombet*, Propriété littéraire et artistique et droits voisins, Rn 129.

324 *Colombet*, Propriété littéraire et artistique et droits voisins, Rn 133.

325 *Colombet*, Propriété littéraire et artistique et droits voisins, Rn 136.

fentlichkeit zugänglich gemacht wird. Hingegen bezeichnet die „*publication*" nur das Inverkehrbringen von Vervielfältigungsstücken.[326]

2. Das Namensnennungsrecht (*droit au respect du nom*)

Das Namensnennungsrecht auch „*droit à la paternité de l'œuvre*" genannt, besteht aus dem Recht auf Achtung des Namens des Urhebers sowie seiner Urheberschaft. Die Namensnennung ist jedoch keine Verpflichtung für den Urheber. Dieser kann auch anonym bleiben oder sein Werk mit einem Pseudonym versehen. Die anonyme oder pseudonyme Veröffentlichung des Werkes führt im Übrigen aber nicht dazu, dass der Urheber sein Namensnennungsrecht verliert.[327]

3. Das Recht auf Werkintegrität (*droit au respect de l'œuvre*)

Der Code de la Propriété Intellectuelle sieht für das Recht auf Werkintegrität keine Einschränkungen vor. Der französische Gesetzgeber entschied sich also dafür, den Schutzbereich des Rechts auf Werkintegrität nicht klar zu umgrenzen. Wie auch in Deutschland bleibt es in Frankreich somit ebenfalls der Rechtsprechung überlassen, einen Missbrauch dieses Rechts festzustellen. In der Regel gewährt die französische Rechtsprechung hier einen vergleichsweise weitreichenden Schutz.[328] So fasste etwa das Tribunal de Grande Instance de Paris in der „*Affaire Samuel Becket - En attendant Godot*" die französische Rechtsprechungstradition im Bereich des Integritätsschutzes mit den Worten „*le respect est dû à l'œuvre telle que l'auteur a voulu qu'elle soit, qu'il n'appartient ni aux tiers ni au juge de porter un jugement de valeur sur la volonté de l'auteur, que le titulaire du droit moral est seul maître de son exercice*"[329] zutreffend zusammen. Das Recht auf Werkintegrität ist demnach verletzt, sobald die Öffentlichkeit durch Änderungen am Werk einen verfälschten Eindruck von diesem erhält.[330]

---

[326] *Junker*, Überblick über das französische Urheberrecht, C. I. [http://rw22big3.jura.uni-sb.de/urherrecht/910-text.htm].

[327] Siehe hierzu *Colombet*, Propriété littéraire et artistique et droits voisins, Rn 139ff.

[328] Vgl. u.a. *C.E., 03.04.1936*, D. 1936.3.57 - Affaire de la fontaine du Roussillon; *Trib. civ. de Versailles, 23.06.1932*, D.H. 1932.487 - Affaire de Juvisy; *Cass. civ., 06.07.1965*, Gaz. Pal. 1965.2.126. - Affaire Bernard Buffet; *Cass. 1ère civ., 16.03.1983*, RIDA 1983, S. 80 - Affaire Dubuffet.

[329] *TGI Paris 15.10.1992*, RIDA 1993 (155), 225; siehe auch die gleiche Formel verwendend *C.A. Paris 27.12.1996*, RIDA 1997 (172), 270.

[330] *Cass. civ., 05.03.1968*, D. 1968.382 - Affaire Salvador Dali.

4. Rücktritt- oder Rückrufsrecht (*droit de retrait ou de repentir*)

Das Rückrufsrecht ist im Gegensatz zu den anderen Rechten des Droit moral im Art. L. 121-4 CPI nicht nur erwähnt, sondern ausführlich geregelt. Der Satz 2 des Art. L. 121-4 CPI sieht etwa vor, dass die Ausübung des Rückrufsrechts dem Urheber nur dann möglich ist, sofern er vorher den Erwerber für den Nachteil entschädigt hat, der diesem aus dem Rückruf oder Rücktritt entstehen kann. Für den Fall, dass sich der Urheber nach Ausübung seines Rückrufs- oder Rücktrittsrecht dazu entschließt, sein Werk erscheinen zu lassen, ist er gemäß Art. L. 121-4 S. 3 CPI verpflichtet, seine Verwertungsrechte unter den ursprünglich festgelegten Bedingungen zunächst dem Erwerber anzubieten, den er ursprünglich gewählt hatte.

II. Das Droit moral in der aktuellen Diskussion in Frankreich

Obwohl das Droit moral eine Schöpfung der französischen Jurisprudenz ist und sogar die Grundlage der internationalen Anerkennung des Urheberpersönlichkeitsrechts in Art. 6bis RBÜ darstellte, ist auch in Frankreich der Respekt des Droit moral in den elektronischen Netzwerken nicht selbstverständlich. Insbesondere die Produzenten und Verleger sehen auch in Frankreich im Droit moral einen Unsicherheitsfaktor, den es im Interesse der internationalen Wettbewerbsfähigkeit französischer Unternehmen, wenn schon nicht dem technischen Fortschritt zuliebe zu opfern, so aber weitestgehend einzuschränken gilt.[331] Diese Positionen schreiben sich in ein Umfeld ein, in welchem das multimediaverliebte Frankreich bereit ist, nahezu alle Kräfte darauf zu konzentrieren den verloren geglaubten Anschluss an die internationale Entwicklung im Bereich der Netzwerke wieder herzustellen.[332]

Die französische Regierung ist allerdings eine Verfechterin eines starken Droit moral,[333] so dass daher eine Einschränkung auf nationaler Ebene wohl nicht unmittelbar zu erwarten ist. Die offiziellen Berichte zum Urheberrecht und

---

331 Vgl. *Bitan*, Gaz. Pal. 27.01.1996, S. 12; *Dangu*, Cahiers Lamy informatique, octobre 1995, S. 7.

332 Siehe dazu u.a. *Jospin*, Préparer l'entrée de la France dans la société de l'information, Hourtin 25.08.1997 [http://www.premier-ministre.gouv.fr/PM/D250897.HTM]; *Laffite*, Rapport sur la France et la société de l'information. Un cri d'alarme et une croisade nécessaire.

333 *Gouvernement français*, Réponse au Livre vert de la Commission des Communautés européennes, Januar 1996, S. 13 („Dans le contexte de la société de l'information où les œuvres sont davantage exposées à un risque de manipulation et de dénaturation ou à de véritables réecritures, le droit moral, notamment le droit à l'intégrité, est d'autant plus pertinent").

den neuen Technologien in Frankreich bestätigen dies und sehen ebenfalls keine Einschränkungen des Droit moral vor.[334] Allerdings behandeln diese Berichte das Droit moral nur am Rande und beschränken sich in der Regel auf eine kurze beschreibende Analyse nach geltendem Recht und das Aufzeigen möglicher Interpretationsmöglichkeiten.[335] Die Diskussion über die mögliche Verletzungshandlungen in den Netzwerken sowie die Zeitgemäßheit des Droit moral findet dann auch eher in der Lehre statt. Die möglichen Probleme werden überwiegend in dem Recht auf Namensnennung und dem Recht auf Werkintegrität angesiedelt.[336]

1. Mögliche Verletzungshandlungen in den Netzwerken

Das Recht der Namensnennung erscheint unter anderem aufgrund der Möglichkeit, eine Vielzahl von Werken miteinander zu verbinden und der vereinfachten Möglichkeit, mit einer falschen Urheberbezeichnung zu versehen, besonders bedroht. Insbesondere bei Datenbanken, die online zur Verfügung gestellt werden, ist nach h.M.[337] dem *„droit de paternité"* keine Genüge getan, wenn der Name des Autors mit dem Werk nur mittels eines systematischen Verweises (etwa eines Hyperlinks) auf eine beigefügte Datei verbunden wird. Um eine Aushöhlung des Namensnennungsrecht zu verhindern, sollte daher nach überwiegender Ansicht der Name des Autors weiterhin so eng wie möglich mit seinem Werk verbunden bleiben.[338] Hierfür wird unter anderem die Technik selbst als Antwort auf das Problem angeführt, wobei hier dann insbesondere der Art. 12 des WIPO-Copyright Treaty (WCT) vom 20.12.1996[339] zur Anwendung kommen könnte.[340] Eine mögliche Lösung könnte aber auch in der digitalen Signatur liegen.[341]

Im Bereich des Rechts auf Werkintegrität besteht eine Vielzahl möglicher netzspezifischer Verletzungshandlungen. Diese betreffen sowohl die materielle als auch die geistige Integrität des Werkes. Gefahr droht in diesem Bereich nach

334 Vgl. *von Lewinski*, in: *Schricker*, Urheberrecht auf dem Weg zur Informationsgesellschaft, S. 89.
335 Siehe dazu *Dreier*, GRUR Int. 1995, 840, 842; *Genton* GRUR Int. 1996, 693, 696.
336 Siehe u.a. *Hance*, Business et Droit, S. 80ff.; *A. Lucas*, Droit d'auteur et numérique, S. 231ff.
337 Vgl. insbes. *A. Lucas*, Droit d'auteur et numérique, Rn 470ff.
338 *Goutal*, D. 1997, chron. 357, 361f.; *A. Lucas*, Droit d'auteur et numérique, Rn 470ff.
339 CRNR/DC/94, RIDA 172, 62 oder [http://www.public-domain.org/wipo/dec96/dec96.html].
340 *Lucas*, Droit d'auteur et numérique, Rn 472.
341 *Lucas*, Droit d'auteur et numérique, Rn 473.

auch in Frankreich überwiegender Ansicht[342] etwa durch die zur Verwendung analoger Werke in den Datennetzen notwendige Digitalisierung, die es einem Benutzer mitunter ermöglicht, auf einfachste Art und Weise die Wörter, die Formen oder die Farben und Töne zu verändern und derart die Integrität des Werkes zu gefährden. In diesem Bezug werden unter anderem die im WWW häufig verwendeten „Thumbnails", die dem Nutzer eine daumengroße „Vorschau" eines Bildes geben und ihm derart eine möglicherweise unnötig große Datenübertragung ersparen sollen, für Werke der bildenden Künste eindeutig als gegen das Recht auf Werkintegrität verstoßend befunden.[343] Darüber hinaus stellt nach französischem Recht auch die Interaktivität eine Bedrohung der geistigen Werkintegrität dar.[344] Insbesondere das Hyperlinking und das Framing, welche die Möglichkeit eröffnen das Werk in einen anderen Kontext zu stellen und die Wirkung die der Urheber mit seinem Werk bezweckte zu beeinträchtigen, erscheinen hierbei problematisch.[345]

2. Zukunftsfähigkeit des Droit moral

Dieser Vielzahl von möglichen Verletzungshandlungen und die damit einhergehenden Verwertungsschwierigkeiten kann in Frankreich jedoch der Dualismus des Droit d'auteur entgegengesetzt werden. Dieser trennt wie gesehen, das Urheberrecht eindeutig in vermögensrechtliche und persönlichkeitsrechtliche Befugnisse. Das Droit moral kann daher grundsätzlich nicht dazu benutzt werden, den Lizenznehmer ein zweites Mal zur Kasse zu bitten.[346] Aus diesem Grund und unter Berücksichtigung der geschichtlichen Entwicklung der französischen Kulturindustrie, insbesondere im Bereich des Filmes, kann daher festgestellt werden, dass das Droit moral nicht den ihm zugeschriebenen Irrealismus in der heutigen Informationsgesellschaft entspricht.[347] Um den Zessionaren der Verwertungsrechte jedoch die restlichen Vorbehalte gegen die Unsicherheit und Unvorhersehbarkeit des Droit moral zu nehmen, könnte man aber auch in Frank-

---

342 *Bitan*, Gaz. Pal. 27.01.1996, S. 12; *Langlois*, Le droit moral des aureurs et l'Internet [http://www.argia.fr/lij/ArticleMars3.html].

343 *Kayser*, D. 1995, chron. 291.

344 So etwa *Sédaillan*, Droit de l'Internet, S. 105f.; *A. Lucas*, Droit d'auteur et numérique, Rn 479.

345 *Mallet-Poujol*, La commercialistaion des banques de données, n.182; *Langlois*, Le droit moral des auteurs et l'Internet [http://www.argia.fr/lij/ ArticleMars3.html]; *Sédaillan*, Droit de l'Internet, S. 105f.

346 Siehe hierzu *Cass. 1ère civ. 14.05.1991*, JCP 1991.II.21760, note *Pollaud-Dulian.*

347 Siehe u.a. *Langlois*, Le droit moral des aureurs et l'Internet [http://www.argia.fr/lij/ArticleMars3.html]; *A. Lucas*, Droit d'auteur et numérique, Rn 485.

reich daran denken, Rechtsgeschäfte über einzelne, genau umschriebene Eingriffe zuzulassen.[348]

Indes gilt diesbezüglich nach aktueller Rechtslage aber, dass grundsätzlich nur der Verzicht auf die Ausübung des Rechtes nach der Rechtsbeeinträchtigung möglich ist. Insbesondere der Verzicht auf das Veröffentlichungsrecht und das Rücktritt- oder Rückrufsrecht ist grundsätzlich nichtig.[349] Eine Verzichtsleistung im Bereich des Namensnennungsrecht ist hingegen möglich. Jedoch entfaltet diese nur begrenzte Wirkung, denn der Urheber ist unter anderem dazu berechtigt, das Rechtsgeschäft jederzeit zu widerrufen.[350] Ein Verzicht auf das in den Datennetzen besonders gefährdete Recht auf Werkintegrität wird von der Rechtsprechung nur für den Fall der im voraus vorgenommenen Globalabtretung ausdrücklich ausgeschlossen.[351] Dies bedeutet, dass in diesem Bereich des Integritätsschutzes auch in Frankreich eine wirksame Vereinbarung dahingehend getroffen werden könnte, dass der Urheber auf die Geltendmachung seines Rechts für einzeln, genau umschriebene Eingriffe verzichtet.[352]

Vereinzelt wird auch in Frankreich vorgeschlagen, das Droit moral kollektiv wahrnehmen zu lassen.[353] Eine kollektive Rechtewahrnehmung ist aber auch in Frankreich angesichts der individuellen Natur des „Droit moral“ und insbesondere aufgrund des französischen Dualismusses ausgeschlossen.

§ 10 Zusammenfassung

Das Urheberpersönlichkeitsrecht beansprucht sowohl in Frankreich als auch in Deutschland im digitalen Umfeld der elektronischen Netzwerke Geltung. Es werden hierbei vielschichtige rechtliche Fragen aufgeworfen, die aber derzeit weder in Frankreich noch in Deutschland einen Handlungsbedarf hinsichtlich der geltenden Regelungen im Bereich des Urheberpersönlichkeitsrecht erkennen lassen. Die vorhandenen Regelungen sind durchaus geeignet, die in den Datennetzen möglichen Verletzungshandlungen zu erfassen. Nicht nur das Recht auf

---

348 Ebenso *A. Lucas*, Droit d'auteur et numérique, Rn 495ff.

349 Vgl. *Sirinelli*, Le droit moral de l'auteur et le droit commun des contrats, S. 252f.

350 *Gautier*, RIDA (139) 1989 S. 63ff.

351 *Gautier*, Propriété littéraire et artistique, Rn. 90ff., m.w.N.

352 Ebenso *Gautier*, Propriété littéraire et artistique, Rn. 95. („On pourrait aussi envisager que figure, en annexe au contrat, une sorte de descripif de l'œuvre, l'auteur indiquant ce qu'il accepterait qui soit modifié et ce à quoi il se refuse).

353 In diese Richtung *Langlois*, Le droit moral des aureurs et l'Internet [http://www.argia.fr/lij/ArticleMars3.html]; *Gautier*, Le mandat en droit d'auteur, S. 223ff.

Anerkennung der Urheberschaft und das Droit de paternité sowie das Veröffentlichungsrecht sind durchaus zeitgemäß und gewähren dem Urheber einen ausreichenden Schutz. Auch das in den elektronischen Netzwerken besonders gefährdete Recht der Werkintegrität bietet dem Urheber in diesem Umfeld weiterhin einen ausreichenden Schutz seiner ideellen Interessen. Das Zurechtstutzen, die Kompression (sofern mit ihr ein Qualitätsverlust einhergeht), die Implementierung oder Entfernung interaktiver Gestaltungsmöglichkeiten, aber auch unter bestimmten Voraussetzungen die Verwendung von Inline-Links und Frames, sind Handlungen die zu einer Werkbeeinträchtigung beziehungsweise sogar zu einer Entstellung des Werkes führen können und vom Integritätsschutz grundsätzlich erfasst sind.

Angesichts der erhöhten Vulnerabilität der Werke in den Datennetzen einerseits und der zum Teil notwendigen Anpassung der Werke an die technischen Gegebenheiten der elektronischen Netzwerke andererseits, ist die Frage des Ausgleichs zwischen den Interessen der Urheber und der Werkverwerter das zentrale Problem des Urheberpersönlichkeitsrechts im Zeitalter der Informationsgesellschaft. Im Rahmen dieses Ausgleichs dürfen die ideellen Belange des Urhebers nicht als rein gefühlsmäßig und letztlich irrelevante Befindlichkeit abgetan werden. Das Urheberpersönlichkeitsrecht muss auch in der Informationsgesellschaft seine tragende Rolle beibehalten und stets „das Erkennungsmerkmal der idealistischen Nation, die wir bleiben wollen“[354] darstellen.

Eine Aufhebung oder generelle Einschränkung des Urheberpersönlichkeitsrechts ist auch bereits schon aufgrund der internationalrechtlichen Verpflichtungen Frankreichs und Deutschlands ausgeschlossen. Aber auch die mit Art. 6bis RBÜ vereinbarungsfähige Einschränkung des Rechts auf Werkintegrität ist angesichts grund- und menschenrechtlicher Erwägungen nicht ohne weiteres begehbar. Ein interessengerechter Ausgleich lässt sich daher am ehesten im Wege rechtsgeschäftlicher Dispositionen über das Urheberpersönlichkeitsrecht erreichen. Derart würde dem Urheber eine folgenorientierte Selbstbestimmung ermöglicht und der Werkverwerter eine Rechts- und Planungssicherheit erhalten. Die Zulässigkeit und die Grenzen solcher Rechtsgeschäfte sollten jedoch im Interesse der Rechtsicherheit einer ausdrücklichen Regelung unterzogen werden, wie dies etwa in Deutschland mit dem Gesetz zur Stärkung der vertraglichen Stellung von Urhebern und ausübenden Künstlern beabsichtigt ist. Rechtsgeschäfte über einzelne, bestimmte und konkret umschriebene Sachverhalte und Eingriffe, sollten ausdrücklich für zulässig erklärt werden. Diese Rechtsgeschäfte sollten auch im Einzelfall tief einschneiden können, sofern die Selbstbestim-

[354] *Jean Escarra* zitiert bei *Colombet*, Grands principes du droit d'auteur et des droits voisins dans le monde, S. 40.

mung des Urhebers gewahrt bleibt und gesichert ist, dass er den Überblick über die Tragweite des Geschäfts behält. Kollektivvereinbarungen über derartige Rechtsgeschäfte sind in Deutschland und auch in Frankreich aufgrund der höchstpersönlichen Natur des Urheberpersönlichkeitsrechts nicht möglich. Auch erscheinen gesetzliche Vermutungen hinsichtlich der Zustimmung des Urhebers nicht angebracht.

Die durch eine ausdrückliche gesetzliche Regelung für rechtsgeschäftliche Dispositionen über das Urheberpersönlichkeitsrecht erreichte Rechtssicherheit und Berechenbarkeit würde sich positiv auf die wirtschaftliche Entwicklung der Datennetze auswirken. Nicht zuletzt schon deswegen wird das Urheberpersönlichkeitsrecht in der Informationsgesellschaft an Bedeutung gewinnen. Das Urheberpersönlichkeitsrecht hat darüber hinaus einen entscheidenden Einfluss auf den Marktwert des Werkes. Das geistige Band, welches den Urheber mit seinem Werk als einem manifestierten Teil seiner Persönlichkeit verbindet, gibt in der Regel dem Werk erst seinen merkantilen Wert und unterscheidet es vom Alltäglichen und von der bloßen Handwerksarbeit. Auch in einem Umfeld, in dem rasche, kostengünstige Kopiermöglichkeiten ohne Qualitätsverlust allgegenwärtig sind, gilt weiterhin der Grundsatz, dass das Original besser ist als die Kopie. Das Urheberpersönlichkeitsrecht bietet in dieser Informationsgesellschaft hierbei sowohl für die Urheber wie auch für die Produzenten und Verleger in zunehmenden Umfang ein effektives Mittel, die Produktivität und damit den Marktwert des urheberrechtlichen Werkes zu kontrollieren. Die Bedenken bezüglich der Zeitgemäßheit des Urheberpersönlichkeitsrechts sind nach alldem nicht berechtigt. Vielmehr ist davon auszugehen, dass das Urheberpersönlichkeitsrecht im Informationszeitalter vor einer Renaissance steht.

Viertes Kapitel: Die Verwertungsrechte der Urheber

„Je dis qu'il y a une valeur nommée „esprit", comme il y a une valeur pétrole, blé ou or. J'ai dit valeur, parce qu'il y a appréciation, jugement d'importance, et qu'il y a aussi discussion sur le prix auquel on est disposé à payer cette valeur: l'esprit.
On peut faire un placement sur cette valeur; on peut la suivre, comme disent les hommes de la Bourse; on peut observer ses fluctuations ..."

Paul Valéry, La liberté de l'esprit

Die Verwertungsrechte dienen der wirtschaftlichen Verwertung des Werkes und mithin den materiellen Interessen der Urheber. Durch eine Einräumung ausschließlicher Befugnisse zur Verwertung, die durch Vergütungsansprüche gegen bestimmte Werknutzer ergänzt wird, ordnet das Urheberrecht den Wert des Werkes dem Urheber zu.[355] Dieser Wert liegt in der Eignung des Werkes zur Befriedigung geistiger Bedürfnisse.[356] Zu den Verwertungsrechten gehören insbesondere das in Art. 9 RBÜ als Mindestrecht ausgestaltete Vervielfältigungsrecht (hierbei ist es bemerkenswert, dass dieses zum Kernbereich des Urheberrechts gehörende Recht bis zur Revision von Stockholm im Jahr 1967 in der Berner Übereinkunft als Mindestrecht nicht aufschien[357]), die in Art. 11 (Aufführungsrecht), 11bis (Senderecht), 11ter (Vortragsrecht) RBÜ aufgeführten Rechte der unkörperlichen Wiedergabe sowie das in Art. 12 RBÜ normierte Bearbeitungsrecht.

Die elektronischen Netzwerke und ihr digitales Umfeld werfen auch im Bereich der Verwertungsrechte schwierige Fragen auf. So ist die digitale Werknutzung in den Datennetzen mitunter geeignet neue Arten der Vervielfältigung entstehen zu lassen und das Vervielfältigungsrechts des Urhebers in gesteigertem Maße zu beeinträchtigen. Verwertungsrechtliche Probleme können aber auch bei der Verwendung von Frames und Hyperlinks auftauchen. Eines der Hauptprobleme des Urheberrechts in diesem Kontext betrifft jedoch die Einordnung der Nutzungshandlungen in das System der bisherigen Verwertungsrechte. Problematisch ist hierbei insbesondere, dass die in Deutschland und Frankreich klar angelegte Unterscheidung zwischen unkörperlicher und körperlicher Verwer-

---

[355] Vgl. *Rehbinder*, Urheberrecht, Rn. 190.
[356] *Rehbinder*, Urheberrecht, Rn. 194.
[357] *Masouyé*, Kommentar zur Berner Übereinkunft, Art. 9, 9.1

tung im digitalen Umfeld der Netzwerke zu verschwimmen droht. Letztendlich steht also auch im Bereich der Verwertungsrechte die Frage zur Diskussion, ob die aktuelle Konstruktion der Verwertungsrechte den gesteigerten Nutzungsmöglichkeiten des Werkes in der Informationsgesellschaft wirksam und effektiv begegnen kann.

§ 11 Die Verwertungsrechte im deutschen Urheberrechtsgesetz

Das Urheberrechtsgesetz von 1965 garantiert dem Urheber ein allgemeines, umfassendes und absolutes Verwertungsrecht.[358] Das bedeutet, dass der Urheber ganz allgemein die Befugnis hat sein Werk zu verwerten. Das UrhG unterscheidet hierbei jedoch zwischen dem ausschließlichen Recht des Urhebers „sein Werk in körperlicher Form zu verwerten“ (§ 15 Abs. 1 UrhG) und das Recht es in „unkörperlicher Form wiederzugeben“ (§ 15 Abs. 2 UrhG). Dazu werden im § 15 UrhG einzelne, absolut wirkende Verwertungsrechte aufgezählt. Es handelt sich hierbei um das Vervielfältigungsrecht (§ 15 Abs. 1 Nr. 1 UrhG), das Verbreitungsrecht (§ 15 Abs. 1 Nr. 2 UrhG), das Ausstellungsrecht (§ 15 Abs. 1 Nr. 3 UrhG), das Vortrags-, Aufführungs- und Vorführungsrecht (§ 15 Abs. 2 Nr. 1 UrhG), das Senderecht (§ 15 Abs. 2 Nr. 2 UrhG), das Recht der Wiedergabe durch Bild- und Tonträger (§ 15 Abs. 2 Nr. 3 UrhG) sowie das Recht der Wiedergabe von Funksendungen (§ 15 Abs. 2 Nr. 4 UrhG). Diese Aufzählung ist aber auf keinen Fall abschließend - wie bereits schon die zweimalige Verwendung des Wortes „insbesondere“ im § 15 UrhG verdeutlicht - und hat mithin nur beispielhaften Charakter.[359] Sofern jedoch eine Befugnis inhaltlich ausgestaltet ist, geht diese dem allgemeinen Verwertungsrecht vor.[360] Dies bedeutet, dass deren Begrenzung nicht durch einen Rückgriff auf die Generalklauseln des § 15 Abs. 1 oder § 15 Abs. 2 UrhG überspielt werden dürfen.[361]

Diese generalklauselartigen, allgemeinen Verwertungsrechte des § 15 Abs. 1 und Abs. 2 UrhG beruhen auf der Erfahrung, dass eine abschließende Aufzählung einzelner Verwertungsbefugnisse nicht sinnvoll ist, da jede gesetzliche Aufzählung von der Entwicklung der Technik überholt wird. Durch die Ausgestaltung der Verwertungsbefugnisse des Urhebers als umfassendes Ausschließlichkeitsrecht garantiert der Gesetzgeber, dass auch technische Entwicklungen, die zur Zeit der Gesetzgebung noch nicht bekannt waren, von den Verwertungs-

358 *Schack*, Urheber- und Urhebervertragsrecht, Rn. 372; *Rehbinder*, Urheberrecht, Rn. 191.
359 Vgl. auch *Schack*, Urheber- und Urhebervertragsrecht, Rn. 372.
360 *Rehbinder*, Urheberrecht, Rn. 192; *Schack*, Urheber- und Urhebervertragsrecht, Rn. 372.
361 *Schack*, Urheber- und Urhebervertragsrecht, Rn. 372.

befugnissen des Urhebers mit erfasst werden.[362] So wird der Grundsatz gewürdigt, nach dem der Urheber tunlichst an jedem Nutzen zu beteiligen ist, der aus seinem Werk gezogen wird.[363] Der Urheber wird dank dieser Ausgestaltung an allen wirtschaftlichen Früchten, die andere aus der Verwertung seines Werkes ziehen, beteiligt. So ist zum Beispiel also auch jede neue Wiedergabeart, durch die das Werk einem neuen Verbraucherkreis dargeboten wird, ausschließlich dem Urheber vorbehalten.[364] Um dem Urheber tatsächlich den gesamten wirtschaftlichen Wert seines Werkes zu sichern, gewährt der § 23 UrhG dem Urheber darüber hinaus auch noch ein absolut wirkendes Verwertungsrecht an Umgestaltungen (Bearbeitungsrecht). Auf diese Weise wird sichergestellt, dass dem Urheber nicht nur jede Verwertung vorbehalten ist, bei denen sein Werk unverändert wiedergegeben wird, sondern auch diejenige, bei denen es in seinen wesentlichen individuellen Zügen benutzt wird.[365]

I. Die Verwertung in körperlicher Form

1. Das Vervielfältigungsrecht

Bei dem Vervielfältigungsrecht handelt es sich um das wichtigste unter den Rechten zur Verwertung des Werkes in körperlicher Form[366] und um ein Kernstück des Urheber- und Leistungsschutzrechtes.[367] Das Vervielfältigungsrecht ist nach § 16 UrhG das „Recht, Vervielfältigungsstücke des Werkes herzustellen,

---

362 Vgl. bereits schon *BGH 18.05.1955* BGHZ 17, 266, 287 – Tonband/Grundig-Reporter und *BGH 24.6.1966* BGHZ 18, 44, 53 - Fotokopie; vgl. auch die Begründung des Regierungsentwurf zu § 15 UrhG: „... verzichtet der Entwurf auf eine erschöpfende Aufzählung der Verwertungsrechte und gibt dem Urheber statt dessen ganz allgemein ein Recht, sein Werk zu verwerten, ... Dadurch wird klargestellt, daß auch künftige Verwertungsformen, die heute noch nicht bekannt sind, dem Urheber vorbehalten sein sollen."

363 Siehe bereits schon *Hubmann*, Urheber- und Verlagsrecht, S. 53 und *BGH 18.05.1955* BGHZ 17, 266, 278 – Tonband/Grundig-Reporter: „Für das moderne Urheberrecht wird allseitig anerkannt, daß die Nutzungsrechte des Urhebers nur die Ausstrahlung seines durch den Schöpfungsakt begründeten geistigen Eigentums sind. Die Herrschaft des Urhebers über sein Werk, auf die sich sein Anspruch auf einen gerechten Lohn für eine Verwertung seiner Leistung durch Dritte gründet, wird ihm hiernach nicht erst durch den Gesetzgeber verliehen, sondern folgt aus der Natur der Sache, nämlich aus seinem geistigen Eigentum, das durch die positive Gesetzgebung nur seine Anerkennung und Ausgestaltung findet".

364 Vgl. zur natur- und verfassungsrechtlichen Leitidee des Urheberrecht: *Schack*, Urheber- und Urhebervertragsrecht, Rn. 373.

365 *Rehbinder*, Urheberrecht, Rn. 192.

366 *Schack*, Urheber- und Urhebervertragsrecht, Rn. 378.

367 *Grünbuch der Kommission der Europäischen Gemeinschaften*, KOM (95) 382 endg., S. 79f., 19.07.1995 [http://www.ispo.cec.be/infosoc/legreg/sum95382.html].

gleichviel in welchem Verfahren und in welcher Zahl". Eine Vervielfältigung ist hierbei die Herstellung einer oder mehrer Festlegungen, die geeignet sind, das Werk den menschlichen Sinnen auf irgendeine Weise wiederholt unmittelbar oder mittelbar wahrnehmbar zu machen.[368] Dies bedeutet, dass auch die Wahrnehmung unter Zuhilfenahme technischer Einrichtungen möglich ist, was durch § 16 Abs. 2 UrhG auch noch einmal ausdrücklich festgehalten wird.

2. Das Verbreitungsrecht

Der § 17 Abs. 1 UrhG definiert das Verbreitungsrecht als „das Recht, das Original oder Vervielfältigungsstücke des Werkes der Öffentlichkeit anzubieten oder in Verkehr zu bringen", wobei hierunter aber unter keinen Umständen die Wiedergabe des Inhaltes mit zu verstehen ist.[369] Während das Reichsgericht die Rundfunksendung zwar noch als eine Form der Verbreitung angesehen hatte,[370] wurde bereits vor Inkrafttreten des Urheberrechtsgesetzes von 1965 durch den BGH klargestellt, dass das Verbreitungsrecht niemals die Wiedergabe in unkörperlicher Form, sondern ausschließlich die Verbreitung von körperlichen Werkexemplaren erfasst.[371]

Als Verbreitungshandlungen nach § 17 Abs. 1 UrhG kommen das Anbieten an die Öffentlichkeit und das Inverkehrbringen in Betracht. Das ausschließliche Verbreitungsrecht des Urhebers erschöpft sich jedoch gemäß § 17 Abs. 2 UrhG, sobald „Original oder Vervielfältigungsstücke des Werkes mit Zustimmung des zur Verbreitung berechtigten im Gebiet der Europäischen Union oder eines anderen Vertragsstaates des Abkommens über den Europäischen Wirtschaftsraum im Wege der Veräußerung in Verkehr gebracht worden ist." Das Gesetz trägt auf diese Weise dem Verkehrsschutzinteresse an der freien Zirkulierbarkeit einmal im Wege der Veräußerung in Verkehr gebrachter Werkexemplare Rechnung.[372] Um den Verkehr also nicht übermäßig zu belasten, ist dem Urheber in der Regel nur die Erstverbreitung vorbehalten. Seine Interessen sind derart auch hinreichend gewahrt, da er grundsätzlich bei der ersten Verbreitungshandlung die Möglichkeit hat, seine Zustimmung zur Verbreitung von der Zahlung eines Entgelts abhängig zu machen.[373]

---

368 Fromm/Nordemann (Nordemann), § 16, Rn. 1.

369 *Rehbinder*, Urheberrecht, Rn. 205; *Fromm/Nordemann* (*Nordemann*), § 17, Rn. 7.

370 *RG 12.05.1926*, RGZ 113, 413, 416ff. - Der Tor und der Tod.

371 *BGH 06.11.1953*, BGHZ 11, 135, 144 – Schallplatten-Lautsprecherübertragung.

372 Vgl. *Dreier*, in: *Schricker*, Urheberrecht auf dem Weg in die Informationsgesellschaft, S. 127.

373 *Rehbinder*, Urheberrecht, Rn. 206.

II. Die Verwertung in unkörperlicher Form

Während mit dem Vervielfältigungsrecht und dem Verbreitungsrecht der private Verbraucherkreis erfasst wird, geben die Rechte zur Verwertung in unkörperlicher Form den Urhebern die Möglichkeit auch diejenigen Verbraucher zu erfassen, die das Werk nicht anhand eines Werkexemplars genießen.[374] Die Rechte zur Verwertung in unkörperlicher Form beschränken sich demnach auf die öffentlichen Wiedergabearten. Wann eine Wiedergabe öffentlich ist, bestimmt der § 15 Abs. 3 UrhG. Danach ist die Wiedergabe eines Werkes öffentlich, wenn sie für eine Mehrzahl von Personen bestimmt ist, es sei denn dass der Kreis dieser Personen bestimmt abgegrenzt ist und sie durch gegenseitige Beziehungen oder durch Beziehungen zum Veranstalter persönlich untereinander verbunden sind.

1. Das Vortrags- und Aufführungsrecht

Der Urheber hat gemäß § 15 Abs. 2 Nr. 1 UrhG das ausschließliche Vortrags- und Aufführungsrecht. Das Vortragsrecht wird von dem § 19 Abs. 1 UrhG als „das Recht, ein Sprachwerk durch persönliche Darbietung öffentlich zu Gehör zu bringen“ definiert, während es sich bei dem Aufführungsrecht um das Recht handelt, „ein Werk der Musik durch persönliche Darbietung öffentlich zu Gehör zu bringen oder ein Werk öffentlich bühnenmäßig darzustellen.“ Beiden Rechte ist gemeinsam, dass es sich um eine persönliche Darbietung handeln muss. „Persönlich“ meint hierbei selbstverständlich nicht, dass nur der Urheber das Recht hat das Werk selbst zu bewirken, sondern dient der Abgrenzung zu den Zweitverwertungsrechten und bedeutet mithin, dass die Wiedergabe eines Sprachwerks oder eines Werks der Musik mittels Bild- oder Tonträger oder in einer Rundfunksendung kein Vortrag beziehungsweise Aufführung ist.[375]

Zum Vortrags- und Aufführungsrecht gehört nach § 19 Abs. 3 UrhG auch noch das Recht, die Darbietungen außerhalb des Veranstaltungsraumes durch technische Einrichtungen öffentlich wahrnehmbar zu machen. Systematisch handelt es sich bei diesem Recht aus § 19 Abs. 3 UrhG um ein eigenes Verwertungsrecht, welches grundsätzlich den Zweitverwertungsrechten zugeordnet ist.

---

[374] Vgl. *Rehbinder*, Urheberrecht, Rn. 214.
[375] Fromm/Nordemann (Nordemann), § 19, Rn. 2.

2. Die Rechte der öffentlichen Wahrnehmbarmachung

Bei den Rechten der öffentlichen Wahrnehmbarmachung handelt es sich um das Recht aus § 19 Abs. 3 UrhG (Recht, die Darbietungen außerhalb des Veranstaltungsraumes durch technische Einrichtungen öffentlich wahrnehmbar zu machen), das Vorführungsrecht in § 19 Abs. 4 UrhG sowie den Zweitverwertungsrechten der §§ 21 (Recht der Wiedergabe durch Bild- und Tonträger) und 22 (Recht der Wiedergabe von Funksendungen) UrhG.

3. Das Senderecht

Das Senderecht ist „das Recht, das Werk durch Funk, wie Ton- und Fernsehrundfunk, Drahtfunk oder ähnliche technische Einrichtungen, der Öffentlichkeit zugänglich zu machen" (§ 20 UrhG). Die erlaubnispflichtige Verwertungshandlung liegt hierbei nicht etwa beim Empfang, welcher traditionell urheberrechtlich irrelevant ist, sondern im Ausstrahlen der Sendung.[376]

Bei dem Senderecht handelt es sich um ein relativ junges Verwertungsrecht. Es basiert auf dem in Deutschland erst seit 1922 entwickelten Rundfunk beziehungsweise dem seit 1952 bekanntem Fernsehen.[377] In den letzten Jahren hat es jedoch durch das Auftauchen neuer Sendetechniken eine weitgehende Ausdifferenzierung erfahren. Zum klassischen terrestrischen Fernsehen sind Satelliten- und Kabelfernsehen hinzugetreten.[378] Diese waren im Jahr 1993 Gegenstand einer europäischen Richtlinie[379], welche mittlerweile durch das vierte Gesetz zur Änderung des Urheberrechts[380] in nationales Recht umgesetzt wurde. Die „europäische Satellitensendung" findet sich nunmehr im § 20a UrhG, die Kabelweitersendung im § 20b UrhG wieder.

§ 12 Die Verwertungsrechte im digitalen Umfeld der Netzwerke

Die digitale Technik bedeutet konkret, dass die Werke aus Einsen und Nullen bestehen und damit zuerst einmal nicht wahrnehmbar sind und mithin ei-

---

376 *Schack*, Urheber- und Urhebervertragsrecht, Rn. 408.

377 Fromm/Nordemann (Nordemann), § 20, Rn. 1.

378 Vgl. *Schwarz* GRUR 1996, 836, 837.

379 Richtlinie 93/83/EWG des Rates vom 27. September 1993 zur Koordinierung bestimmter urheber- und leistungsschutzrechtlicher Vorschriften betreffend Satellitenrundfunk und Kabelweiterverbreitung, ABl. EG Nr. L 248 S. 15

380 BGBl. I S. 902ff.

gentlich bereits schon gar keine körperliche oder unkörperliche Verwertung vorliegen kann. Der Schutz des Urheberrechts besteht jedoch wie gesehen (s.o. § 11 I. 1.) unabhängig von einer unmittelbaren Wahrnehmbarkeit durch menschliche Sinne. Das heißt, dass sofern das eingespeiste Material soweit verselbständigt ist, dass es ohne weiteres Zutun des Urhebers durch technische Mittel wahrnehmbar gemacht werden kann, dies für die Annahme einer Vervielfältigung im urheberrechtlichen Sinne genügt.[381] Fraglich bleibt allerdings, ob die aktuellen Verwertungsrechte auch geeignet sind, die digitalen Verwertungsmöglichkeiten in den elektronischen Netzwerken zu erfassen beziehungsweise, ob die ursprünglich für analoge Verwertungsmethoden konzipierten Verwertungsrechte weiterhin in der Lage sind, dem Urheber die wirtschaftliche Verwertung seines Rechtes ausschließlich zuzuordnen.

I. Die Vervielfältigung

Das Vervielfältigungsrecht ist durch das digitale Umfeld der Netzwerke aus mehreren Gründen besonders gefährdet.[382] Die Digitaltechnik ermöglicht, wie bereits schon gesehen, die Vervielfältigung enormer Datenmengen ohne jeglichen Qualitätsverlust und in kürzester Zeit. Diese Vervielfältigung erfolgt darüber hinaus, ohne dass es für die menschlichen Sinne wahrnehmbar ist, da ein körperliches Werkstück nicht mehr benötigt wird. Diesen Fällen ist in der Regel gemeinsam, dass die Vervielfältigung stets vorsätzlich und mit der Absicht einer eigenständigen Werknutzung erfolgt. Es handelt sich daher grundsätzlich um dauerhafte Vervielfältigungen (1.). Im digitalen Umfeld der Netzwerke kann es aber auch nur zu kurzen, vorübergehenden Vervielfältigungen kommen. Diese dienen zum Teil nur technischen Arbeitsvorgängen und ermöglichen in den meisten Fällen keine neue eigenständige Werknutzung. Fraglich ist hierbei, ob diese Vervielfältigungen ebenfalls vom Vervielfältigungsrecht erfasst werden (2.).

---

[381] *BGH 27.02.1962*, BGHZ 37, 1, 7 - AKI. „Das Schutzanliegen des Urheberrechts, körperliche oder unkörperliche Wiedergaben des geschützten Geistesgutes dessen Urheber vorzubehalten, erfordert es vielmehr, den Beginn des Schutzes bereits auf den Zeitpunkt zurückzubeziehen, in dem das Ergebnis des Schaffens des Urhebers eine solche Konkretisierung, m.a.W. Verselbständigung erfahren hat, ohne daß es einer weiteren Tätigkeit des Urhebers bedürfte - sei es auch unter Einschaltung technischer Mittel -, wahrnehmbar gemacht werden kann." Vgl. auch Art. 4 der Richtlinie des Rates vom 14. Mai 1991 über den Rechtsschutz von Computerprogrammen (91/250/EWG).

[382] Vgl. *Grünbuch der Kommission der Europäischen Gemeinschaften*, KOM (95) 382 endg., S. 11, 19.07.1995 [http://www.ispo.cec.be/infosoc/legreg/sum95382.html].

1. Die dauerhafte Vervielfältigung

Vor der Verwendung eines analogen Werkes in einem digitalen Netzwerk muss dieses digitalisiert werden. Die Digitalisierung des Werkes bewirkt eine erneute Festlegung des ursprünglich analogen Werkes in nunmehr digitaler Form. Es handelt sich bei der Digitalisierung mithin um eine Vervielfältigung, die ausschließlich dem Urheber vorbehalten ist. [383]

a) Das Uploading

Ein weiterer notwendiger Schritt bevor das Werk in einem Netzwerk zirkulieren kann ist das „Uploading" des Werkes. Dies bedeutet, dass das Werk zunächst auf einen an ein Netzwerk angeschlossenen Computer (Server) geladen werden muss. Hierbei handelt es sich um nichts anderes, als um die körperliche Festlegung des Werkes auf der Festplatte des Servers, auf welche dann über das Netzwerk zugegriffen werden kann. Die Speicherung eines Werkes auf einer Festplatte führt zu einer dauerhaften Vervielfältigung des Werkes, die geeignet ist, das Werk den menschlichen Sinnen wiederholt mittelbar wahrnehmbar zu machen, und zwar unter anderem durch den Abruf des Werkes über das Netzwerk. Das „Uploading" beziehungsweise die Einspeicherung des Werkes in ein Netzwerk stellt mithin eine Vervielfältigung, §§ 15 Abs. 1 Nr. 1, 16 UrhG dar.[384] Sofern es sich bei dem zu ladenden Werk um ein Computerprogramm handelt, ergibt sich dies aus § 69c Nr. 1 UrhG.

b) Das Downloading

Die Werke, die in den Netzwerken zum Abruf zur Verfügung stehen, werden von den Nutzern häufig zur eigenständigen Werknutzung heruntergeladen

---

[383] *Dreier*, Urheberrecht und digitale Werkverwertung, S. 23 [http://www.ipa-uie.org/dreier.html]; *Lehmann*, in: *Lehmann*, Cyberlaw, S. 58; *Schack*, Urheber- und Urhebervertragsrecht, Rn. 417; *Schwarz*, in: *Schwarz*: Recht im Internet, S. 14; *ders.* in: *Becker/Dreier*, Urheberrecht und digitale Technologie, S. 110.

[384] *Moufang*, in: *Beier/Götting/Lehmann/Moufang*, Urhebervertragsrecht (Festgabe für Schricker), S. 589; *Fromm/Nordemann* (*Nordemann*), § 16, Rn. 2; *Loewenheim*, GRUR 1996, 636, 638; *Nordemann/Goddar/Tönhardt/Czychowski*, CR 1996, 645, 647; *Koch*, GRUR 1997, 417, 423; *Loewenheim*, in: *Loewenheim/Koch*, Praxis des Online-Rechts, S. 301; *Zscherpe*, MMR 1998, 404, 408; ebenso die Einspeicherung von Büchern in eine Datenbank einer virtuellen Bibliothek: *Melchiar*, CR 1995, 756, 758 und für die Einspeicherung von Filmen in einen Video-Server bei Video on Demand: *OLG München 19.03.1998*, CR 1998, 559; für elektronische Pressearchive: *BGH 10.12.1998*, JurPC Web-Dok. 26/1999 = MMR 1999, 409 - Elektronische Pressearchive [http://www.jura.uni-sb.de/jurpc/rechtspr/19990026.htm].

(„Downloading"). Hierbei handelt es sich, um ein dem „Uploading" vergleichbaren Vorgang in umgekehrter Richtung. Das auf der Festplatte des Servers gespeicherte Werk wird von dem Nutzer angefordert, um es nach der Übertragung über das Netzwerk auf seiner eigenen Festplatte zu speichern. Es handelt sich auch hier um eine körperliche Festlegung des Werkes, die geeignet ist, das Werk den menschlichen Sinnen wiederholt mittelbar wahrnehmbar zu machen. Das „Downloading" eines Werkes, ebenso wie im Übrigen auch der Ausdruck eines in einem Netzwerk zum Abruf bereitstehenden digitalen Werkes,[385] stellt eine Vervielfältigung i.S.d. §§ 15 Abs. 1 Nr. 1, 16 UrhG beziehungsweise § 69c Nr. 1 UrhG dar,[386] wobei unter Umständen aber die Schranke des § 53 Abs. 1 UrhG zu beachten ist.[387]

2. Die ephemere Vervielfältigung

Während der Übertragung eines Werkes durch die elektronischen Netzwerke und der Nutzung, insbesondere der Betrachtung eines Werkes am Bildschirm, können technische Zwischenspeicherungen des Werkes erfolgen. Fraglich ist, ob diese flüchtigen Speicherungen ebenfalls Vervielfältigungen im urheberrechtlichen Sinne darstellen.

Diese Frage ist auch einer der Hauptstreitpunkte der Diplomatischen Konferenz zur Verabschiedung des WIPO-Copyright Treaty (WCT) vom 20.12.1996[388] – der gemäß seines Art. 1 ein Sonderabkommen der RBÜ i.S.d. Art. 20 RBÜ darstellt – gewesen.[389] Hierbei machten insbesondere die Telekommunikationsvertreter und andere Dienstanbieter ihren Einfluss geltend.[390] Ursprünglich sah die „Proposition de base concernant les dispositions de fond du traîté sur certaines questions relatives à la protection des œuvres littéraires et artistiques soumise à l'éxamen de la conférence diplomatique" vom 30. August 1996[391] in ihrem Art. 7 eine nähere Definition des Vervielfältigungsrechts aus

---

[385] *Dreier*, GRUR 1997, 859, 862; *Fromm/Nordemann* (*Nordemann*), § 16, Rn. 2; *Loewenheim*, in: *Loewenheim/Koch*, Praxis des Online-Rechts, S. 298.

[386] *Schwarz*, GRUR 1996, 836, 840; *ders.* in: *Schwarz*: Recht im Internet, S. 21; *Nordemann/Goddar/Tönhardt/Czychowski*, CR 1996, 645, 649; *Koch*, GRUR 1997, 417, 423; *Weinknecht*, Urheberrecht im Internet [http://www.weinknecht.de/uii01.html]; *Zscherpe*, MMR 1998, 404, 408.

[387] Siehe hierzu Infra § 16 I. 1. b).

[388] CRNR/DC/94 [http://www.public-domain.org/wipo/dec96/dec96.html].

[389] Siehe *Reinbothe/Martin-Prat/v. Lewinski*, EIPR 1997, 171, 172; *v. Lewinski*, CR 1997, 438, 440.

[390] Vgl. *v. Lewinski*, GRUR Int. 1997, 667, 672.

[391] CRNR/DC/4 Prov. [http://www.public-domain.org/wipo/dec96/4dc_ompi_12_96.doc]

Art. 9 Abs. 1 RBÜ vor.[392] Es sollte dort klargestellt werden, dass Art. 9 Abs. 1 RBÜ nicht nur die unmittelbare und dauerhafte, sondern auch die mittelbare und vorübergehende Vervielfältigung erfasst. Trotz zahlreicher alternativer Formulierungsvorschläge konnte jedoch keine Einigung erzielt werden, so dass schließlich der Art. 7 der „Proposition de base" gänzlich gestrichen wurde und man mit einer gemeinsamen Erklärung zum Vervielfältigungsrecht, die erst kurz vor dem Ende der Konferenz erreicht werden konnte, verblieb.[393] In dieser gemeinsamen Erklärung wurde betont, dass das Vervielfältigungsrecht des Art. 9 RBÜ beziehungsweise der Art. 7 und 11 i.V.m. 16 WPPT auch im digitalen Kontext und insbesondere bei der digitalen Nutzung vollständig Anwendung findet. Hierbei handelt es sich aber nahezu um eine Evidenz und trägt zur Klärung des vorliegenden Problem leider nicht sehr viel bei.

Das Problem der ephemeren Vervielfältigung besteht schon länger und beruht nicht ausschließlich auf der Massenentwicklung der elektronischen Netzwerke in den neunziger Jahren. In Deutschland aber auch in anderen Ländern wurde bereits schon Anfang/Mitte der Achtziger Jahre über die Zwischenspeicherungen von Computerprogrammen im Arbeitsspeicher engagiert diskutiert. Die zunehmende Bedeutung der Datennetze und die damit einhergehenden neuen technischen Zwischenspeicherungen, heizten diese Diskussion in letzter Zeit wieder neu an. Problematisch bei der Frage, ob diese Speicherungen ebenfalls Vervielfältigungen im urheberrechtlichen Sinne darstellen, ist hierbei bereits schon, dass die meisten dieser technisch bedingten Speicherung eben nur flüchtig erfolgen. Nach vereinzelter Meinung[394] setzt der § 16 UrhG aber eine gewisse Dauerhaftigkeit der Fixierung voraus, die bei einer flüchtigen Speicherung nicht gegeben ist. Als Beleg wird hierbei die Begründung zum Urheberrechtsgesetz herangezogen. Dort werden „körperlichen Festlegungen, die geeignet sind, das Werk den menschlichen Sinnen auf irgend eine Weise unmittelbar oder mittel-

---

392 „Article 7 – Etendu du droit de reproduction:
Le droit exclusif d'autoriser la reproduction de leurs œuvres accordé aux auteurs d'œuvres littéraires et artistiques à l'article 9.1) de la Convention de Berne comprend la reproduction directe et indirecte de ces œuvres, qu'elle soit permanente ou temporaire, de quelque manière ou sous quelque forme que ce soit.
2) Sous réserve des dispositions de l'article 9.2) de la Convention de Berne, est réservée à la législation des Parties contractantes la faculté de limiter le droit de reproduction lorsqu'une reproduction temporaire vise uniquement à rendre l'œuvre perceptible ou lorsque la reproduction a un caractère éphémère ou accessoire, à condition que cette reproduction ait lieu au cours d'une utilisation de l'œuvre qui est autorisée par l'auteur ou admise par la loi."

393 Vgl. *von Lewinski*, CR 1997, 438, 440; *von Lewinski*, GRUR Int. 1997, 667, 672.

394 Vgl. u.a. *Hoeren*, Online-Recht unter besonderer Berücksichtigung des Urheberrechts, 2.c)aa)(1) [http://www.garos.de/DIK97/vortraege/lhoerens.html].

bar wahrnehmbar zu machen (Bücher, Noten, Schallplatten und derg.)" erwähnt. Die Aufführung der Bücher und Schallplatten verweist nach dieser Meinung auf die Erforderlichkeit einer Konstanz und Dauerhaftigkeit der Kopie.[395] Die herrschende Lehre geht demgegenüber davon aus, dass auch eine nur kurzfristige sogenannte „flüchtige Speicherung" für die Annahme einer Vervielfältigung nach § 16 UrhG ausreichend ist, sofern sie geeignet ist, das Werk den menschlichen Sinnen auf irgendeine Weise wiederholt wahrnehmbar zu machen.[396]

Eine eindeutige zivilgerichtliche Stellungnahme ist zu diesem Problem bisher noch nicht ergangen. Der BGH wies jedoch in der „AKI-Entscheidung" schon 1962 ausdrücklich darauf hin, dass nicht der Sachgegenstand, sondern das immaterielle Gut im Vordergrund steht.[397] Hieraus ergibt sich a fortiori, dass eine dauernde körperliche Fixierung keine Voraussetzung für den Urheberrechtsschutz darstellen kann. Im Übrigen ist seit der Umsetzung der Richtlinie 91/250/EWG des Rates vom 14. Mai 1991 über den Rechtsschutz von Computerprogrammen (Art. 4 lit.a RL 91/250/EWG) und der Umsetzung der Richtlinie 96/9/EG des Europäischen Parlaments und des Rates vom 11. März 1996 über den rechtlichen Schutz von Datenbanken (Art. 5 lit.a 96/9/EG) zumindest für diese Bereiche gesetzlich geklärt, dass auch bloß vorübergehende Vervielfältigungen, dem Vervielfältigungsrecht des Urhebers unterfallen (§ 69c Nr. 1 UrhG). Dass dies mittlerweile aber auch für andere Werkarten außer Zweifel steht ergibt sich bereits schon aus einer Parallele zu anderen flüchtigen körperlichen Festlegungsarten, bei denen geklärt ist, dass die dauerhafte körperliche Fixierung nicht vorausgesetzt wird. Bei Werken aus Eis, Schnee oder Backwerk ist es unbestritten, dass die körperliche Festlegung auch aus diesen vergänglichen Materialien bestehen können.[398] Die Körperlichkeit ist nicht gleichbedeutend mit der Dauerhaftigkeit und darf daher mit dieser auch nicht verwechselt werden.[399] Das Erfordernis einer dauernden Festlegung wird demnach nicht von der Regelung des § 16 UrhG vorausgesetzt.

Grundsätzlich läge daher bei jeder Zwischenspeicherung eines Werkes, eine Vervielfältigung i.S.d. §§ 15 Abs. 1 Nr. 1, 16 beziehungsweise § 69c Nr. 1 UrhG vor, und zwar unabhängig davon, ob diese eine gewisse Dauer aufweist oder nicht. Auch die rein technisch bedingte, nur Sekunden andauernde Speicherung wäre demnach genauso vom Ausschließlichkeitsrecht des Urhebers erfasst,

---

[395] *Hoeren*, Online-Recht unter besonderer Berücksichtigung des Urheberrechts, 2.c)aa)(1) [http://www.garos.de/DIK97/vortraege/lhoerens.html].
[396] *Becker*, ZUM 1995, 231, 244 m.w.N.
[397] *BGH 27.02.1962*, BGHZ 37, 1, 7 - AKI.
[398] *Marly*, Softwareüberlassungsverträge, Rn. 135f.
[399] *Marly*, Softwareüberlassungsverträge, Rn. 135f.; siehe auch *Schack*, JZ 1998, 753, 756.

wie die von Menschenhand vorgenommene. Dies bedeutet also, dass die während der digitalen Übermittlung des Werkes über ein Netzwerk erfolgenden Speicherungen, genauso wie die zur Betrachtung des Werkes notwendigen Speicherung(en), ausschließlich dem Urheber vorbehalten sind.

Indes eröffnen die ephemeren Zwischenspeicherungen oft aber keine eigenständige Werknutzung, sondern dienen nur rein technischen Arbeitsvorgängen. Der Sinn und Zweck des Vervielfältigungsrechtes ist es aber, dem Urheber die Kontrolle nur über diejenige Nutzungshandlungen zu sichern, bei denen ein Werkgenuss durch Fremde erfolgt.[400] Es wäre mithin nicht richtig auch die rein technischen Zwischenspeicherungen, die keinerlei gesteigerte Werknutzung nach sich ziehen, dem Urheber ausschließlich vorzubehalten. Im Bereich der Computerprogramme fallen diese rein technisch bedingten Kopiervorgänge und die mit ihnen verbundenen Vervielfältigungen regelmäßig unter den von § 69d Abs. 1 i.V.m § 69c Nr. 1 UrhG vorgesehenen bestimmungsgemäßen Gebrauch des Programms. Gleiches müsste dann aber auch für die anderen Werkarten gelten, soweit etwa die Vervielfältigung nur typischerweise zur netzvermittelnden Werknutzung gehört.[401]

Ob nun ein Werkgenuss aufgrund der Zwischenspeicherung erfolgt oder nur eine technisch notwendige Speicherung vorliegt, die keine gesteigerte Werknutzung nach sich zieht, hängt von der Ausgestaltung der Zwischenspeicherung im einzelnen ab und kann nicht allgemein beantwortet werden. Im Folgenden werden daher die am häufigsten auftretenden Zwischenspeicherungen bei der Nutzung von Werken in Datennetzen untersucht. Hierbei gilt es dann gegebenenfalls anhand von wertenden Kriterien zu bestimmen, ob eine neue Möglichkeit der Werknutzung eröffnet wird; das heißt, ob die Speicherungen eher eine Vervielfältigung im urheberrechtlichen Sinne oder bloß eine transportnahe Zwischenspeicherung darstellt.[402] Als generelle Auslegungsregel lässt sich hierbei festhalten, dass je eher die technische Vervielfältigung zu einer gesteigerten

---

400 Schricker (Loewenheim), § 16 Rn. 1.

401 *Koch*, GRUR 1997, 417, 423f.; *Schwarz*, in: *Schwarz*, Recht im Internet, S. 19.

402 Ebenso Zweiter Zwischenbericht der Enquête-Kommission des Deutschen Bundestages zur Zukunft der Medien in Wirtschaft und Gesellschaft - Deutschlands Weg in die Informationsgesellschaft, BT-Drucksache 13/8110, 4.2.1. [http://www.bundestag.de/ftp/9000500a.htm]; Becker, ZUM 1995, 231, 244f.; Schwarz, in: Becker, Rechtsprobleme internationaler Datennetze, S. 27 (2.1) [http://www.jura.uni-muenchen.de/Institute/ internet_II.html]; in diese Richtung auch *BGH 04.10.1990*, BGH NJW 1991, 1231 - Betriebssystem und für die Schweiz: Cherpillod, in: Hilty, Information Highway, S. 266.

Werknutzung führt, eine Vervielfältigung im urheberrechtlichen Sinne anzunehmen ist.[403]

a) Die Vervielfältigung im Arbeitsspeicher (RAM)

Die Grundlage der eigentlichen Werknutzung ist auch im digitalen Umfeld der Netzwerke, das Laden des Werkes von einem Bibliotheks- oder sekundärem Speicher[404] in den Arbeitsspeicher der Zentraleinheit. Auf diesen Arbeitsspeicher – auch Random Access Memory (RAM) genannt – kann um ein Vielfaches schneller zugegriffen werden als auf die sekundären Speicher. Zwecks einer zügigeren Bearbeitung der Daten findet also ein Kopiervorgang im Arbeitsspeicher statt. Diese Zwischenspeicherung dauert grundsätzlich solange bis das temporäre Speichermedium RAM entweder voll ist und die vorhandenen Daten von anderen neuen Daten verdrängt werden oder bis der Computer ausgeschaltet wird und der Inhalt des Arbeitsspeichers derart unwiederbringlich gelöscht wird.

Auf den ersten Blick handelt es sich bei der Zwischenspeicherung im RAM um eine rein technische Vervielfältigung, die zum Werkgenuss notwendig ist. Der Werkgenuss als solcher ist aber urheberrechtlich frei. Erfasst werden nur die diesem vorgelagerten Nutzungshandlungen.[405] Insoweit würde es eine Systemwidrigkeit darstellen, diese reine Benutzung des Werkes als urheberrechtlich relevanten Vorgang zu qualifizieren.[406] Indes ist bei dem Kopiervorgang im Arbeitsspeicher ein fungibles, das heißt ein voll und gemäß der jeweiligen Bestimmung nutzbares und verkörpertes Exemplar verfügbar.[407] Die Festlegung im Arbeitsspeicher ermöglicht daher auch im Regelfall eine weitere Werknutzung, solange das Werk im RAM gespeichert ist, und zwar unabhängig von der bereits vorher vorhandenen Kopie.[408] Das Werk kann also, natürlich immer unter der Voraussetzung, dass eine integrale Speicherung eines Werkes im RAM vorliegt, wiederholt wahrnehmbar gemacht und weitergehend genutzt werden. Die bloße Speicherung im RAM stellt mithin eine Vervielfältigung im Sinne von §§ 15

---

[403] Ebenso *Moufang*, in: *Beier/Götting/Lehmann/Moufang*, Urhebervertragsrecht (Festgabe für Schricker), S. 589; *Dreier*, in: *Schricker*, Urheberrecht auf dem Weg in die Informationsgesellschaft, S. 112.

[404] Hierunter sind insbes. Festplatten, Disketten oder andere Magnetspeicher zu verstehen aber auch CD's oder DVD.

[405] Vgl. Schricker (v. Ungern – Sternberg), § 15 Rn. 5.

[406] In diese Richtung insbes. *König*, Das Computerprogramm im Recht, Rn. 481ff.; *Hoeren*, GRUR 1988, 340, 344ff.; *Hoeren*, CR 1988, 908, 912.

[407] So etwa *Koch*, GRUR 1997, 417, 424.

[408] *Loewenheim*, in: *Loewenheim/Koch*, Praxis des Online-Rechts, S. 299.

Abs. 1 Nr. 1, 16 UrhG und 69c Nr. 1 UrhG dar.[409] Daher stellt auch die ausschließlich über einen Arbeitsspeicher laufende Werknutzung, wie sie etwa in Datennetzen generell denkbar ist und vor ein bis zwei Jahren mit der Markteinführung des NC (= Net Computer im Gegensatz zum PC = Personal Computer[410]) erwogen wurde, eine grundsätzlich zustimmungsbedürftige Verwertungshandlung dar.

b) Die Bildschirmwiedergabe

Nach dem aktuellen Stand der Technik benötigt der Nutzer zur Sichtbarmachung des Werkes einen Bildschirm. Fraglich ist, ob das bloße Sichtbarmachen ebenfalls dem Vervielfältigungsrecht unterfällt oder nicht. Grundsätzlich ist das bloße Anzeigen von Werken am Bildschirm, soweit es ohne gleichzeitiges oder nachfolgendes Abspeichern und damit ohne körperliche Festlegung erfolgt, nicht mit einer Vervielfältigung verbunden.[411] Es erfolgt bei der Bildschirmwiedergabe keine erneute körperliche Festlegung, sondern nur eine unkörperliche Wiedergabe des in digitaler Form festgelegten Werkes.[412] Damit würde es also mangels Schaffung eines körperlichen Gegenstandes an der erforderlichen körperlichen Festlegung des Werkes im Sinne des § 16 UrhG fehlen.[413]

Die Bildschirmwiedergabe setzt allerdings eine Festlegung in einem Speichermedium voraus. Insofern unterfällt auch die Bildschirmwiedergabe indirekt dem Vervielfältigungsrecht.[414] Diesen Ansatzpunkt verfolgt offensichtlich auch Dreier, der angesichts der Unsicherheit und Unvorhersehbarkeit der Einordnung technisch vorgelagerter Vervielfältigungshandlungen und der in wirtschaftlicher Hinsicht häufigen Vergleichbarkeit der Bildschirmwiedergabe und des Aus-

---

409 So auch *Haberstumpf*, in: *Lehmann*: Rechtsschutz und Verwertung von Computerprogrammen, Rn. 117; *Koch*, NJW-CoR 1996, 252; *Klett*, Urheberrecht im Internet aus deutscher und amerikanischer Sicht, S. 119f.; *Schack*, Urheber- und Urhebervertragsrecht, Rn. 380; *Schwarz*, in: *Schwarz*, Recht im Internet, S. 21.

410 Der NC unterscheidet sich von dem autonomen PC hauptsächlich durch das Fehlen von sekundären Speichern. Die Programme werden von einem Zentralcomputer aus abgerufen, auf dem auch die eigenen Dateien abgelegt werden. Bei den NC's handelt es sich also um reine Workstations. Die NC's sollten durch ihren niedrigeren Preis (~500 $) den PC's Konkurrenz machen. Seitdem leistungsfähige PC's aber schon unter 1700 DM und vereinzelt sogar schon gratis zu erhalten sind, ist es um die NC's merklich ruhiger geworden.

411 *Koch*, GRUR 1997, 417, 424.

412 *Marly*, Softawareüberlassungsverträge, Rn. 129ff, 826; *Loewenheim*, in: *Loewenheim/Koch*, Praxis des Online-Rechts, S. 300.

413 Vgl. *BGH 04.10.1990*, NJW 1991, 1231, 1234 – Betriebssystem.

414 In diese Richtung *Schwarz*, GRUR 1996, 836, 840; *Weinknecht*, Urheberrecht im Internet [http://www.weinknecht.de/uii01.html].

drucks des Werkes, das bloße Betrachten auf dem Bildschirm, eines in einem Netzwerk zum Abruf bereitliegenden Werkes ebenfalls dem Urheber vorbehalten möchte.[415]

Diese Ansicht mag zwar wertend, insbesondere unter ökonomischen Gesichtspunkten sinnvoll erscheinen. De facto erfolgt aber bei der Bildschirmwiedergabe keine körperliche Festlegung. Aus diesem Grund kann eine Vervielfältigung i.S.d. § 16 UrhG auch nicht vorliegen. Die zur Bildschirmwiedergabe notwendige Festlegung in einem Speichermedium wird bereits dort vom Vervielfältigungsrecht erfasst. Die bloße Bildschirmwiedergabe als solche stellt also keine Vervielfältigung gemäß §§ 15 Abs. 1 Nr. 1, 16 UrhG dar.

c) Das Caching, das Browsing und die Proxy-Server

Eine besondere Art der Zwischenspeicherung in den Datennetzen stellt das Caching und dort insbesondere das Browsing und die Speicherungen in den Proxy-Servern dar. Bei einem Cache handelt es sich um einen Zwischenspeicher zur Verkürzung der Datenübertragungszeiten. So speichern etwa die Browser den Inhalt einzelner Webseiten in ihrem Cache, so dass bei erneutem Abruf der gleichen Seite, diese nicht erst wieder über das Netz übertragen werden muss, sondern unmittelbar im System des Nutzer aufgebaut werden kann. Das Browsing bringt in den meisten Fällen, bereits schon eine Festlegung des Werkes auf der Festplatte mit sich. So speichert etwa der zur Zeit am weitesten verbreitete (weil mit dem gängigen Betriebssystem mitgelieferte) Browser, die Dateien in seinem Cache in der Regel in folgendem Pfad auf der Festplatte des Nutzers: C:\Windows\Temporary Internet\. Eine Vervielfältigung gemäß §§ 15 Abs. 1 Nr. 1, 16 UrhG liegt daher bereits schon aus diesem Grund vor (s.o. § 12 I. 1. a).[416] Diese „Zwischenspeicherung“ ist darüber hinaus auch nicht unbedingt technisch geboten, was sich schon daran feststellen lässt, dass der Nutzer selbst entscheiden kann, ob er die Cachefunktion seines Browsers aktivieren möchte oder nicht. Im Übrigen hat das Caching auch eine wirtschaftliche Bedeutung, da der Nutzer derart Übertragungskosten spart, so dass auch eine teleologische Auslegung des Vervielfältigungsrecht nicht zu einer Freistellung führt. Es gilt aber auch hier natürlich unter Umständen die Schranke des § 53 Abs. 1 UrhG sowie gegebenenfalls ein ausdrücklich beziehungsweise stillschweigend[417] eingeräumtes Nutzungsrecht zu beachten.

---

[415] *Dreier*, in: *Schricker*: Urheberrecht auf dem Weg zur Informationsgesellschaft, S. 113f.
[416] Ebenso *Loewenheim*, in: *Loewenheim/Koch*, Praxis des Online-Rechts, S. 306.
[417] *Schack*, Urheber- und Urhebervertragsrecht, Rn. 380.

Zwischenspeicherungen in Caches erfolgen auch bei den sogenannten Proxy-Servern. Hierbei handelt es sich um ein System zur Regelung und Autorisierung des Datenverkehrs in einem Intranet, bei gleichzeitiger Zwischenspeicherung der abgerufenen Daten, zur Verminderung der Belastung des Internetverkehrs. Die Proxy-Server sind sowohl in großen Firmennetzen, Universitäten als auch bei Diensteanbieter weit verbreitet. Dort werden häufig aufgerufene Seiten gespeichert, so dass bei einem netzinternen Abruf die Daten sofort bereit liegen und nicht erst von einem entfernten Server geladen werden müssen. Die Proxy-Server sind hierbei zum Teil selber noch untereinander vernetzt und tauschen sich Dateien aus. Grundsätzlich liegt auch im Caching der Proxy-Server eine Vervielfältigung gemäß §§ 15 Abs. 1 Nr. 1, 16 UrhG und § 69c Nr. 1 UrhG vor,[418] denn es handelt sich bei der Speicherung auf einem Proxy-Server nicht um einen Teil eines technischen Verfahrens, sondern um eine unmittelbar durch den Menschen bewirkte Vervielfältigung, um eine Nutzung eines Werkes zu ermöglichen.[419] Der Proxy-Speicherung kommt eine eigenständige wirtschaftliche Bedeutung zu und sie führt zu einer gesteigerten Werknutzung. Insbesondere lässt sich die damit erreichte Verkürzung der Übertragungsdauer und die Ersparnis an Ressourcen für den Diensteanbieter pekuniär bemessen.

d) Das Routing

Das Routing besteht in der Weiterleitung von Datenpakete in eine andere Netzeinheit. Durch diese „Streckenbestimmer" oder Übermittlungsgeräte (Router) wird eine flexible Versendung der Pakete ermöglicht (s.o. § 2 I. 1. c). Während der Weiterleitung der Pakete durch die Router, kann es zu technischen Zwischenspeicherungen kommen, die wie gesehen grundsätzlich geeignet sind eine Vervielfältigung nach § 16 UrhG darzustellen.[420] Allerdings werden die Werke bei der Übertragung in kleine Pakete zerteilt (s.o. § 2 I. 1.) und erst im Zielrechner wieder zusammengesetzt.[421] Das gesamte Werk ist daher in den meisten Fällen daher schon rein technisch erst nach dem Zusammenfügen wieder verwertbar. Insofern ist in der Zwischenspeicherung der Pakete auf den Routern schon gar kein fungibles Vervielfältigungsstück erkennbar.[422] Obwohl das

---

418 *Zscherpe*, MMR 1998, 404, 408; *Bechtold*, Der Schutz des Anbieters von Informationen - Urheberrecht und gewerblicher Rechtsschutz im Internet [http://www.jura.uni-tuebingen.de/~s-bes1/sem96/]; *Rehbinder*, Urheberrecht, Rn. 203.

419 Vgl. auch *von Lewinski*, MMR 1998, 115, 117.

420 Vgl. auch *Schack*, Urheber- und Urhebervertragsrecht, Rn. 417; *Weinknecht*, Urheberrecht im Internet [http://www.weinknecht.de/uii01.html]

421 = reassembly.

422 *Loewenheim*, in: *Loewenheim/Koch*, Praxis des Online-Rechts, S. 307; *Koch*, GRUR 1997, 417, 425.

Vervielfältigungsrecht sich auch auf Teilkopien eines Werkes erstreckt, werden die Werkteile in den Paketen aufgrund ihrer geringen Größe in der Regel keine schöpferisch eigenständigen Teile darstellen. Dem Inhalt der Pakete fehlt also in den meisten Fällen die notwendige Schöpfungshöhe, so dass ein Urheberrecht an ihnen nicht besteht. Aber selbst wenn dies doch einmal der Fall sein sollte und ein einzelnes Paket ein schöpferisch eigenständiges Teil darstellt, ist es wirtschaftlich ohne Bedeutung, ob die Übertragung der Daten unter Nutzung nur eines einzigen Servers erfolgt oder die Daten über fünfzig Etappen ihr Ziel erreichen.[423] Eine tatsächliche urheberrechtliche Nutzung findet durch das Routing nicht statt.[424] Beim Routing handelt es sich nur um eine reine transportbedingte Zwischenspeicherung, die daher auch nicht als Werkvervielfältigung nach § 16 UrhG zu konzipieren ist.[425] Es sei auch noch erwähnt, dass bei der dem Routing vorgelagerten und durch das TCP/IP erfolgenden Datenportionierung und -adressierung zur Ermöglichung der Übermittlung, kein Eingriff in das Originalwerk vorgenommen wird und mithin auch keine Bearbeitung i.S.d. § 23 UrhG vorliegt.[426]

3. Zusammenfassung

Das Upload eines Werkes, wie auch dessen Download sowie die flüchtige Speicherung im Arbeitsspeicher einer Rechenmaschine und das netzspezifische Caching, insbesondere das Browsing und die Speicherung in Proxy-Server stellen eine Vervielfältigung i.S.d. §§ 15 Abs. 1 Nr. 1, 16 und § 69c Nr. 1 UrhG dar, die den Urhebern vorbehalten ist. Hingegen werden Die Bildschirmwiedergabe und das Routing vom Vervielfältigungsrecht nicht berührt.

Das Vervielfältigungsrecht bietet dem Urheber damit in wesentlichen Bereichen einen wirksamen Schutz im digitalen Umfeld der Netzwerke. Es ist aus diesem Grund auch erwägenswert, die Online-Werknutzung als solche ausschließlich über das Vervielfältigungsrecht zu erfassen. Vereinzelt wird dies

---

[423] *Schwarz*, in: *Becker*, Rechtsprobleme internationaler Datennetze, S. 30f. (3.4) [http://www.jura.uni-muenchen.de/Institute/internet_II.html].

[424] Ebenso *Zscherpe*, MMR 1998, 404, 408f.; *Bechtold*, Der Schutz des Anbieters von Informationen - Urheberrecht und gewerblicher Rechtsschutz im Internet [http://www.jura.uni-tuebingen.de/~s-bes1/sem96/]

[425] Ebenso Zweiter Zwischenbericht der Enquête-Kommission des Deutschen Bundestages zur Zukunft der Medien in Wirtschaft und Gesellschaft - Deutschlands Weg in die Informationsgesellschaft, BT-Drucksache 13/8110, 4.2.1. [http://www.bundestag.de/ftp/9000500a.htm]

[426] Vgl. *Schwarz*, in: *Becker*, Rechtsprobleme internationaler Datennetze, S. 30f. (3.5) [http://www.jura.uni-muenchen.de/Institute/internet_II.html].

auch vorgeschlagen.[427] Hiernach spielt der Download dann eine zentrale Rolle, da an ihm die Zustimmungsbedürftigkeit und die Vergütungspflicht der Werknutzung in Datennetzen geknüpft wird.[428] Eine Anknüpfung an den Download ist jedoch problematisch, da die meisten Vervielfältigungen vom Endnutzer zum privaten Gebrauch vorgenommen werden und daher grundsätzlich nach § 53 UrhG zustimmungsfrei sind. Dies bedeutet, dass der Urheber in den meisten Fällen gänzlich leer ausgehen würde.[429] Es wird daher versucht, über den durch den Nutzer vorgenommenen Download, einen Verstoß gegen das Vervielfältigungsrecht durch den Anbieter zu konstruieren. Dies hätte zur Folge, dass für diesen aufgrund seiner zumeist kommerziellen Interessen die Privilegierung des § 53 UrhG schon wegen der Wertung des § 53 Abs. 1 S. 2 UrhG ausscheidet.[430] Der Anbieter ermöglicht durch seinen Upload erst die Vervielfältigung und wäre nach dieser Auffassung an dem Vervielfältigungsvorgang als Mittäter beteiligt.[431] Der Anbieter nimmt demnach gewissermaßen neben dem Empfänger eine „Vervielfältigung auf Distanz" vor.[432]

Diese Lösung zur Erfassung der Nutzung eines Werkes in Datennetzen erscheint plausibel. Betrachtet man indes die diversen Vervielfältigungsvorgänge vom Einspeichern im Server bis hin zum Arbeitsspeicher des Nutzers, dann erfassen sie aber weder einzeln noch in ihrer Summe das Spezifische einer Online-Werknutzung.[433] Dies trifft insbesondere auf das Downloading zu, welches an sich nur den Vorgang des Herunterladens eines Werkes auf die eigene Festplatte des Nutzers zwecks eigenständiger Werknutzung umfasst. Der urheberrechtliche Kern der Nutzung eines Werkes in den Datennetzen liegt, wie es auch aus dem WIPO Copyright Treaty (Art. 8 WCT) und WIPO Performance and Phonograms Treaty (Art. 10, 14 WPPT) sowie dem Richtlinienvorschlag zum Urheberrecht in der Informationsgesellschaft (Art. 3 Abs. 1 und Abs. 2) hervorgeht, aber vielmehr in der Zurverfügungstellung des Werkes an die Öffentlichkeit („mise à dispositon du public" beziehungsweise „making available to the public"), womit nicht nur das Upload gemeint ist, sondern insbesondere auch die digitale Übertragung des Werkes und dessen Wiedergabe am Bildschirm des Nutzers.[434] Die

---

427 So *Schwarz*, GRUR 1996, 836, 839ff.

428 In diese Richtung für Video on Demand auch *OLG München 19.03.1998*, CR 1998, 559.

429 *Ostermaier*, CR 1998, 539, 541; *Bechtold*, Der Schutz des Anbieters von Informationen - Urheberrecht und gewerblicher Rechtsschutz im Internet [http://www.jura.uni-tuebingen.de/~s-bes1/sem96/]

430 Vgl. *Schwarz*, GRUR 1996, 836, 840.

431 Vgl. *Schwarz*, GRUR 1996, 836, 840.

432 Nordemann/Goddar/Tönhardt/Czychowski, CR 1996, 645, 648.

433 *Schack*, JZ 1998, 753, 756.

434 Siehe auch *Schack*, JZ 1998, 753, 756.

Erfassung der Online-Werknutzung anhand des Vervielfältigungsrechts ist daher abzulehnen.

II. Die Zurverfügungstellung von Werken an die Öffentlichkeit und deren digitale Übertragung in einem elektronischen Netzwerk

Die Einordnung des urheberrechtlichen Kerns der Nutzung von Werken in elektronischen Datennetzen, also der Zurverfügungstellung des Werkes an die Öffentlichkeit beziehungsweise der digitalen Übermittlung in das System der von § 15 Abs. 1 und Abs. 2 UrhG ist schwierig. Neben dem Vorschlag, die Werknutzung in Datennetzen über das Vervielfältigungsrecht zu erfassen, findet so ziemlich jede Einordnung in eines der gesetzlich aufgelisteten Verwertungsrechte im § 15 Abs. 1 und Abs. 2 UrhG seine Vertreter. Zum Teil wird etwa erwogen, die Online-Werknutzung über das Verbreitungsrecht zu erfassen (1). Eine andere Meinung möchte das Recht der öffentlichen Wahrnehmbarmachung anwenden (2.). Vereinzelt wird auch eine Einordnung unter das Senderecht diskutiert (3.). Schließlich wird noch vertreten, die digitale Übermittlung als unbenanntes Recht der unkörperlichen Wiedergabe zu klassifizieren (4.).

1. Das Verbreitungsrecht

a) Anwendung der §§ 15 Abs. 1 Nr. 2, 17 Abs. 1 UrhG de lege lata

Die Werknutzung in Datennetzen könnte als Verbreitung i.S.d. §§ 15 Abs. 1 Nr. 2, 17 Abs. 1 UrhG beziehungsweise 69c Nr. 3 UrhG einzuordnen sein. Das Verbreitungsrecht als ein Recht, das Werk in körperlicher Form zu verwerten (§ 15 Abs. 1 UrhG), umfasst ausschließlich körperliche Gegenstände.[435] Dies bedeutet also, dass die Verbreitung sich immer nur auf ein körperliches Vervielfältigungsstück beziehen kann.[436]

Bei der Online-Werknutzung werden jedoch nur Daten übermittelt. Diese sind hierbei losgelöst von irgendeinem körperlichen Träger, wie ihn etwa eine Diskette oder eine CD-Rom darstellt. Das Trägermedium ist vielmehr das immaterielle Netz selbst. Der Fall ist daher auch anders gelagert als bei der „Einzelangebot-Entscheidung" des BGH,[437] bei der es um das Angebot und das Inverkehrbringen von einem auf Disketten überspielten Programm ging. Bei der

---

[435] Supra § 11 I. 2.

[436] So bereits schon *BGH 06.11.1953*, BGHZ 11, 135, 144 – Schallplatten-Lautsprecherübertragung; siehe auch *Supra § 11 I. 2.*

[437] *BGH 13.12.1990*, BGHZ 113, 159 - Einzelangebot

Werknutzung in den Datennetzen wird also gerade nicht das Original oder ein Vervielfältigungsstück vom Anbieter zum Nutzer transportiert und veräußert, sondern dem Nutzer nur die Möglichkeit geboten, durch seinen Abruf selbst ein neues Vervielfältigungsstück herzustellen. Hierbei kann gegebenenfalls ein Eingriff in das Vervielfältigungsrecht vorliegen,[438] aber niemals eine Verletzung der Verbreitungsrechts des Urhebers,[439] denn bei der Online-Nutzung eines Werkes richtet sich das Angebot ausschließlich darauf, dem Dritten zu gestatten, sich Kopien von dem Ausgangswerk selber anzufertigen.[440] Ein Angebot des Originals oder eines Vervielfältigungsstückes an Dritte findet indes nicht statt. Die online-Weknutzung kann daher auch nicht von dem Verbreitungsrecht gemäß §§ 15 Abs. 1 Nr. 2, 17 beziehungsweise § 69c Nr. 3 UrhG erfasst werden.

b) Analoge Anwendung der §§ 15 Abs. 1 Nr. 2, 17 Abs. 1 UrhG

Die Datenübertragung führt in vielen Fällen jedoch zur Erstellung eines neuen Vervielfältigungsstückes beim Empfänger (s.o. § 12 I.). Es ist daher an eine analoge Anwendung der §§ 15 Abs. 1 Nr. 2, 17 Abs. 1 UrhG zu denken, welche dem individuellen Charakter der digitalen Übermittlung Rechnung trägt. Grundsätzlich darf die Veräußerung eines Werkes mittels „elektronischen Fernkopie“ keine juristisch unterschiedliche Behandlung begründen, als die Veräußerung mittels eines körperlichen Vervielfältigungsstückes.[441]

Eine analoge Anwendung einer Norm erfordert jedoch zunächst einmal eine planwidrige Regelungslücke im Gesetz.[442] Erst bei ihrem Vorliegen stellt sich die Frage, ob der ungeregelte Sachverhalt dem geregelten so ähnlich ist, dass es ein Gebot der Gerechtigkeit ist, beide Tatbestände gleich zu behandeln.[443] Eine solche planwidrige Regelungslücke ist vorliegend aber bereits schon nicht gegeben, denn es kann dem Gesetzgeber nicht unterstellt werden, dass er bei Kenntnis der Sachlage die unkörperliche „Verbreitung“, das heißt die unkörperliche Nutzung von Werken in elektronischen Datennetzen als körperliches Verwertungsrecht eingeordnet hätte. Vielmehr spiegelt der § 15 UrhG den eindeutigen Willen des Gesetzgebers wieder, die körperlichen und die unkörperlichen Verwertungsformen klar und deutlich zu trennen und die unkörperlichen Verwertungsformen systematisch dem § 15 Abs. 2 UrhG zuzuweisen.[444]

---

438 Supra § 12 I. 1. b).
439 Vgl. *Schack*, JZ 1998, 753, 757, *Schack*, Urheber- und Urhebervertragsrecht, Rn 421.
440 Vgl. *Schwarz*, GRUR 1996, 836, 839.
441 Vgl. *Zscherpe*, MMR 1998, 404, 407 und ebenso *Hoeren*, CR 1996, 517, 519.
442 BGH NJW 1988, 2109, 2110.
443 BGHZ 105, 140, 143, BGH NJW 1988, 2109, 2110
444 Ebenso *Klett*, Urheberrecht im Internet aus deutsche und amerikanischer Sicht, S. 76f.,

Im Übrigen darf zwar grundsätzlich tatsächlich keinen Unterschied machen, ob die Verbreitung eines Werkes, zum Beispiel eines Musikstücks über ein körperliches Original oder Vervielfältigungsstück (CD, Kassette o.ä.) oder immateriell (zum Beispiel mittels mp3) über ein elektronisches Netzwerk erfolgt. Denn auch in diesem Fall sollte man in der Regel zu demselben Ergebnis gelangen, zu dem man bei einer Verbreitung entsprechender körperlicher Datenträger gelangen würde.[445] Allerdings kann der Anbieter des Werkes weder wissen noch steuern, ob der Nutzer über die zwangsläufige Vervielfältigung im Arbeitsspeicher hinaus noch ein zur eigenständigen Werknutzung geeignetes Vervielfältigungsstück anfertigt.[446] Eine „elektronische Verbreitung" kann aber nur vorliegen, sofern der Online-Anbieter die Herstellung von Vervielfältigungsstücken durch die Endnutzer intendiert hat. Nur in diesen Fällen wäre die „elektronische Verbreitung" mit der herkömmlichen Verbreitung von körperlichen Werkstücken vergleichbar. Die objektive Einordnung der Verwertungsrechte des Urhebers kann aber nicht von solch subjektiven Vorstellungen des Anbieters abhängen.[447] Es wäre inkonsequent, die gleiche Übertragungsart einmal als unkörperliche Übertragung und das andere mal als körperliche Verbreitung anzusehen.[448]

c) Anwendung der §§ 15 Abs. 1 Nr. 2, 17 Abs. 1 UrhG de lege ferenda

Es stellt sich nunmehr, da eine Anwendung der §§ 15 Abs. 1 Nr. 2, 17 Abs. 1de lege lata nicht in Betracht kommt und eine analoge Anwendung bereits mangels planwidriger Gesetzeslücke unzulässig ist, die drängende Frage, ob die §§ 15 Abs. 1 Nr. 2, 17 Abs. 1 UrhG §§ 15 Abs. 1 Nr. 2, 17 Abs. 1de lege ferenda auch unkörperliche Verbreitungsvorgänge erfassen sollen.

(i.) Verwischung der Grenze zwischen unkörperlicher und körperlicher Verwertung

Schwarz ist der Auffassung, dass es „von der nur noch mit Schwierigkeit als körperliche Vervielfältigung wahrnehmbaren digitalen Vervielfältigung eines Werkes durch Überspielen auf eine Festplatte oder Diskette, die für einen unvoreingenommenen Betrachter vor und nach der Speicherung körperlich unverändert wirkt", kein weiter Weg mehr bis zu der Annahme einer digitalen

---

445 *Katzenberger*, AfP 1997, 434, 436; so anscheinend auch *Weinknecht*, Urheberrecht im Internet [http://www.weinknecht.de/uii01.html]

446 Vgl. *Schack*, Urheber- und Urhebervertragsrecht, Rn. 421.

447 Ebenso *Schack*, JZ 1998, 753, 756.

448 Vgl. *Laga*, Rechtsprobleme im Internet, S. 208.

Verbreitung sei.[449] Darüber hinaus sei der digitale Übermittlungsvorgang wesentlich durch die bei ihm stattfindenden Vervielfältigungsvorgänge gekennzeichnet, so dass eine Erfassung der Online-Werknutzung über das Verbreitungsrecht nahe läge.[450] Eine Änderung des § 17 Abs. 1 UrhG dahingehend, dass auch unkörperliche Übertragungsvorgänge in elektronischen Datennetzen dem Verbreitungsrecht unterfallen, würde es dazu auch ermöglichen, bereits schon das Anbieten eines Werkes in einem elektronischen Netzwerk zwanglos als Verbreitungshandlung einzuordnen und zu erfassen.[451]

(ii.) Das Problem der Erschöpfung gemäß § 17 Abs. 2 UrhG

Problematisch an dieser Lösung ist allerdings, dass sich das Verbreitungsrecht regelmäßig gemäß § 17 Abs. 2 UrhG nach rechtmäßiger Inverkehrbringung des Werkstückes im Wege der Veräußerung erschöpft (s.o. § 11 I. 2.). Würde man davon ausgehen, dass sobald beim Nutzer eine fungible Werkkopie des unkörperlich übertragenen Werkes entsteht, die Voraussetzungen des § 17 Abs. 2 UrhG erfüllt sind und es hierbei unbeachtlich ist, dass eine Werkkopie beim Verkäufer verbleibt,[452] wäre zwar das System des § 17 UrhG gewahrt. Eine uneingeschränkte Anwendung des Erschöpfungsgrundsatzes würde aber dazu führen, dass das erweiterte Verbreitungsrecht leer liefe und für den Urheber wertlos sein würde.[453] Dies erkennt auch Schwarz, der eine Erstreckung des Verbreitungsrechts auf unkörperliche Formen der Verbreitung nur dann für möglich hält, sofern diese mit einer konstituierenden Aufhebung des Erschöpfungsgrundsatzes einhergeht, da anderenfalls die weitere kommerzielle Kommunikation in den Datennetzen weitgehend vom urheberrechtlichen Schutz ausgenommen wäre.[454] Dies würde aber einer systemwidrigen Einschränkung des Erschöpfungsgrundsatzes für nachfolgende unkörperliche Werknutzungen gleichkommen.[455] Die Einordnung der Online-Werknutzung als Verbreitung würde der Gesetzessystematik mithin doppelt zuwiderlaufen.

---

449 *Schwarz*, in: *Becker*, Rechtsprobleme internationaler Datennetze, S. 30 (3.3) [http://www.jura.uni-muenchen.de/Institute/internet_II.html].

450 *Schwarz*, GRUR 1996, 836, 842.

451 Vgl. *Schwarz*, in: *Becker*, Rechtsprobleme internationaler Datennetze, S. 29f. (3.3) [http://www.jura.uni-muenchen.de/Institute/internet_II.html]; *Schwarz*, GRUR 1996, 836, 839.

452 So *Zscherpe*, MMR 1998, 404, 407; *Koch*, GRUR 1997, 417, 426.

453 Vgl. *Bechtold*, Der Schutz des Anbieters von Informationen - Urheberrecht und gewerblicher Rechtsschutz im Internet [http://www.jura.uni-tuebingen.de/~s-bes1/sem96/]; *Klett*, Urheberrecht im Internet aus deutscher und amerikanischer Sicht, S. 79.

454 *Schwarz*, in: *Becker*, Rechtsprobleme internationaler Datennetze, S. 30 (3.3) [http://www.jura.uni-muenchen.de/Institute/internet_II.html].

455 *Dreier*, in: *Schricker*, Urheberrecht auf dem Weg in die Informationsgesellschaft, S. 128f.

Betrachtet man den Vorgang der Online-Werknutzung genauer, so stellt man fest, dass bei der „Verbreitung" eines Werkes über ein elektronisches Netzwerk der „Verbreitende" sein eigenes Werkexemplar nicht aus der Hand zu geben braucht. Hierin liegt auch der wesentliche Unterschied zu dem Vertrieb eines Werkes über Datenträger. Der Vertreibende behält zwar in beiden Fällen ein Werkstück[456], jedoch kann bei der Werknutzung in Datennetzen der Nutzer niemals den Besitz an dem körperlichen Vervielfältigungsstück des Anbieters erlangen. Vielmehr bietet sich dem Nutzer nur die Gelegenheit, sich selbst ein Vervielfältigungsstück von dem Angebot des „Verbreitenden" anzufertigen. Selbst wenn dieser sein bei ihm verbleibendes Werkstück nach der Übertragung löschen würde, handelt es sich dennoch nicht um eine endgültige Überlassung des Werkexemplars zur freien Verfügung, sondern vielmehr um eine unkörperliche Übertragung und eine vom Nutzer vorgenommene (unerlaubte) Vervielfältigung. Dieser Vorgang ist daher auch nicht als Veräußerung[457] zu qualifizieren. Es handelt sich vielmehr um eine beliebig oft wiederholbare Dienstleistung.[458] Aus diesem Grund tritt folglich auch eine Erschöpfung des Verbreitungsrechts gemäß § 17 Abs. 2 UrhG nicht ein.[459] Eine konstituierende Aufhebung des Erschöpfungsgrundsatzes wäre mithin gar nicht notwendig.

Indes wird durch die Tatsache, dass eine Erschöpfung bei der Übertragung eines Werkes in einem elektronischen Netzwerk niemals eintreten kann, verdeutlicht, dass die mit dem Verbreitungsrecht verknüpfte Erschöpfungswirkung nicht auf die Werknutzung in Datennetzen passt.[460]

(iii.) Das Vermietrecht

Die Systemwidrigkeit offenbart sich auch noch, wenn man sich die Unterschiede des ebenfalls dem Verbreitungsrecht unterfallenden Vermieten (und Verleihen) von körperlichen Werkstücken, mit der Werknutzung in elektroni-

---

456 beim herkömmlichen Vertrieb auf Datenträgern fertigt der Verkäufer eine Kopie an, die er sodann veräußert, wobei die Kopiervorlage in der Regel bei ihm verbleibt.

457 Siehe zum Begriff der „Veräußerung" *Schricker* (*Loewenheim*) § 17, Rn. 18.

458 Vgl. *Grünbuch der Kommission der Europäischen Gemeinschaften*, KOM (95) 382 endg., S. 47, 19.07.1995 [http://www.ispo.cec.be/infosoc/legreg/sum95382.html]; *Lehmann*, in: *Lehmann*, Cyberlaw, S. 64.

459 *von Lewinski*, in: *Lehmann*, Cyberlaw, S. 160; *Lehmann*, in: *Lehmann*, Cyberlaw, S. 64; *Schack*, JZ 1998, 753, 757.

460 So im Ergebnis auch *Dreier*, in: *Schricker*, Urheberrecht auf dem Weg in die Informationsgesellschaft, S. 128f.

schen Netzwerken vor Augen führt.[461] Durch die Einordnung der Online-Werknutzung als „elektronische Vermietung“ könnte man zwar die Anwendbarkeit des Erschöpfungsgrundsatzes ausschließen und derart der Gesetzessystematik eher Rechnung tragen. Während bei einem Vermieten körperlicher Werkexemplare der Vermieter aber für die Dauer der Miete das Werkstück nicht mehr in seinem Besitz hält, es jedoch nach Beendigung des Mietverhältnisses wieder zu ihm zurückkehrt, verbleibt das Werkexemplar bei der Werknutzung in Datennetzen nicht nur stets bei dem Vermieter, sondern der Abfragende behält selbst nach Beendigung des Mietverhältnisses noch ein eigenständiges Werkexemplar, welches er sich selber angefertigt hat.[462] Es würde sich mithin um eine „Miete ohne Rückgabepflicht“ handeln, was nicht nur extrem systemwidrig wäre, sondern darüber hinaus dem von den Verfechtern einer Einordnung der Online-Werknutzung als Verbreitung ursprünglich vorgebrachtem Argument, dass es sich bei ihr eigentlich um nichts anderes als um eine online erfolgende Eigentumsüberlassung durch „electronic delivery“[463] handelt, wiedersprechen würde.

(iv.) Zusammenfassung

Die Anwendung der §§ 15 Abs. 1 Nr. 2, 17 Abs. 1 de lege ferenda würde mithin einen weitgehender Eingriff in das System der Verwertungsrechte bedeuten; das heißt sowohl in die Verknüpfung des Verbreitungsrechts und des Erschöpfungsgrundsatzes als auch in die Konstruktion des dem Verbreitungsrecht unterfallenden Vermiet- und Verleihrechts. Insbesondere würde aber die im § 15 UrhG klar angelegte Unterscheidung in körperliche und unkörperliche Verwertung niedergerissen. Dies würde aber das gesamte deutsche Urheberrechtsgesetz schwer in Mitleidenschaft ziehen. Daher sollte hiervon auch abgesehen werden.

2. Die Rechte der öffentlichen Wahrnehmbarmachung

Eine Einordnung der Online-Werknutzung als Vortrag, Aufführung gemäß §§ 15 Abs. 2 Nr. 1, 19 Abs. 1, Abs. 2 UrhG ist aufgrund des Erfordernisses einer „persönlichen Darbietung“ von vornherein ausgeschlossen. Man könnte jedoch an die das Vortrag- und Aufführungsrecht ergänzenden Rechte der öffentlichen

---

461 Die entsprechende Anwendung der Vermiet- und Verleihrichtlinie (92/100/EWG) auf die „elektronische Vermietung“ wurde im Grünbuch der Europäischen Kommission erwogen, kritisch hierzu *Legal Advisory Board (LAB)*, Reply to the Green Paper on Copyright and Related Rights in the Information Society [http://www2.echo.lu/legal/en/ipr/reply/reply.htm]

462 Vgl. *Dreier*, in: *Schricker*, Urheberrecht auf dem Weg in die Informationsgesellschaft, S. 128f.

463 *Flechsig*, in: *Becker/Dreier*, Urheberrecht und digitale Technologie, S. 33

Wahrnehmbarmachung denken. In der Tat könnte vorliegend die öffentliche Wahrnehmbarmachung durch eine „technische Einrichtung" beziehungsweise eine dem „Bildschirm oder Lautsprecher ähnliche technische Einrichtung" durch die Zurverfügungstellung des Werkes und dessen digitale Übermittlung in einem elektronischen Netzwerk erfolgen.

Hiergegen spricht jedoch, dass die Rechte der öffentlichen Wahrnehmbarmachung, wie ihr Name es schon erahnen lässt, als bloße Ergänzung zu dem Vortrag- und Aufführungsrecht ersonnen worden sind. Das Werk muss daher auch am Ende der technischen Einrichtungen wieder wahrnehmbar gemacht werden. Dies bedeutet, dass das Werk im Wege der unmittelbaren Werkwiedergabe für eine Mehrzahl von Personen zugänglich und dieser Empfängerkreis an einem Ort versammelt sein muss.[464] Die öffentliche Wahrnehmbarmachung ist also ebenfalls nur für gleichzeitig an einem Ort Anwesende bestimmt.[465] Hieran fehlt es aber bei der Übertragung eines Werkes in einem Datennetz. Bei der Nutzung eines Werkes in einem elektronischen Netzwerk erfolgt die Abfrage des Werkes individuell. Die Nutzer sind in aller Regel nicht an einem Ort versammelt, sondern sitzen alleine vor ihrem Computer.[466]

3. Das Senderecht

a) Anwendung der §§ 15 Abs. 2 Nr. 2, 20 UrhG de lege lata

Die Werknutzung in elektronischen Netzwerken könnte dem Senderecht, §§ 15 Abs. 2 Nr. 2, 20 UrhG zugeordnet werden. Hierfür wird insbesondere angeführt, dass es für § 20 UrhG unerheblich ist, ob das Werk drahtlos oder per Draht zugänglich gemacht wird und dass es bei der Sendung auch nicht auf eine gleichzeitige Anwesenheit an einem Ort oder auf die tatsächlich Wahrnehmung ankommt.[467] Zum Teil wird daher bereits schon in dem Angebot eines Werkes auf einem System ohne individuelle Zweckbestimmung bei nachfolgender Wiedergabe auf einem Bildschirm eine Sendung im Sinne des § 20 UrhG angenommen.[468]

---

464 Vgl. *Dreier*, in: *Schricker*, Urheberrecht auf dem Weg in die Informationsgesellschaft, S. 132.

465 Fromm/Nordemann (Nordemann), § 15, Rn. 4.

466 Ebenso *Dreier*, in: *Schricker*, Urheberrecht auf dem Weg in die Informationsgesellschaft, S. 132.

467 In diese Richtung etwa *Müller-Hengstenberg*, NJW 1996, 1777, 1779; *Nordemann/Goddar/Tönhardt/Czychowski*, CR 1996, 645, 649; *Becker*, ZUM 1995, 231, 245.

468 *Müller-Hengstenberg*, NJW 1996, 1777, 1779.

Die digitale Übermittlung oder Online-Übermittlung unterscheidet sich aber in einem entscheidenden Punkt erheblich von der traditionellen Sendung: Bei der Sendung wird ein Programm von Punkt-zu-Multipunkt ausgestrahlt, dessen Ablauf und zeitliche Abfolge durch den Programmgestalter bestimmt wird. Es handelt sich um eine einzige Ausstrahlung des Werkes, die gleichzeitig von den Zuschauern wahrgenommen werden muss.[469] Sofern die passiven Zuschauer die Übertragung nicht verpassen wollen, müssen sie nämlich zwangsläufig gleichzeitig zusehen. Die Sendung tritt hierbei als etwas Flüchtiges und Vorübergehendes[470] in Erscheinung. Dies soll durch die folgende Darstellung noch einmal verdeutlicht werden.

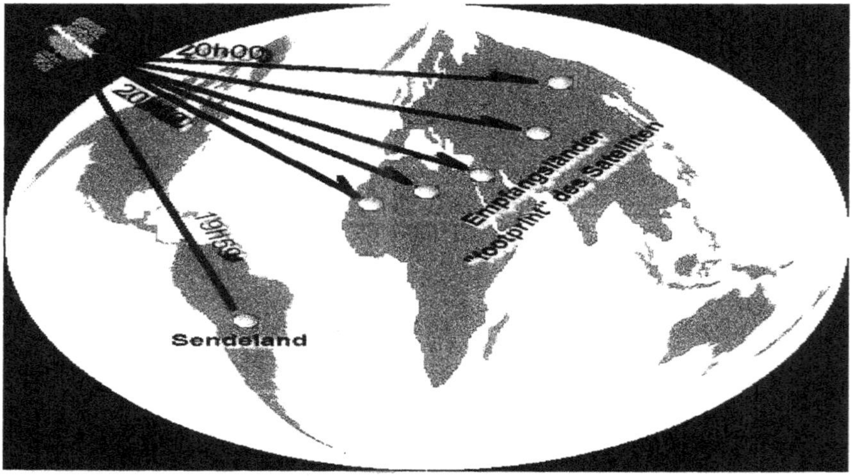

Abbildung 9: Sendung - Punkt-zu-Multipunkt Ausstrahlung
Quelle: Eigene Darstellung

Die digitale Übermittlung hingegen ist durch die kontinuierliche Verfügbarkeit jedes einzelnen Werkes gekennzeichnet[471]. Der Benutzer beziehungsweise User kann im Rahmen einer individuellen Punkt-zu-Punkt Übertragung selber aktiv darüber bestimmen, wann und wie oft das Werk übermittelt werden soll.

[469] *Schack*, Urheber- und Urhebervertragsrecht, Rn. 419.
[470] Ebenso *Dreier* in: *Schricker*, Urheberrecht auf dem Weg zur Informationsgesellschaft, S. 131f.; *Schwarz*, GRUR 1996, 836, 838; Zscherpe, MMR 1998, 404, 408; *Hoeren*, CR 1996, 517, 518.
[471] *Dreier*, in: *Schricker*, Urheberrecht auf dem Weg zur Informationsgesellschaft, S. 131f.

Es liegt mithin keine vom Anbieter ausgehende Sendung, sondern ein vom Nutzer gesteuerter Abruf vor.[472]

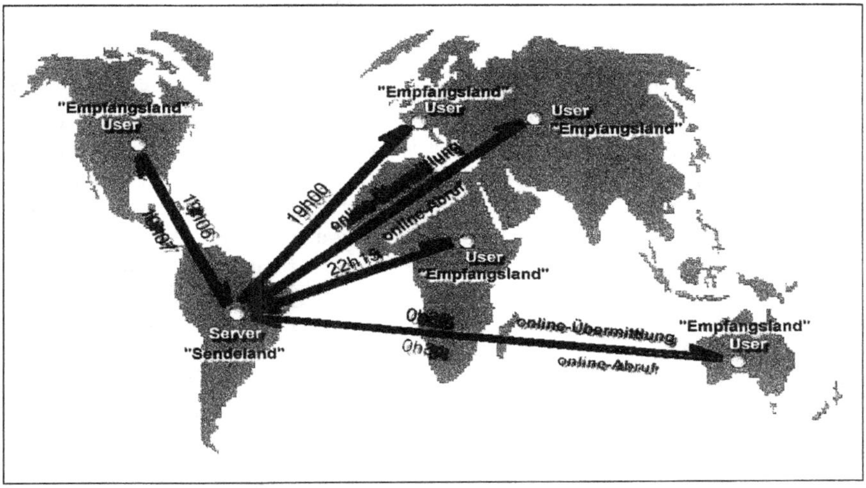

Abbildung 10: Online-Übermittlung – individuelle Punkt-zu-Punkt Übertragung
Quelle: Eigene Darstellung

Die vor zwei Jahre sehr aktuellen Push-Dienste stellten diese Bewertung allerdings noch einmal kurz in Frage.[473] Diese Dienste ermöglichten eine Übertragung von Informationen und Werken, ohne dass die Nutzer die Webpages erneut einzeln abfragen müssten.[474] Daraufhin wurde nochmals die Forderung an den Gesetzgeber erhoben, in das UrhG einen klarstellenden Hinweis aufzunehmen, wonach die Übertragung urheberrechtlich geschützter Werke in den Datennetzen einer Sendung gleichkommt.[475] Abgesehen davon, dass auch die Push-Dienste sich kaum mit einer Funksendung im Sinne des § 20 UrhG vergleichen lassen,[476] spielen diese Dienste mittlerweile nach der Expertenmeinung des ehemaligen Chief Technology Officer von Microsoft, Nathan Myhrvold, kaum mehr eine Rolle.[477] Die Zurverfügungstellung von Werken an die Öffentlichkeit und deren

---

472 *Schack*, JZ 1998, 753, 757.

473 Siehe hierzu insbes. *Bechtold*, GRUR 1998, 19, 25f. und *Klett*, Urheberrecht im Internet aus deutscher und amerikanischer Sicht, S. 86f.

474 Siehe Supra § 2 I. 2. lit. f (i.).

475 So etwa *Leupold*, ZUM 1998, 99, 107.

476 Ebenso *Loewenheim*, in: *Loewenheim/Koch*, Praxis des Online-Rechts, S. 304.

477 Vgl. *Myhrvold* (im Spiegel-Gespräch), Der Spiegel 11/99, S. 188, 194; a.A. *Klett*, Urheberrecht im Internet aus deutscher und amerikanischer Sicht, S. 86f.

digitale Übertragung in einem elektronischen Netzwerk ist mithin de lege lata nicht als Sendung i.S.d. § 20 UrhG einzuordnen.

b) Analoge Anwendung der §§ 15 Abs. 2 Nr. 2, 20 UrhG

Man könnte allerdings noch an eine analoge Anwendung der §§ 15 Abs. 2 Nr. 2, 20 UrhG denken, denn im Gegensatz zum Verbreitungsrecht liegt in diesem Fall offensichtlich eine planwidrige Regelungslücke vor. Problematisch ist hierbei aber, die tatsächliche Vergleichbarkeit der zu regelnden Sachverhalte nicht gegeben ist (s.o. § 12 II. 3. lit. a), so dass mangels einer Ähnlichkeit der Sachverhalte, es die Gerechtigkeit auch nicht unbedingt gebietet, beide Fälle gleich zu behandeln.[478] Im Übrigen würde eine Analogie zum Senderecht aber nicht zuletzt auch hinsichtlich der Schrankenregelungen (z.B. § 52 Abs. 3 UrhG oder § 55 UrhG) nur Verwirrung stiften[479] und würde verschleiern, dass es sich bei der Online-Werknutzung um eine neue selbständige Nutzungsart handelt, die sowohl phänomenologisch als auch in weiten Teilen soziologisch[480] unabhängig von der Sendung besteht.[481] Darüber hinaus besteht auch in der Praxis aufgrund der verschiedenen wirtschaftlichen Ausgangssituationen[482] ein dringendes Bedürfnis, die herkömmliche Sendung auch künftig rechtlich von der digitalen Werknutzung in Datennetzen unterscheiden zu können[483] Eine analoge Anwendung der §§ 15 Abs. 2 Nr. 2, 20 UrhG ist daher abzulehnen.[484]

4. Unbenanntes Recht der unkörperlichen Wiedergabe

Ein Rückgriff auf die Generalklausel des § 15 Abs. 2 UrhG, welche sämtliche unkörperliche Verwertungsformen einschließt, wäre mangels Eingreifens einer speziellen Vorschrift zulässig und würde der Unkörperlichkeit der digitalen Übertragung, die mit der Zurverfügungstellung des Werkes den urheber-

---

[478] Siehe hierzu BGHZ 105, 140, 143f.

[479] *Schack*, JZ 1998, 753, 757.

[480] Siehe zur soziologischen Bedeutung der Netzwerke: *Rehbinder*, in: *Hilty*, Information Highway, S. 87ff.

[481] *Schack*, Urheber- und Urhebervertragsrecht, Rn. 420; *Dreier* in: *Schricker*, Urheberrecht auf dem Weg zur Informationsgesellschaft, S. 132.

[482] Vgl. *Dreier* in: *Schricker*, Urheberrecht auf dem Weg zur Informationsgesellschaft, S. 132.

[483] *Dreier*, Urheberrecht und digitale Werkverwertung, S. 23.

[484] Ebenso *Schwarz*, in: *Becker*, Rechtsprobleme internationaler Datennetze, S. 28 (3.3) [http://www.jura.uni-muenchen.de/Institute/internet_II.html]; *Becker*, ZUM 1995, 231, 245; *Flechsig*, in: *Becker/Dreier*, Urheberrecht und digitale Technologie, S. 30; *Schack*, JZ 1998, 753, 757.

rechtliche Kern der Nutzung eines Werkes in den Datennetzen ausmacht,[485] hinreichend Rechnung tragen ohne systemwidrig zu erscheinen. Eine Erfassung der Werknutzung in Datennetzen mit dem unbenannten Recht der unkörperlichen Wiedergabe scheint daher auf den ersten Blick begehbar.[486] Indes erfordern sämtliche unkörperliche Verwertungsformen stets eine öffentliche Werkwiedergabe. Ob eine solche bei einer Werknutzung in einem elektronischen Netzwerk vorliegt, ist jedoch fraglich.

a) Der Begriff der „Öffentlichkeit" im § 15 Abs. 3 UrhG

Die Öffentlichkeit einer Werkwiedergabe wird in § 15 Abs. 3 UrhG definiert. Nach § 15 Abs. 3 UrhG ist eine Wiedergabe öffentlich, „wenn sie für eine Mehrzahl von Personen bestimmt ist, es sei denn, dass der Kreis dieser Personen bestimmt abgegrenzt ist und sie durch gegenseitige Beziehungen zum Veranstalter persönlich untereinander verbunden sind". Die Wiedergabe muss nach dieser Legaldefinition also für eine Mehrzahl von Personen erfolgen, die in keinem engen persönlichen Kontakt zueinander stehen.[487] Der Kreis der Personen, die potenziell von einem Informationsangebot beziehungsweise einem Werk in einem weltweiten elektronischen Netzwerk oder auch in einem größeren Intranet Gebrauch machen können, ist völlig unbegrenzt. Eine gegenseitige Verbindung des Empfängerkreises zum Veranstalter ist angesichts der weltweiten Empfangbarkeit des Werkes ausgeschlossen. Allerdings besitzt die Übermittlung eines Werkes in einem elektronischen Netzwerk die Eigenschaft, dass diese erst aufgrund eines individuellen Abrufs der einzelnen Nutzer erfolgt. Der Empfängerkreis befindet sich daher weder an einem gemeinsamen Ort (i.) noch findet die Werkwiedergabe in der Regel gleichzeitig statt (ii).

(i.) Verbundenheit an einem gemeinsamen Ort

Der Öffentlichkeitsbegriff des § 15 Abs. 3 UrhG stellt nach einhelliger Meinung nicht auf die Anzahl der Anwesenden ab, sondern auf alle, an die sich der Veranstalter wenden will.[488] Hieraus ergibt sich bereits schon, dass die gemeinsame Anwesenheit in einem Raum für § 15 Abs. 3 UrhG nicht nötig ist. Öffentlich sind daher auch die Wiedergabe von Sendungen durch Verteileranlagen in einem Sportheim[489], Hotel[490], Krankenhaus[491], Altersheim[492] oder in einem Ge-

---

485 Siehe Supra § 12 I. 3.

486 In diese Richtung bereits schon *Melchiar*, CR 1995, 756, 758.

487 *BGH 11.07.1996*, BGH GRUR 1996, 875 - Zweibettzimmer im Krankenhaus

488 Schricker (v.Ungern-Sternberg), § 15 Rn. 29.

489 *BGH 07.10.1960*, BGH GRUR 1961, 97, 99 - Sportheim

490 BGHZ 36, 181

fängnis[493]. Auch die Werkwiedergabe, die wie vorliegend für einen nicht untereinander verbundenen Adressatenkreis in getrennten, jeweils privaten Räumen bestimmt ist, ist demnach eine öffentliche Wiedergabe.

(ii.) Das Erfordernis der „Gleichzeitigkeit"

Zwar sieht die Legaldefinition des § 15 Abs. 3 UrhG die Gleichzeitigkeit der Wahrnehmung einer Wiedergabe nicht ausdrücklich vor, jedoch geht das traditionelle Verständnis der „Öffentlichkeit" i.S.d. § 15 Abs. 3 UrhG dahin, dass das Erreichen einer Mehrzahl von Personen durch die wiederholte gleichförmige Wiedergabe nicht genügt. Vielmehr wird nach bisher ganz h.M.[494] über den Gesetzeswortlaut des § 15 Abs. 3 UrhG hinaus gefordert, dass ein Werk nur dann öffentlich zugänglich gemacht ist, wenn gleichzeitig eine Mehrheit von Personen erreicht wird. Die strenge Gleichzeitigkeit der Wahrnehmung wird als ein unerlässliches Merkmal einer jeden öffentlichen Wiedergabe angesehen.[495]

Probleme ergeben sich aus diesem Verständnis der Öffentlichkeit, weil es vorliegend, wie bereits gesehen, aufgrund der Individualität des Abrufs und der einzelnen Übertragung fernab jeder Wahrscheinlichkeit liegt, dass alle Mitglieder der Öffentlichkeit das Werk gleichzeitig, also auf die Millisekunde genau, abrufen und übermittelt bekommen. Im Zusammenhang mit Btx und ähnlichen Abrufsystemen stellte sich dieses Problem vor einigen Jahren schon einmal. Hierbei sah die überwiegende Meinung die Voraussetzungen des § 15 Abs. 3 UrhG ebenfalls als nicht mehr erfüllt an.[496] Man könnte daher annehmen, dass auch bei der Online-Werknutzung die Öffentlichkeit der Wiedergabe i.S.d. § 15 Abs. 3 UrhG nicht mehr gegeben ist.[497]

---

491 *BGH 09.06.1994*, BGH ZUM 1994, 585 - Verteileranlagen im Krankenhaus; siehe aber überraschender Weise *BGH 11.07.1996*, BGH GRUR 1996, 875, 877 - Zweibettzimmer im Krankenhaus: dort meint der BGH, daß der von der Krankenhausleitung bestimmte, zufällige, gemeinsame Aufenthalt in einem Zweibettzimmer eine „gemeinsame private Sphäre mit sich" bringe, „deren Achtung die Zimmerbewohner auch von Dritten verlangen können" und daß gerade wegen des Ruhe- und Schonungsbedürfnisses von Kranken, das Zimmer als eine „Privatheit unter Ausschluß der Öffentlichkeit" zu qualifizieren ist.

492 *BGH 12.07.1974*, BGH GRUR 1975, 33 - Alterswohnheim

493 *BGH 08.07.1993*, BGHZ 123, 149, 156 = GRUR 1994, 45 – Verteileranlagen.

494 *BGH* GRUR 1991, 316, 317 - Einzelangebot; *BGH 08.07.1993,* BGH GRUR 1994, 45, 46 = BGHZ 123, 149 – Verteileranlagen; so auch bereits schon *Ulmer*, GRUR 1971, 297, 301.

495 Vgl. *Schricker* (*v. Ungern-Sternberg*), § 15, Rn. 30 m.w.N.; *Hoeren*, CR 1996, 517, 518.

496 Siehe bei *Hoeren*, Online-Recht unter besonderer Berücksichtigung des Urheberrechts, 2.c)aa)(3) [http://www.garos.de/DIK97/vortraege/lhoerens.html].

497 So etwa *Schwarz*, GRUR 1996, 836, 838.

Zwar ist die digitale Übertragung als solche der Individualkommunikation zuzurechnen. Allerdings stellt das ebenfalls zur Werknutzung in einem elektronischen Netzwerk gehörende Zurverfügungstellen des Werkes eine allgemeine Vorhaltung dar, die schon zweckmäßig an die Öffentlichkeit gerichtet sein muss und keinerlei individuelle Zweckbestimmung verfolgt.[498] Das in einem elektronischen Netzwerk zum Abruf bereit gestellte Werk ist gerade für die Öffentlichkeit bestimmt und obwohl deren Mitglieder das Werk jeweils einzeln abrufen, ist die Gesamtheit dieser unverbundenen Einzelakte in der Intensität ihrer Werkverwertung durchaus mit herkömmlichen Rundfunksendungen oder Kabelverteilerdienste vergleichbar.[499]

Auch in der Rechtsprechung wurde bereits einmal auf das Erfordernis der „Gleichzeitigkeit" verzichtet.[500] Das LG Berlin hatte in der sogenannten „Schallplatten-Espresso"-Entscheidung über die wiederholte Wiedergabe von Schallplatten über Kopfhöreranlagen auf Anforderung durch den Kunden zu befinden und hat das Erfordernis der Öffentlichkeit hierbei bejaht. Auch in Österreich hat der OGH[501] bereits in den achtziger Jahren den Begriff der Öffentlichkeit als erfüllt angesehen, wenn das Publikum zwar nicht gleichzeitig anwesend ist, das Werk aber jedenfalls in zeitlicher Abfolge durch eine Personenmehrheit konsumiert wird. Hiernach kam es „weder auf eine räumliche Gemeinsamkeit dieses Personenkreises noch darauf an, dass die Werkvermittlung gleichzeitig stattfindet, sofern moderne technische Speicherungs- und Übertragungssysteme mit Hilfe eines Vervielfältigungsstücks die sukzessive Erfassung eines solchen Personenkreises ermöglichen".[502]

Diese Argumentation lässt sich auch auf das deutsche Recht übertragen, denn derart wird die soeben geschilderte Tatsache gewürdigt, dass auch bei der Werknutzung in einem Datennetz die Summe der einzeln abgerufenen und übermittelten Werke eine öffentliche Wiedergabe ausmachen. Im Übrigen ist das Erfordernis der „Gleichzeitigkeit" nur in den § 15 Abs. 3 UrhG hineingelesen und stellt wie gesehen keine zwingende gesetzliche Voraussetzung dar.[503] Eine

---

[498] *Müller-Hengstenberg*, NJW 1996, 1777, 1779; ebenso *Fromm/Nordemann* (*Nordemann*), § 15, Rn. 4.

[499] *Hoeren*, Online-Recht unter besonderer Berücksichtigung des Urheberrechts, 2.c)aa)(3) [http://www.garos.de/DIK97/vortraege/lhoerens.html].

[500] *LG Berlin 29.03.1967*, Schulze LGZ 98, 5 - Schallplatten-Espresso.

[501] *OGH 27.01.1987*, GRUR Int. 1987, 609ff.

[502] *OGH 27.01.1987*, GRUR Int. 1987, 609; siehe für Österreich auch *Laga*, Rechtsprobleme im Internet, S. 212ff.

[503] So auch *Ostermaier*, CR 1998, 539, 541

solche lässt sich auch weder aus dem Welturheberrechtsabkommen (WUA)[504], der RBÜ, dem TRIPs-Abkommen[505] noch aus einer Regelung auf europäischer Ebene herauslesen. Das Erfordernis der „Gleichzeitigkeit" im § 15 Abs. 3 UrhG beruht vielmehr ausschließlich auf einem althergebrachten Verständnis der Öffentlichkeit, welches sich historisch damit erklären lässt, dass das Erreichen mehrerer untereinander unverbundener Personen eine Zeit technisch lang gar nicht anders möglich war als durch eine gleichzeitige Werkwiedergabe. Angesichts der neuen gängigen Kommunikationsformen ist dieses Verständnis der öffentlichen Wiedergabe aber überkommen. Der Begriff der Öffentlichkeit im § 15 Abs. 3 UrhG ist nur so zu verstehen, dass hierdurch lediglich eine Abgrenzung zu einem rein privaten Umfeld vorgenommen werden soll.[506] Die Öffentlichkeit einer Wiedergabe im Sinne des § 15 Abs. 3 UrhG hängt daher nicht von einem gleichzeitigen Empfang durch mehrere Personen ab.[507] Mithin ist auch die kumulative[508] beziehungsweise sukzessive[509] Öffentlichkeit der durch eine Mehrzahl von Personen gleichzeitigen Wahrnehmung gleichgestellt und ebenfalls von § 15 Abs. 3 UrhG erfasst.[510] Die Werknutzung in einem elektronischen Netzwerk ist demnach öffentlich i.S.d. § 15 Abs. 3 UrhG und kann grundsätzlich als unbenanntes Recht der unkörperlichen Wiedergabe unter den § 15 Abs. 2 UrhG eingeordnet werden.

b) Notwendigkeit einer klarstellende Regelung im UrhG: Diskussionsentwurf eines Fünften Gesetzes zur Änderung des Urheberrechtsgesetzes vom 17.07.1998

Schwierigkeiten bei der Einordnung der Online-Werknutzung als unbenanntes Recht der unkörperlichen Werkwiedergabe ergeben sich aber gerade aus dem

---

504 Welturheberrechtsabkommen (Pariser Fassung) vom 6. September 1952, BGBl. 1955 S. 102; revidiert in Paris am 24 Juli 1971, BGBl. 1973 II S. 1111.

505 Keiner dieser Texte enthält überhaupt eine Definition des Begriffes der „öffentlichen Wiedergabe".

506 Vgl. *LG Berlin 29.03.1967,* Schulze LGZ 98, 5 - Schallplatten-Espresso.

507 Ebenso *Katzenberger*, AfP 1997, 434, 438; *Katzenberger*, in: *Lehmann*, Cyberlaw, S. 229; *Melchiar*, CR 1995, 756, 758; *Loewenheim*, GRUR 1996, 830, 835.

508 *Koch*, Urheberrecht an Homepages, NJW-CoR online [http://www.njw-cor.de]; S. 8; *Schwarz*, in: *Becker/Dreier*, Urheberrecht und digitale Technologie, S. 118f.; ebenso für on-demand-Dienste: *Ernst*, GRUR 1997, 592, 594.

509 *Rehbinder*, Urheberrecht, Rn. 200; *Melchiar*, CR 1995, 756, 758; *Leupold*, ZUM 1998, 99, 107.

510 Siehe auch Zweiter Zwischenbericht der Enquête-Kommission des Deutschen Bundestages zur Zukunft der Medien in Wirtschaft und Gesellschaft - Deutschlands Weg in die Informationsgesellschaft, BT-Drucksache 13/8110, 4.2.1. [http://www.bundestag.de/ftp/9000500a.htm].

Umstand, dass diese Verwertungsform unbenannt ist. Im Gegensatz zur Schweizer Generalklausel des Art. 10 Abs. 2c URG[511], der dem Urheber das Recht einräumt, ein Werk wahrnehmbar zu machen und damit nach der einhelligen Meinung in der Schweizer Literatur bereits schon die Werknutzung in Datennetzen mit erfasst[512], ergeben sich in Deutschland bei der Erfassung der Online-Werknutzung enorme Schwierigkeiten. Insbesondere weil die h.M. noch immer davon ausgeht, dass die Öffentlichkeit der Wiedergabe nach § 15 Abs. 3 UrhG deren Gleichzeitigkeit erfordert, ist es erwägenswert dieses Innominatverwertungsrecht im Interesse der Rechtssicherheit ausdrücklich im Urheberrechtsgesetz festzuschreiben.

Das Bundesjustizministerium hat in diesem Zusammenhang einen Diskussionsentwurf eines Fünften Gesetzes zur Änderung des Urheberrechtsgesetzes vom 17. Juli 1998[513] vorgelegt. Dieser Diskussionsentwurf sieht in seinem Artikel 1 folgende Änderungen für das Urheberrechtsgesetz vor:

1. § 15 wird wie folgt geändert:

a) Absatz 2 wird wie folgt gefasst:

„Der Urheber hat ferner das ausschließliche Recht, sein Werk in unkörperlicher Form öffentlich wiederzugeben (Recht der öffentlichen Wiedergabe). Ein Werk wird öffentlich wiedergegeben, wenn es für eine Mehrzahl von Angehörigen der Öffentlichkeit zugänglich oder gleichzeitig wahrnehmbar gemacht wird oder aufgrund eines an die Öffentlichkeit gerichteten Angebotes für einen einzelnen Angehörigen der Öffentlichkeit zugänglich gemacht wird. Das Recht der öffentlichen Wiedergabe umfasst insbesondere

1. das Vortrags-, Aufführungs- und Vorführungsrecht (§ 19),
2. das Übertragungsrecht (§ 19a),
3. das Senderecht (§ 20),
4. das Recht der Wiedergabe durch Bild- oder Tonträger (§ 21),
5. das Recht der Wiedergabe von Funksendungen (§ 22).“

b) Absatz 3 wird wie folgt gefasst:

„(3) Zur Öffentlichkeit gehört jeder, der nicht mit demjenigen, der das Werk verwertet, oder mit den anderen Personen, denen das Werk in unkörperlicher Form wahrnehmbar oder zugänglich gemacht wird, durch persönliche Beziehungen verbunden ist.„

---

511 Bundesgesetz über das Urheberrecht und verwandte Schutzrechte (Urheberrechtsgesetz) vom 9. Oktober 1992, BBl. 1992 VI 74.

512 Vgl. *Burkert*, Internet und Recht, S. 8 [http://www.gmd.de/People/Herbert.Burkert/Welcome.html]; *Eidgenössisches Institut für Geistiges Eigentum*, Datenautobahn aus der Sicht des Urheberrechts und der verwandten Schutzrechte, 9.1. [http://www.admin.ch/ejpd/d/bj/internet/indexd.htm]; *Cherpillod*, in: *Hilty*, Information Highway, S. 270.

513 Diskussionsentwurf eines fünften Gesetzes zur Änderung des Urheberrechtsgesetzes [http://www.bmj.bund.de/misc/urh_98.htm]

4. Nach § 19 wird der folgende § 19a eingefügt

„§ 19a Übertragungsrecht

Das Übertragungsrecht ist das Recht, das Werk durch Funk oder durch ähnliche technische Mittel aufgrund eines Angebots an die Öffentlichkeit einem einzelnen Angehörigen der Öffentlichkeit zugänglich zu machen sowie das Recht, das Werk durch Funk oder ähnliche technische Mittel außerhalb eines gestalteten Programms öffentlich zugänglich zu machen."

5. § 20 wird wie folgt gefasst:

„§20 Senderecht

Das Senderecht ist das Recht, das Werk durch Funk oder ähnliche technische Mittel innerhalb eines gestalteten Programms öffentlich zugänglich zu machen."

Das Ziel dieser Änderungen ist es „klarstellend zu regeln, dass das Vorhalten urheberrechtlich geschützter Werke zum Abruf in digitalen Netzen (On-demand-Diensten) dem ausschließlichen Verwertungsrecht des Urhebers unterfällt."[514] Fraglich ist jedoch, ob es angesichts der zunehmenden Schwierigkeit der Unterscheidung zwischen körperlichen und unkörperlichen Verwertungsformen eine Kürzung auf eine allgemeine Generalklausel, wie sie in vielen Ländern[515] anzutreffen ist, nicht grundsätzlich sinnvoller wäre als die vorgesehene Einfügung eines neuen Verwertungsrechtes in das Urheberrechts-gesetz (i.). Schließlich stellt sich aber auch noch die Frage, ob die Einzelheiten der Formulierung nicht anders ausgestaltet werden sollten (ii.).

(i.) Bedenken hinsichtlich der Form

Wenn man schon über eine notwendige Änderung des Urheberrechtsgesetzes nachdenkt, so kann man sich zumindest die Frage stellen, ob diese Gelegenheit nicht dazu genutzt werden sollte den § 15 Abs. 1 und Abs. 2 UrhG durch eine allumfassende Generalklausel zu ersetzen, die - wie etwa das jetzige österreichische Recht[516] - keine Zweiteilung in körperliche und unkörperliche Verwertungsformen mehr vorsieht und von einer Aufzählung einzelner Verwertungsrechte gänzlich absieht.

---

514 Begründung zum Diskussionsentwurf eines fünften Gesetzes zur Änderung des Urheberrechtsgesetzes, BMJ 3600/13 - 5300/98, S. 5 [http://www.bmj.bund.de/misc/urh_98.htm]

515 Siehe hierzu insbes.: *Colombet*, Grands principes du droit d'auteur et des droits voisins dans le monde, S. 55ff.

516 Vgl. § 14 Abs. 1 des Bundesgesetzes über das Urheberrecht an Werken der Literatur und Kunst und über verwandte Schutzrechte vom 9. April 1936, Öst BGBl. Nr. 111; siehe hierzu insbesondere auch *Laga*, Rechtsprobleme im Internet, S. 204f.

Während die Neueinführung eines „Übertragungsrechts" in das Urheberrechtsgesetz gleichzeitig eine Neudefinition des hiervon abzugrenzenden Senderechts erforderlich macht, würde dies bei der Normierung eines einheitlichen generellen Verwertungsrechtes entfallen. Allerdings würde eine Generalklausel auch für das aktuelle Schrankensystem des Urheberrechtsgesetzes wohl das Ende bedeuten. Die Schranken zum allgemeinen Recht müssten ebenfalls allgemein gehalten und deren konkrete Ausgestaltung der Rechtsprechung überlassen bleiben. Nicht nur, dass die Einführung einer allumfassenden Generalklausel einen tiefgreifenden Eingriff in das Urheberrecht darstellen würde und der im Moment notwendigen Rechtssicherheit nicht sehr zuträglich wäre, beschränkt sich der deutsche Gesetzgeber – im Gegensatz etwa zum Französischen – in aller Regel auch nicht bloß darauf, nur Generalklauseln zu verkünden und die eigentliche Aufgabe Sätze und Regeln herauszubilden, vollen Umfangs der Rechtsprechung zu überlassen.

Zudem wurde dieser Weg einer Generalklausel auch auf internationaler Ebene zu keinem Zeitpunkt erwogen. Das „Übermittlungsrecht" findet sich etwa ausdrücklich als neues Verwertungsrecht im Art. 8 WCT wieder. Allerdings war der genaue Schutzumfang dieses Rechts vor allem im Rahmen der WIPO-Verhandlungen heftig umstritten.[517] Letztendlich gewährt der Art. 8 WCT den Urhebern das ausschließliche Recht der „öffentlichen Zugänglichmachung ihrer Werke in der Weise, dass Angehörige der Öffentlichkeit an einem von diesen individuell gewählten Ort und zu einer von diesen individuell gewählten Zeit Zugang zu diesen Werken haben", wobei die in Art. 11 Abs. 1 Nr. 2, 11bis Abs. 1 Nr. 1, 11ter Abs. 1 Nr. 2, 14 Abs. 1 Nr. 2 und 14bis Abs. 1 RBÜ gewährten Rechte unberührt bleiben.[518] Der Wortlaut spiegelt den während den Verhandlungen unterbreiteten Vorschlag der Europäische Gemeinschaft und ihre Mitgliedstaaten wieder.[519]

---

[517] Siehe hierzu: *Kreile*, ZUM 1996, 564ff.; *Dreier*, ZUM 1996, 69ff.; *von Lewinski*, GRUR Int. 1997, 667ff.; *von Lewinski*, CR 1997, 438ff.

[518] Article 8 Droit de communication au public:
"Sans préjudice des dispositions des articles 11.1)2°), 11*bis*.1)1°) et 2°), 11*ter*.1)2°), 14.1)2°) et 14*bis*.1) de la Convention de Berne, les auteurs d'œuvres littéraires et artistiques jouissent du droit exclusif d'autoriser toute communication au public de leurs œuvres par fil ou sans fil, y compris la mise à la disposition du public de leurs œuvres de manière que chacun puisse y avoir accès de l'endroit et au moment qu'il choisit de manière individualisée."

[519] Um auch den ausübenden Künstlern und Tonträgerherstellern im Hinblick auf die neue interaktive Umgebung ein angemessenes Schutzniveau zu gewährleisten, führte der WIPO-Vertrag über Darbietungen und Tonträger ein gleichwertiges Ausschließlichkeitsrecht "der Zugänglichmachung" für diesen Personenkreis ein (vgl. Artikel 10 und 14 WPPT).

Der WCT und WPPT wurde auch von der Europäischen Union unterzeichnet, deren Europäische Kommission am 10. Dezember 1997 einen Vorschlag für eine Richtlinie des Europäischen Parlaments und des Rates zur Harmonisierung bestimmter Aspekte des Urheberrechts und der Verwandten Schutzrechte in der Informationsgesellschaft[520] vorgelegt hat, der unter anderem der Umsetzung des WCT und WPPT dienen soll. In dem Art. 3 des Vorschlages für eine Richtlinie wird sodann auch eine neues Recht der öffentlichen Wiedergabe einschließlich des Rechts der Zugänglichmachung von Werken und sonstigen Schutzgegenständen eingebracht. Aus den oben genannten Gründen ist dieses Recht aus Art. 3 Vorschlag-RL dem Recht aus Art. 8 WCT ähnlich und entspricht diesem in seiner Formulierung weitestgehend:

Artikel 3

Recht der öffentlichen Wiedergabe einschließlich des Rechts der Zugänglichmachung von Werken und sonstigen Schutzgegenständen

1. *Die Mitgliedstaaten sehen vor, dass Urhebern das ausschließliche Recht zusteht, die öffentliche drahtgebundene oder drahtlose Wiedergabe von Originalen und Vervielfältigungsstücken ihrer Werke einschließlich der öffentlichen Zugänglichmachung der Werke in der Weise, dass sie Mitgliedern der Öffentlichkeit von Orten und zu Zeiten ihrer Wahl zugänglich sind, zu erlauben oder zu verbieten.*

2. *Die Mitgliedstaaten sehen*

   a) *für ausübende Künstler in bezug auf die Aufzeichnungen ihrer Darbietungen,*
   b) *für Tonträgerhersteller in bezug auf ihre Tonträger,*
   c) *für Hersteller der erstmaligen Aufzeichnungen von Filmen in bezug auf das Original und auf Vervielfältigungsstücke ihrer Filme und*
   d) *für Sendeunternehmen in bezug auf die Aufzeichnungen ihrer Sendungen, unabhängig davon, ob diese Sendungen drahtgebunden oder drahtlos, über Kabel oder Satellit übertragen werden,*

   das ausschließliche Recht vor, zu erlauben oder zu verbieten, dass die genannten geschützten Gegenstände drahtgebunden oder drahtlos in einer Weise der Öffentlichkeit zugänglich gemacht werden, dass sie Mitgliedern der Öffentlichkeit von Orten und zu Zeiten ihrer Wahl zugänglich sind.
3. *Die in den Absätzen 1 und 2 bezeichneten Rechte erschöpfen sich nicht mit den in Absatz 2 genannten Handlungen der öffentlichen Wiedergabe eines Werks und sonstiger geschützter Gegenstände einschließlich ihrer Zugänglichmachung für die Öffentlichkeit.*

Für die Einführung einer allumfassenden Generalklausel bedeutet dies, dass ein solches Vorgehen zwar grundsätzlich der Ratifizierung des WCT und des WPPT sowie der Umsetzung in nationales Recht der demnächst zu verabschiedenden EU-Richtlinie nicht entgegenstehen würde und auch mit der RBÜ ver-

---

520 KOM(1997) 628 endg., 97/0359 (COD).

einbar wäre, der Entwicklung auf internationaler und europäischer Ebene aber gegenläufig wäre. Der vom Bundesjustizministerium gewählte Weg entspricht mithin der Entwicklung auf internationaler und europäischer Ebene, erscheint mit der Gesetzessystematik verträglicher und garantiert eine größere Rechtssicherheit.

(ii.) Bedenken hinsichtlich des Inhalts

Der Diskussionsentwurf eines Fünften Gesetzes zur Änderung des Urheberrechtsgesetzes vom 17.07.1998 des Bundesjustizministeriums stellt klar, dass die Werknutzung in Datennetzen unter die unkörperliche Wiedergabe fällt. Einige Formulierungen erscheinen aber dennoch problematisch und unglücklich:

- Artikel 1 Nr. 1 a):

Zunächst handelt es sich um die im Artikel 1 Nr. 1 a) vorgeschlagenen Änderungen des § 15 Abs. 2 UrhG. Der Diskussionsentwurf sieht vor, dass künftig für die öffentliche Werkwiedergabe drei Fälle zu unterscheiden sein werden. Hierbei handelt es sich um die Fälle, wenn das Werk

1. für eine Mehrzahl von Angehörigen der Öffentlichkeit zugänglich gemacht wird,
2. gleichzeitig wahrnehmbar gemacht wird,
3. oder aufgrund eines an die Öffentlichkeit gerichteten Angebotes für einen einzelnen Angehörigen der Öffentlichkeit zugänglich gemacht wird.

Diese Formulierung ist jedoch in dreifacher Hinsicht unglücklich. In der ersten und dritten Variante wird die Formulierung „zugänglich machen" gewählt. Dies entspricht zwar der Wortwahl der deutschen Übersetzung des Vorschlages einer Richtlinie zur Harmonisierung bestimmter Aspekte des Urheberrechts und der verwandten Schutzrechte in der Informationsgesellschaft. Ein Werk wird aber der Öffentlichkeit auch bei der Ausstellung zugänglich gemacht. Es könnte also der falsche Eindruck erweckt werden, dass mit dem Recht der Online-Werknutzung auch ein allgemeines Ausstellungsrecht gewährt wird.

Problematisch gestaltet sich auch die Einordnung des Senderechts unter einen der drei Fälle. Bisher wurden mit der „Wahrnehmbarmachung" nämlich nur die Rechte aus §§ 19, 21, 22 UrhG assoziiert. Durch Voranstellen des Wortes „gleichzeitig" stellt sich nun aber die Frage, ob das Senderecht, welches wie gesehen ebenfalls nur „gleichzeitig empfangen" werden kann, nunmehr ebenfalls unter die zweite Variante fällt oder, da es sich bei der Sendung auf keinen Fall um eine öffentliche Wiedergabe i.S.d. der dritten Variante, doch um ein „zugänglich machen" nach der ersten Variante handelt. Hierbei wäre dann problematisch, dass die erste Variante einerseits die Online-Werknutzung erfassen soll, die wie gesehen sich eben gerade auch dadurch auszeichnet, dass sie nicht „gleichzeitig" erfolgt und andererseits die notwendig gleichzeitig empfangene Sendung miterfassen soll.

Besonders unglücklich erscheint die letzte Variante. Diese ist auf die Fälle zugeschnitten, in denen der Adressat der Verwertungshandlung nicht selbst auf das Werk zugreift und es insoweit an einer Zugänglichmachung des Werkes für eine Mehrzahl von Mitgliedern der Öffentlichkeit fehlen soll.[521] Wie sich auch aus dem Wortlaut des § 19a UrhG n.F. erkennen lässt, soll diese dritte Variante der Unterscheidung zwischen pull- und push- Technologie Rechnung tragen.[522] Unklar ist hierbei, wieso diese Fallgestaltung nicht auch bereits schon von der ersten Variante erfasst sein soll, im Übrigen ist die push-Technologie mittlerweile von der technischen Realität schon wieder überholt.[523]

- Artikel 1 Nr. 4:

Die vorgeschlagene Neueinfügung eines § 19a UrhG n.F. bei welchem anders als in §§ 19 Abs. 3, Abs. 4, 21, 22 UrhG, nicht auf den späteren Vorgang der öffentlichen Wahrnehmbarmachung, sondern wie in § 20 UrhG bereits auf das öffentliche Zugänglichmachen abgestellt wird, ermöglicht eine zwangslose Miterfassung sämtliche Vervielfältigungsvorgänge, die sich während der Übermittlung ereignen. Der § 19a UrhG n.F. kommt mithin seiner klarstellenden Funktion nach, wobei es fraglich ist, ob die zweite Variante des § 19a UrhG n.F wirklich notwendig ist.

(iii.) Zusammenfassung

Der Artikel 1 Nr. 1 – 5 des Diskussionsentwurfs eines Fünften Gesetzes zur Änderung des Urheberrechtsgesetzes vom 17.07.1998 kommt dem notwendigen Klarstellungsbedürfnis nach. Auch ist eine Anpassung beziehungsweise Neuformulierung einzelner Regelungen, der Ersetzung des § 15 UrhG durch eine allumfassende Generalklausel vorzuziehen. Allerdings sollte um Unklarheiten zu vermeiden, die Formulierung sich derjenigen des WCT, WPPT und des Vorschlages einer EU-RL annähern („*communication au public y compris la mise à*

---

521 Vgl. Begründung zum Diskussionsentwurf eines fünften Gesetzes zur Änderung des Urheberrechtsgesetzes, BMJ 3600/13 - 5300/98, S. 6 [http://www.bmj.bund.de/misc/urh_98.htm]

522 Siehe Begründung zum Diskussionsentwurf eines fünften Gesetzes zur Änderung des Urheberrechtsgesetzes, BMJ 3600/13 - 5300/98, S. 6 [http://www.bmj.bund.de/misc/urh_98.htm]

523 Vgl. *Myhrvold* (im Spiegel-Gespräch), Der Spiegel 11/99, S. 188, 194

disposition“ beziehungsweise „*communication to the public including the making available*“). Der § 15 Abs. 2 UrhG n.F. könnte dann, um mögliche Missdeutungen und unnötige Unterscheidungen zu unterbinden, folgendermaßen gefasst werden:

> „*Der Urheber hat ferner das ausschließliche Recht, sein Werk in unkörperlicher Form öffentlich drahtgebunden oder drahtlos wiederzugeben. Diese Recht umfasst die Zurverfügungstellung der Werke an die Öffentlichkeit in der Weise, dass sie Mitgliedern der Öffentlichkeit von Orten und zu Zeiten ihrer Wahl zugänglich sind; das Recht umfasst insbesondere ...* “

III. Die urheberrechtliche Zulässigkeit von Hyperlinks und Frames

Die Hyperlinks und die Frames sind insbesondere für das World Wide Web charakteristische Elemente, welche die Benutzerfreundlichkeit der Netzwerke erhöhen und zu einem vereinfachten Informationszugang beitragen.

1. Die Hyperlinks

Nicht zuletzt der leichten Handhabung der Hyperlinks verdankt das WWW seine hohe Popularität. Durch das Einfügen eines sogenannten <A>-Tag im HTML-Code lässt sich auf einfachste Weise ein Hyperlink in einem Dokument markieren: *<a href=“/recht.htm“>recht </a>* würde in einem HTML Dokument beispielsweise dazuführen, das dort verwendete Wort „Recht“ als Link zu markieren, bei dessen Aktivierung die Verknüpfung zu dem Dokument „recht.htm“ wirksam werden würde (s.o. § 2). Man unterscheidet bei den Hyperlinks den soeben dargestellten herkömmlichen externen Link (a) von den internen Links, die häufig auch als Inline-Links bezeichnet werden (b).

a) Der externe Link

Die Funktionsweise der externen Links soll anhand der folgenden Darstellung (Abbildung 11) noch einmal verdeutlicht werden. Der Linksetzende (L) hat ein eigenes Informationsangebot im WWW. In diesem hat er einen Link auf das urheberrechtlich relevante Werk des Urhebers (U) gesetzt. Der Nutzer (N) des Webangebots des L aktiviert nun den Link (1.), woraufhin er die Seite des U anfordert (2.), welche ihm sodann übermittelt wird (3.).

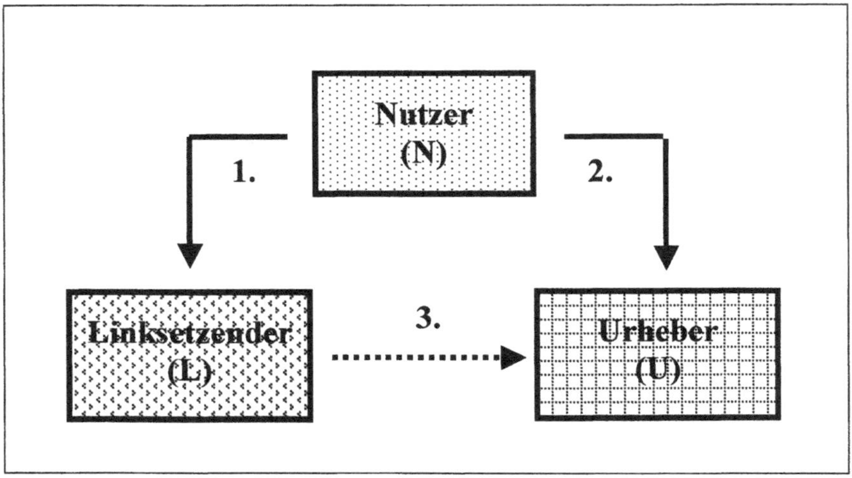

Abbildung 11: externes Linking
Quelle: Eigene Darstellung

Erste rechtliche Probleme bei der Verwendung von externen Links traten im Oktober 1996 auf den schottischen Shetland Inseln auf. Die „Shetland Times“ unterhielt ein Informationsangebot im WWW, unter welchem auch Artikel aus der aktuellen Tageszeitung abgerufen werden konnten. Die „Shetland News“ – eine neu gegründete und ausschließlich über das WWW zugängliche Zeitung – legte auf ihrem Website unter Verwendung der Überschriften der einzelnen Artikel Hyperlinks zu letzteren, welche sich auf dem Website der „Shetland Times“ befanden. Derart konnten die Nutzer des Angebots der „Shetland News“ durch einfaches Anklicken der Überschriften direkten Zugang zu dem jeweiligen Artikel der „Shetland Times“ haben. Die „Shetland Times“, welche daraufhin eine Klage wegen Verletzung ihres Urheberrechts vor der schottischen *Court of Sessions* einreichte, erhielt im Wege der einstweiligen Verfügung recht. Die *Court of Session* statuierte in ihrem *„preliminary interdict“* folgendes:[524]

„... Interdicts the Defenders, their employees, agents or anyone acting on their behalf or with their authority from
(1.) storing in any medium by electronic means or otherwise copying or
(2.) including in any service operated by the Defenders on the Internet any headline, text or

---

[524] Siehe hierzu insbesondere *Oppenheim*, [http://www.shetland-news.co.uk/editoral/profopp1.html]; und zu einem ähnlichen Problem in Neuseeland *Russel, McVeagh, McKenzue, Bartleet*, Hypertext Links: Are they legal ? [http://www.rmmb.co.nz/ipdec96.html]

photograph from any edition of „The Shetland Times" newspaper or the Pursuers' Internet web site www.Shetland-Times.co.uk..."

Die Streitigkeit ging jedoch nicht über dieses Verfahren im einstweiligen Rechtsschutz hinaus. Am 11. November 1997 einigten sich beide Parteien im Wege eines gerichtlichen Vergleichs darauf, dass unter jedem Link der „Shetland News" zu einem Artikel der „Shetland Times" der Zusatz „A Shetland Times Story" einschließlich des Logos und eines Links zur Homepage der „Shetland Times" einzurichten sei.

Fraglich ist, wie die Verwendung von externen Links nach deutschem Urheberrecht zu beurteilen ist. In Betracht könnte zunächst eine Verletzung des Vervielfältigungsrecht kommen. Allerdings wird durch die Verwendung eines externen Links direkt keine Vervielfältigung des gelinkten Werkes vorgenommen. Es handelt sich bei einem externen Link nur um einen Verweis unter Angabe der URL, zu einem bereitstehenden Werk. Wird der Link nun aber aktiviert und das angefordert Dokument übertragen, findet eine ganze Reihe von Vervielfältigungsvorgängen statt.[525] Durch die Verwendung von externen Links wird also eine Vervielfältigung ermöglicht aber nicht vollzogen.[526] Man könnte daher daran denken – ähnlich dem oben in *§ 12 I. 3.* erwähnten Vorschlag –, den Linkanbieter beziehungsweise denjenigen, der den Link gesetzt hat und damit die Vervielfältigung erst ermöglicht hat, eine Teilnahmehandlung an einer Urheberrechtsverletzung anzulasten.[527] Die Verbindung einzelner Seiten durch Hyperlinks gehört jedoch gerade zu den zentralen Elementen einiger Netzwerke und insbesondere des WWW. Der Anbieter von Informationen in einem solchen Netzwerk möchte in der Regel dessen Funktionalität nutzen und beabsichtigt ja auch gerade, dass auf seine Webseiten zugegriffen wird. Daher dürfte hierin in der Regel bereits zumindest eine stillschweigende Zustimmung des Urhebers liegen.[528]

---

525 Siehe Supra § 12 I.

526 Ebenso Ernst, NJW-CoR 1997, 224f.; Zscherpe, MMR 1998, 404, 409; Zweiter Zwischenbericht der Enquête-Kommission des Deutschen Bundestages zur Zukunft der Medien in Wirtschaft und Gesellschaft - Deutschlands Weg in die Informationsgesellschaft, BT-Drucksache 13/8110, 4.2.6. [http://www.bundestag.de/ftp/9000500a.htm].

527 In diese Richtung *Bechtold*, ZUM 1997, 427, 433f. [http://www.jura.uni-tuebingen.de/~s-bes1/sem96/].

528 Ebenso Ernst, NJW-CoR 1997, 224f.; Zweiter Zwischenbericht der Enquête-Kommission des Deutschen Bundestages zur Zukunft der Medien in Wirtschaft und Gesellschaft - Deutschlands Weg in die Informationsgesellschaft, BT-Drucksache 13/8110, 4.2.6. [http://www.bundestag.de/ftp/9000500a.htm].

Eine Verletzung des Urheberrechts, könnte sich jedoch daraus ergeben, dass ähnlich dem Fall der „Shetland Times“ bei der Verwendung von externen Links häufig der Titel des gelinkten Werkes kopiert wird. Von einer stillschweigenden Zustimmung des Urhebers kann in einem solchen Fall nicht ausgegangen werden. Fraglich ist hierbei aber bereits schon, ob Überschriften beziehungsweise Titel überhaupt durch das Urheberrecht erfasst werden können. Der Titel kennzeichnet das Werk im Verkehrsleben. Um als eigenes Sprachwerk nach § 2 Abs. 1 Nr. 1 UrhG urheberrechtlichem Schutz zugänglich zu sein, müsste die Überschrift/Titel eine persönliche, geistige Schöpfung darstellen (§ 2 Abs. 2 UrhG). Nach der Rechtsprechung des Reichsgerichts und des Bundesgerichtshofes kann zwar ein urheberrechtlicher Schutz des Titels eines Werkes zumindest theoretisch bestehen[529], auch wenn in der Bejahung des Werkschutzes eher Zurückhaltung geübt wird. In den weitaus meisten Fällen sind die Titel jedoch zu kurz, um die erforderliche Gestaltungshöhe zu erreichen.[530] Allerdings kann sich eine Schutzfähigkeit von Titeln aus §§ 5 Abs. 1, Abs. 3, 15 Abs. 1 MarkenG[531] ergeben. Insbesondere die ungenehmigte Verwendung von Logos oder sonstigen kleinen Icons zur Kennzeichnung eines Links kann markenrechtlich relevant sein. Der Fall der „Shetland Times“ lässt schließlich auch noch an eine sittenwidrige Leistungsübernahme denken, die einen Anspruch nach dem UWG[532] stattgeben kann, wobei hierbei streitig ist, ob die Übernahme fremder Leistungsergebnisse auch dann sittenwidrig im Sinne von § 1 UWG ist, wenn diese immaterialgüterrechtlich nicht geschützt sind.[533] Abschließend kann also festgestellt werden, dass die Verwendung von externen Links mithin in den meisten Fällen urheberrechtlich irrelevant ist, allerdings marken- und wettbewerbsrechtliche Dimensionen eröffnen kann.

b) Die internen Links (Inline-Links)

Die internen Links unterscheiden sich von den herkömmlichen Hyperlinks dadurch, dass sie es ermöglichen auf einer Webseite nicht nur eigene Werke einzufügen, sondern unter Verwendung eines <IMG-Tags> auch die Einbettung Werke Dritter zulassen, wobei letzteres hierbei direkt von der angegebenen URL geladen wird. Das eingebettete Werk hat also einen anderen Ursprung als die Webpage selber. Dieses Verfahren entspricht dem „Informatiker-Ideal“, dass jede Information jeweils nur einmal in einem Informationssystem vorhanden

---

529 RGZ 123, 120 – Die Brücke zum Jenseits; *BGH* ZUM 1989, 299 – Verschenktexte.
530 *Rehbinder*, Urheberrecht, Rn. 400.
531 Gesetz über den Schutz von Marken und sonstigen Kennzeichen vom 25. Oktober 1994, BGBl. I S. 3082, ber. 1995 I S. 156.
532 Gesetz gegen den unlauteren Wettbewerb vom 7. Juni 1909, RGBl. S. 499.
533 Siehe hierzu: *Schack*, Urheber- und Urhebervertragsrecht, Rn. 70ff.

sein sollte. Jedoch wird das Inline-Linking häufig dazu missbraucht, den Eindruck zu erwecken, dass die eingebetteten Werke nicht von ihrem tatsächlichen Urheber stammen, sondern von dem Anbieter des Inline-Links selber. Auch ist es dank der internen Links möglich, eine Webpage mit Hunderten von Graphiken und Bildern zu erstellen, ohne teuren Speicherplatz auf dem eigenen Server zu beanspruchen. Die folgende Abbildung soll den Vorgang bei einem Inline-Linking vereinfacht darstellen:

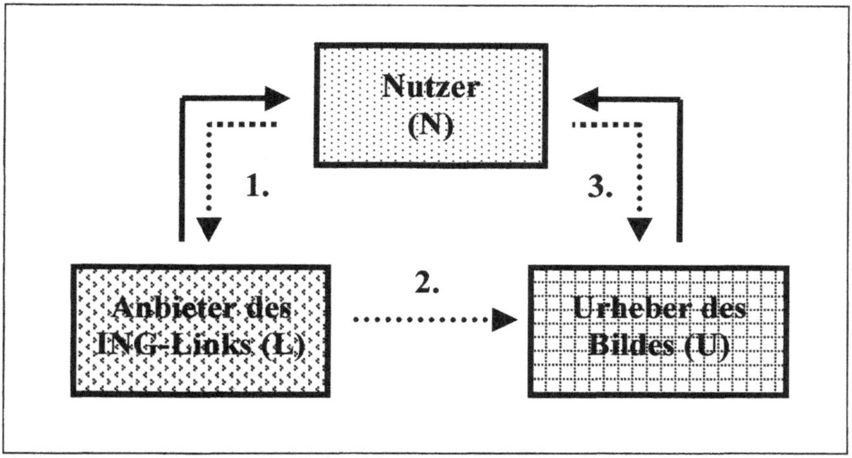

Abbildung 12: Inline-Linking
Quelle: Eigene Darstellung

Auf der Seite des Anbieters des ING-Links (L) befindet sich neben einem eigenen Informationsangebot ein ING-Link zu einem Bild des Urhebers (U). Der Nutzer (N) ruft das Informationsangebot des L ab (1.). Der Inhalt der Seite des L wird dem N übermittelt (1.). Das in der Seite des L erscheinende Bild wird gleichzeitig über die Seite des L zum Abruf von U angefordert (2.), von wo aus es dann zu N übermittelt wird (3.).

Rechtlich fand die Verwendung von Inline-Links erstmals in den USA im Sommer 1996 Beachtung. Es ging hierbei um die Verwendung von Comics der populären Comicfigur „Dilbert“. Mittels Inline-Links integrierte ein privater Anbieter täglich neue Dilbert-Comicstrips, die auf der Website des Rechteinhabers „United Media“ angeboten wurden,[534] auf seiner Fanseite. Daraufhin forder-

[534] The Dilbert Zone, [http://www.unitedmedia.com/comics/dilbert/]

te „United Media“ die sofortige Einstellung des Angebots.[535] Wie bereits schon der Reaktion von United Media zu entnehmen ist, kann in solchen Fällen grundsätzlich nicht von einer stillschweigenden Zustimmung ausgegangen werden.[536] Sofern das gelinkte Werk jedoch rechtmäßig im WWW angeboten wird, scheidet allerdings eine akzessorische Haftung mangels Haupttat aus.[537] Dies würde dann aber bedeuten, dass eine Rechtsverletzung nur dann vorliegt, soweit bereits auch schon das gelinkte Werk unrechtmäßig verwertet wurde. Der Urheber hätte dann aber faktisch keine Kontrolle mehr über die Vervielfältigung und Verbreitung seines Werkes.[538] Verdeutlicht man sich hingegen die tatsächliche verwertungsrechtliche Bedeutung eines Inline-Linkings, kann dieses Ergebnis nicht richtig sein: Der L integriert das Werk des U auf seiner Seite mittels Inline-Link. Sowohl für den L als auch für den N ist es im Ergebnis - d.h. in der späteren Darstellung der Webseite des L - aber nicht erkennbar und insbesondere auch für den Zweck der Nutzung unerheblich, ob das Werk des U nur über einen Link in die Seite des L eingebunden wurde oder ob der L das Werk zuvor widerrechtlich von U kopiert und erst danach von einem lokalen Verzeichnis auf seinem Server in seine Webpage eingebettet hätte. Das Werk erscheint als Bestandteil des Informationsangebots des L. Der L benutzt das Werk des U mithin in einer Art und Weise, die einem unerlaubten Down- sowie einen sich daran anschließenden Upload und mithin einer Verletzung des Vervielfältigungsrechtes gleichkommt.[539] Aufgrund dieser Vergleichbarkeit der Intensität der Werknutzung kann die Verwendung von Inline-Links wertend auch zu keiner anderen rechtlichen Beurteilung führen als die unerlaubte Verwendung widerrechtlich vervielfältigter Werke.[540] Die Integration von Werken durch Inline-Links ist demnach ausschließlich dem Urheber vorbehalten. Im Übrigen ist auch ein Verstoß gegen das MarkenG (insbes. §§ 14 Abs. 2 Nr. 1, Abs. 3 Nr. 3, Nr. 5) und gegen § 1 UWG durch die Verwendung von Inline-Links denkbar.

---

535 Siehe hierzu Dilbert Hack Page Archives, [http://www.cs.princeton.edu/~dwallach/ dilbert/] und United Media (FAQ), [http://www.unitedmedia.com/info/site/faq.html].

536 So auch Zweiter Zwischenbericht der Enquête-Kommission des Deutschen Bundestages zur Zukunft der Medien in Wirtschaft und Gesellschaft - Deutschlands Weg in die Informationsgesellschaft, BT-Drucksache 13/8110, 4.2.6. [http://www.bundestag.de/ftp/9000500a.htm].

537 Vgl. *Klett*, Urheberrecht im Internet aus deutscher und amerikanischer Sicht, S. 187.

538 *Bechtold*, ZUM 1997, 427, 433f. [http://www.jura.uni-tuebingen.de/~s-bes1/sem96/].

539 Siehe Supra § 12 I. 1. b).

540 Ebenso *Bechtold*, ZUM 1997, 427, 433f. [http://www.jura.uni-tuebingen.de/~s-bes1/sem96/].

2. Die Frames

Die verwertungsrechtlichen Probleme des Framing sind mit der soeben erörterten Lage der Inline-Links durchaus vergleichbar. Auch die Frame-Technik kann dazu missbraucht werden, den Eindruck zu erweckten, dass das fremde Werk Bestandteil des eigenen Informationsangebots ist. Insoweit kann auch auf das soeben Erörterte verwiesen werden.[541] Die §§ 14, 15 MarkenG und § 1 UWG können gegebenenfalls ebenfalls einschlägig sein.

§ 13 Die Lage in Frankreich

Im Gegensatz zum analytischen System des deutschen Urheberrechtsgesetzes gewährt der französische Code de la Propriété Intellectuelle dem Urheber nur einige wenige Rechte. Diese sind allerdings extensiv ausgestaltet.

I. Die Verwertungsrechte im Code de la Propriété Intellectuelle

Der Code de la Propriété Intellectuelle sieht in seinem Art. L. 122-1 CPI für die Urheber zwei ausschließliche Verwertungsrechte vor: das Recht der Vervielfältigung (*droit de reproduction*) (1.) und das Recht der Darbietung (*droit de représentation*) (2.). Den Verwertungsrechten zuzurechen ist aber auch noch das Folgerecht (*droit de suite*) aus Art. L. 122-8 CPI (3.).

1. Das Recht der Vervielfältigung (*droit de reproduction*)

Das Recht der Vervielfältigung des Art. L. 122-3 CPI gewährt dem Urheber das Recht der körperlichen Festlegung seines Werkes durch alle Verfahren, die seine Mitteilung an die Öffentlichkeit auf indirekte Weise erlauben, wobei die Vervielfältigung nach dem Absatz 2 insbesondere durch Druck, Zeichnung, Gravierung, Photographie, Abguss sowie eines jeden anderen Verfahrens der graphischen und plastischen Künste sowie der mechanischen, filmischen oder magnetischen Aufnahme erfolgen kann. Diese Aufzählung ist nicht limitativ, so dass auch andere Formen der Vervielfältigung von diesem Recht miterfasst werden.

[541] Siehe auch Zweiter Zwischenbericht der Enquête-Kommission des Deutschen Bundestages zur Zukunft der Medien in Wirtschaft und Gesellschaft - Deutschlands Weg in die Informationsgesellschaft, BT-Drucksache 13/8110, 4.2.6. [http://www.bundestag.de/ftp/9000500a.htm].

Ein eigenständiges Verbreitungsrecht kennt der Code de la Propriété Intelectuelle hingegen nicht. Vielmehr erfasst das Vervielfältigungsrecht des Art. L. 122-3 CPI auch das Recht des Urhebers, den Bestimmungszweck der Vervielfältigungsstücke einschließlich ihrer Wiederverwendung oder des Wiederverkaufs zu kontrollieren.

2. Das Recht der Darbietung (*droit de représentation*)

Nach dem Art. L. 122-2 CPI besteht die Darbietung in der Mitteilung des Werkes an die Öffentlichkeit durch irgendein Verfahren. Es folgt in den Nummern 1 und 2 des Art. L. 122-2 CPI eine nichtabschließende Aufzählung einzelner Darbietungen. Diese kann hiernach in einem öffentlichen Vortrag, einer musikalischen Aufführung, einer dramatischen Vorführung, einer öffentlichen Ausstellung, einer öffentlichen Vorführung und Übertragung des gesendeten Werkes an einem Ort (Art. L. 122-2, 1° CPI) oder einer Sendung bestehen (Art. L. 122-2, 2° CPI). Es fällt auf, dass der Gesetzestext weit über das hinausgeht, was man gemeinhin unter einer Darbietung versteht.[542] Aus diesem Grund wird das Darbietungsrecht auch vermehrt als das Recht der öffentlichen Mitteilung (*droit de communication au public*) bezeichnet. Hierbei lassen sich zwei Fälle der „*communication au public*" unterscheiden: die direkte Mitteilung des Werkes an die Öffentlichkeit, die eher dem klassischen Verständnis der Darbietung entspricht und dem deutschen Vortrags- Aufführungs- und Vorführungsrecht ähnlich ist sowie die indirekte Mitteilung des Werkes an die Öffentlichkeit, die der technischen Entwicklung Rechnung trägt und die Fälle erfassen soll in denen die „*communication au public*" mittels körperlichen Trägermedium – wie etwa Schallplatten, Filme, Radiosendungen u.ä. – dargeboten wird.[543] Ein Sonderfall der indirekten Werkmitteilung an die Öffentlichkeit ist das Senderecht (*télédiffussion*) . Hierunter ist gemäß Art. L. 122-2, 2° CPI jede Verbreitung durch jedwedes Fernübermittlungsverfahren (*télécommunication*) von Tönen, Bildern, Dokumenten, Fakten und Mitteilungen jeder Art zu verstehen. Gemäß dem dritten Absatz des Art. L. 122-2 CPI ist der Sendung auch noch die Ausstrahlung eines Werkes über Satellit gleichgesetzt.

3. Das Folgerecht (*droit de suite*)

Das Folgerecht des Art. L. 122-8 CPI gewährt den Urhebern von graphischen und plastischen Werken fünfzig Jahre lang, ungeachtet jeder Veräußerung des Originalwerks, das unveräußerliche Recht, im Falle eines jeden Verkaufs

---

[542] Vgl. *Colombet*, Propriété littéraire et artistique et droits voisins, Rn. 198.
[543] *Colombet*, Propriété littéraire et artistique et droits voisins, Rn. 200ff.

des Originalwerks auf öffentlichen Versteigerungen oder durch einen Kaufmann, eine Beteiligung am Verkaufspreis zu verlangen. Diese Beteiligung beläuft sich gemäß Absatz 2 auf drei Prozent des Verkaufspreises.[544]

II. Die Verwertungsrechte in der aktuellen Diskussion in Frankreich

Die ausschließliche Zuordnung der wirtschaftlichen Verwertung eines Werkes an seinen Urheber ist in Frankreich ausdrücklich im Art. L. 122-4 CPI bestimmt. Hiernach ist jede vollständige oder teilweise Darbietung oder Vervielfältigung ohne die Zustimmung des Urhebers oder seiner Rechtsnachfolger unzulässig. Dies gilt natürlich auch im Kontext der elektronischen Netzwerke. Allerdings stellt sich auch in Frankreich aufgrund der im Code de la Propriété Intellectuelle getroffenen Unterscheidung zwischen dem *Droit de reproduction* und dem *Droit de représentation* eine Reihe schwieriger Fragen. Diese betreffen wie auch in Deutschland insbesondere das Problem der vorübergehenden Vervielfältigung sowie jenes der Erfassung der Online-Werknutzung.

1. Die Vervielfältigungsvorgänge bei der Nutzung eines Werkes in einem elektronischen Netzwerk

Auch in Frankreich stellt bereits die Digitalisierung (*numérisation*) eines ehemals analogen Werkes unzweifelhaft eine Vervielfältigung gemäß Art. L. 122-3 CPI dar.[545] Weniger eindeutig gestaltet sich aber ebenfalls die Probleme der vorübergehenden (a) und dauerhaften (b) Vervielfältigung, die im Zusammenhang mit der Nutzung eines Werkes in einem Datennetz auftreten können.

a) Die dauerhafte Vervielfältigung (*reproduction permanente*)

Die ungenehmigte Fixierung eines Werkes auf der Festplatte eines Computers im Wege des Up- oder Downloading stellt auch in Frankreich eine Verletzung des Vervielfältigungsrechtes nach Art. L. 122-3 CPI dar.[546] Dies wurde auch bereits schon 1996 in der ersten richterliche Entscheidung auf diesem Ge-

---

[544] Siehe zum Folgerecht *Colombet*, Propriété littéraire et artistique et droits voisins, Rn. 208.

[545] Vgl. nur *Sédaillan*, Droit de l'Internet, S. 98

[546] *Rapport de la Commission présidée par P. Sirinelli*, Industries culturelles et nouvelles technologies, S. 14; *A. Lucas*, Droit d'auteur et numérique, Rn. 241 m.w.N.

biet festgestellt.[547] Am 14. August 1996 entschied das TGI Paris in der „*Affaire Brel-Sardou*" in einem einstweiligen Verfahren (= *Ordonnance de référé*), dass die Zurverfügungstellung von Werken auf einer Website eine Vervielfältigung darstellt, welche der ausdrücklichen Genehmigung des Urhebers bedarf.[548]

b) Die vorübergehende Vervielfältigung (*reproduction ephémère*)

Bei der vorübergehenden Vervielfältigung stellt sich auch im französischen Droit d'auteur zunächst die Frage, ob die ephemere Speicherung eines Werkes aufgrund der zum Teil hohen Volatilität der Fixierung überhaupt vom Vervielfältigungsrecht des Urhebers betroffen sein kann. Gegen eine Erfassung der flüchtigen Speicherung wird auch in Frankreich das traditionelle Verständnis einer Vervielfältigung angeführt, welches eine gewisse Dauer der Fixierung voraussetzt.[549] Dem wird aber entgegengehalten, dass sich eine gewisse Dauerhaftigkeit der Fixierung weder aus dem Art. L. 122-3 CPI noch aus dem Art. 9 Abs. 1 RBÜ ergibt, welcher dem Urheber das ausschließliche Recht vorbehält, die Vervielfältigung seiner Werke zu erlauben und zwar gleichviel, auf welche Art und in welcher Form sie vorgenommen werden.[550] Die Argumente sind also durchaus mit denen in Deutschland ausgetauschten vergleichbar. Im Ergebnis ist aber auch in Frankreich, nicht zuletzt auch aufgrund der Schutzfähigkeit von ephemeren Werken aus Sand oder Eis sowie der Umsetzung der europäischen Richtlinien, eine notwendige Dauerhaftigkeit der Fixierung nicht anzunehmen.[551]

Dennoch erscheint es ebenfalls zweifelhaft, jede ephemere Vervielfältigung, die technisch bedingt durch die Übermittlung eines Werkes in einem elektronischen Netzwerk stattfindet, ausschließlich dem Urheber vorzubehalten. Fraglich ist auch bereits, ob es sinnvoll ist, einzelne technische Vorgänge eines einheitlichen Arbeitsvorganges zu zerstückeln.[552] A. Lucas meint hierzu, dass beim Kino oder Fernsehen schließlich auch niemand auf die Idee kommen würde, unter

---

[547] *TGI Paris, réf., 14/08/1996*, D. 1996 n° 34, Jur. 490 [http://www.celog.fr/expertises/refere.htm] = GRUR Int. 1997, 756f. - Affaire Art Music et Warner Chappel France c/ ENST et autres et Pouchenel et autres c/ ECP, REY et autres.

[548] *TGI Paris, réf., 14/08/1996,* D. 1996 n° 34, Jur. 490 [http://www.celog.fr/expertises/refere.htm] - Affaire Art Music et Warner Chappel France c/ ENST et autres et Pouchenel et autres c/ ECP, REY et autres: „toute reproduction par numérisation d'œuvres musicales protégées par le droit d'auteur susceptible d'être mise à la disposition de personnes connectées au réseau Internet doit être autorisée expressément par les titulaires ou cessionaires des droits".

[549] Siehe bei *A. Lucas*, Droit d'auteur et numérique, Rn. 245.

[550] Vgl. *Vivant, LeStanc u.a.*, Lamy droit de l'informatique, n° 546ff.

[551] Ebenso *A. Lucas*, Droit d'auteur et numérique, Rn. 243ff.

[552] Vgl. *A. Lucas*, Droit d'auteur et numérique, Rn. 247.

dem Vorwand, dass die Bilder auf der Leinwand oder dem Fernsehschirm fixiert sind, das Vervielfältigungsrecht zu berufen.[553] Auch käme etwa niemand der Gedanke, für den Verleger, welcher Zwecks Ermöglichung des Bücherdruck das Werk in eine computergesteuerte Druckanlage einspeichert, eine zusätzliche Verwertungserlaubnis zu verlangen oder die Nutzung eines Satelliten in zwei Verwertungsvorgänge aufzuteilen, so dass der Satellitenbetreiber eine Erlaubnis für das Hinaufschicken des Signals zum Satelliten braucht und eine andere um das Signal wieder herunterzuholen.[554]

Zwar hinken die Vergleiche zum Teil etwas, dennoch ist Lucas im Ergebnis zuzustimmen. Die ephemeren Zwischenspeicherungen ermöglichen wie gesehen, oft keine eigenständige Werknutzung, sondern dienen nur rein technisch notwendigen Arbeitsvorgängen. Eine extensive Auslegung des Vervielfältigungsrechts ist daher auch in Frankreich abzulehnen. Die rein technisch bedingten Speicherungen sind daher entweder normativ nicht als Vervielfältigungen anzusehen oder werden vom Darbietungsrecht konsumiert. Dies bedeutet also, dass auch in Frankreich eine Vervielfältigung nur dann anzunehmen ist, sofern die Speicherung einen autonomen Akt der Verwertung darstellt, mithin eine eigenständige Werknutzung ermöglicht.

(i.) Die Vervielfältigung im Arbeitsspeicher

Dies gilt insbesondere für die Speicherung eines Werkes im Arbeitsspeicher. Hier wird wie gesehen, grundsätzlich eine weitere von der digitalen Übertragung unabhängige Werknutzung ermöglicht. Auch in Frankreich geht die ganz h.M.[555] daher davon aus, dass auch bereits die nur vorübergehende, flüchtige Speicherung eines Werkes im Arbeitsspeicher eine dem Urheber vorbehaltene Vervielfältigung darstellt.

(ii.) Das Browsing (le butinage)

Dies müsste eigentlich auch für das Browsing gelten, welches ja bekanntermaßen sogar mit einer Speicherung des Werkes auf der Festplatte einhergeht. A. Lucas vertritt aber dennoch die Auffassung, dass das Browsing zwar urheberrechtlich relevant sein kann, aber grundsätzlich nicht unter das ausschließliche Vervielfältigungsrecht des Urhebers fällt, da dieses keine autonome Werknutzung ermöglicht.[556] Dem ist jedoch nur bedingt zuzustimmen. Richtig hieran ist,

---

553 *Lucas*, Droit d'auteur et numérique, Rn. 247.
554 *Lucas*, Droit d'auteur et numérique, Rn. 257.
555 *Vivant, LeStanc u.a.*, Lamy droit de l'informatique, n° 546 m.w.N.
556 *Lucas*, Droit d'auteur et numérique, Rn. 262.

dass in dem Moment der digitalen Übermittlung das Werk gleichzeitig in den Cache des Browsers kopiert werden kann und mithin tatsächlich Zweifel bestehen können, ob eine eigenständige Werknutzung stattfindet, da der Nutzer das Werk ja nur betrachten will. Allerdings ist die während des Browsens angefertigte Kopie im Cache weder technisch bedingt noch notwendig. Vielmehr kann sie vom Nutzer optionsweise benutzt werden (s.o. § 12 I. 2. lit. c). Werden nun Speicherungen eines Werkes im Cache während des browsen vorgenommen, dann ermöglicht dies eine Werknutzung, die über die bloße digitale Übermittlung weit hinaus gehen kann.[557] In den meisten Fällen wird aber auch in Frankreich die Schranke der *„Copie privée"* des Art. L. 122-5, 2° CPI sowie unter Umständen ein ausdrücklich beziehungsweise stillschweigend eingeräumtes Nutzungsrecht zu beachten sein.

(iii.) Das Routing

Bei dem Routing werden transportbedingte Speicherungen vorgenommen, die auch in Frankreich nach einhelliger Meinung nicht unter das ausschließliche Vervielfältigungsrecht des Urhebers fallen.[558]

2. Die Zurverfügungstellung von Werken an die Öffentlichkeit und deren digitale Übertragung in einem elektronischen Netzwerk

Die Einordnung der digitalen Übertragung in das System der Verwertungsrechte des Code de la Propriété Intellectuelle steht auch in Frankreich im Mittelpunkt der aktuellen Diskussion. Allerdings erschließt sich, im Gegensatz zu der in Deutschland geführten Diskussion, die Lösung des Problems aufgrund der Systematik des Code de la Propriété Intellectuelle und des generalklauselartigen *Droit de représentation* quasi von selbst.

a) Droit de reproduction

Die erste richterliche Entscheidung im Zusammenhang mit dem Internet war die *Ordonnance de référé* des TGI Paris vom 14.08.1996.[559] In diesem Fall hatten die Beklagten Texte und Ausschnitte aus den Liedern von Jacques Brel auf ihre Webseiten gestellt, ohne dass dies die Rechteinhaber genehmigt hatten. Das

---

[557] Siehe auch Supra § 12 I. 2. c).

[558] Vgl. nur *A. Lucas*, Droit d'auteur et numérique, Rn. 243ff. m.w.N.

[559] *TGI Paris, réf., 14/08/1996,* D. 1996 n° 34, Jur. 490, [http://www.celog.fr/expertises/refere.htm] - Affaire Art Music et Warner Chappel France c/ ENST et autres et Pouchenel et autres c/ ECP, REY et autres.

Gericht stellte eine Verletzung des Vervielfältigungsrechts fest, da die Beklagte im Wege des Uploads die Werke auf dem Server gespeichert hatte.[560] Zum Teil wurde hierin eine Einordnung der digitalen Übermittlung unter das *Droit de reproduction* des Art. L. 122-3 CPI gesehen. Dem ist aber nicht so, denn die Frage der Erfassung der Online-Werknutzung stellte sich für das zur Entscheidung berufene Gericht erst gar nicht. Die Rechtsverletzung (*contrefaçon*) wurde nämlich schlicht mit dem Upload (*télédéchargement*) begründet. Eine Auseinandersetzung mit der Frage, ob das Zurverfügungstellung von Werken an die Öffentlichkeit und deren digitale Übertragung in einem elektronischen Netzwerk als solches ebenfalls dem Vervielfältigungsrecht des Art. L. 122-3 CPI oder vielmehr dem Darbietungsrecht des Art. L. 122-2 CPI unterfällt wurde mithin nicht geführt.[561] Im Übrigen sei auch an dieser Stelle noch einmal erwähnt, dass mit der Erfassung der Online-Werknutzung mit dem Recht der Vervielfältigung der urheberrechtliche Kern der Nutzung eines Werkes in den Datennetzen nicht wirklich erfasst wäre, denn das Spezifische der Online-Werknutzung in der *„mise à disposition du public"* liegt.

b) Droit de distribution oder droit de location ou de prêt

Der Code de la Propriété Intellectuelle kennt bekanntermaßen kein eigenständiges Verbreitungsrecht. Auch ist das Vermiet- und Verleihrecht nicht geregelt, obwohl die Richtlinie 92/100/EWG des Rates vom 19. November 1992 zum Vermietrecht und Verleihrecht sowie zu bestimmten dem Urheberrecht verwandten Schutzrechten im Bereich des geistigen Eigentums[562] ein solches vorsieht. Schon allein daher wird eine Erfassung der Online-Werknutzung mit dem Verbreitungsrecht in Frankreich nur aufgrund der Erwägungen auf internationaler Ebene[563] diskutiert.[564] Letztendlich aber mit den gleichen Argumenten abgetan, die einer derartigen Einordnung auch in Deutschland widersprechen.[565]

560 Siehe Supra § 13 II. 1. a).

561 *TGI Paris, réf., 14/08/1996,* D. 1996 n° 34, Jur. 490, [http://www.celog.fr/expertises/refere.htm] - Affaire Art Music et Warner Chappel France c/ ENST et autres et Pouchenel et autres c/ ECP, REY et autres.

562 [http://www2.echo.lu/legal/de/ipr/verleih/verleih.html].

563 z.B. *Grünbuch der Kommission der Europäischen Gemeinschaften*, KOM (95) 382 endg., 19.07.1995 [http://www.ispo.cec.be/infosoc/legreg/sum95382.html].

564 Desurmont, RIDA n°170 (1996), 55, 67.

565 Vgl. nur *Desurmont*, RIDA n°170 (1996) 55, 85f.: „cette solution ne paraît ni approprié, ni utile"; *A. Lucas*, Droit d'auteur et numérique, Rn. 277ff. und 284ff. m.w.N.

c) Droit de représentation oder droit de communication au public

Das Darbietungsrecht des Art. L. 122-2 CPI erfasst jede Mitteilung des Werkes an die Öffentlichkeit durch irgendein Verfahren. Die „*mise à disposition au public*" eines Werkes stellt nichts anderes dar, als eine besondere Form der Mitteilung an die Öffentlichkeit. Mithin liegt die Einordnung der „Online-Werknutzung" als Darbietung i.S.d. Art. L. 122-2 CPI nahe.[566] In diese Richtung ging auch die Entscheidung des Tribunal de 1ère instance de Bruxelles am 16.10.1996 in *der „Affaire Agjpb c/ Central Station (Presse Belge)*".[567] Es wurde dort insbesondere hervorgehoben, dass es gerade das Wesen des Internets ist, das Werk an die Öffentlichkeit mitzuteilen („*Internet a précisément pour raison d'être la communication de données au public*").[568] Das Gericht befasste sich allerdings nicht ausdrücklich mit der entscheidenden Frage, ob Werke die in einem Datennetz zum Abruf zur Verfügung gestellt werden auch für die Öffentlichkeit bestimmt sind (*destiné au public*). Diese Frage erscheint zunächst bei einem weltweiten, freizugänglichen Netzwerk wie etwa dem Internet absurd. Dennoch ist es auch in Frankreich zum Teil strittig, ob die Öffentlichkeit an einem gemeinsame Ort und zur gleichen Zeit versammelt sein muss oder nicht.

Der Code de la Propriété Intellectuelle sieht im Gegensatz zum deutschen Urheberrechtsgesetz keine ausdrückliche Definition des Begriffes der „Öffentlichkeit" vor. Die höchstrichterliche Rechtsprechung klärte nach Inkrafttreten des Code de la Propriété Intellectuelle jedoch relativ schnell, dass eine Darbietung auch dann öffentlich ist, wenn die Empfänger nicht an einem gemeinsamen Ort versammelt sind.[569] Dieses Ergebnis ist die logische Konsequenz der Auffassung des Darbietungsrecht des Art. L. 122-2 CPI, welcher eben nicht nur die klassischen Formen der Darbietung erfasst, sondern auch die drahtgebunden oder drahtlose Fernübermittlung von Werken (*transmission à distance, avec ou sans fil*) miterfasst, bei welcher die Empfänger in der Regel nicht an einem Ort versammelt sind. In letzter Konsequenz ist es daher auch unerheblich, ob das Werk gleichzeitig an ein passives Publikum (couch-view) gesendet oder über-

---

566 Ebenso *Caron*, RIDA n°171 (1997), 370ff.; *Sédaillan*, Droit de l'Internet, S. 98; *Vivant, LeStanc u.a.*, Lamy droit de l'informatique, n° 569; *Rapport de la Commission présidée par P. Sirinelli*, Industries culturelles et nouvelles technologies, S. 14, siehe auch bei *von Lewinski* in: *Schricker*, Urheberrecht auf dem Weg zur Informationsgesellschaft, S. 125 und *Dreier*, GRUR Int. 1995, 840, 842.

567 *16.10.1996 Tribunal de 1ère instance de Bruxelles*, aff. Agjpb c/ Central Station (Presse Belge) [http://www.legalis.net/legalnet/judiciaire/ord_1096.htm].

568 *16.10.1996 Tribunal de 1ère instance de Bruxelles*, aff. Agjpb c/ Central Station (Presse Belge) [http://www.legalis.net/legalnet/judiciaire/ord_1096.htm].

569 *Cass. civ.*, D. 1994 Jur. 450, *note Gautier* – CNN/Novotel: l'ensemble des clients d'un hôtel, bien que chacun occupe à titre privé une chambre individuelle, constitue un public.

tragen wird oder ob der Einzelne in dem Moment seiner Wahl auf das Werk zugreifen kann (desk-view).[570] Im Gegensatz zu der in Deutschland vorherrschenden Auffassung,[571] wird in Frankreich die gleichzeitige Erreichbarkeit einer Mehrzahl von Personen nach der h.M. daher auch nicht verlangt.[572] Desbois lehrte bereits, dass auch das Theaterstück, welches in einem leeren Theaterhaus ohne Zuschauer dargeboten wird, genauso vom Art. L. 122-2 CPI erfasst wird, wie etwa das gleiche Stück vor einem ausverkauftem Haus.[573] Das entscheidende Merkmal ist demnach nur das Bestehen einer potenziellen Öffentlichkeit. Auf einen gleichzeitigen Empfang durch mehrere Personen kommt es hingegen nicht an.

Mithin ist die Zurverfügungstellung von Werken an die Öffentlichkeit und deren digitale Übertragung in einem elektronischen Netzwerk nach französischem Recht eine Darbietung (*représentation*) i.S.d. Art. L. 122-2 CPI, die gemäß Art. L. 122-4 CPI der Zustimmung des Urhebers bedarf.

§ 14 Zusammenfassung

Die Digitalisierung, die Einspeicherung des Werkes in ein Netzwerk (Uploading) und auch das gezielte Herunterladen (Downloading) ist mit einer körperlichen Festlegung des Werkes auf einem Träger (i.d.R. Festplatte) verbunden und ist gemäß §§ 15 Abs. 1 Nr. 1, 16 und 69c Nr. 1 UrhG beziehungsweise Art. L. 122-3 und 122-6, 1° CPI dem Urheber vorbehalten. Aber auch vorübergehende Vervielfältigungen werden grundsätzlich vom Vervielfältigungsrecht des Urheberrechtsgesetzes und des Code de la Propriété Intellectuelle erfasst. Eine notwendige Dauerhaftigkeit der Fixierung ist gerade nicht erforderlich. Allerdings sollte nur diejenigen vorübergehenden Vervielfältigungen dem Urheber vorbehalten sein, die auch tatsächlich eine gesteigerte Werknutzung nach sich ziehen. Dies ist bei flüchtigen Vervielfältigungen im Arbeitsspeicher und beim Caching durch Browsing oder Proxy der Fall. Die Vervielfältigung besteht in diesen Fällen nicht nur in einem rein technischen bedingten Arbeitsvorgang, sondern ermöglicht eine neue eigenständige Werknutzung. Beim Routing hingegen findet keine urheberrechtliche Nutzung statt. Die Bildschirmwiedergabe wiederum stellt schon gar keine erneute körperliche Festlegung dar, sondern allenfalls eine unkörperliche Werkwiedergabe.

---

570 In diese Richtung *A. Lucas*, Droit d'auteur et numérique, Rn. 272.

571 Siehe Supra § 12 II. 4. a) (ii.).

572 *Colombet*, Propriété littéraire et artistique et droits voisins, Rn. 201ff.; *A. Lucas*, Droit d'auteur et numérique, Rn. 272.

573 *Desbois*, Le droit d'auteur en France, n. 263.

Das Vervielfältigungsrechts des Urhebers, welches in den Datennetzen in gesteigertem Maße bedroht ist, bietet dem Urheber in Deutschland wie auch in Frankreich, in wesentlichen Bereichen einen wirksamen Schutz. Trotz allem verliert das bisherige Kernrecht des Urheberrechts im digitalen Umfeld der elektronischen Netzwerke an Bedeutung. Die hauptsächliche Nutzung eines Werkes in einem Datennetz, das heißt die Zurverfügungstellung von Werken an die Öffentlichkeit und deren digitale Übertragung, lässt sich mit dem Vervielfältigungsrecht allein nicht erfassen. Auch das Verbreitungsrecht ist weder in Deutschland noch in Frankreich – wo letzteres als solches gar nicht ausdrücklich existiert – de lege lata geeignet, die Online-Werknutzung zu erfassen. Auch von einer analogen Anwendung des Verbreitungsrechts ist aufgrund der im Urheberrechtsgesetz und Code de la Propriété Intellectuelle klar angelegten Unterscheidung zwischen der körperlichen Verwertung und der unkörperlichen Werkwiedergabe abzusehen. Die Zurverfügungstellung von Werken an die Öffentlichkeit und insbesondere deren digitale Übertragung findet losgelöst von einem körperlichen Träger statt und stellt eine beliebig oft wiederholbare Dienstleistung dar, die nicht mit dem Verbreitungsrecht und insbesondere dem Erschöpfungsgrundsatz vereinbar ist.

Eine Einordnung der Online-Werknutzung unter die im deutschen Urheberrechtsgesetz aufgelisteten Rechte der öffentlichen Wahrnehmbarmachung oder dem Senderecht sind ebenfalls auszuschließen. Auch eine analoge Anwendung des Senderechts entspricht weder dem praktischen Bedürfnis, noch sind überhaupt die Voraussetzungen für eine Analogie gegeben. In Deutschland bleibt mangels einer speziellen Vorschrift daher nur die Einordnung als unbenanntes Recht der unkörperlichen Wiedergabe. Die Zurverfügungstellung von Werken und insbesondere deren digitale Übertragung ist auch öffentlich, da weder die Verbundenheit an einem einzigen Ort noch die Gleichzeitigkeit notwendige Merkmale des § 15 Abs. 3 UrhG sind. Angesichts der in Deutschland hartnäckig vertretenen unterschiedlichen Meinungen zur Frage der Erfassung der Online-Werknutzung empfiehlt es sich aus Gründen der Rechtssicherheit, eine klarstellende Regelung in das Urheberrechtsgesetz aufzunehmen, in der die Online-Werknutzung als unkörperliche Wiedergabe eingeordnet wird. In Frankreich hingegen fällt die Einordnung nicht so schwer. Es ist hier unzweifelhaft das *Droit de représentation* berufen. Es ist festzustellen, dass die französische Gesetzgebungstechnik der generalklauselartigen Rahmensteckung eine flexiblere Erfassung neuer Probleme ermöglicht; diese Flexibilität allerdings zu Lasten der Rechtssicherheit geht.

Die Verwendung von externen Links ist in Deutschland wie auch in Frankreich in den meisten Fällen urheberrechtlich irrelevant. Allerdings können marken- und wettbewerbsrechtliche Probleme auftreten. Die Verwendung von Inline-Links und Frames sind hingegen mit einer der digitalen Übermittlung vorangehenden Vervielfältigung zu vergleichen. Aufgrund der Intensität der Werknutzung darf es hier zu keiner anderen rechtlichen Beurteilung kommen, als dies bei einer unerlaubte Verwendung widerrechtlich vervielfältigter Werke der Fall ist. Auch ein Verstoß gegen das Markengesetz und das UWG sind durch die Verwendung von Inline-Links und Frames noch möglich.

Die Verwertungsrechte der Urheber sind sowohl im Urheberrechtsgesetz als auch im Code de la Propriété Intellectuelle weitestgehend den Anforderungen der modernen Informationsgesellschaft gewachsen. Insbesondere in Frankreich scheinen die Verwertungsrechte den durch die elektronischen Netzwerke gestellten „Härtetest" sehr gut zu bestehen. In Deutschland hingegen ist ein Einschreiten des Gesetzgebers zur Klarstellung einiger strittiger Punkte empfehlenswert. Der Diskussionsentwurf eines Fünften Gesetzes zur Änderung des Urheberrechtsgesetzes vom 17.07.1998 des BMJ geht diesbezüglich, trotz einiger Unklarheiten in der Formulierung, in die richtige Richtung.

Fünftes Kapitel: Die Schranken des Urheberrechts

„Légiferer, c'est donc tisser sans fin la toile de Pénélope."

Jean Cruet, La vie du droit, p.251

Den Verwertungsrechten stellt das UrhG die Schranken des Urheberrechts gegenüber. Diese durchbrechen in unterschiedlicher Weise die Ausschließlichkeit der Verwertungsrechte. Der konkrete gesetzliche Schutzumfang des Urheberrechts ergibt sich daher auch erst aus dem Zusammenspiel von Inhalt und Schranken,[574] wobei die zeitliche Beschränkung (§§ 64 ff. UrhG) des Urheberrechts hierbei die wichtigste Schranke darstellt. Allerdings kommt den §§ 64 ff. UrhG im digitalen Umfeld der Netzwerke keine neue bedeutende Rolle zu. Etwas anderes gilt aber für die inhaltlichen Schranken, welche die geistige Auseinandersetzung fördern wollen und die Interessen der Allgemeinheit, aber auch die Belange einzelner Nutzer, des Staates und der Wirtschaft berücksichtigen. Probleme ergeben sich hierbei insbesondere daraus, dass sich auch die Schrankenbestimmungen an der für die Verwertungsrechte getroffenen Unterscheidung zwischen körperlicher Verwertung und unkörperlicher Wiedergabe orientieren und die dort vorhandene Unsicherheit (s.o. § 12) auch auf die Schranken durchschlägt. Des weiteren muss berücksichtigt werden, dass aufgrund der höheren Anfälligkeit der Werke ein gesteigerter Bedarf an einem erhöhten Schutz- und Kontrollbedürfnis besteht (s.o. *Kapitel 3 und 4*).[575] Eine Ausdehnung des Schutzes muss aber notwendigerweise auch mit einer Ausdehnung der Schrankenbestimmungen korrelieren. Schließlich ist auch noch fraglich, inwiefern sich die Entwicklung des Urheberrechts von einem Kultur- zu einem Industrierecht auf das sensible Gebilde der Schrankenregelungen auswirkt. Es ist hierbei zu bedenken, dass jede Neuvermessung der Grenze zugleich auch eine (Neu-)Zuteilung von Märkten und damit einen direkten Eingriff in das wirtschaftliche Geschehen darstellt.[576]

---

[574] Vgl. *Schack*, Urheber- und Urhebervertragsrecht, Rn. 463.

[575] Vgl. auch *Dreier*, in *Schricker*: Urheberrecht auf dem Weg zur Informationsgesellschaft, S. 141.

[576] Vgl. *Dreier*, in *Schricker*: Urheberrecht auf dem Weg zur Informationsgesellschaft, S. 141.

§ 15 Funktion der Schrankenbestimmungen und verfassungsrechtlicher Hintergrund

Die Bestimmungen der §§ 45 ff. UrhG sehen zum Teil sehr spezielle Schranken vor, welche im Gesetz einzeln aufgezählt sind. Die Enumeration der Schranken hat den Vorteil der Rechtsklarheit. Im Vergleich aber etwa zum US-amerikanischen „*fair use*“ des § 107 CA 1976[577], lassen die grundsätzlich eng auszulegenden Schranken des Urheberrechtsgesetz („*exceptio est strictissimae interpretationis*“) eine flexible Abwägung der Urheber- und Nutzerinteressen in der Regel nicht zu. Insbesondere kommt eine analoge Anwendung der Ausnahmeregelungen nur selten in Betracht,[578] da sich das Verständnis der privilegierenden Normen nicht zuletzt an den technischen Gegebenheiten der Information im Zeitpunkt der Einführung des Privilegierungstatbestandes zu orientieren hat.[579]

I. Funktion

Die Schranken dienen der Feinabstimmung der Konturen der dem Urheber vorbehaltenen Rechte.[580] Sie sollen einen Ausgleich zwischen den Belangen der Urheber und den schutzwürdigen Interessen der Verwerter, Endnutzer und der Allgemeinheit herbeiführen, wobei in der Begründung des Entwurfs zum Urheberrechtsgesetz und insbesondere in dem schriftlichen Bericht des Rechtsausschusses ausdrücklich festgelegt wurde, dass nur solche Begrenzungen der Befugnisse des Urhebers aufrechterhalten werden sollen, die ihn nicht unbillig belasten und im Interesse der Allgemeinheit unbedingt erforderlich erscheinen.[581] Es handelt sich hierbei um die Ausformulierung des Gedankens, dass auch die Schranken des Urheberrechts sich an dem verfassungsrechtlichen Grundsatz der Verhältnismäßigkeit zu orientieren haben.[582]

---

577 Copyright Act of 1976, Public Law 94-553, 90 Stat. 2541 (October 19, 1976), as amended.

578 Vgl. zur engen Auslegung der Schranken: *BGH 03.04.1968*, BGHZ 50, 147, 152f. – Kandinsky I; *BGH 18.04.1985*, GRUR 1985, 874, 876 – Schulfunksendung; *BGH 06.06.1991*, BGHZ 114, 368, 371 – Liedersammlung; *BGH 08.07.1993*, BGHZ 123, 149, 155f. = GRUR 1994, 45 - Verteileranlage; *BGH 30.06.1994*, BGHZ 126, 313, 317 – Museumskatalog und zuletzt *BGH 19.01.1997* JurPC Web-Dok. 6/1997, Abs. 52 – CB Infobank I [http://www.jura.uni-sb.de/jurpc/rechtspr/19970006.htm].

579 *BGH 18.05.1955*, BGHZ 17, 266, 282 – Tonband/Grundig-Reporter.

580 *Dreier*, in *Schricker*: Urheberrecht auf dem Weg zur Informationsgesellschaft, S. 139.

581 *BTag zu* Drucks. IV/ 3401, S. I f.

582 Vgl. nur BVerfGE 31, 229, 239 – Kirchen- und Schulgebrauch.

II. Verfassungsrechtlicher Hintergrund

Die Schrankensystematik im Urheberrechtsgesetz entspricht dem grundrechtlichen Auftrag, wonach Inhalt und Schranken des Eigentums durch Gesetze bestimmt werden.[583] Die verfassungsrechtliche Rechtfertigung der Schrankenbestimmungen ergibt sich weiter jedoch nur, sofern diese dem Grundsatz der Verhältnismäßigkeit entsprechen. Bei dem „geistigen Eigentum" des Urhebers handelt es sich, wie auch bei dem Sacheigentum, dessen Gebrauch zugleich dem Wohle der Allgemeinheit dienen soll (Art. 14 Abs. 2 GG), um ein sozialgebundenes Recht, das seine Grenze an den überwiegenden Bedürfnissen der Allgemeinheit finden muss.[584] Dies bedeutet also, dass die einzelnen Schrankenbestimmungen insbesondere zum Wohl der Allgemeinheit grundsätzlich objektiv erforderlich beziehungsweise unumgänglich sein müssen. Sie sollen den Interessen der Urheber und denjenigen der Allgemeinheit „in gleicher Weise Rechnung tragen" und diese „in einen gerechten Ausgleich und ein ausgewogenes Verhältnis bringen".[585] Hierzu ist auf Seiten des Urhebers neben dem verfassungsrechtlich verbürgten Schutz des Eigentums (Art. 14 GG) auch noch das Persönlichkeitsrecht (Art. 1, 2 Abs. 1 UrhG) sowie aufgrund der persönlichen Rechtsbeziehung zwischen der schöpferischen Leistung und dem Urheber selbst die Kunst- und Wissenschaftsfreiheit (Art. 5 Abs. 3 UrhG)[586] zu berücksichtigen. Dem steht auf Seiten der Allgemeinheit vor allem die Interessen der Informationsfreiheit und der Freiheit des geistigen Schaffens gegenüber.

Dem verfassungsrechtlichen Grundsatz der Verhältnismäßigkeit trägt der Gesetzgeber dadurch Rechnung, dass nicht alle Schrankenbestimmungen das Urheberrecht gleich stark einschränken. Grundsätzlich stehen mehrere Möglichkeiten der Beschränkung zur Verfügung:

1. die zwingende kollektive Verwertung, welche die Ausübung der urheberrechtlichen Befugnis durch die kollektive Rechtewahrnehmung seitens einer Verwertungsgesellschaft ersetzt,
2. die Zwangslizenz, welche den Berechtigten verpflichtet, eine Lizenz zu angemessenen, nicht diskriminierenden Bedingungen zu erteilen,
3. die gesetzliche Lizenz, die sich von der Zwangslizenz dadurch unterscheidet, dass diese ohne die Bewilligung des Berechtigten erteilt wird und letzterem lediglich ein Vergütungsanspruch verbleibt (diese Entgeltpflicht mäßigt die

[583] Vgl. *Badura*, in: *Lerche, Zacher, Badura* (Festschrift für Maunz), S. 1, 7.

[584] *Fromm/Nordemann* (*Nordemann*), vor § 45, Rn. 1 m.w.N.

[585] BVerfGE 52, 1, 29 und auch bereits schon BVerfGE 37, 132, 140.

[586] Siehe zum Schutz der persönlichen Rechtsbeziehung zwischen der schöpferischen Leistung und dem Urheber: *Kirchhof*, in: *Fürst, Herzog, Umbach* (Festschrift für Zeidler), S.1639, 1653f.

Intensität der Belastung, so dass sie in den Grenzen einer verhältnismäßigen und noch zumutbaren inhaltlichen Festlegung des geistigen Eigentums bleibt[587]) und

4. die gänzliche Erlaubnis- und Vergütungsfreiheit bestimmter Nutzungsarten.

Neben diesen sich aus dem Verfassungsrecht ergebenden Überlegungen, können aber auch noch allgemein gültige Grundsätze aus den Schrankenbestimmungen selbst entnommen werden. So ergibt sich beispielsweise aus § 69d Abs. 1 UrhG beziehungsweise Art. 5 der Richtlinie 91/250/EWG des Rates vom 14. Mai 1991 über den Rechtsschutz von Computerprogrammen und Art. 6 der Richtlinie 96/9/EG des Europäischen Parlaments und des Rates vom 11. März 1996 über den rechtlichen Schutz von Datenbanken, dass dem berechtigten Nutzer die normale oder bestimmungsgemäße Nutzung des Werkes erlaubt sein muss. Auch darf das Urheberrecht nicht soweit eingeschränkt werden, dass die normale Auswertung des Werkes und damit der Kern des Urheberrechts verletzt wird. Dieser Gedanke findet sich unter anderem in Art. 9 Abs. 2 RBÜ, Art. 13 TRIPs, Art. 10 WCT und dem 29. Erwägungsgrund des Vorschlages der Richtlinie zur Harmonisierung bestimmter Aspekte des Urheberrechts und der verwandten Schutzrechte in der Informationsgesellschaft wieder. Schließlich lässt sich aus Art. 10 Abs. 1 und Abs. 2 RBÜ ableiten, dass die anständigen Gepflogenheiten das Urheberrecht, genauso wie dessen Schranken begrenzen.[588] Aus diesen Grundsätzen lässt sich ebenfalls entnehmen, dass in diesem Spannungs- und Kollisionsfeld für einen angemessen Ausgleich zwischen den entgegenstehenden Interessen gesorgt werden muss und die Ausschließlichkeitsrechte daher so wenig wie möglich und so weit wie nötig einzuschränken sind.

§ 16 Die Schrankenbestimmungen im einzelnen und deren Anwendung im digitalen Umfeld der Netzwerke

Ausgehend von den im vierten Kapitel gefundenen Ergebnissen[589], den soeben erläuterten Grundsätzen und dem verfassungsrechtlichen Hintergrund der Schrankenbestimmungen sollen im folgenden die einzelnen Schranken auf ihre

---

[587] *Kirchhof*, in: *Fürst, Herzog, Umbach* (Festschrift für Zeidler), S.1639, 1655; siehe auch Parallele zu BverfGE 58, 137, 150 - Pflichtexemplar.

[588] Siehe hierzu: *Schack*, Urheber- und Urhebervertragsrecht, Rn. 481.

[589] Insbes. die Einordnung der Online-Nutzung als ein de lege ferenda gesondert zu benennende Form der öffentlichen Wiedergabe.

Bedürftigkeit einer evolutiven Anpassung[590] an die Erfordernisse des digitalen Umfelds der elektronischen Netzwerke untersucht werden. Die Schrankenbestimmungen des Urheberrechtsgesetzes lassen sich hierbei in Beschränkungen zugunsten einzelner Nutzer (I.), Beschränkungen zugunsten der Allgemeinheit und zur Förderung der geistigen Auseinandersetzung (II.), Beschränkungen zugunsten des Staates (III.) und Beschränkungen zugunsten der Wirtschaft (IV.) einteilen.

I. Beschränkungen zugunsten einzelner Nutzer

1. Vervielfältigungen zum privaten und sonstigen eigenen Gebrauch und die Vergütungspflicht (§§ 53-54h UrhG)

Der § 53 UrhG privilegiert Vervielfältigungen zum privaten und sonstigen Gebrauch. Diese Schranke des Urheberrechts geht auf die §§ 14 Abs. 2 LUG und 18 Abs. 1 KUG zurück[591] und war in der Urfassung des Urheberrechtsgesetzes von 1965 in zwei Paragraphen geregelt: der § 53 UrhG a.F. erlaubte hierbei die Vervielfältigung zum persönlichen Gebrauch und der § 54 UrhG a.F. die Vervielfältigung zum sonstigen eigenen Gebrauch, wobei eine Vergütungspflicht nur für Überspielungen auf Bild- und Tonträger bestand (§ 53 Abs. 5 UrhG a.F.).[592]

Diese Schranke wurde seinerzeit für mechanische Vervielfältigungen konzipiert und wirft allein schon deshalb im digitalen Bereich der Netzwerke beträchtliche Schwierigkeiten auf. Aber nicht nur der auf die seinerzeit bekannten technischen Vervielfältigungsmöglichkeiten zugeschnittene Wortlaut bereitet Probleme, sondern auch die durch die Datennetze geänderten Interessenlage, die etwa insbesondere bei den neuen Möglichkeiten der Archivierung deutlich werden, stellen die §§ 53 ff. UrhG auf den Prüfstand. Die bei der Privilegierung der Vervielfältigungen zum privaten und sonstigen Gebrauch zum Teil diametral entgegenstehenden Interessen sind hierbei auf Seiten der Nutzer, insbesondere die Freiheit der Vervielfältigung im privaten Bereich weitgehend gewahrt zu wissen, auf Seiten des Bibliothek- und Dokumentationswesens, die ihn obliegenden Aufgaben auch weiterhin mit digitalen Mitteln in angemessener Weise erfüllen zu können und auf Seiten der Urheber, der Gefährdung ihrer Rechte, die jede digitale Vervielfältigung mit sich bringt, durch ein möglichst weitreichen-

---

[590] Eine Generalklausel ist aus den bekannten Gründen (*Supra § 12 II. 4. b) (i)*) abzulehnen. Auch erscheint eine gänzlich neue Definition von Schranken für die digitale Werknutzung als nicht geboten.

[591] *Flechsig*, GRUR 1993, 532.

[592] Vgl. Fromm/Nordemann (Nordemann), § 53, Rn. 1.

des Ausschließlichkeitsrecht zu begegnen. Bei der folgenden Untersuchung müssen diese Interessen berücksichtigt, gewichtet und in einen gerechten Ausgleich gebracht werden. Hierbei wird insbesondere das Interesse der Allgemeinheit, im Rahmen der Entwicklung der modernen Informationsgesellschaft zu vorhandenen Informationen und Dokumenten einen unkomplizierten Zugang haben zu müssen, eine gewichtige Rolle spielen.[593] Aber es darf natürlich auch nicht übersehen werden, dass die Schrankenbestimmung des § 53 UrhG unter dem vom Gesetzgeber selbst ausgesprochenen Vorbehalt steht, dass die zur persönlichen Nutzung geschaffene Vergünstigung nicht jede neue Nutzungsmöglichkeit zulasse, sondern dass vielmehr zu bedenken sei, dass ein Festhalten an bisherigen Regelungen zur teilweise Aushöhlung des Urheberrechts führen könne.[594] Auch darf die zugelassene Vervielfältigung gemäß Art. 9 Abs. 2 RBÜ weder die normale Auswertung des Werkes noch die berechtigten Interessen des Urhebers unzumutbar beeinträchtigen und damit den Kern des Urheberrechts verletzen (s.o. § 15 II.).

a) Allgemeines

Es handelt sich auch bei dem Urheberrecht um ein sozialgebundenes Recht (s.o. § 15). Der Grund der Freistellung der Vervielfältigungen zum privaten und sonstigem eigenen Gebrauch liegt daher auch nicht etwa darin, dass das Urheberrecht vor der Privatsphäre der Nutzer halt macht, denn diese ist als solche schon gar nicht so weit schützenswürdig, als dass sie die Benutzung fremden Geistesgutes rechtfertigen würde.[595] Sondern vielmehr darin, denjenigen Personen eine Teilnahme am kulturellen Leben zu ermöglichen, die es sich nicht leisten können eigene Vervielfältigungsstücke käuflich zu erwerben.[596] Letztendlich spielte für diese Freistellung aber auch die Erwägung eine Rolle, dass ein Verbotsrecht mangels Kontrollmöglichkeit sich praktisch nicht durchsetzen ließe, ohne die Wohnung eines jeden Staatsbürgers zu durchsuchen, was Art. 13 GG grob zuwiderlaufen würde.[597]

---

[593] *BGH 16.01.1997* JurPC Web-Dok. 6/1997, Abs. 49 – CB Infobank I [http://www.jura.uni-sb.de/jurpc/rechtspr/19970006.htm].

[594] Amtl. Begründung, BT-Drucks. IV/270, S. 31f.; BT Drucks. 10/837, S. 9ff.

[595] Siehe *BGH 18.05.1955*, BGHZ 17, 277 - Tonband/Grundig-Reporter.

[596] *Schack*, Urheber- und Urhebervertragsrecht, Rn. 494.

[597] Vgl. *Flechsig*, GRUR 1993, 532 und auch *BGH 19.01.1997* JurPC Web-Dok. 6/1997, Abs. 49 – CB Infobank I [http://www.jura.uni-sb.de/jurpc/rechtspr/19970006.htm].

b) Vervielfältigungen zum privaten Gebrauch (§ 53 Abs. 1 UrhG)

Gemäß § 53 Abs. 1 S. 1 UrhG ist es zulässig, einzelne Vervielfältigungsstücke eines Werkes zum privaten Gebrauch herzustellen. Hierbei sind jedoch nach der höchstrichterliche Rechtsprechung jedenfalls nicht mehr als sieben Vervielfältigungsstücke gemeint.[598]

(i.) privater Gebrauch

Der private Gebrauch ist die Benutzung der Vervielfältigungsstücke innerhalb der privaten Sphäre. Der Werkgenuss muss also im Familien- oder engen Freundeskreis stattfinden und darf nur persönlichen Zwecken dienen,[599] wobei die private Vervielfältigung bereits begrifflich nur für natürliche Personen in Betracht kommen kann. Für juristische Personen steht nur die Privilegierung des sonstigen Gebrauchs (§ 53 Abs. 2 UrhG) zur Verfügung.[600] Das Herstellungsverfahren der Vervielfältigungsstücke ist bei § 53 Abs. 1 S. 1 UrhG hingegen gleichgültig.[601]

- *Das Down- und Uploading*

Dies bedeutet, dass gemäß § 53 Abs. 1 S. 1 UrhG auch der Download eines Werkes aus einem Datennetz (etwa ein Musikstück im mp3-Format) zulässig ist, sofern das Vervielfältigungsstück innerhalb der privaten Sphäre benutzt wird. Das Vervielfältigungsstück darf also nicht außerhalb der privaten Sphäre benutzt werden, was im Übrigen durch § 53 Abs. 6 S. 1 UrhG auch noch einmal ausdrücklich klargestellt wird.[602] Hiernach dürfen die Vervielfältigungsstücke weder verbreitet noch zu öffentlichen Wiedergaben benutzt werden. Dieses Verbotsrecht dient der Wahrung des Vervielfältigungsrechts. Es trägt der Tatsache Rechnung, dass das Vervielfältigungsrecht des Urhebers durch § 53 Abs. 1 und Abs. 2 UrhG nur für die Zwecke des persönlichen Gebrauchs eingeschränkt wird. Bietet also ein Nutzer ein privilegiertes Vervielfältigungsstück auf seiner Website an, etwa weil ihm das Musikstück so gut gefällt, so würde die Privilegierung des § 53 Abs. 1 S. 1 UrhG grundsätzlich entfallen.

Problematisch hierbei ist aber, dass in einem elektronischen Netzwerk der Vervielfältigende in der Regel nicht genau dasselbe Vervielfältigungsstück der

---

598 *BGH 14.04.1978*, GRUR 1978, 474, 476 – Vervielfältigungsstücke.

599 Vgl. *Rehbinder*, Urheberrecht, Rn. 256; *Schack*, Urheber- und Urhebervertragsrecht, Rn. 495; eingehend: *Flechsig*, GRUR 1993, 532, 533ff.

600 Vgl. nur *BGH 14.04.1978*, GRUR 1978, 474, 475 – Vervielfältigungsstücke.

601 *Rehbinder*, Urheberrecht, Rn. 256.

602 Siehe auch *Schack*, JZ 1998, 753, 758.

Öffentlichkeit zur Verfügung stellt. Vielmehr wird bei dem Upload eine Vervielfältigung des Vervielfältigungsstückes vorgenommen. Während also das ursprüngliche Vervielfältigungsstück die private Sphäre nicht verlässt und damit eigentlich weiterhin von der Privilegierung erfasst sein müsste, wird das durch den Upload entstandene Vervielfältigungsstück für die öffentliche Wiedergabe genutzt und ist mithin bereits schon von vornherein nicht privilegiert. Das zum Upload verwendete Vervielfältigungsstück wird aber ebenfalls von § 53 Abs. 6 UrhG erfasst, da den Vervielfältigungsstücken diese zweckgebundene Beschränkung auf den privaten Gebrauch immanent ist, was zugleich bedeutet, dass deren (spätere) Verwertung zu anderen Zwecken eine Urheberrechtsverletzung darstellt.[603] Aufgrund der nachträglichen Zweckänderung entfällt daher die Privilegierung auf das zum Upload verwendete Vervielfältigungsstück.[604]

- *Die Vervielfältigung im Arbeitsspeicher (RAM)*

Die Vervielfältigung im Arbeitsspeicher ist, falls sie zum privaten Gebrauch erfolgt und sofern es sich bei dem Werk nicht um ein Computerprogramm (§ 69d Abs. 1 UrhG) oder eine Datenbank (§ 55a UrhG) handelt, gemäß § 53 Abs. 1 S. 1 UrhG zulässig. Natürlich muss auch hier die Vervielfältigung mittels eines rechtmäßig hergestellten Werkstücks vorgenommen worden sein, und es darf ebenfalls keine nachträgliche Nutzung außerhalb der privaten Sphäre eintreten.

- *Das Caching, das Browsing und die Proxy-Server*

Dies gilt auch für die während des Browsing vorgenommenen Vervielfältigungen, die mithin etwa in den Fällen des „Surfens" oder „Navigierens" im WWW aus privaten Gründen zur individuellen Informationsbeschaffung oder aus eigenem Interesse privilegiert sind.[605]

Die Vervielfältigungen, die im Rahmen der Proxy-Tätigkeiten vorgenommen werden, dienen hingegen unmittelbar der eigenen Werknutzung der Betreiber der Proxy-Server. Diese benutzen die hergestellten Vervielfältigungsstücke nahezu ausschließlich zum Gebrauch außerhalb der privaten Sphäre und zu kommerziellen Zwecken. Die Vervielfältigungen von Proxy-Servern sind mithin nicht von § 53 Abs. 1 UrhG privilegiert. Diese urheberrechtliche Einordnung der Proxy-Server ist allerdings nicht ganz unproblematisch. Der deutsche Gesetzge-

[603] Zu § 53 III UrhG a.F., welcher dem § 53 VI 1 UrhG entspricht: *Ulmer*, Urheber- und Verlagsrecht, S. 301.

[604] In diese Richtung auch *Fromm/Nordemann* (*Nordemann*), § 53 Rn. 13.

[605] So auch *Klett*, Urheberrecht im Internet aus deutscher und amerikanischer Sicht, S. 120.

ber hat nämlich in Art. 1 § 5 Abs. 3 S. 2 IuKDG und § 5 Abs. 3 S. 2 Mediendienst-Staatsvertrag[606] die „automatische und kurzzeitige Vorhaltung fremder Inhalte“, die aufgrund einer Nutzerabfrage erfolgt, als Zugangsvermittlung qualifiziert, für welche der Anbieter nach Satz 1 der beiden Normen nicht haftet. Dies bedeutet also im Ergebnis, dass Speicherungen in Proxy-Servern zwar nicht privilegiert und damit ausschließlich dem Urheber vorbehalten sind, dass aber bei Verletzung des Vervielfältigungsrechts durch den Diensteanbieter, dieser nach Art. 1 § 5 Abs. 3 S. 1 IuKDG und § 5 Abs. 3 S. 1 Mediendienst-Staatsvertrag von der Haftung freigestellt ist, sofern es sich um eine kurzzeitige Speicherung handelt beziehungsweise nach Satz 2 nur dann haftet, falls er Kenntnis hat und es ihm technisch möglich und zumutbar ist, die Nutzung zu verhindern.[607]

Diese Vorschriften, die sich nicht direkt aus dem Urheberrecht ergeben, sind mit der urheberrechtlichen Einordnung der „Proxy-Speicherung“ nicht vereinbar und laufen dem Urheberrecht zuwider. Zum Teil wird daher gefordert, das Urheberrecht zu ändern und diese Regelungen in das Urheberrecht zu übertragen.[608] Es wird hierbei darauf verwiesen, dass sich eine vergleichbare Regelung bereits im Vervielfältigungsrecht der Sendeunternehmen gemäß § 55 Abs. 1 UrhG wiederfindet und „auch ein moderner Diensteanbieter seine Kunden nur dann durch akzeptable Zugriffszeiten zufrieden stellen kann, wenn er im Wege des „Caching“ ein eigenes Vervielfältigungsstück herstellt“.[609] Schließlich würde die Rechtsposition der Urheber hierdurch auch nicht verschlechtert, da nur Material vervielfältigt wird, welches ohnehin im Internet abrufbar ist.[610]

Dem ist aber nicht zuzustimmen, denn es handelt sich bei der Behauptung, dass die Übertragungsgeschwindigkeiten dramatisch einknicken würden um reine Spekulationen, die durch nichts belegt sind. Vielmehr gibt es genügend Diensteanbieter, die auch ohne Proxy-Server ihren Kunden akzeptable Zugriffszeiten gewähren. Darüber hinaus ist weder die Situation eines Sendeunternehmens mit der eines sogenannten modernen Diensteanbieter vergleichbar noch bleibt die Rechtsposition des Urhebers von Speicherungen durch Proxy-Server

---

606 GBl. BW 1997 S. 181.

607 Der Gesetzgeber bezweckte auch die Erfassung des Caching, wie sich aus dem Gesetzentwurf der Bundesregierung, BT Drucks. 13/7385 vom 09.04.1997, S. 20 ergibt: „Die Vorschrift stellt ... durch eine Fiktion klar, daß die automatische Übernahme von fremden Inhalten in den eigenen Verfügungsbereich des Zugangsvermittlers (sog. Cache) aufgrund einer Nutzeranfrage zum Vermitllungsvorgang gehört, wenn diese übernommenen Inhalte nach begrenzter Zeit wieder gelöscht werden.“

608 So *Klett*, Urheberrecht im Internet aus deutscher und amerikanischer Sicht, S. 126f.

609 So *Klett*, Urheberrecht im Internet aus deutscher und amerikanischer Sicht, S. 127.

610 *Klett*, Urheberrecht im Internet aus deutscher und amerikanischer Sicht, S. 127.

tatsächlich unbeeinträchtigt, denn außer dem Vervielfältigungsrecht kann die „Proxy-Speicherung" auch noch das Urheberpersönlichkeitsrecht beeinträchtigen (s.o. § 8 I. 3.).

Mithin stellt die von ihnen vorgenommene Zwischenspeicherung jedoch eine Vervielfältigung gemäß §§ 15 Abs. 1 Nr. 1, 16 UrhG dar, die nicht von § 53 Abs. 1 UrhG privilegiert ist. Auch eine Einfügung einer neuen Schrankenregelung, die ähnlich dem § 55 Abs. 1 UrhG die „Proxy-Speicherung" privilegieren würde, ist angesichts der möglichen Beeinträchtigung des Urheberpersönlichkeitsrechts durch die Verwendung von Proxies nicht ratsam und würde nur einseitig die Interessen der modernen Diensteanbieter berücksichtigen.

- *Das Inline-Linking und die Frames*

Bei der Verwendung von Inline-Links und Frames liegt der Vervielfältigungsvorgang nicht allein in der Hand des Endnutzers. Eine Berufung auf § 53 Abs. 1 UrhG durch die Verwender von Inline-Links und Frames mit dem Argument, dass eine Vervielfältigung nur im privaten Bereich des Endnutzers stattfindet und diese mithin von § 53 Abs. 1 UrhG privilegiert ist, geht daher fehl. Die Verwender von Inline-Links und Frames sind wie gesehen (s.o. § 12 III.) vielmehr selbst Werknutzer und werden daher nicht von § 53 Abs. 1 UrhG privilegiert.

- *Das Problem der Vervielfältigung von Daten ohne jeglichen Qualitätsverlust*

Während bei analogen Werken die Anfertigung einer Kopie eines privilegierten Vervielfältigungsstückes (Seniorkopie oder Kopie zweiter Generation) sich schon aufgrund des dramatischen Qualitätsverlustes praktisch ausschließen ließ, ermöglicht die Digitaltechnik - wie schon mehrfach erwähnt - die Vervielfältigung enormer Datenmengen ohne jeglichen Qualitätsverlust. Hierdurch ist es viel leichter geworden, eine Vielzahl identischer Kopien anzufertigen. Dies bedeutet, dass die Gefahr der Anfertigung von Seniorkopien wächst und die Urheber damit nicht mehr angemessen an dem wirtschaftlichen Nutzen ihrer Werke beteiligt werden.

Es handelt sich hierbei um ein Problem der tatsächlichen Kontrollierbarkeit, dem man vielfach mit technischen Identifizierungs- und Schutzsystemen, wie etwa ECMS (Electronic Copyright Management Systems) begegnen möchte.[611] Durch die Weiterentwicklung der Umgehungsschutztechnik sollen dann Vervielfältigungen der ersten Generation zum privaten Gebrauch zugelassen und die

---

[611] Siehe nur *Wand*, GRUR Int. 1996, 897, 904; *ders.* in: *Lehmann*, Cyberlaw, S. 54 m.w.N.

Anfertigung von Seniorenkopien unterdrückt werden. Diese technischen Identifizierungs- und Schutzsystemen sollen hierbei von einem rechtlichen Schutz flankiert werden.[612] In diese Richtung gehen auch die Art. 6 und 7 des Richtlinienvorschlag der EG-Kommission zur Harmonisierung bestimmter Aspekte des Urheberrechts und der verwandten Schutzrechte in der Informationsgesellschaft: Art. 6 Abs. 1 des Richtlinienvorschlags sieht hierbei Verpflichtungen betreffend technischer Sicherungsmaßnahmen vor, wonach die Mitgliedstaaten einen angemessenen Rechtsschutz gegen jedwede Verbreitung von Geräten oder das Anbieten von Leistungen zu gewähren haben, die auf gewerbliche oder andere Umgehungszwecke der Ziele und Rechtsregeln sowie der *„technological measures“* zum Schutz der richtlinienimmanenten Rechtsschutzregeln oder des sui-generis-Rechts der Datenbankrichtlinie ausgerichtet sind.[613] Der Art. 7 des Richtlinienvorschlags, welcher Verpflichtungen betreffend *„rights managemant-systeme“* vorsieht, folgt den Vorgaben des Art. 11, 12 WCT und 18, 19 WPPT.[614] Nach dem Richtlinienvorschlag sind aber nicht nur die unmittelbare Umgehungshandlung selbst, sondern auch die durchgeführten vorbereitenden Handlungen miterfasst und rechtlich sanktioniert.[615]

Die technischen Identifizierungs- und Schutzsysteme und deren rechtlicher Umgehungsschutz erscheinen in der Lage, dem durch die Datennetze verstärkten Problem, der Vervielfältigung von Daten ohne jeglichen Qualitätsverlust, gerecht zu werden. Allerdings hat die technische Lösung den unbestreitbaren Nachteil, dass jedes technische Modell seine Lücken hat und sich jeweils nur auf dem aktuellen Stand der Technik befinden kann. Eine hundertprozentige Sicherheit ist, wie die Erfahrungen der Softwareindustrie zeigen, mit technische Schutzsysteme nicht zu erreichen.[616] Darüber hinaus kann mit diesen Systemen und deren rechtlichen Schutz eine übermäßige Behinderung der Nutzung zum privaten Gebrauch einhergehen und derart ein neues Quasi-Ausschließlichkeitsrecht geschaffen werden.[617] Es ist daher fraglich, ob dem vorliegenden Problem nicht eher durch eine Ausweitung der in §§ 54 ff. UrhG geregelten Vergütungspflichten begegnet werden und/oder eine Ergänzung beziehungsweise Alternative zu dieser technische Lösung darstellen könnte.[618]

---

[612] Siehe nur *Wand*, GRUR Int. 1996, 897, 904; *ders.* in: *Lehmann*, Cyberlaw, S. 54 m.w.N.
[613] *Flechsig*, CR 1998, 225, 230; *ders.*, ZUM 1998, 139, 150.
[614] Siehe hierzu *Kreile*, ZUM 1996, 564ff.; *Dreier*, ZUM 1996, 69ff.; *von Lewinski*, GRUR Int. 1997, 667ff.; *von Lewinski*, CR 1997, 438ff.
[615] Vgl. auch *von Lewinski*, MMR 1998, 115, 118.
[616] Ebenso *Wand*, GRUR Int. 1996, 897, 904 und für elektronische Signaturen: *Pordesch/Nissen*, CR 1995, 562ff.
[617] Vgl. *Wand*, GRUR Int. 1996, 897, 905.
[618] *Wand*, GRUR Int. 1996, 897, 904; *ders.* in: *Lehmann*, Cyberlaw, S. 54.

Die Vergütungspflichten für einige Vervielfältigungsarten beruhen auf dem Gedanken, dass die Hersteller und Vertreiber von Kopiergeräte und Speichermedien die Veranlasser des anonymen Eingriffs in das Nutzungsrecht sind und daher diese Personengruppen zur Zahlung eines Nutzungsentgeltes oder einer Nutzungsabgabe herangezogen werden können, die sie dann wiederum im Preis auf den tatsächlichen Nutzer überwälzen.[619] Die §§ 54 ff. UrhG bezwecken mit Rücksicht auf die Eigentumsgarantie des Art. 14 GG eine angemessene wirtschaftliche Beteiligung der Urheber an den Nutzungen ihrer Werke. Hierbei erfassen die §§ 54 und 54a UrhG ohne weiteres alle Neuentwicklungen, die durch Vervielfältigungen ermöglicht und erkennbar hierfür bestimmt sind.[620] Bereits heute fällt anerkanntermaßen etwa folgendes digitales Trägermaterial unter die §§ 54 Abs. 1 und 54a Abs. 1 UrhG: die beschreibbare CD, die Mini-Disc, DCC, DAT oder Bildplatten.[621] Aber auch Speicher im PC (Festplatte, RAM...), Zip- oder Jazz-Disketten und dergleichen dürften auch bereits nach der aktuellen Gesetzeslage von der Vergütungspflicht mit erfasst sein. Letztendlich werden aber auch Modems, die zu einer Herstellung eines Vervielfältigungsstückes als solche eigentlich nicht geeignet sind, von § 54 Abs. 1 UrhG mit erfasst werden müssen, da sie die unmittelbare Speicherung im RAM des Computers ermöglichen und mithin, ähnlich der Drucker, als Geräte zur Herstellung von Vervielfältigungen in einem Verfahren vergleichbarer Wirkung anzusehen sind.[622] Eine Ausweitung der §§ 54/54a UrhG dahingehend, dass auch eine Abgabe für leere bespielbare Speichermedien sowie auch für Geräte vorzusehen ist, bei denen die Herstellung digitaler Kopien im Rahmen des § 53 UrhG zu erwarten ist,[623] wäre daher nicht nötig. Allerdings muss bei der Bemessung der Höhe der angemessenen Vergütung berücksichtigt werden, dass die Kopie schnell, einfach, kostengünstig und mittlerweile selbst bei hohen Datenkompressionsraten ohne jeden Qualitätsverlust hergestellt werden kann. Aufgrund der dadurch ermöglichten intensiveren Nutzung des Werkes muss die Vergütungspflicht neu bemessen werden. Aber auch dies bedarf nicht unbedingt einer Intervention des Gesetzgebers, sondern kann zwischen den Beteiligten selbst gemäß §§ 12, 13 UrhWG[624] ausgehandelt werden.[625]

---

619 *Kirchhof*, in: *Fürst, Herzog, Umbach* (Festschrift für Zeidler), S.1639, 1656; vgl auch BR-Drucks. 218/94 S. 17f.

620 Ebenso *Fromm/Nordemann* (*Nordemann*), § 54/54a, Rn. 2 m.w.N.

621 Vgl. *Fromm/Nordemann* (*Nordemann*), § 54/54a, Rn. 2.

622 Vgl. für die Drucker: *Fromm/Nordemann* (*Nordemann*), §54/54a, Rn. 2.

623 So gefordert von *Dreier*, in *Schricker*: Urheberrecht auf dem Weg zur Informationsgesellschaft, S. 167.

624 Gesetz über die Wahrnehmung von Urheberrechten und verwandten Schutzrechten (Urheberrechtswahrnehmungsgesetz), BGBl. I, S. 1294.

625 Ebenso *Dreier*, in *Schricker*: Urheberrecht auf dem Weg zur Informationsgesellschaft, S. 167.

Die Regeln über die Vergütungspflicht sind mithin durchaus geeignet, dem Problem der Vervielfältigung von Daten ohne jeglichen Qualitätsverlust gerecht zu werden und erscheinen nicht zuletzt auch aufgrund der Systematik des Urheberrechtsgesetzes als die gerechtere und beständigere Lösung des Problems der Vervielfältigung von Daten ohne jeglichen Qualitätsverlust.

(ii.) Vervielfältigung durch einen anderen (§§ 53 Abs. 1 S. 2, 1. Hs., Abs. 2 und Abs. 3 UrhG)

Gemäß § 53 Abs. 1 S. 2, 1. Hs. UrhG darf der zur Vervielfältigung Befugte die Vervielfältigungsstücke auch durch einen anderen herstellen lassen. Der Gesetzgeber wollte derart verhindern, dass diejenigen Personen, welche sich die Anschaffung eines Vervielfältigungsgerätes nicht leisten können benachteiligt werden.[626] Zum Teil wird diese Möglichkeit der Vervielfältigung durch einen anderen als ein im „hohen Maß missbrauchanfälliges und unnötig großzügiges" Zugeständnis empfunden.[627] Es wird angeführt, dass heutzutage gar kein Bedürfnis mehr für eine derartige Privilegierung besteht, da digitale Vervielfältigungsgeräte viel weit verbreiteter als analoge Kopiergeräte seien.[628] Insbesondere wird aber durch die digitale Vervielfältigung eine erhöhte Gefährdung für die Rechteinhaber befürchtet. Diese Befürchtung bezieht sich insbesondere auf die Informationsdienste, die Recherchen in einer Datenbank mit einem anschließendem Kopienversand ermöglichen. Es wurde daher gefordert, die Privilegierung des § 53 UrhG auf Handlungen zu beschränken, die der Privilegierte selbst vornimmt und die Zulässigkeit der Herstellung durch Dritte für digitale Vervielfältigungen zu streichen.[629]

Der BGH hat jedoch in den Entscheidungen CB-Infobank I und II dem Missbrauch der §§ 53 Abs. 1 S. 2, 1. Hs., Abs. 2 und Abs. 3 UrhG einen Riegel vorgeschoben. Hiernach bleibt eine Kopiertätigkeit, die von einem anderen als dem privilegierten Nutzer im Sinne des § 53 Abs. 1 und Abs. 2 UrhG vorgenommen wird, urheberrechtlich als Vervielfältigungshandlung nur dann freigestellt, soweit sie sich auf den technisch maschinellen Vorgang der Vervielfältigung beschränkt.[630] Der mit der Herstellung des Vervielfältigungsstückes beauf-

---

626 Amtl. Begründung, BT-Drucks. IV/270, S. 74.

627 *Schack*, Urheber- und Urhebervertragsrecht, Rn. 495; in diese Richtung auch *Dreier*, in *Schricker*: Urheberrecht auf dem Weg zur Informationsgesellschaft, S. 166f.

628 *Dreier*, in *Schricker*: Urheberrecht auf dem Weg zur Informationsgesellschaft, S. 166f.

629 *Dreier*, in *Schricker*: Urheberrecht auf dem Weg zur Informationsgesellschaft, S. 166f.

630 *BGH 16.01.1997* JurPC Web-Dok. 6/1997, Abs. 46 – CB Infobank I [http://www.jura.uni-sb.de/jurpc/rechtspr/19970006.htm] und *BGH 16.01.1997* JurPC Web-Dok. 7/1997, Abs. 24 – CB Infobank II [http://www.jura.uni-sb.de/jurpc/rechtspr/19970007.htm].

tragte Dritte muss nach den Worten des BGH „an die Stelle des Vervielfältigungsgerätes des privilegierten Nutzers" treten und seine Tätigkeit „im Rahmen einer konkreten Anweisung zur Herstellung eines bestimmten Vervielfältigungsstückes" auf die „technisch mechanische Vervielfältigung" beschränken.[631] Mithin muss der Dritte, um an der Privilegierung des vom Gesetz begünstigten Nutzer teilhaben zu können, „notwendiges Werkzeug" zur Vervielfältigung sein und praktisch ausschließlich als Kopiermaschinenersatz fungieren. Jede Beteiligung des Dritten, die über diese Tätigkeit hinaus geht, wie etwa die Erstellung einer Kopie nach Rechercheauftrag, ist hiernach nicht mehr von § 53 UrhG gedeckt.[632]

Eine Streichung der Vornahme der Vervielfältigung durch Dritte in § 53 UrhG ist angesichts dieser strengen Auslegung des Tatbestandmerkmals „Herstellenlassens" unnötig. Auch würde dies nicht dem Sinn der Regelung entsprechen. Denn derart würde es gerade gefördert, dass Personen, welche sich die Anschaffung eines Vervielfältigungsgerätes nicht leisten können, an der Teilnahme am kulturellen Leben benachteiligt werden. Die digitalen Vervielfältigungsgeräte (Scanner ...) sind zwar in der Tat billiger und auch weiter verbreitet als die herkömmlichen analogen Geräte (Kopierer ...). Aber auch im Informationszeitalter verfügen nicht alle Menschen über die nötigen Mittel um ein Vervielfältigungsstück, welches sie innerhalb ihrer privaten Sphäre zu einem privaten Zweck nutzen wollen, selber herzustellen.[633] Eine Streichung würde daher nur einseitig die Interessen der Rechteinhaber berücksichtigen und der Sozialbindung des Urheberrechts nicht mehr gerecht werden.

c) Vervielfältigungen zum sonstigen eigenen Gebrauch (§ 53 Abs. 2 UrhG)

Die Vervielfältigungen zum sonstigen Gebrauch sind nur in den engen Voraussetzungen des § 53 Abs. 2 Nr. 1 – 4 UrhG (§ 53 Abs. 3 UrhG) gestattet. Hiernach können Vervielfältigungsstücke zum eigenen wissenschaftlichen Gebrauch (§ 53 Abs. 2 Nr. 1), zur Aufnahme in ein eigenes Archiv (§ 53 Abs. 2 Nr. 2), zur eigenen Unterrichtung über Tagesfragen (§ 53 Abs. 2 Nr. 3) und zum

---

631 *BGH 16.01.1997* JurPC Web-Dok. 6/1997, Abs. 47 – CB Infobank I [http://www.jura.uni-sb.de/jurpc/rechtspr/19970006.htm].

632 Vgl. *BGH 16.01.1997* JurPC Web-Dok. 6/1997, Abs. 46 – CB Infobank I [http://www.jura.uni-sb.de/jurpc/rechtspr/19970006.htm] und *BGH 16.01.1997* JurPC Web-Dok. 7/1997, Abs. 24 – CB Infobank II [http://www.jura.uni-sb.de/jurpc/rechtspr/19970007.htm]. - Vom Recherchedienst ist aber der Kopienversand durch eine der Öffentlichkeit zugängliche Einrichtung zu unterscheiden. Hier liegt anders als bei einem Recherchedienst die Auswahl des zu kopierenden Beitrags und die Erteilung des Kopierauftrags in jedem Fall allein in der Hand des Bestellers. Vgl. *BGH 25.02.1999* – I ZR 118/96 - Kopienversanddienst, S. 14.

633 Ebenso *Hoeren*, GRUR 1997, 866, 872.

sonstigen eigenen Gebrauch (§ 53 Abs. 2 Nr. 4) hergestellt werden. Die Vervielfältigungen müssen hierbei auch im § 53 Abs. 2 UrhG zur eigenen Verwendung angefertigt werden und dürfen deshalb auch nicht zur Weitergabe an Dritte bestimmt sein.[634]

(i.) Begünstigung wissenschaftlicher Zwecke (§ 53 Abs. 2 Nr. 1 UrhG)

Ein wissenschaftlicher Gebrauch liegt nur dann vor, wenn die Vervielfältigung im Rahmen einer wissenschaftlichen Betätigung hergestellt wird,[635] wobei die Wissenschaft ein methodisch-systematische Streben nach Erkenntnis ist und die Natur- und Geisteswissenschaften umfasst.[636] Ein eigener wissenschaftlicher Gebrauch findet hierbei im Regelfall nur an demselben Lehrstuhl, allenfalls im selben Institut oder in der selben Forschungseinrichtung statt.[637]

Das Downloading, Browsing und Vervielfältigen im RAM eines Werkes zu wissenschaftlichen Zwecken an einem Lehrstuhl, ist demnach also privilegiert, sofern die Vervielfältigung geboten ist. Die Vervielfältigung ist hierbei geboten, wenn das Werk nur mit Schwierigkeiten erhältlich ist.[638] Auch der Upload eines Werkes auf ein geschlossenes institutinternes Informationssystem (z.B. Intranet) oder seine Speicherung in einem institutsinternen Proxy-Server zum wissenschaftlichen Gebrauch ist von § 53 Abs. 2 Nr. 1 UrhG erfasst. Weitere Schwierigkeiten hinsichtlich der digitalen Vervielfältigung zum eigenen wissenschaftlichen Gebrauch sind bei § 53 Abs. 2 Nr. 1 UrhG nicht ersichtlich.[639]

(ii.) Begünstigung archivarischer Zwecke (§ 53 Abs. 2 Nr. 2 UrhG) – insbesondere das Problem der elektronischen Pressearchive

Der § 53 Abs. 2 Nr. 2 UrhG privilegiert die Vervielfältigungen zur Aufnahme in ein eigenes Archiv unter der Voraussetzung, dass als Vorlage für die Vervielfältigung ein eigenes Werkstück benutzt wird. Archive in diesem Sinne sind nach sachlichen Gesichtspunkten geordnete Sammel- und Aufbewahrungsstellen für Geistesgut bestimmter Art, also Bibliotheken, Zeitungsarchive, Filmmagazine usw.[640] Der Abs. 2 Nr. 2 sollte nach der amtlichen Begründung Fälle wie die

---

[634] Vgl. *BGH 16.01.1997* JurPC Web-Dok. 6/1997 – CB Infobank I [http://www.jura.uni-sb.de/jurpc/rechtspr/19970006.htm].

[635] Fromm/Nordemann (Nordemann), § 53, Rn. 6.

[636] *Rehbinder*, Urheberrecht, Rn. 258.

[637] Fromm/Nordemann (Nordemann), § 53, Rn. 2.

[638] *Loewenheim* in: *Loewenheim/Koch*, Praxis des Online-Rechts, S. 312.

[639] Ebenso *Dreier*, in *Schricker*: Urheberrecht auf dem Weg zur Informationsgesellschaft, S. 166.

[640] Fromm/Nordemann (Nordemann), § 53, Rn. 7.

Mikroverfilmung durch Bibliotheken zur Platzersparnis und zum Schutz vor Katastrophen erfassen, in denen keine zusätzliche Verwertung des Werkes vorliegt.[641] Die Vervielfältigung muss nämlich nach § 53 Abs. 2 Nr. 2 UrhG zum Zweck der Archivierung geboten sein, das heißt, dass die Vervielfältigung nur in dem für die Archivierung erforderlichen Umfang erfolgen darf.[642] Es wäre daher zum Beispiel unzulässig, Vervielfältigungen zwecks Erweiterung der Bibliotheksbestände vorzunehmen.[643]

Probleme bei der Anwendung des § 53 Abs. 2 Nr. 2 UrhG im digitalen Umfeld der Netzwerke ergeben sich insbesondere bei der Anfertigung elektronischer Pressearchive durch Informationsdienste, die urheberrechtlich geschützte Werke digital speichern – mithin vervielfältigen –, um sie auf Anforderung rasch und effizient ausdrucken und versenden zu können. Zum Teil wurde diese Tätigkeit von der Rechtsprechung als von § 53 Abs. 2 Nr. 2 UrhG privilegiert angesehen.[644] Es wurde hierbei darauf abgestellt, dass es bei den elektronischen Pressearchiven schon gar nicht um die körperliche Vervielfältigung eines Artikels als solches ginge, sondern vielmehr ausschließlich die freie inhaltliche Auswertung der Publikation im Vordergrund stünde.[645] Hiergegen wurde jedoch angebracht, dass von einer freien inhaltlichen Auswertung keine Rede sein kann und die Anlage eines elektronischen Archivs darüber hinaus eine zeitgleiche Nutzung aus räumlicher Distanz und von einer praktisch unbegrenzten Vielzahl von Personen ermöglicht und mithin einen wesentlich tiefern Eingriff in das Urheberrecht nach sich zöge, als es die Erstellung und Nutzung eines herkömmlichen Papier- oder Mikrofilmarchivs täte. Die Privilegierung elektronischer Pressearchive durch den § 53 Abs. 2 Nr. 2 UrhG würde daher einer Auslegung über den Wortlaut hinaus entsprechen.[646]

---

641 Amtl. Begründung, BT-Drucks. IV/270, S. 73.

642 *Loewenheim* in: *Loewenheim/Koch*, Praxis des Online-Rechts, S. 312.

643 Vgl. Amtl. Begründung, BT-Drucks. IV/270, S. 73.

644 *LG Düsseldorf 22.02.1995*, Entscheidungssammlung Online-Recht [http://www.online-recht.de/vorent.html?LGDuesseldorf950222+ref=Urheberrecht] - elektronische Pressearchive, *OLG Köln*, GRUR 1995, 265 – Infobank, *LG Köln*, WM 1993, 807 - Infobank.

645 *LG Düsseldorf 22.02.1995*, Entscheidungssammlung Online-Recht [http://www.online-recht.de/vorent.html?LGDuesseldorf950222+ref=Urheberrecht] - elektronische Pressearchive.

646 Vgl. insbesondere *OLG Düsseldorf 14.05.1996*, Entscheidungssammlung Online-Recht [http://www.online-recht.de/vorent.html?OLGDuesseldorf960514+ref= Urheberrecht] = CR 1996, 728 – elektronische Pressearchive, siehe auch *OLG Frankfurt*, GRUR 1996, 351 – CB-Infobank, *LG Frankfurt 18.11.1993*, Entscheidungssammlung Online-Recht [http://wwwonline-recht.de/vorent.html?LGFrankfurt931118+ref=Urheberrecht] – CB-Infobank, ähnlich auch *LG Hamburg 02.05.1996*, CR 1996, 734 [http://www.online-recht.de/vorent.html?LGHamburg960502+ref=Urheberrecht].

Dem ist zuzustimmen. Die elektronischen Archive ermöglichen tatsächlich, anders als ein herkömmliches auf Papier oder Mikrofilm gesammeltes und nur „am Ort" benutzbares Archiv eine schnelle, kostengünstige und vom Urheberberechtigten kaum kontrollierbare erneute Vervielfältigung und Verbreitung auf Datenträgern. Derart und/oder aufgrund der Archivierung auf dem Server eines unternehmenseigenen Netzwerkes, kann dann das elektronisches Archiv (oder einzelne Vervielfältigungsstücke aus dem Archiv) ohne besondere Schwierigkeiten zahlreichen Mitarbeitern zur Benutzung am Arbeitsplatz – gegebenenfalls auch zeitgleich – zur Verfügung gestellt werden. Hierdurch wird der Zugang erleichtert und im allgemeinen auch der Nutzungsumfang erheblich verstärkt.[647] Die elektronischen Pressearchiven eröffnen mithin Nutzungsmöglichkeiten, die über die eigentliche Privilegierung des § 53 Abs. 2 Nr. 2 UrhG hinausgehen.[648] Der Urheber partizipiert nicht an allen Vervielfältigungsvorgängen oder anders gesagt, ihm entgehen vergütungspflichtige Verwertungsvorgänge, was mit der verfassungsrechtlichen Eigentumsgarantie des Art. 14 GG nicht vereinbar ist.

Dies bedeutet, dass die elektronischen (Presse)Archive zwar die herkömmlichen Papier- und Mikrofilmarchive ersetzen können, die Privilegierung des § 53 Abs. 2 Nr. 2 UrhG aber für diese Archive aufgrund der weit über den Archivzweck hinausgehende Nutzungsmöglichkeiten nicht greift.[649] Selbst wenn diese Archive den gebotenen Zweck der Archivierung berücksichtigen und die Vervielfältigung sich ausschließlich auf die Sammlung und Erschließung des Materials zur Bestandssicherung und der betriebsinternen Nutzung beschränkt[650] – wobei die Grenzen des privilegierten internen Gebrauchs des Vervielfältigungsstücks überschritten sind, wenn dieses (auch) zur Verwendung durch außenstehende Dritte bestimmt ist[651] – gestattet der § 53 Abs. 2 Nr. 2 UrhG diese Vervielfältigungsvorgänge nicht. Hiervon sind insbesondere die sogenannten Inhouse-Kommunikationssystemen oder elektronischen Pressearchive in Firmen-

---

647 Vgl. *BGH 10.12.1999* JurPC Web-Dok. 26/1999, Abs. 32 – elektronische Pressearchive [http://www.jura.uni-sb.de/jurpc/rechtspr/19990026.htm].

648 Vgl. *Katzenberger*, Elektronische Printmedien und Urheberrecht, S. 52 und 55.

649 *OLG Düsseldorf 14.05.1996*, Entscheidungssammlung Online-Recht [http://www.online-recht.de/vorent.html?OLGDuesseldorf960514+ref= Urheberrecht] = CR 1996, 728 – elektronische Pressearchive

650 *BGH 16.01.1997* JurPC Web-Dok. 6/1997, Abs. 39 – CB Infobank I [http://www.jura.uni-sb.de/jurpc/rechtspr/19970006.htm].

651 *BGH 10.12.1999* JurPC Web-Dok. 26/1999, Abs. 30f. – elektronische Pressearchive [http://www.jura.uni-sb.de/jurpc/rechtspr/19990026.htm] und *BGH 16.01.1997* JurPC Web-Dok. 6/1997, Abs. 39 – CB Infobank I [http://www.jura.uni-sb.de/jurpc/rechtspr/19970006.htm].

Intranets betroffen, die einer Mehrzahl von Mitarbeitern zeitgleich zur Verfügung stehen.[652]

(iii.) Begünstigung von sonstigen eigenen, zum Beispiel. berufliche oder gewerbliche Zwecke (§ 53 Abs. 2 Nr. 4 UrhG) – insbesondere das Problem der sogenannten „Online-Bibliotheken"

Bei § 53 Abs. 2 Nr. 4 UrhG handelt es sich im Gegensatz zu den in den Nrn. 1-3 genau bestimmten Einzelfällen geregelten Ausnahmebestimmungen um eine Generalklausel. Hiernach sind in zwei Fällen jeder eigene Gebrauch gestattet: Der § 53 Abs. 2 Nr. 4a UrhG erlaubt die Herstellung einzelner Vervielfältigungsstücke, kleiner Teile eines erschienen Werkes oder einzelner Beiträge, die in Zeitungen oder Zeitschriften erschienen sind, wobei entgegen den §§ 53 Abs. 2 Nr. 1-3 UrhG, nicht auf eine Zweckbestimmung ankommt. Durch den Abs. 2 Nr. 4a sollte hauptsächlich eine Arbeitserleichterung geschaffen werden, indem der Benutzer nicht gezwungen wird, das ganze Werk zu erwerben, wenn er nur einen kleinen Teil benötigt.[653] Abs. 2 Nr. 4b gestattet die Vervielfältigung vergriffener Werke, wodurch dem Bedürfnis von Bibliotheken und wissenschaftlichen Instituten zur Vervollständigung ihrer Bestände an wissenschaftlichen Werken und zur Herstellung von weiteren Leseexemplaren Rechnung getragen werden soll.[654]

Die elektronischen Pressearchive werfen auch bei § 53 Abs. 2 Nr. 4 UrhG Schwierigkeiten auf. Eine Privilegierung elektronischen Pressearchive durch § 53 Absatz 2 Nr. 4a UrhG kann aber schon deswegen nicht in Betracht kommen, da „nicht nur kleine Teile erschienener Werke und einzelne Beiträge vervielfältigt werden, sondern ganze Festschriftenbeiträge und Buchkapitel, der Wirtschaftsteil oder das Feuilleton einer Zeitung, oftmals gar das vollständige Zeitungs- oder Zeitschriftenexemplar eingespeichert wird".[655] Im Übrigen gilt für die elektronischen Pressearchive auch bei § 53 Abs. 2 Nr. 4 UrhG, dass der mit den Archiven angebotene Recherchedienst eine urheberrechtsrelevante Nutzung in einem Ausmaß und in einer Intensität ermöglicht, die sich mit den § 53 Abs. 2 Nr. 4 UrhG rechtfertigenden Erwägungen nicht mehr vereinbaren lässt.[656] Mithin geht auch die Erstellung von Vervielfältigungsstücken im Rahmen eines the-

---

652 *Loewenheim* in: *Loewenheim/Koch*, Praxis des Online-Rechts, S. 313; vgl. auch *BGH 10.12.1999* JurPC Web-Dok. 26/1999 – elektronische Pressearchive [http://www.jura.uni-sb.de/jurpc/rechtspr/19990026.htm].

653 Amtl. Begründung, BT-Drucks. IV/270, S. 73.

654 Amtl. Begründung, BT-Drucks. IV/270, S. 74.

655 Fromm/Nordemann (Nordemann), § 53 Rn. 9.

656 *BGH 16.01.1997*, JurPC Web-Dok. 7/1997, Abs. 25 – CB Infobank II [http://www.jura.uni-sb.de/jurpc/rechtspr/19970007.htm].

menbezogenen Recherchedienstes über diese Privilegierung hinaus und ist daher unzulässig.[657] Die gewichtigeren Probleme bei der Anwendung des § 53 Abs. 2 Nr. 4 UrhG im digitalen Umfeld der elektronischen Netzwerke ergeben sich aber nicht aus der Verwendung elektronischer Pressearchive, sondern durch die immer mehr an Bedeutung gewinnenden sogenannten „Online-Bibliotheken".

Bei den „Online-Bibliotheken" handelt es sich um Bibliotheken, die im Internet (vermehrt im WWW) Online-Kataloge und Online-Recherchedienste kostenfrei anbieten und auf Anforderung Kopien entweder herkömmlich per Post oder Fax verschicken, aber auch mittels e-Mail zusenden oder auf einem ftp-Server zur Abholung bereithalten. Eine solche „Online-Bibliothek" bildet etwa das Pilotprojekt „Subito.1"[658]. Hierbei handelt es sich um die Bund-Länder-Initiative zur Beschleunigung der Literatur- und Informationsdienste, die vom Bundesministerium für Bildung, Wissenschaft, Forschung und Technologie gefördert wird und im Jahr 1998 von 101 756 Personen genutzt wurde.[659] Über die Subito-Zugangssysteme[660] wird hierbei eine kostenfreie Recherche in einer Zeitschriftendatenbank ermöglicht, woraufhin im Anschluss an die Recherche eine Bestellung aufgebeben werden kann. Man kann Subito.1 daher gewissermaßen als eine „neue, moderne Form der Fernleihe" bezeichen. Dieses Pilotprojekt soll in einer zweiten Phase (Subito.2) zu einer dauerhaften elektronischen Speicherung von rechtlich geschützten Dokumenten in den Bibliotheken führen, wobei dann die Lieferung an den Endnutzer direkt von digitalen Vervielfältigungsstücken aus dem Speicher der Bibliotheken erfolgen soll. Die dauerhafte elektroni-

---

657 *BGH 16.01.1997*, JurPC Web-Dok. 6/1997, Abs. 53 – CB Infobank I [http://www.jura.uni-sb.de/jurpc/rechtspr/19970006.htm], und *BGH 16.01.1997*, JurPC Web-Dok. 7/1997, Abs. 25 – CB Infobank II [http://www.jura.uni-sb.de/jurpc/rechtspr/19970007.htm].

658 [http://www.subito-doc.de/] ein anderes im Aufbau befindliches Projekt ist die Zurverfügungstellung des „Current-Contents Service" (Zeitschrifteninhaltsverzeichnisdienst) des Informationszentrum für Informationswissenschaft- und praxis der Fachhochschule Potsdam [http://www.fh-potsdam.de/~IZ/iz_home.htm].

659 *Subito-Statistik 1999*, [http://www.subito-doc.de/infos/info/statistik.html] (in den ersten vier Monaten 1999: 73.030 Benutzer).

660 Die Zugangssysteme zu Subito sind: Zugangssystem des Deutschen Bibliotheksinstituts (DBI) [http://www.subito-doc.de/subito/admin/login.htm]; Zugangssystem des Bayerischen Bibliotheksverbunds (BVB) [http://www-opac.bib-bvb.de/]; Zugangssyststem des Bibliotheksservice-Zentrums Baden-Württemberg (BSZ) [http://www.swbv.uni-konstanz.de/subito/]; Zugangssystem des Gemeinsamen Bibliotheksverbundes (GBV) [http://www.brzn.de/direkt/gbvdirekt.html]; Zugangssystem von JASON Nordrhein-Westfalen [http://www.ub.uni-bielefeld.de/netahtml/jaso1.html]; Zugangssystem des Deutschen Instituts für medizinische Dokumentation und Information (DIMDI) [http://www.dimdi.de/germ/subito.htm]; Zugangssystem von STN Karlsruhe [http://www.fiz-karlsruhe.de/fiz/service/subitode.html].

sche Speicherung von Kopien urheberrechtlich geschützter Dokumente in den Bibliotheken und deren direkte Lieferung an den Endnutzer lässt sich aber nach einhelliger Auffassung mit der die Privilegierung rechtfertigenden Erwägungen nicht mehr vereinbaren und würde daher ausschließlich dem Urheber vorbehalten sein.[661]

Die urheberrechtliche Lage für die Fälle, die ähnlich wie Subito.1 gelagert sind, ist hingegen nicht ganz so eindeutig. Hier wird insbesondere von den Rechteinhabern die Auffassung vertreten, dass die Lieferung von Kopien urheberrechtlich geschützter Werke nach Recherche an den Endabnehmer außerhalb des innerbibliothekarischen Leihverkehrs nicht zulässig ist, wenn nicht eine besondere urheberrechtliche Vergütung erfolgt. Dies gelte darüber hinaus in verstärktem Maße, sofern Kopien in elektronischen Geräten der Bibliotheken befristet zwischengespeichert werden oder wenn sie im Wege des File-Transfers übermittelt werden.[662] Die Bibliotheken sind hingegen der Meinung, dass diese Vorgänge, einschließlich der kurzfristigen Speicherung, aus technischen Gründen für die Einzellieferung an einen Besteller von den Ausnahmevorschriften des Vervielfältigungsrechtes (§ 53 UrhG) erfasst und durch die Vergütung nach § 54 UrhG abgegolten sind.[663]

Diese unterschiedlichen Rechtsauffassungen wurden für die Durchführung des Subito.1-Dokumentlieferdienstes in Form einer Vereinbarung vom 12.05.1997 zwischen dem Börsenverein des Deutschen Buchhandels und der Bundesvereinigung Deutscher Bibliotheksverbände geregelt („Gemeinsame Erklärung des Börsenvereins des Deutschen Buchhandels und der Bundesvereinigung Deutscher Bibliotheksverbände"). Danach ist, gemäß der Rechtsauffassung

---

661 Vgl. *Börsenverein des Deutschen Buchhandels und Bundesvereinigung Deutscher Bibliotheksverbände,* Gemeinsame Erklärung des Börsenvereins des Deutschen Buchhandels und der Bundesvereinigung Deutscher Bibliotheksverbände zu den urheberrechtlichen Fragen im Zusammenhang mit der Bund-Länder-Initiative zur Beschleunigung der Literatur- und Informationsversorgung, 1., [http://dbix01.dbi-berlin.de/infos/downloads/ erksubit.doc].

662 *Börsenverein des Deutschen Buchhandels und Bundesvereinigung Deutscher Bibliotheksverbände,* Gemeinsame Erklärung des Börsenvereins des Deutschen Buchhandels und der Bundesvereinigung Deutscher Bibliotheksverbände zu den urheberrechtlichen Fragen im Zusammenhang mit der BundLänder-Initiative zur Beschleunigung der Literatur- und Informationsversorgung, 1., [http://dbix01.dbi-berlin.de/infos/downloads/erksubit.doc].

663 *Börsenvereins des Deutschen Buchhandels und Bundesvereinigung Deutscher Bibliotheksverbände,* Gemeinsame Erklärung des Börsenvereins des Deutschen Buchhandels und der Bundesvereinigung Deutscher Bibliotheksverbände zu den urheberrechtlichen Fragen im Zusammenhang mit der BundLänder-Initiative zur Beschleunigung der Literatur- und Informationsversorgung, 2.1, [http://dbix01.dbi-berlin.de/infos/downloads/erksubit.doc].

der Verlage, ein Direktversand von Kopien urheberrechtlich geschützter Vorlagen nicht durch die Ausnahmebestimmungen des § 53 UrhG gedeckt, jedoch sollen in der Erprobungsphase von Subito.1 – das heißt bis zum 31.12.1999 – von den Verlagen keine zusätzlichen Kopiervergütungen erhoben werden. Dies wird jedem Benutzer bei der Registrierung vor Aufgabe einer ersten Subito-Bestellung mitgeteilt. Des weiteren müssen die Benutzer bei jeder Kopienlieferung durch die Subito-Bibliotheken darauf hingewiesen werden, dass die übersandten Vervielfältigungsstücke ausschließlich zum privaten oder sonstigen eigenen Gebrauch des Bestellers verwendet und weder entgeltlich noch unentgeltlich in Papierform oder als elektronische Kopie verbreitet werden dürfen (§§ 17, 53 Abs. 1, Abs. 2 und Abs. 6 UrhG).[664] Die gemeinsame Erklärung ist bis zum 31.12.1999 gültig. Es wurde jedoch noch vereinbart, dass beide Seiten sich bereit erklären, spätestens sechs Monate vor Ablauf dieser Frist Verhandlungen mit dem Ziel aufzunehmen, eine Verständigung über die Fortführung einer entsprechenden Dienstleistung herbeizuführen, soweit die Rechtslage noch nicht eindeutig gesetzlich geregelt ist.[665]

Eine gesetzliche Regelung dieser Frage hat bis jetzt noch nicht stattgefunden. Auch sieht der Diskussionsentwurf eines Fünften Gesetzes zur Änderung des Urheberrechtsgesetzes vom 17.07.1998 keine Änderungen vor. Der BGH hatte aber mittlerweile über die urheberrechtliche Zulässigkeit des Kopienversands öffentlicher Bibliotheken zu befinden.[666] Hiernach ergibt sich aus dem Wortlaut und dem Sinn des § 53 Abs. 2 UrhG, dass Vervielfältigungen zum eigenen Gebrauch auch dann freigestellt sind, wenn eine Bibliothek nicht nur die Herstellung der Kopien, sondern auch Dienstleistungen wie etwa die Recherche in einer online zur Verfügung stehenden Datenbank erbringt.[667]

Problematisch hieran erscheint aber, dass der Umfang der Freistellung der Bibliotheken vom Verwertungsrecht des Urhebers grundsätzlich im Wesentli-

---

664 *Börsenverein des Deutschen Buchhandels und Bundesvereinigung Deutscher Bibliotheksverbände,* Gemeinsame Erklärung des Börsenvereins des Deutschen Buchhandels und der Bundesvereinigung Deutscher Bibliotheksverbände [http://www.subito-doc.de/infos/zugaenge/info.htm].

665 *Börsenvereins des Deutschen Buchhandels und Bundesvereinigung Deutscher Bibliotheksverbände,* Gemeinsame Erklärung des Börsenvereins des Deutschen Buchhandels und der Bundesvereinigung Deutscher Bibliotheksverbände zu den urheberrechtlichen Fragen im Zusammenhang mit der BundLänder-Initiative zur Beschleunigung der Literatur- und Informationsversorgung, 3., [http://dbix01.dbi-berlin.de/infos/downloads/erksubit.doc].

666 *BGH 25.02.1999* – I ZR 118/96 - Kopienversanddienst.

667 *BGH 25.02.1999* – I ZR 118/96, S. 10 - Kopienversanddienst.

chen von den tatsächlichen Gegebenheiten abhängig ist.[668] Der Gesetzgeber des Jahres 1965 hatte den Versand von Kopien von Zeitschriftenartikeln durch die Bibliotheken nur in dem damals vorhandenen Ausmaß für zulässig erachtet. Mittlerweile haben sich die Verhältnisse allerdings grundlegend verändert: So ermöglicht etwa das Internet einem Massenpublikum – zunehmend unabhängig von Ort und Zeit – Datenbanken zur Literaturrecherche zu benutzen und online Kopien auch von neuesten Zeitschriftenbeiträgen zu bestellen. Von einer lediglich dem „Verlagsgeschäft nachfolgende Werknutzung von vergleichsweise geringer Bedeutung" kann daher heute nicht mehr gesprochen werden. Vielmehr hat eine dramatische Steigerung der Zugriffsmöglichkeiten eingesetzt.[669] Die Bibliotheksbestände sind dadurch für die Nutzer unvergleichlich stärker als früher erschlossen.[670] Eine Freistellung des Kopienversands auf Bestellung durch eine öffentliche Bibliothek lässt sich daher nicht auf die Gesetzesmaterialien zum Urheberrechtsgesetz von 1965 stützen.

Allerdings wurde auch in der Urheberrechtsnovelle 1985 trotz des schon damals außerordentlichen Umfangs von reprographischen Vervielfältigungen, ein Verbotsrecht der Urheber für die Fälle des Kopienversandes öffentlicher Bibliotheken abgelehnt. Es wurde damals hauptsächlich angeführt, dass es sich ansonsten für die Bibliotheken unter allgemeinwirtschaftlichen Gesichtspunkten nicht mehr lohnen dürfte, einen umfassenden Bestand wissenschaftlicher Literatur anzuschaffen und im Übrigen eine moderne, technisch hochentwickelte Industrienation wie die Bundesrepublik Deutschland auf Wissenschaft und Forschung angewiesen ist und deshalb ein gut ausgebautes, schnell funktionierendes und wirtschaftlich arbeitendes Informationssystem braucht.[671] Dieser Zweck der Vorschrift, den unentbehrlichen freien Zugang der Allgemeinheit zu Informationen nicht zu behindern, besteht auch heute noch fort.[672] Die Einschränkung des Ausschließlichkeitsrechts durch diese Vorschrift ist daher nach wie vor zu beachten.

Der BGH hat aber angesichts der gesteigerten Zugriffsmöglichkeiten und der damit einhergehenden Verstärkung des Nutzungsumfangs dem Urheber einen Anspruch auf angemessene Vergütung gegen die öffentliche Bibliothek zuge-

---

[668] *BGH 16.01.1997*, JurPC Web-Dok. 6/1997, Abs. 55 – CB Infobank I [http://www.jura.uni-sb.de/jurpc/rechtspr/19970006.htm].

[669] Vgl. *BGH Pressemitteilung* Nr. 16 vom 26.02.1999 [http://www.jura.uni-sb.de/Entscheidungen/Bundesgerichte/BH/zivil/kopien.html].

[670] Vgl. auch *BGH 25.02.1999* – I ZR 118/96, S. 21f.

[671] Amtl. Begründung, BT-Drucks. 10/837, S. 19f.; siehe auch bei *BGH 25.02.1999* – I ZR 118/96, S. 15f. – Kopienversanddienst.

[672] Vgl. *BGH 25.02.1999* – I ZR 118/96, S. 10 und S. 32 – Kopienversanddienst.

sprochen, wenn diese sich auf die Voraussetzungen des § 53 UrhG berufen kann.[673] Zu diesem Ergebnis ist der BGH insbesondere unter Berücksichtigung des Art. 9 RBÜ, der Art. 9 und 19 des TRIPs-Übereinkommens, der Eigentumsgarantie des Art. 14 GG und des Grundsatzes, dass der Urheber tunlichst angemessen an dem wirtschaftlichen Nutzen seines Werkes zu beteiligen ist[674], gekommen. Derart trägt der BGH der Tatsache Rechnung, dass durch die Übersendung selbst hergestellter Vervielfältigungsstücke von den Bibliotheken eine Tätigkeit ausgeübt wird, die sich der Tätigkeit eines Verlages annähert[675] und aufgrund der Überlassung einer Werkkopie auf Dauer eine stärkere Werknutzung eintritt, als dies beim herkömmlichen Verleihen von Werkexemplaren durch Bibliotheken der Fall ist. Schwierigkeiten bei der Anerkennung eines Anspruchs auf angemessene Vergütung ergeben sich jedoch daraus, dass der Gesetzgeber für die Freistellung der Vervielfältigung im Abs. 2 Nr. 4 keinen Ausgleich durch eine angemessene Vergütung vorgesehen hat; was damals im Hinblick auf die wesentlich geringeren technischen Möglichkeiten bei der Bibliothekennutzung auch keine unzumutbare Beeinträchtigung der berechtigten Interessen der Urheber darstellte. Diese, infolge der neueren technischen und wirtschaftlichen Entwicklung entstandenen Gesetzeslücke schließt der BGH aber durch die rechtsanaloge Anwendung des § 27 Abs. 2 und Abs. 3 UrhG, des § 49 Abs. 1 UrhG sowie des § 54a Abs. 2 i.V.m. § 54h Abs. 1 UrhG.[676]

Der § 53 Abs. 2 Nr.4a UrhG ist also auf die von einer öffentlichen Bibliothek vorgenommenen Vervielfältigungen im Rahmen eines Kopienversandes von Zeitschriftenbeiträgen anwendbar, obwohl hierbei auch Dienstleistungen erbracht werden, die über die einfachen Dienstleistungen etwa eines gewerblichen Kopierbetriebs hinausgehen. Der § 53 Abs. 2 Nr.4a UrhG ist demnach nicht einschränkend auszulegen. Dem berechtigten Interesse der Urheber ist jedoch durch eine angemessene Vergütung Rechnung zu tragen, für welche die nach § 54d UrhG für die Höhe der Vergütungsansprüche aus § 54a UrhG maßgebenden Vergütungssätze offensichtlich aber nicht ausreichen.

---

673 *BGH 25.02.1999* – I ZR 118/96, S. 21 - Kopienversanddienst.

674 st. Rspr.: vgl. *BGH 03.07.1986*, GRUR 1987, 36 – Liedtextwiedergabe II; *BGH 12.12.1991*, BGHZ 116, 305, 308 – Altenwohnheim II und zuletzt *BGH 25.02.1999*, I ZR 118/96, S. 29f.

675 *BGH 25.02.1999* – I ZR 118/96, S. 23 - Kopienversanddienst; siehe dazu auch Baronikians, ZUM 1999, 126, 130.

676 *BGH 25.02.1999* – I ZR 118/96, S. 32 - Kopienversanddienst.

2. Die bestimmungsgemäße Benutzung von Computerprogrammen (§ 69d UrhG) und die Benutzung eines Datenbankwerkes (§ 55a UrhG)

Für die Vervielfältigung von Datenbankwerken und Computerprogrammen gelten die Sondervorschriften der §§ 53 Abs. 5, 55a beziehungsweise §§ 69d und e UrhG. Die Vervielfältigung von Datenbankwerken bedarf hierbei nach § 53 Abs. 5 UrhG auch des Lizenzerwerbs, wenn sie nur zum Eigengebrauch vorgenommen wird.[677] Hiervon ausgenommen sind nach Abs. 5 Satz 2 und Abs. 2 Nr. 1 nur der wissenschaftliche Gebrauch der nicht zu gewerblichen Zwecken erfolgt sowie der Eigengebrauch für den Schulunterricht und für Prüfungszwecke (§ 53 Abs. 3 und Abs. 5 S. 1 UrhG). Der § 55a UrhG setzt den Art. 6 Abs. 1 der Richtlinie zum Schutz von Datenbanken (96/6/EG) recht umständlich und unklar um. Letztendlich soll durch den § 55a UrhG in zwingender Ausnahmeregelung die Bearbeitung und Vervielfältigung eines Datenbankwerkes gestattet werden, wenn und soweit dies für den Zugang zu den Elementen des Datenbankwerkes und für dessen übliche Benutzung erforderlich ist. Der Endverbraucher eines Datenbankwerkes, also zum Beispiel der Benutzer einer Enzyklopädie oder eines in einem Netzwerk abrufbaren Sammelwerkes, soll dank § 55a UrhG nicht in seiner üblichen Nutzung von Datenbankwerken beeinträchtigt sein.[678]

Eine ähnliche Regelung stellt der § 69d UrhG für Computerprogramme auf. Diese Vorschrift entspricht weitgehend dem Art. 5 der Computerprogramm-Richtlinie[679] und stellt eine Ausnahme zu § 69c UrhG dar, wonach jede dauerhafte oder vorübergehende Vervielfältigung eines Computerprogramms der Zustimmung des Rechtsinhabers bedarf, und zwar unabhängig vom Vervielfältigungsmittel und der Vervielfältigungsform. Der § 69d Abs. 1 UrhG erlaubt dem Nutzungsberechtigten von Vervielfältigungsstücken eines Computerprogramms die Bearbeitung und Vervielfältigung (§ 69c Nr. 1 und 2 UrhG) des Computerprogramms, sofern sie für die bestimmungsgemäße Benutzung notwendig sind. Diese bestimmungsgemäße Benutzung erfasst hierbei auch die Fehlerberichtigung. Ferner darf dem Nutzungsberechtigten nach § 69d Abs. 2 UrhG vertraglich nicht untersagt werden, eine Sicherungskopie zu erstellen, wenn sie für die Sicherung künftiger Benutzung erforderlich ist. Auch darf er in dem Umfang, wie ihm das Laden, Anzeigen, Abrufen, Übertragen und Speichern des Programms gestattet ist nach § 69d Abs. 3 UrhG das Funktionieren des Programms

---

677 *Rehbinder*, Urheberrecht, Rn. 260.

678 Vgl. *Fromm/Nordemann* (*Nordemann*); *Rehbinder*, Urheberrecht, Rn. 260.

679 Richtlinie 91/250/EWG des Rates vom 14. Mai 1991 über den Rechtsschutz von Computerprogrammen.

beobachten, untersuchen oder testen, um die dem Programmelement zugrundeliegenden Ideen und Grundsätze zu ermitteln. Schließlich gibt der § 69e UrhG dem berechtigten Nutzer noch das Recht zur Dekompilierung des Programms, womit die Beschaffung von Informationen gemeint ist, die zur Herstellung der Interoperabilität des genutzten Programms mit anderen Programmen erforderlich ist.

Die Beschränkungen bei Computerprogrammen und Datenbankwerken reichen also nicht soweit wie die des § 53 UrhG. Den Nutzern wird vielmehr nur eine Selbstverständlichkeit gewährt, nämlich dass die erlaubte Benutzung des Werkes auch tatsächlich möglich sein soll. Besondere Probleme bei der Anwendung dieser Vorschriften im digitalen Umfeld der Netzwerke sind nicht ersichtlich. Allerdings stellt sich die Frage, warum der Gesetzgeber diese Werkarten für schützenswürdiger hält als die anderen. Die übrigen Werkarten sind mittlerweile aufgrund der Digitalisierung und der Möglichkeit einer Zurverfügungstellung in den Netzwerken zumindest genauso vulnerabel.

II. Beschränkungen zugunsten der Allgemeinheit und zur Förderung der geistigen Auseinandersetzung

1. Die öffentlichen Reden (§ 48 UrhG)

Der Pressefreiheit und dem Interesse der Öffentlichkeit an rascher Unterrichtung[680] trägt der § 48 UrhG Rechnung. Nach dessen Absatz 1 dürfen auf öffentlichen Versammlungen und im Rundfunk gehaltene Reden frei vervielfältigt, verbreitet sowie öffentlich wiedergegeben werden, sofern es sich um Fragen handelt, die den Tagesinteressen Rechnung tragen. Dies gilt auch gemäß § 48 Abs. 1 Nr. 2 UrhG für Reden, die bei öffentlichen Verhandlungen vor staatlichen, kommunalen oder kirchlichen Organen gehalten worden sind. Der Absatz 2 beschränkt diese Schranke jedoch für den Fall der Vervielfältigung oder Verbreitung einer Sammlung, die überwiegend Reden desselben Urhebers enthält.

Dreier erwägt de lege ferenda ausdrücklich auch die online-Übermittlung von Reden zu privilegieren, da der § 48 Abs. 1 Nr. 1 UrhG bisher nur die Reden, die auf öffentlichen Versammlungen oder im Rundfunk gehalten worden sind, erfasst.[681] Dieser Vorschlag wurde auch im Diskussionsentwurf eines Fünften Gesetzes zur Änderung des Urheberrechtsgesetzes vom 17.07.1998 aufgenom-

---

680 *Dreier*, in *Schricker*: Urheberrecht auf dem Weg zur Informationsgesellschaft, S. 157.
681 *Dreier*, in *Schricker*: Urheberrecht auf dem Weg zur Informationsgesellschaft, S. 157.

men. Der § 48 UrhG n.F. sieht eine Erweiterung der Verwertungsbasis vor, indem durch die Bezugnahme auf das neue Übertragungsrecht des § 19a UrhG auch solche Reden für erlaubnisfrei erklärt werden, die im Rahmen von online-Medien veröffentlicht worden sind.

Die ebenfalls nach Absatz 1 Nr. 1 zulässige öffentliche Wiedergabe erfasst jedoch bereits in seiner jetzigen Fassung zugleich die Zurverfügungstellung von Werken an die Öffentlichkeit und deren digitale Übertragung in einem elektronischen Netzwerk. Einer Erweiterung des § 48 UrhG bedarf es daher grundsätzlich nicht.[682]

2. Die Zeitungsartikel und Rundfunkkommentare (§ 49 UrhG)

Der § 49 UrhG sieht im Interesse der Allgemeinheit an umfassender und rascher Berichterstattung und mit dem Ziel der Förderung der Diskussion über aktuelle gesellschaftliche Fragen[683] eine Privilegierung zugunsten der Presse und Rundfunkberichterstattung vor. Nach § 49 Abs. 1 UrhG ist die Vervielfältigung, Verbreitung und öffentliche Wiedergabe einzelner Rundfunkkommentare und Zeitungsartikel oder Artikel aus anderen lediglich den Tagesinteressen dienenden Informationsblätter gegen Zahlung einer verwertungsgesellschaftspflichtigen Vergütung zustimmungsfrei, sofern diese politische, wirtschaftliche oder religiöse Tagesfragen betreffen und nicht mit einem Rechtevorbehalt versehen sind.

Hingegen sind gemäß § 49 Abs. 2 UrhG vermischte Nachrichten tatsächlichen Inhalts und Tagesneuigkeiten, die durch Presse oder Funk veröffentlicht worden sind nicht nur zustimmungs-, sondern auch vergütungsfrei. Der Absatz 2 hat aber keine praktische Bedeutung, da Tagesneuigkeiten und Nachrichten tatsächlichen Inhalts in der Regel gar nicht urheberrechtlich geschützt sind.[684] Der Absatz 2 stünde sogar im Widerspruch zum Konventionsrecht, wenn man diesen tatsächlich auf die Tagesneuigkeiten anwenden will, die ausnahmsweise einen Schutz nach dem Urheberrechtsgesetz genießen. Der Art. 2 Abs. 8 RBÜ nimmt nämlich ausdrücklich „einfache Zeitungsmitteilungen“ vom Konventionsschutz aus.[685] Der Absatz 2 kann daher nur eine klarstellende Funktion erfüllen, der insbesondere auch der zweite Halbsatz nachkommt, welcher auf den durch ande-

---

682 Ebenso *Fromm/Nordemann* (*Nordemann*), § 48, Rn. 2.

683 Vgl. *Schack*, Urheber- und Urhebervertragsrecht, Rn. 484 und *Dreier*, in: *Schricker*, Urheberrecht auf dem Weg in die Informationsgesellschaft, S. 158.

684 *Schack*, Urheber- und Urhebervertragsrecht, Rn. 664; *Fromm/Nordemann* (*Nordemann*), § 49, Rn. 7.

685 Siehe hierzu bei *Fromm/Nordemann* (*Nordemann*), § 49, Rn. 7.

re gesetzliche Vorschriften gewährten Schutz, wobei insbesondere an das UWG, aber auch an das allgemeine Deliktsrecht des BGB[686] zu denken ist, verweist.

Im digitalen Umfeld der Netzwerke stellt sich in Bezug auf § 49 UrhG die Frage, ob dieser auch auf die digitalen Informationsquellen und die beliebten elektronischen Pressespiegel anzuwenden ist.[687] Hierbei handelt es sich um die digitale Erfassung von Zeitungsartikeln und deren nachfolgende Speicherung in einem an ein Netzwerk angeschlossenen Server. An der Anwendbarkeit des § 49 UrhG bestehen hierbei erhebliche Zweifel: Die elektronischen Pressespiegel müssten in der Tat als „Informationsblätter" i.S.d. § 49 Abs. 1 UrhG anzusehen sein. Dies scheint schon konzeptionell ausgeschlossen. In der Tat kann auch bei weitest möglicher Auslegung die Speicherung eines Zeitungsartikels auf der Festplatte eines Servers und deren Übertragung durch ein Netzwerk mit „anschließender Bildschirmnutzung" nicht mehr als Vervielfältigung in einem Informationsblatt im Sinne des § 49 Abs. 1 UrhG gedeutet werden.[688] An dieser Beurteilung ändert sich aufgrund des Gebots der grundsätzlich engen Auslegung der Schrankenbestimmung auch nichts, wenn der Nutzer einen selektiven oder gebündelten Ausdruck der Artikel veranlasst und somit begriffsmäßig wieder ein Informations"blatt" vorliegt.[689] Die Herstellung elektronischer Pressespiegel ist daher de lege lata nicht privilegiert.[690]

Auch gehören nach dem aktuellen Wortlaut des § 49 Abs. 1 UrhG die Artikel oder Kommentare, die der Öffentlichkeit online zugänglich gemacht werden, nicht zum Kreis der Werke die zustimmungsfrei übernommen werden dürfen. Dreier schlägt daher vor, de lege ferenda auch „solche Werke bzw. vermischte Nachrichten und Tagesneuigkeiten in die Regel" einzubeziehen, „die der Öffentlichkeit on-line angeboten" werden.[691] Diesen Vorschlag Dreiers übernimmt der Diskussionsentwurf eines Fünften Gesetzes zur Änderung des Urheberrechtsgesetzes vom 17.07.1998. Folgende Änderungen des § 49 UrhG werden hierbei erwogen:

---

686 Bügerliches Gesetzbuch vom 18. August 1896, RGBl. S. 195.

687 Bei den elektronischen Pressespiegeln handelt es sich insbesondere um die digitale Erfassung von Zeitungsartikeln, die dann der Öffentlichkeit zur Verfügung gestellt und in einem elektronischen Netzwerk digital werden.

688 Ebenso *OLG Köln 30.12.1999*, MMR 2000, 365, 366f. - Elektronische Pressespiegel; siehe auch *Melchiar*, in: *Becker/Dreier*, Urheberrecht und digitale Technologie, S. 86; *Katzenberger*, Elektronische Printmedien und Urheberrecht, S. 61.

689 Vgl. *Katzenberger*, Elektronische Printmedien und Urheberrecht, S. 61.

690 *Fromm/Nordemann* (*Nordemann*), § 49, Rn. 3; *Loewenheim*, GRUR 1996, 636ff.; *Loewenheim*, in: *Loewenheim/Koch*, Praxis des Online-Rechts, S. 309; *OLG Köln 30.12.1999*, MMR 2000, 365, 366f. - Elektronische Pressespiegel.

691 *Dreier*, in *Schricker*: Urheberrecht auf dem Weg zur Informationsgesellschaft, S. 159.

11. *§ 49 wird wie folgt gefaßt:*

„§ 49
Sprachwerke über Tagesfragen

(1) Zulässig ist die Vervielfältigung und Verbreitung von einzelnen Sprachwerken über politische, wirtschaftliche oder religiöse Tagesfragen in Zeitungen sowie in anderen Druckschriften oder sonstigen Datenträgern, die lediglich Tagesinteressen Rechnung tragen, wenn die Sprachwerke in einer Zeitung oder in einer anderen lediglich Tagesinteressen Rechnung tragenden Druckschrift erschienen oder durch öffentliche Zugänglichmachung im Sinne von § 19a oder § 20 veröffentlicht worden sind. Zulässig ist ferner die öffentliche Wiedergabe mit Ausnahme der nicht lediglich für einen bestimmt abgegrenzten Kreis von Angehörigen der Öffentlichkeit erfolgenden Übertragung. Eine Verwertung nach den Sätzen 1 und 2 ist unzulässig, wenn der Rechtsinhaber diese ausdrücklich verbietet. Für eine nach den Sätzen 1 oder 2 zulässige Verwertung, die nicht lediglich kurze Auszüge aus den Sprachwerken umfaßt, ist dem Urheber eine angemessene Vergütung zu zahlen. Der Anspruch kann nur durch eine Verwertungsgesellschaft geltend gemacht werden.

(2) Zulässig ist die Vervielfältigung, Verbreitung und öffentliche Wiedergabe von Nachrichten tatsächlichen Inhalts, wenn diese in einer Zeitung oder in einer anderen Druckschrift erschienen oder durch öffentliche Zugänglichmachung im Sinne von § 19a oder § 20 veröffentlicht worden sind. Ein durch andere gesetzliche Vorschriften gewährter Schutz bleibt unberührt. "

Die neue Fassung des § 49 UrhG erstreckt also die Privilegierung sowohl auf Werke, die der Öffentlichkeit online angeboten werden als auch auf die Übernahme von Artikeln durch online-Medien. Beide Erweiterungen erscheinen aber bei näherer Betrachtung nicht ganz unbedenklich.

Der Sinn und Zweck der Privilegierung des § 49 Abs. 1 UrhG ist es, dem Interesse der Allgemeinheit an umfassender und rascher Berichterstattung Rechnung zu tragen und die Zusammenstellung verstreuter Äußerungen zum Zweck erleichterter Information zu ermöglichen.[692] Die Erststreckung des § 49 Abs. 1 UrhG auf Werke, die der Öffentlichkeit online angeboten werden, erscheint in diesem Zusammenhang problematisch. Die elektronischen Netzwerke sind nämlich bereits von ihrem Ursprung her auf einen möglichst einfachen Informationsaustausch und -zugang angelegt: So ist es heutzutage zum Beispiel im WWW ohne weiteres möglich Berichte der Tagesschau, des heute-Journals oder der deutschen Wochen- und Tageszeitungen aber auch ausländische Zeitungsartikel und Rundfunkkommentare innerhalb kürzester Zeit und mit minimalem Suchumfang abzurufen und digital übermittelt zu bekommen. Mit der Hilfe der

[692] Vgl. *Dreier*, in *Schricker*: Urheberrecht auf dem Weg zur Informationsgesellschaft, S. 159.

Suchmaschinen und der Portals kann jeder Nutzer relativ einfach selber eine Zusammenstellung verstreuter Äußerungen zum Zweck erleichterter Information vornehmen. Eine Einbeziehung von Werken die der Öffentlichkeit online angeboten werden, erscheint daher nicht notwendig.

Dies erkennt auch Dreier, der aber den Einbezug in den § 49 Abs. 1 S. 1 und Abs. 2 UrhG der online angebotenen Werke dadurch rechtfertigen will, dass zum einen bei online angebotenen primären Informationsquellen der „Zugriff auf einzelne Artikel nicht selten durch Zugangssperren ... insgesamt versperrt ist“ und zum anderen „die bloße Möglichkeit der Suche durch den Nutzer ... bei der Fülle der on-line angebotenen Informationen einer fertigen Zusammenstellung nach wie vor nicht vergleichbar erscheint“.[693] Dem kann aber nur bedingt zugestimmt werden. Es ist zwar richtig, dass der Zugang zu einzelnen primären Informationsquellen noch immer versperrt ist; die Entwicklung in den letzten Jahren ging aber eher in die Richtung des freien Zugangs zu den online zur Verfügung stehenden Teilen der Informationsquellen (Radioberichte, Zeitungsartikel ...). Richtig ist auch, dass es einfacher und bequemer ist, einen fertigen Pressespiegel aller online angebotenen Informationen zu einem bestimmten Thema vorgelegt zu bekommen; aber auch hier geht dank immer leistungsfähigerer Datenbanken und (Meta-)Suchmaschinen die Entwicklung dahin, dass es für den Nutzer genügt seine Präferenzen einzugeben, um sodann eine Auswahl pertinenter URL's zu dem angeforderten Thema zu erhalten. Dennoch ruft die Einbeziehung der Werke, die der Öffentlichkeit online angeboten werden keine neuen nennenswerten Beeinträchtigungen der Verwertungsmöglich-keiten der Urheber hervor. In der Regel handelt es sich bisher bei den online Angeboten sowieso nur um die digitale, in einem Netzwerk zur Verfügung gestellte Ausgabe der traditionellen analogen Informationsquelle. Aber auch eine Besser- oder Andersstellung der Urheber von Werken, bei denen für das online Informationsangebot keine analoge Vorlage besteht ist nicht ersichtlich. Eine Erweiterung des § 49 Abs. 1 S. 1 UrhG auf die Werke, die der Öffentlichkeit online angeboten werden, ist mithin zuzustimmen.

Schwieriger gestaltet sich aber die Frage der Zulässigkeit der Übernahmen von Artikeln durch online Medien beziehungsweise die Herstellung eines elektronischen Pressespiegels. Diese haben eine Intensivierung der Werkverwertung zu Folge und sind daher mit herkömmlichen Pressespiegeln nicht zu vergleichen.[694] Auch ist zu befürchten, dass die Kunden der kommerziellen Anbieter elektronischer Pressespiegel, von einem Bezug von Zeitungen gänzlich absehen werden, wenn sie innerhalb kürzester Zeit ein individualisiertes Angebot aller

---

[693] *Dreier*, in *Schricker*: Urheberrecht auf dem Weg zur Informationsgesellschaft, S. 159.
[694] *Katzenberger*, Elektronische Printmedien und Urheberrecht, S. 62.

gewünschten Artikel erhalten können.[695] Eine Einbeziehung der elektronischen Pressespiegel in die Ausnahmebestimmung des § 49 Abs. 1 UrhG ginge daher zu Lasten der Rechteinhaber und würde insbesondere aufgrund der Nutzungsintensivierung nicht mehr einer gerechten Interessenabwägung entsprechen.

An der Neufassung des § 49 UrhG fällt weiterhin noch auf, dass trotz der im gesamten Diskussionsentwurf über beabsichtigten Gleichstellung von online und digitalen offline Medien letztere in § 49 UrhG n.F. nicht erwähnt werden. Auch kommt dem § 49 Abs. 1 S. 2 UrhG n.F. nur eine klarstellende Funktion zu, denn die Wiedergabe zum eigenen oder nicht-öffentlichen Werkgenuss fällt bereits schon nach § 15 Abs. 2 UrhG nicht in den Bereich des Verwertungsrechts des Urhebers. Der Absatz 2 läuft hingegen dem Art. 2 Abs. 8 RBÜ zuwider. Das fünfte Gesetz zur Änderung des Urheberrechtsgesetzes sollte daher auch den § 49 Abs. 2 UrhG durch den Einbezug der §§ 19a und 20 UrhG n.F. nicht weiter verkomplizieren, sondern zum Anlass genommen werden diesen gänzlich zu streichen.

3. Die Bild- und Tonberichterstattung (§ 50 UrhG)

Der § 50 UrhG schränkt das Urheberrecht zugunsten der Bild- und Tonberichtserstattung über Tagesereignisse ein. Im Informationsinteresse der Allgemeinheit und zur Erleichterung der Berichterstattung[696] dürfen hierbei Werke, die im Verlaufe der Berichterstattung über ein Tagesereignis wahrnehmbar werden, in einem durch den Zweck gebotenen Umfang vervielfältigt, verbreitet und öffentlich wiedergegeben werden.

Die digitale Übertragung wird im § 50 UrhG hierbei durch die öffentliche Wiedergabe bereits mit erfasst, so dass sich die Frage einer diesbezüglichen Erweiterung des § 50 UrhG nicht stellt. Fraglich ist aber, ob die Bild- und Tonberichterstattung nicht auch auf die Wiedergabe von Texten ausgedehnt werden sollte und die digitale online-Berichterstattung damit nicht auch in gleicher Weise wie die Berichterstattung in Funk und Film zu privilegieren ist.[697] Einer Ausdehnung auf die digitale online-Berichterstattung steht hier grundsätzlich nichts entgegen, wobei an dieser Stelle im Wesentlichen auf die soeben geführte Diskussion bei § 49 Abs. 1 S. 1 UrhG verwiesen werden kann. Diese Ausdehnung auf die digitale online-Berichterstattung findet sich auch im Art. 1 Nr. 12 des Diskussionsentwurfs wieder:

---

695 Vgl. *Katzenberger*, Elektronische Printmedien und Urheberrecht, S. 62.
696 Fromm/Nordemann (Nordemann), § 50, Rn. 1.
697 So *Dreier*, in *Schricker*: Urheberrecht auf dem Weg zur Informationsgesellschaft, S. 160.

12. *§ 50 wird wie folgt gefaßt:*

„§ 50

Berichterstattung über Tagesereignisse

Zur Berichterstattung über Tagesereignisse durch Funk oder durch ähnliche technische Mittel in Zeitungen und in anderen Druckschriften oder sonstigen Datenträgern, die im Wesentlichen Tagesinteressen Rechnung tragen sowie im Film, ist die Vervielfältigung, Verbreitung und öffentliche Wiedergabe von Werken, die im Verlauf dieser Ereignisse wahrnehmbar werden, in einem durch den Zweck gebotenen Umfang zulässig."

Unklar an dieser Neufassung des § 50 UrhG ist aber, wieso neben dem „Funk" „ähnliche technische Mittel" genannt sind und nicht wie in den übrigen Anpassungen auf die §§ 19a, 20 UrhG abgestellt wird.[698]

4. Die Zitate (§ 51 UrhG)

Der § 51 UrhG privilegiert die Vervielfältigung, Verbreitung und öffentliche Wiedergabe und mithin auch das Zitieren in digitalen online-Medien.[699] Aufgrund der Zitierfreiheit (Entlehnungsfreiheit), die eine klassische Schranke des Urheberrechts darstellt,[700] können sogar ganze Werke oder Teile davon in einem durch den Zitierzweck gebotenen Umfang übernommen werden. Die Zustimmung- und Vergütungsfreiheit tritt jedoch nach § 51 UrhG nur dann ein, sofern das Zitat zur Unterstützung der eigenen Ausführungen oder zum Zwecke der Auseinandersetzung mit fremden Gedanken benutzt wird.[701] Das Zitatrecht des § 51 UrhG wird jedoch nicht von den neuen Besonderheiten der Datennetze tangiert.

5. Die öffentliche Wiedergabe (§ 52 UrhG)

Der § 52 UrhG lässt im Interesse der Allgemeinheit eine öffentliche Wiedergabe von erschienen Werken in gewissem Umfang ohne die Zustimmung des Urhebers zu[702], und in den Fällen des Abs. 1 Satz 3 ist die öffentliche Wiedergabe auch noch vergütungsfrei. Diese zustimmungs- und vergütungsfreie Ausnahme des Abs. 3 Satz 1 tritt nach der Rechtsprechung aber nur bei „zeitlich

---

[698] Ebenso *DGRI*, Stellungnahme der Deutschen Gesellschaft für Recht und Informatik e.V. zum Diskussionsentwurf eines Fünften Gesetzes zur Änderung des Urheberrechtsgesetzes vom 17.07.1998, S. 7 [http://www.dgri.de/ak/akswsst5gu.rtf].

[699] *Dreier*, in *Schricker*: Urheberrecht auf dem Weg zur Informationsgesellschaft, S. 161.

[700] *Schack*, Urheber- und Urhebervertragsrecht, Rn. 487.

[701] Vgl. BVerfGE 54, 208 – Heinrich Böll.

[702] Siehe zur Verfassungsgemäßheit des § 52 UrhG: BVerfG ZUM 1989, 190.

begrenzten Einzelereignissen, die aus bestimmten Anlass stattfinden", ein.[703] Die allgemeinen Voraussetzungen des § 52 UrhG verlangen, dass die öffentliche Wiedergabe keinem Erwerbszweck des Veranstalters dient und die Teilnehmer der Veranstaltung entgeltlos zugelassen wurden. Auch dürfen die Künstler keine besondere Vergütung erhalten haben.

Ein zeitlich begrenztes und zu einem bestimmten Anlass angefertigtes online Angebot ist zwar denkbar und auch nicht unüblich. Jedoch handelt es sich hierbei in aller Regel um online-Angebote, die einem Erwerbszweck dienen sollen. Dreier ist daher der Auffassung, dass da „die meisten on-line Angebote ... ohnehin Erwerbszwecken des Anbieters dienen" diese nicht von § 52 UrhG privilegiert werden, sondern der Zustimmung des Urhebers bedürfen, es sei denn sie dienen rein privaten Zwecken.[704] In dem Diskussionsentwurf eines Fünften Gesetzes zur Änderung des Urheberrechtsgesetzes vom 17.07.1998 wird es beabsichtigt, diesen Vorschlag Dreiers gesetzlich festzuhalten. Der Artikel 1 Nr. 13 des Diskussionsentwurfes sieht daher für § 52 UrhG folgende Änderungen vor:

13. *§ 52 wird wie folgt geändert:*

a) Absatz 1 wird wie folgt geändert:

aa) In Satz 1 werden nach den Wörtern „öffentliche Wiedergabe" die Wörter „mit Ausnahme der nicht lediglich für einen bestimmt abgegrenzten Kreis von Angehörigen der Öffentlichkeit bestimmten Übertragung, der Sendung, der öffentlichen bühnenmäßigen Darstellung sowie, im Falle eines Filmwerks, der Vorführung" eingefügt.

bb) In Satz 2 werden nach dem Wort „die" die Wörter „nach Satz 1 zulässige öffentliche" und nach dem Wort „Wiedergabe" die Wörter „mit Ausnahme der für einen bestimmt abgegrenzten Kreis von Angehörigen der Öffentlichkeit bestimmten Übertragung" eingefügt.

cc) In Satz 3 wird nach dem Wort „entfällt" das Wort „für" durch das Wort „bei" ersetzt.

b) Absatz 3 wird aufgehoben.

Nach der Begründung zum Diskussionsentwurf soll darüber hinaus die Änderungen in Artikel Nr. 13. a) aa), die erlaubnisfreie Übertragung (§ 19a) von Werken bezwecken, wenn die Adressaten der Verwertungshandlung lediglich einen bestimmt abgegrenzten Kreis von Angehörigen der Öffentlichkeit bil-

---

[703] *BGH 12.12.1991*, BGHZ 116, 305 ff. – Altenwohnheim II; siehe auch BVerfG NJW 1996, 2022.

[704] *Dreier*, in *Schricker*: Urheberrecht auf dem Weg zur Informationsgesellschaft, S. 162.

den.[705] Gemeint sind hiermit anscheinend insbesondere die Intranets, die – sofern es sich um keine Firmennetze handelt, die zur unternehmensinternen Übertragung verwendet werden und somit zumindest mittelbar einen Erwerbszweck verfolgen – einer abgegrenzten Benutzergruppe zugänglich sind.[706]

Die Wiedergabe zum eigenen oder nicht-öffentlichen Werkgenuss fällt aber bereits schon nach § 15 Abs. 2 UrhG nicht in den Bereich des Verwertungsrechts des Urhebers. Diesem ist bekanntermaßen nur die öffentliche Wiedergabe vorbehalten und die Öffentlichkeit wird in § 15 Abs. 3 UrhG legaldefiniert.[707] Die Frage, ob die Nutzer eines Intranets ebenfalls unter die Öffentlichkeit des § 15 Abs. 3 UrhG fallen, muss daher auch dort erörtert werden und entzieht sich angesichts der unterschiedlichen Größen und Erscheinungsarten von Intranets einer einheitlichen Aussage. Für die vorgeschlagene Schranken-Schranke des § 52 Abs. 1 S. 1 UrhG n.F. besteht mithin kein Bedürfnis.

6. Die Werke an öffentlichen Plätzen (§ 59 UrhG)

Nach § 59 UrhG ist es zulässig, Werke, die sich bleibend an öffentlichen Wegen, Straßen oder Plätzen befinden, mit Mitteln der Malerei oder Graphik durch Lichtbild oder durch Film zu vervielfältigen, zu verbreiten und öffentlich wiederzugeben. Es wird hierbei dem Interesse der sogenannten Straßenbildfreiheit Rechnung getragen.[708] Der Diskussionsentwurf des BMJ sieht für § 59 UrhG keine Änderungen vor. Es ist aber nicht ersichtlich, weswegen die Verwertung des Straßenbildes nicht auch mit anderen Mitteln als den bis dato bekannten privilegiert sein soll.[709] Insbesondere sind neue nennenswerte Beeinträchtigungen der Verwertungsmöglichkeiten der Urheber hierdurch nicht zu befürchten. Die gegenwärtige Zustimmungs- und Vergütungsfreiheit, die bisher nur für die Malerei oder Graphik, Lichtbild oder Film gilt, sollte daher auch auf die digitalen Medien[710] ausgeweitet werden.

---

705 Vgl. Begründung zum Diskussionsentwurf eines fünften Gesetzes zur Änderung des Urheberrechtsgesetzes, BMJ 3600/13 - 5300/98, S. 12 [http://www.bmj.bund.de/misc/urh_98.htm].

706 Begründung zum Diskussionsentwurf eines fünften Gesetzes zur Änderung des Urheberrechtsgesetzes, BMJ 3600/13 - 5300/98, S. 12 [http://www.bmj.bund.de/misc/urh_98.htm].

707 Siehe auch *Fromm/Nordemann* (*Nordemann*), § 52, Rn. 2.

708 *Dreier*, in *Schricker*: Urheberrecht auf dem Weg zur Informationsgesellschaft, S. 171.

709 Ebenso *DGRI*, Stellungnahme der Deutschen Gesellschaft für Recht und Informatik e.V. zum Diskussionsentwurf eines Fünften Gesetzes zur Änderung des Urheberrechtsgesetzes vom 17.07.1998, S. 7 [http://www.dgri.de/ak/akswsst5gu.rtf].

710 z.B. eine dreidimensionale Bewegtanimation in VTML

III. Beschränkungen zugunsten des Staates

1. Die Rechtspflege und öffentliche Sicherheit (§ 45 UrhG)

Im Interesse der Rechtspflege und, soweit die Verwaltung selbst das Verfahren durchführt, auch diese von Behinderungen durch urheberrechtliche Verbotsansprüche freizuhalten,[711] privilegiert § 45 Abs. 1 UrhG die Herstellung einzelner Vervielfältigungsstücke von Werken zur Verwendung in Verfahren vor einem Gericht, einem Schiedsgericht oder einer Behörde. Ebenso erlaubt durch § 45 UrhG, ist die Vervielfältigung, Verbreitung, öffentliche Ausstellung und Wiedergabe von Bildnissen. Diese Privilegierung erfasst daher bereits schon heute die digitale Vervielfältigung der Werke sowie auch die digitale Übermittlung zulässig vervielfältigter Werke.[712]

2. Die Sammlungen für Kirchen-, Schul- oder Unterrichtsgebrauch (§ 46 UrhG)

Der § 46 UrhG beschränkt im Interesse der Allgemeinheit an der Jugenderziehung und Religionspflege[713] das Vervielfältigungs- und Verbreitungsrecht zugunsten der Verleger von Sammlungen zum Kirchen- Schul- und Unterrichtsgebrauch. Der Gesetzgeber hat hierfür den Weg einer gesetzlichen Lizenz gewählt. Dies bedeutet also, dass die Übernahme zustimmungsfrei aber vergütungspflichtig ist (§ 46 Abs. 4 UrhG). Allerdings dürfen nach Absatz 1 nur Teile von Werken, Sprachwerken oder Werke der Musik von geringem Umfang sowie einzelne Lichtbildwerke nach dem Erscheinen in eine Sammlung, die nur für den Kirchen- Schul- und Unterrichtsgebrauch bestimmt ist, aufgenommen werden. Diese Übernahme der soeben aufgeführten Werke in digitale offline-Medien ist nach der aktuellen Gesetzeslage von § 46 UrhG privilegiert. Um aber eine Ungleichstellung von digitalen online-Medien mit digitalen offline-Medien zu vermeiden, sieht der Diskussionsentwurf des BMJ für § 46 UrhG in dem Artikel 1 Nr. 8 folgende Änderungen vor:

8. *§ 46 wird wie folgt geändert:*

   a) Absatz 1 wird wie folgt gefasst:

   „(1) Nach dem Erscheinen zulässig ist die Vervielfältigung, Verbreitung und Übertragung eines Teils eines Werkes, eines Sprachwerkes oder Werkes

---

[711] Fromm/Nordemann (Nordemann), § 45, Rn. 1.
[712] Vgl. auch *Dreier*, in *Schricker*: Urheberrecht auf dem Weg zur Informationsgesellschaft, S. 155.
[713] *Schricker (Melchiar)*, § 46, Rn. 1 m.w.N.

der Musik von geringem Umfang, eines einzelnen Werkes der bildenden Künste oder eines einzelnen Lichtbildwerkes, wenn diese Element einer Sammlung sind, die Werke einer größeren Anzahl von Urhebern vereinigt und die nach ihrer Beschaffenheit nur für den Unterrichtsgebrauch in Schulen, in nichtgewerblichen Einrichtungen der Aus- und Weiterbildung oder in Einrichtungen der Berufsbildung oder für den Kirchengebrauch bestimmt ist. In den Vervielfältigungsstücken oder bei der Übertragung ist anzugeben, wozu die Sammlung bestimmt ist.“

b) *Absatz 2 wird wie folgt gefasst:*

„(2) Absatz 1 gilt für Werke der Musik nur, wenn diese Element einer Sammlung sind, die für den Gebrauch im Musikunterricht in Schulen mit Ausnahme der Musikschulen bestimmt ist.“

c) *In Absatz 3 Satz 1 werden nach dem Wort „Vervielfältigung“ die Wörter „oder der Übertragung“ eingefügt.*

d) *In Absatz 4 werden die Wörter „Vervielfältigung und Verbreitung“ durch die Wörter „nach den Absätzen 1 und 2 zulässige Verwertung“ ersetzt.*

e) *In Absatz 5 Satz 1 werden nach dem Wort „Vervielfältigung“ das Wort „und“ durch ein Komma ersetzt und nach dem Wort „Verbreitung“ die Wörter „und Übertragung“ eingefügt.*

Bei der Frage der verwertungsrechtlichen Einordnung der Zurverfügungstellung von Werken an die Öffentlichkeit und deren digitale Übertragung in einem elektronischen Netzwerk wurde die in einigen Fällen anzutreffende Ähnlichkeit der online-Werknutzung und der Verbreitung angeführt und gefordert, diese vom Verbreitungsrecht des Urhebers zu erfassen.[714] Diese Einordnung konnte zwar unter anderem aus Gründen der Gesetzessystematik nicht vorgenommen werden, verdeutlichte jedoch dass insbesondere eine Unterscheidung zwischen der Verbreitung im Wege der digitalen offline-Medien und dem digitalen online-Angebot müßig ist und zum Teil wenig sinnvoll erscheint.[715] Der § 46 UrhG n.F., der über die körperliche Verbreitung hinaus auch die Übertragung (19a UrhG n.F.) erfasst, trägt dem Rechnung.

---

[714] Supra § 12 II. 1.

[715] Ebenso *Dreier*, in *Schricker*: Urheberrecht auf dem Weg zur Informationsgesellschaft, S. 156.

IV. Die Beschränkungen zugunsten der Wirtschaft

1. Die Vervielfältigungen und öffentliche Wiedergabe durch Geschäftsbetriebe (§ 56 UrhG)

Der § 56 UrhG sieht im Interesse des Elektrogerätehandels eine Privilegierung für Geschäftsbetriebe vor, die Bild- oder Tonträger, Tonband- oder Videogeräte oder Rundfunk- und Fernsehapparate vertreiben oder instandsetzen. Diese dürfen etwa Schallplatten überspielen, Rundfunkaufnahmen machen oder Sendungen öffentlich wiedergeben, soweit dies notwendig ist, um die Geräte dem Kunden vorzuführen oder um die Geräte instand zu setzen.[716] Nach Absatz 2 sind die Bild- und Tonträger jedoch unverzüglich zu löschen.

Der Begriff der „Bild- und Tonträger" im § 56 UrhG erfasste dem seinerzeitigen Stand der Technik entsprechend nur Geräte zum Empfang beziehungsweise der öffentlichen Wahrnehmbarmachung von Funksendungen.[717] Die digitalen Geräte der Datenverarbeitung und -übermittlung kannte der Gesetzgeber von 1965 noch nicht. Eine andere Beurteilung der Interessensabwägung bei einer Verwendung von Geräten und Trägermaterial für die online-Übermittlung ist vorliegend aber nicht vorzunehmen. Es ist nämlich unerheblich, ob ein Werk zur Vorführung eines herkömmlichen Walkmans auf einem analogen Tonträger vervielfältigt wird oder ob eine mp3-Datei „downgeloadet" und vervielfältigt wird, um einem Kunden einen neuartigen digitalen Walkman vorzuführen. Eine analoge Anwendung des § 56 UrhG kommt aber angesichts seines Ausnahmecharakters grundsätzlich nicht in Betracht.[718] Der § 56 UrhG sollte daher auf Geräte, die im Zuge der digitalen Übermittlung und Nutzung geschützter Werke und Leistungen zum Einsatz kommen, ausgedehnt werden.[719] In diese Richtung geht auch der Diskussionsentwurf des BMJ, der folgende Änderungen vorsieht:

17. *§ 56 wird wie folgt gefasst:*

„§ 56
Vervielfältigung und öffentliche Wiedergabe
in Geschäftsbetrieben

(1) In Geschäftsbetrieben, in denen Geräte zur Herstellung oder zur Wiedergabe von Bild- oder Tonträgern, zum Empfang von Funksendungen oder zur elektronischen Datenverarbeitung vertrieben oder instandgesetzt werden, ist die Überspielung von Werken auf Bild-, Ton- oder Datenträger, die öffentliche Wahr-

---

[716] Vgl. *Rehbinder*, Urheberrecht, Rn. 273.

[717] *Dreier*, in: *Schricker*, Urheberrecht auf dem Weg in die Informationsgesellschaft, S. 169.

[718] Siehe Supra § 15.

[719] Ebenso *Fromm/Nordemann* (*Nordemann*), § 45, Rn. 1; *Dreier*, in *Schricker*: Urheberrecht auf dem Weg zur Informationsgesellschaft, S. 169.

nehmbarmachung von Werken mittels Bild-, Ton- oder Datenträger sowie die öffentliche Wahrnehmbarmachung von Funksendungen und Übertragungen von Werken zulässig, soweit dies notwendig ist, um diese Geräte Kunden vorzuführen oder instandzusetzen.

(2) Nach Absatz 1 hergestellte Bild-, Ton- oder Datenträger sind unverzüglich zu löschen."

Problematisch an dieser neuen Fassung des § 56 UrhG ist allerdings, ob die Umschreibung „zur elektronischen Datenverarbeitung" auch wirklich alle Geräte die zur online-Nutzung notwendig sind erfasst. In der Begründung zum Diskussionsentwurf werden beispielhaft zwar auch Geräte zur Vermittlung digitalisierter Werke wie etwa Computerbildschirme, Drucker oder Modems als von § 56 UrhG n.F. visiert aufgeführt.[720] Dennoch verleitet die gewählte Formulierung eher zu der Annahme, dass mit § 56 UrhG n.F. nur diejenigen Geräte gemeint sind, die im engeren Sinne selbst Daten verarbeiten.[721]

2. Die Benutzung als Katalogbilder (§ 58 UrhG)

Nach § 58 UrhG ist es für den Veranstalter einer Ausstellung zulässig, öffentlich ausgestellte oder zur Versteigerung bestimmte Werke der bildenden Künste in einem Katalog zu vervielfältigen und zu verbreiten. Diese Privilegierung soll den Erfolg der Veranstaltung steigern und verhindern, dass die Arbeit der Museen und Versteigerer, welche in der Regel keine Nutzungsrechte innehaben, über Gebühr behindert wird.[722] Die jetzige Fassung des § 58 UrhG erfasst allerdings nur Druckwerke.[723] Digitale Ausstellungsbegleiter sind daher ebenso wenig wie die Zurverfügungstellung von Abbildungen der Werke an die Öffentlichkeit und deren digitale Übertragung in einem elektronischen Netzwerk von § 58 UrhG erfasst. Die Entwicklung zum interaktiven Museum oder Ausstellungen ist zur Zeit aber in vollem Gange: So sind etwa in Museen immer häufiger digitale, in einem Intranet organisierte Besucherterminals anzutreffen. Aber auch versteigerungs- oder ausstellungsbegleitende Informationen im WWW sind

---

[720] Begründung zum Diskussionsentwurf eines fünften Gesetzes zur Änderung des Urheberrechtsgesetzes, BMJ 3600/13 - 5300/98, S. 13 [http://www.bmj.bund.de/misc/urh_98.htm].

[721] Siehe auch *DGRI*, Stellungnahme der Deutschen Gesellschaft für Recht und Informatik e.V. zum Diskussionsentwurf eines Fünften Gesetzes zur Änderung des Urheberrechtsgesetzes vom 17.07.1998, S. 7 [http://www.dgri.de/ak/akswsst5gu.rtf].

[722] Vgl. *Dreier*, in *Schricker*: Urheberrecht auf dem Weg zur Informationsgesellschaft, S. 170.

[723] Vgl. *Dreier*, in *Schricker*: Urheberrecht auf dem Weg zur Informationsgesellschaft, S. 170.

keine Ausnahmeerscheinungen mehr.[724] Der Artikel 1 Nr. 18 des Diskussionsentwurfs sieht für § 58 UrhG dann auch folgende Änderungen vor:

18. *§ 58 wird wie folgt gefasst:*

„§ 58

Werke in Ausstellungen und Versteigerungen

Zulässig ist die Vervielfältigung, Verbreitung und Übertragung von öffentlich ausgestellten oder zur öffentlichen Ausstellung oder zur Versteigerung bestimmten Werken durch den Veranstalter zur Durchführung einer Ausstellung oder Versteigerung."

Der § 58 UrhG n.F. würdigt derart insbesondere die Tatsache, dass die Wiedergabe des Abbildes eines Werkes der bildenden Kunst keinen wesentlichen neuen Eingriff in die Ausschließlichkeitsrechte der Urheber darstellt.[725]

§ 17 Die Lage in Frankreich

Die Schranken der ausschließlichen Nutzungsrechte der Urheber sind in Frankreich im Art. L. 122-5 CPI normiert. Dieser sieht eine Reihe eng umschriebener Beschränkungen vor, welche sowohl das Recht der Vervielfältigung als auch das Recht der Darbietung umfassen.

I. Die Schranken der Nutzungsrechte im Code de la Propriété Intellectuelle

Die Schranken der Nutzungsrechte im Code de la Propriété Intellectuelle sehen Privilegierungen zum privaten (1.) und zum öffentlichen Gebrauch (2.) vor, wobei die Beschränkung der Schutzdauer als solche nach französischem Verständnis nicht unter die Schranken der Nutzungsrechte fällt und daher auch in einem eigenen Kapitel im Code de la Propriété Intellectuelle geregelt ist (Livre Premier, Titre II, Chapitre III = Art. L. 123 ff. CPI).

1. Die Beschränkungen zum privaten Gebrauch (*utilisations privées*)

Das französische Recht sieht, ebenso wie auch das deutsche Urheberrecht, eine Beschränkung zum privaten Gebrauch vor. Dies sind zum einen die Ver-

---

[724] Vgl. *Dreier*, in *Schricker*: Urheberrecht auf dem Weg zur Informationsgesellschaft, S. 170.

[725] Ebenso *Hoeren*, GRUR 1997, 868, 872.

vielfältigungen zum privaten Gebrauch (a) und zum anderen die Darbietung im Familienkreis (b).

a) Vervielfältigungen zum privaten Gebrauch (*reproductions destinées à l'usage privé*, Art. L. 122-5, 2° CPI) und die Vergütungspflichen (*rémunération pour copie privée*, Art. L. 311-1 ff. CPI)

Bereits der Gesetzgeber der loi du 11 mars 1957 sah eine Privilegierung der Vervielfältigung zum privaten Gebrauch vor. Mittlerweile findet sich diese im Art. L. 122-5, 2° CPI wieder. Hiernach ist es zulässig Kopien und sonstige Vervielfältigungen herzustellen, deren Verwendung ausschließlich auf den Privatgebrauch desjenigen beschränkt ist, der die Kopien hergestellt hat. Der private Gebrauch setzt hierbei, ähnlich dem deutschem Recht, eine Benutzung der Vervielfältigungsstücke innerhalb der persönlichen und familiären Sphäre vor.[726] Eine weitere Voraussetzung des Art. L. 122-5, 2° CPI ist, dass die Vervielfältigungsstücke nicht für eine kollektive Benutzung bestimmt sind und auch nur von dem Kopierenden selbst privat genutzt werden. Der französische Gesetzgeber wollte derart verhindern, dass Unternehmen, Vereinigungen oder ähnliches, Werke vervielfältigen und an ihre Filialen verteilen oder unter ihren Mitgliedern verbreiten.[727]

Einen Ausgleich für den wirtschaftlichen Verlust, der den Urhebern durch private Kopien entsteht, sieht das französische Recht hingegen erst seit der loi du 3 juillet 1985 vor. Diese Vergütungspflicht betrifft aber nur die private Vervielfältigung von Phonogrammen und Videogrammen (Art. 31 – 37 loi du 3 juillet 1985, mittlerweile Art. L. 311-1 – Art. L. 311-8 CPI).[728] Eine Vergütungspflicht für sonstige private Vervielfältigungen kennt das französische Recht hingegen nicht. Es ist daher auch davon auszugehen, dass der Gesetzgeber von 1957, welcher die Vervielfältigung zum privaten Gebrauch erstmals kodifizierte, ausschließlich von der manuellen Vervielfältigung ausging.[729] Die Beschränkung der Vervielfältigung zum privaten Gebrauch wurde vom Gesetzgeber mithin unter der nicht ausdrücklich genannten Voraussetzung geduldet, dass die im Rahmen des Art. L. 122-5, 2° CPI angefertigten Vervielfältigungsstücke in geringer Anzahl hergestellt werden.[730] Die französische Rechtsprechung

---

[726] *Colombet*, Propriété littéraire et artistique et droits voisins, Rn. 224.
[727] *Colombet*, Propriété littéraire et artistique et droits voisins, Rn. 224.
[728] Siehe hierzu *Comombet*, Propriété littéraire et artistique et droits voisins, Rn. 228.
[729] Ebenso *Desbois*, Le droit d'auteur en France, n. 245
[730] Vgl. *Françon*, La propriété littéraire et artistique, S. 63.

scheint dies zu berücksichtigen und zieht daher die Grenze der Ausnahme seit jeher sehr eng.[731]

b) Die Darbietung im Familienkreis (*la représentation dans le cercle de famille*, Art. 122-5, 1° CPI)

Gemäß Art. L. 122-5, 1° CPI sind Darbietungen von veröffentlichten Werken, die privat und kostenfrei ausschließlich im Familienkreis stattfinden zulässig. Diese Beschränkung ergibt sich eigentlich schon aus der Definition des Darbietungsrechts selbst und hat damit nur eine klarstellende Funktion. Eine öffentliche Mitteilung eines Werkes liegt nämlich genau dann vor, wenn diese nicht privat und kostenfrei ausschließlich im Familienkreis stattfindet. Probleme im digitalen Umfeld der Netzwerke ergeben sich bei Art. 122-5, 1° CPI daher auch nur aus der Frage der Auslegung des Begriffes der Öffentlichkeit (siehe hierzu oben § 13 II. 2. c).

2. Die Beschränkungen zum öffentlichen Gebrauch (*utilisations publiques*)

Im Code de la Propriété Intellectuelle sind auch Beschränkungen des Vervielfältigungsrechts (a) und des Rechts der Darbietung (b) zum öffentlichen Gebrauch vorgesehen.

a) Vervielfältigungen zum sonstigen Gebrauch (*reproductions destinées à l'usage public*, Art. L. 122-5, 3° und 4° CPI)

Der Art. L. 122-5, 3° CPI sieht unter der allgemeinen Voraussetzung der Angabe des Namens des Urheber und der Quelle, eine Reihe von Beschränkungen des Vervielfältigungsrechtes vor:

(i.) Analysen und kurze Zitate (Art. L. 122-5, 3° a CPI)

Es handelt sich hierbei zum einen um Analysen und kurze Zitate (Art. L. 122-5, 3° a CPI). Nach der Rechtsprechung der Cour de cassation[732] dürfen die Analysen hierbei die Lektüre des Textes nicht überflüssig machen („*l'analyse purement signalétique, réalisée dans un but documentaire, exclusive d'un exposé substantiel du contenu de l'œuvre et ne permettant pas au lecteur de se dis-*

---

[731] Vgl. nur *TGI Paris, 28.01.1974*, D. 1974, 337, note *Desbois* – Affaire du C.N.R.S; und *Cass. 1ère civ., 07.03.1984*, JCP 1985.II.20351, note *R. Plaisant* – Affaire Rannougraphie.

[732] *Cass. 1ère civ., 09.11.1983*, JCP 1984.20189, note *Françon* – Affaire Microfor

penser de recourir à cette œuvre elle-même"). Die Zitate ihrerseits müssen durch den kritischen, polemischen, pädagogischen, wissenschaftlichen oder informatorischen Charakter des Werks, in das sie eingefügt werden, gerechtfertigt sein. Auch dürfen sie nur kurz sein, das heißt, dass die Entlehnungen kein eigenständiges Werk ergeben dürfen.[733]

(ii.) Presserundschauen und die Verbreitung von bestimmten Ansprachen zu Zwecken der Information (Art. L. 122-5, 3° b und c CPI)

Der Art. L. 122-5, 3° b CPI gestattet Vervielfältigungen zu dem Zweck einer Presserundschau. Diese muss zu Vergleichszwecken eine gemeinsame Darstellung einzelner Artikel enthalten, die zum gleichen Thema oder Ereignis in unterschiedlichen Zeitungen erschienen oder von unterschiedlichen Autoren verfasst worden sind.[734] Freigestellt ist nach Art. L. 122-5, 3° CPI auch die, zum Zweck der Information über Tagesereignisse vorgenommenen, selbst vollständige Verbreitung von an die Öffentlichkeit gerichteten Ansprachen, die in politischen, administrativen, gerichtlichen oder akademischen Veranstaltungen sowie bei öffentlichen politischen Kundgebungen oder bei staatlichen Feierlichkeiten gehalten werden.

(iii.) Parodien, stilistische Imitationen und Karikaturen (Art. L. 122-5, 4°)

Schließlich sind noch die Parodien, stilistische Imitationen (*pastiche*) und Karikaturen nach Art. L. 122-5, 4° CPI privilegiert, sofern sie den Regeln der jeweiligen Gattung folgen.

b) Beschränkung des Rechts der Darbietung zum öffentlichen Gebrauch

Eine weitere Beschränkung zum öffentlichen Gebrauch ergibt sich aus dem Art. 132-21 al. 2 CPI. Dieser sieht eine Privilegierung der Gemeinden und bestimmter ministeriell anerkannte Gesellschaften für Volksbildung vor (*régime spéciale applicable aux communes et aux sociétés d'éducation populaire*). Diese bedürfen für Darbietungen zwar der Zustimmung des Urhebers, sind aber für ihre öffentlichen Veranstaltungen beziehungsweise Feste nur zur Zahlung einer

---

733 *TGI Paris 06.07.1972*, D. 1972.628, note *Pactet*; *Paris, 15.06.1901*, zitiert bei *Comombet*, Propriété littéraire et artistique et droits voisins, Rn. 230: „les emprunts, assez étendus pour tenir lieu de l'ouvrage et détourner le lecteur de la pensée de le lire, constituent la contrefaçon".

734 *Cass. crim. 30.01.1978*, D. 1979.583, note *Le Calvez*: „elle suppose nécessairement la présentation conjointe et par voie comparative de divers commentaires émanant de journalistes différents et concernant un même thème ou un même événement".

herabgesetzten Vergütung verpflichtet, die zwischen den Beteiligten auszuhandeln ist.[735]

II. Die Schrankenbestimmungen in der aktuellen Diskussion in Frankreich

In Frankreich wie auch in Deutschland stehen die Beschränkungen zum privaten Gebrauch (*utilisations privées*) im Zentrum der Diskussion. Es geht hierbei insbesondere um die Zukunftsfähigkeit der Privilegierung der Vervielfältigung zum privaten Gebrauch (1.). Dennoch sind auch einige Beschränkungen zum öffentlichen Gebrauch (*utilisations publiques*) vom digitalen Umfeld der elektronischen Netzwerke betroffen (2.).

1. Die Vervielfältigung zum privaten Gebrauch im digitalen Umfeld der Netzwerke

Die Schwierigkeiten bei der Anwendung der Beschränkung des Rechts der Vervielfältigung im digitalen Umfeld der Netzwerke sind vielfältig. Es kann aber auch in Frankreich festgestellt werden, dass der Download eines Werkes aus einem Datennetz, die Speicherung im Arbeitsspeicher und das Browsing grundsätzlich zulässig ist, sofern das Vervielfältigungsstück innerhalb der persönlichen und familiären Sphäre benutzt wird. Wird das Vervielfältigungsstück im nachhinein aber zu anderen als zu privaten Zwecken verwendet und insbesondere zur kollektiven Benutzung bestimmt, so entfällt auch nach Art. L. 122-5, 2° CPI, ähnlich dem § 53 Abs. 6 UrhG, die Privilegierung.

Für die Verwendung privilegierter Werke im digitalen Umfeld der Netzwerke bedeutet dies, dass der Upload eines privilegierten Werkes auf einen, in einem Netzwerk Dritten zur Verfügung stehenden Server eine Urheberrechtsverletzung darstellt.[736] Der privilegierte Nutzer ermöglicht nämlich durch den Upload, Dritten das Werk abzurufen und dieses gegebenenfalls zu kopieren, wobei es eben gerade das Wesen der Netzwerke und insbesondere des Internets ist, dass

---

[735] Siehe hierzu *Colombet*, Propriété littéraire et artistique et droits voisins, Rn. 240.

[736] Vgl. *TGI Paris, réf., 14/08/1996*, JCP 1996.II.22727, note Olivier et Barbry – Affaire Brel et Sardou [http://www.celog.fr/expertises/premiere.htm] = GRUR Int. 1997, 756: „toute reproduction par numérisation d'oeuvres musicales protégées par le droit d'auteur susceptible d'être mise à la disposition de personnes connectées au réseau Internet doit être autorisée expressément par les titulaires ou cessionnaires des droits" und *TGI Paris, réf., 05/05/1997*, JCP 1997.II.22906 – Affaire - Queneau [http://www.legalis.net/legalnet/judiciaire/ord_0597.htm].

dies kollektiv geschieht.[737] Nach der Rechtsprechung des TGI Paris in der *Ordonnance du Référé* vom 10.06.1997 findet allerdings eine kollektive Benutzung nicht statt, soweit es sich bei dem Netzwerk um ein durch eine Firewall geschütztes Intranet handelt.[738] Die Beschränkung des Art. 122-5, 2° CPI wird in der Entscheidung zwar nicht ausdrücklich genannt, jedoch wird angeführt, dass durch den Upload auf ein geschlossenes und laborinternes Netzwerk[739] keine kollektive Benutzung beabsichtigt wurde, sondern vielmehr der private Zweck gewahrt werden wollte.[740] Problematisch an dieser sogenannten „*Affaire Queneau*“ ist aber schon, dass es sich vorliegend gar nicht um ein durch Firewall abgegrenztes Netzwerk handelte. Vielmehr hatte die Beklagte nur eine nicht indexierte und nicht mit dem übrigen Netz verlinkte Seite unter einer lediglich laborintern bekannten Subdomain angelegt, die aber in keiner Weise abgesichert war. Jedermann, der sich die Mühe machte, die Unterverzeichnisse des Servers zu durchsuchen, stand der Zugriff auf die Webseite offen. Juristisch viel bemerkenswerter ist jedoch, dass das Gericht anscheinend selbstverständlich davon ausging, dass eine Werknutzung in einem Intranet per se einen privaten Gebrauch darstellt. Dies ist aber zumindest für die Verwertung in einem geschlossenen Netzwerk einer mittelgroßen Forschungseinrichtung zweifelhaft und für Intranets großer Firmen gänzlich ausgeschlossen. Auch bei der Nutzung von Werken in geschlossenen Netzwerken (Intranets...) ist für die Privilegierung zu berücksichtigen, dass die Benutzung der Vervielfältigungsstücke nur innerhalb der persönlichen und familiären Sphäre stattfinden darf.

Problematisch ist auch die Frage der Vervielfältigung durch einen anderen. Hierbei stellt sich auch in Frankreich die Frage nach der Privilegierung elektronischer Pressearchive. Während der § 53 UrhG ausdrücklich vorsieht, dass der zur Vervielfältigung Befugte die Vervielfältigungsstücke auch durch einen ande-

---

737 Vgl. *TGI Paris, réf., 14/08/1996,* JCP 1996.II.22727, note *Olivier* et *Barbry* – Affaire Brel et Sardou [http://www.celog.fr/expertises/premiere.htm] = GRUR Int. 1997, 756 und *TGI Paris, réf., 05/05/1997,* JCP 1997.II.22906 - Affaire – Queneau [http://www.legalis.net/legalnet/judiciaire/ord_0597.htm]: „en permettant à des tiers connectés au réseau Internet de visiter ses pages privées et d'en prendre éventuellement copie“, Christian L. „a favorisé l'utilisation collective de sa reproduction“.

738 *TGI Paris, réf., 10/06/1997,* Dalloz Affaires 1996, S. 1135 – Affaire Queneau Toulouse [http://www.legalis.net/legalnet/judiciaire/ord_0697.htm].

739 Es handelte sich um das Intranet des Laboratoire d'Automatique et d'Analyse des Systèmes (LAAS) à Toulouse.

740 *TGI Paris, réf., 10/06/1997,* Dalloz Affaires 1996, S. 1135 – Affaire Queneau Toulouse [http://www.legalis.net/legalnet/judiciaire/ord_0697.htm]: Jérôme B. avait prévu „*de conserver au programme son caractère privé*“ en restreignant la consultation du serveur au seul laboratoire et, d'autre part, que la possibilité de s'y connecter par Internet était due à des „*défaillances techniques*“.

ren herstellen lassen darf, ist dies im Art. L. 122-5, 2° CPI nicht ausdrücklich normiert. Die Cour de cassation hat jedoch in ihrem vielbeachteten *Arrêt* in der *„Affaire Rannougraphie"* entschieden, dass der Hersteller einer Vervielfältigung beziehungsweise der Kopierende in einem gewerblich betriebenen Kopierladen, diejenige Person ist, welche die Kopiergeräte zur Verfügung gestellt hat.[741] Diese Entscheidung schreibt sich in der konstanten Sorge der französischen Rechtsprechung ein, Vervielfältigungen zu unterbinden, die den Urhebern aufgrund der Intensität und Tiefe des Eingriffs einen schweren (wirtschaftlichen) Schaden zufügen.[742] Die vorliegend in Frage stehenden elektronischen Pressearchive lassen sich in der Intensität der Nutzung durchaus mit gewerblich betriebenen Kopierläden vergleichen, denn die wirtschaftlichen Auswirkungen auf die Urheber sind mit diesen nahezu identisch. Aus diesem Grund lässt sich der *„Arrêt Rannougraphie"* auch auf die elektronischen Pressearchive übertragen. Dies bedeutet, dass die Anbieter elektronischer Pressearchive nicht von Art. 122-5,2° CPI privilegiert werden.

Ein weiteres Problem bei der Privilegierung der Vervielfältigung zum privaten Gebrauch ergibt sich aus der intensiveren Nutzung der Werke in den Datennetzen und der damit einhergehende Möglichkeit der Vervielfältigung von Daten ohne jeglichen Qualitätsverlust. Für die Urheber bedeutet dies ein in seiner Tiefe und Intensität äußerst schwerwiegender Eingriff, der geeignet ist, ihnen einen schweren Schaden zufügen. Auch im französischen Recht stellt sich daher die Frage, ob die Beschränkung der Vervielfältigung zum privaten Gebrauch, welche ursprünglich ausschließlich für die manuellen Vervielfältigung konzipiert war, im Informationszeitalter überhaupt noch zeitgemäß ist. Zum Teil wird in Frankreich dafür plädiert, die Schrankenregelung des Art. L. 122-5, 2° CPI gänzlich abzuschaffen und zu einem unbeschränkten Ausschließlichkeitsrecht des Urhebers zurückzukehren.[743] Hierfür wird insbesondere Art. 9 Abs. 2 RBÜ und der 29. Erwägungsgrund des Vorschlages der Richtlinie zur Harmonisierung bestimmter Aspekte des Urheberrechts und der verwandten Schutzrechte in der Informationsgesellschaft angeführt. Hiernach soll eine privilegierte Vervielfältigung weder die normale Auswertung des Werkes beeinträchtigen noch die berechtigten Interessen des Urhebers unzumutbar verletzen. Der 29. Erwägungsgrund präzisiert sogar, dass der „Umfang bestimmter Ausnahmen bei bestimm-

---

[741] *Cass. 1ère civ., 07.03.1984*, JCP 1985.II.20351, note *R. Plaisant* – Affaire Rannougraphie und *C.A. Paris, 08.10.1982*, Rev. Trim. Dr. Com. 1983, 434, obs. *Françon* – Affaire Rannougraphie; siehe auch *A. Lucas* und *H.J. Lucas*, Traîté de la Propriété littéraire et artistique, Rn. 82 und 285ff.

[742] Vgl. *Colombet*, Propriété littéraire et artistique et droits voisins, Rn. 227 m.w.N.

[743] Siehe bei *A. Lucas*, Droit d'auteur et numérique, Rn. 388ff. m.w.N.

ten neuen Formen der Nutzung urheberrechtlich geschützter Werke und sonstiger Schutzgegenstände möglicherweise noch enger zu begrenzen" sein wird.

Einer Streichung der Privilegierung der Vervielfältigung zum privaten Gebrauch ist jedoch nicht zuzustimmen. Auch in Frankreich besteht der Grund der Freistellung der Vervielfältigung zum privaten Gebrauch im Informationszeitalter fort. Dieser liegt nämlich nur bedingt in der praktischen Kontrollierbarkeit, die im Übrigen mittlerweile durch die Technik herbeigeführt werden könnte, sondern hauptsächlich darin, denjenigen Personen eine Teilnahme am kulturellen Leben zu ermöglichen, die es sich nicht leisten können, eigene Vervielfältigungsstücke käuflich zu erwerben.[744] Daher wird auch vereinzelt nur eine Einschränkung des Art. L. 122-5, 2° CPI auf die Bestimmungen bezüglich der Ausnahmen von den zustimmungsbedürftigen Handlungen bei Computerprogrammen und Datenbanken gefordert.[745] Zwar würde derart die aktuelle Besserstellung der Computerprogramme (nur eine Sicherungskopie) und elektronischer Datenbanken (keine Vervielfältigungen) gegenüber den anderen Werkskategorien zurückgenommen. Allerdings hätte diese Einschränkung der Privilegierung der Vervielfältigung zum privaten Gebrauch eine empfindliche Störung des Gleichgewichts zwischen Urheber- und Allgemeininteressen zur Folge. Es darf im Übrigen auch nicht übersehen werden, dass der eigentliche Grund für diese Forderung nach einer Einschränkung beziehungsweise Streichung dieser Privilegierung, die lediglich für Phono- und Videogramme vorgesehene Vergütungspflicht darstellt. Anstatt aber das Gebilde der Schrankenbestimmungen einseitig zu Lasten der Nutzer zu verändern, sollte vielmehr die Vergütungspflicht ausgedehnt und dem digitalen Umfeld der Netzwerke angepasst werden, so dass eine angemessene wirtschaftliche Beteiligung der Urheber an den Nutzungen ihres Werkes auch in der Informationsgesellschaft gewährleistet ist.[746]

2. Die Beschränkungen zum öffentlichen Gebrauch im digitalen Umfeld der Netzwerke

Die bestehenden Vorschriften zu den Beschränkungen zum öffentlichen Gebrauch werfen als solche keine Probleme auf.[747] Fraglich ist aber, ob die aktuelle Diskussion in Frankreich nicht zum Anlass genommen werden sollte, eine Privilegierung für die Vervielfältigungen zu Unterrichts- und Forschungszwecken sowie für die Bibliotheken in den Code de la Propriété Intellectuelle einzu-

---

744 Siehe für Deutschland *Supra § 16 I. 1. a)*. und auch *A. Lucas*, Droit d'auteur et numérique, Rn. 437.

745 Siehe bei *A. Lucas*, Droit d'auteur et numérique, Rn. 388ff. m.w.N.

746 Ebenso *A. Lucas*, Droit d'auteur et numérique, Rn. 398ff.

747 Vgl. *A. Lucas*, Droit d'auteur et numérique, Rn. 414ff.

führen. Dies wird unter dem Hinweis auf ausländische Rechtsordnungen auch vereinzelt gefordert.[748] Hierbei wird aber übersehen, dass die Einführung derartiger Beschränkung nicht der französischen Urheberrechtstradition entspricht. Im Übrigen belegen die Verhandlungen der Bibliothèque de France mit den Rechteinhabern, dass auch für eine digitale Verwendung der Werke in Datennetzen eine vertragliche Lösung gefunden werden kann, die beide Seiten zufrieden stellt.[749]

§ 18 Zusammenfassung

Einige Nutzungshandlungen werden auch im digitalen Umfeld der Netzwerke durch die Schrankenbestimmungen in ihrer aktuellen Fassung privilegiert. Zum Teil bedürfen die Schrankenbestimmungen aber insbesondere in Deutschland einer Anpassung an die veränderten Gegebenheiten.

Für die Privilegierung der Vervielfältigung zum privaten und sonstigen eigenen Gebrauch gilt hierbei im Ergebnis folgendes: Diese ist sowohl in Deutschland als auch in Frankreich in der jeweiligen aktuellen Fassung den Anforderungen der Datennetze weitestgehend gewachsen und bedarf keiner Anpassung. Dies bedeutet für die Nutzungshandlungen in den Datennetzen im einzelnen, dass das Downloading eines Werkes zu privaten Zwecken grundsätzlich nach § 53 Abs. 1 S. 1 UrhG und Art. 122-5, 2° CPI zulässig ist. Wenn aber das Vervielfältigungsstück dazu benutzt wird, ein weiteres Vervielfältigungsstück auf einem der Öffentlichkeit zur Verfügung stehenden Server hochzuladen (Upload), dann entfällt diese Privilegierung aufgrund nachträglicher Zweckänderung sowohl in Deutschland (§ 53 Abs. 6 UrhG) als auch in Frankreich (Art. 122-5, 2° CPI) wieder. Dies gilt entsprechend auch für die Vervielfältigung im Arbeitsspeicher und das Browsing. Hingegen bleibt die Freistellung der Vervielfältigung zum privaten Gebrauch den Verwendern von Inline-Links und Frames verwahrt, da diese eigene Werknutzer sind. Auch die Speicherung in Proxies ist weder von § 53 Abs. 1 S. 1 UrhG noch von Art. 122-5, 2° CPI gestattet, wobei eine neue Schrankenregelung für moderne Diensteanbieter, ähnlich dem § 55 UrhG, aufgrund der möglichen Beeinträchtigungen des Urheberpersönlichkeitsrechts durch die „Proxyspeicherung" abzulehnen ist.

Eine Änderung der Beschränkung zum privaten und sonstigen eigenen Gebrauch ist auch hinsichtlich der im deutschen Urheberrechtsgesetz ausdrücklich vorgesehene Vervielfältigung durch einen anderen, aufgrund der von der

---

[748] Vgl. u.a. *Martin-Lalande*, L'internet: un vrai défi pour la France, S. 68.
[749] Ebenso *A. Lucas*, Droit d'auteur et numérique, Rn. 444.

höchstrichterlichen Rechtsprechung vorgegebenen restriktiven Auslegung nicht nötig. Dies gilt auch für den Absatz 2 des § 53 UrhG, wobei insbesondere die elektronischen Pressearchive nicht von Nr. 2 und 4 erfasst werden, da diese einen erheblich verstärkten Nutzungsumfang nach sich ziehen und auch über den Sinn der Privilegierung hinaus gehen. Hingegen werden die Online-Bibliotheken aufgrund des unentbehrlichen freien Zugangs der Allgemeinheit zu Informationen von § 53 Abs. 2 Nr. 4 UrhG erfasst. Im Gegenzug stehen den Urhebern jedoch ein Vergütungsanspruch zu, für welchen aber die nach § 54d UrhG für die Höhe der Vergütungsansprüche aus § 54a UrhG maßgebenden Vergütungssätze offensichtlich nicht mehr ausreichen. Insbesondere unter der Berücksichtigung der Möglichkeit einer Vervielfältigung von Daten ohne jeden Qualitätsverlust, erscheinen die maßgebenden Vergütungssätze nicht an die Gegebenheiten des digitalen Umfelds der elektronischen Netzwerke angepasst. Mittels der Vergütungspflicht lässt sich zwar auch in den Datennetzen ein Ausgleich für die dem Urheber entgehenden wirtschaftlichen Nutzungen seines Werkes erzielen. Insbesondere stellt Vergütungspflicht im Vergleich zu den technischen Identifizierungs- und Schutzsysteme und deren rechtlichen Umgehungsschutz, die flexiblere und verträglichere Lösung dar, denn sie wahrt die Urheberrechtssystematik und verhindert die Einführung eines neuen Quasi-Ausschließlichkeitsrechts. Sofern aber die Urheber und ausübende Künstler auch in der Informationsgesellschaft weiterhin schöpferisch und künstlerisch tätig sein sollen, sind die Vergütungssätze den veränderten Gegebenheiten anzupassen und gegebenenfalls neu zu bemessen. Die genaue Höhe könnte allerdings gemäß §§ 12, 13 UrhWG[750] auch zwischen den Beteiligten selbst ausgehandelt werden.

In Frankreich ist anstatt der zum Teil geforderten Einschränkung oder Streichung der Privilegierung der Vervielfältigung zum privaten Gebrauch eine Ausdehnung der bisher ausschließlich auf Audio- und Videogramme anwendbare Vergütungspflicht vorzunehmen, so dass auch hier die Urheber angemessen an der Nutzung ihrer Werke beteiligt werden können. Zumale eine übermäßige Einschränkung oder Streichung eine einseitige Verschiebung der Interessen zugunsten der Urheber und Rechteinhaber bedeuten und das Gleichgewicht zwischen Urheber- und Allgemeininteressen empfindlich stören würde. Schließlich ist auch im digitalen Umfeld der Netzwerke denjenigen Personen eine Teilnahme am kulturellen Leben zu ermöglichen, die es sich nicht leisten können, eigene Vervielfältigungsstücke käuflich zu erwerben.

Für die sonstigen Beschränkungen im Urheberrechtsgesetz und im Code de la Propriété Intellectuelle gilt folgendes: Den Prüfstand der digitaler Netzwerke

---

[750] Gesetz über die Wahrnehmung von Urheberrechten und verwandten Schutzrechten (Urheberrechtswahrnehmungsgesetz) vom 9. September 1965, BGBl. I 1294.

bestehen ohne Probleme die § 47 UrhG (Schulfunksendungen), § 51 UrhG (Zitate), § 55 UrhG (Vervielfältigungen durch Sendeunternehmen) und § 57 UrhG (unwesentliches Beiwerk). Keiner Anpassung bedarf weiterhin die Schrankenbestimmungen des § 45 UrhG (Rechtspflege und öffentliche Sicherheit), da diese Privilegierung bereits schon heute die digitale Vervielfältigung der Werke sowie auch die digitale Übermittlung zulässig vervielfältigter Werke erfasst. Auch der § 48 UrhG (öffentliche Reden) kommt ohne Anpassung aus, da durch die „öffentliche Wiedergabe" zugleich die Zurverfügungstellung von Werken an die Öffentlichkeit und deren digitale Übertragung in einem elektronischen Netzwerk miterfasst ist. Ebenfalls keiner Änderung bedarf der § 52 UrhG (öffentliche Wiedergabe), denn die Frage nach der „Öffentlichkeit" stellt sich, wie im Übrigen auch bei Art. 122-5, 1° CPI, bereits schon auf der Ebene des § 15 Abs. 2 UrhG beziehungsweise Art. 122-2 CPI. Eine nicht-öffentliche Werkwiedergabe wird nämlich schon gar nicht vom Ausschließlichkeitsrecht der Urheber erfasst und bedarf daher auch keiner Privilegierung.

Etwas schwieriger gestaltet es sich bei § 49 UrhG (Zeitungsartikel und Rundfunkkommentare). Weder die elektronischen Informationsquellen noch die elektronischen Pressespiegel sind de lege lata privilegiert. Die traditionellen (analogen) Informationsquellen dürfen indes nicht anders behandelt werden, als solche, die in einem Netzwerk zur Verfügung stehen, denn letztendlich zieht deren Einbeziehung für die Urheber keine weitere Beeinträchtigung nach sich. Hingegen darf die Übernahme von Artikeln durch online Medien beziehungsweise die Herstellung eines elektronischen Pressespiegels auch nicht de lege ferenda von § 49 UrhG privilegiert werden. Die elektronischen Pressespiegel sind nicht mit herkömmlichen Pressespiegeln zu vergleichen, denn sie haben eine Intensivierung der Werkverwertung zur Folge und gehen daher über den Sinn dieser Privilegierung hinaus. Der § 49 UrhG ist daher nur bedingt anzupassen.

Einer Anpassung bedarf auch der § 46 UrhG (Sammlungen für Kirchen-Schul- oder Unterrichtsgebrauch), um eine Gleichstellung der bereits nach aktueller Gesetzeslage von § 46 UrhG erfassten digitalen offline-Medien mit den digitalen online-Medien herbeizuführen. Der § 50 UrhG (Bild- und Tonberichterstattung) sollte de lege ferenda auch die Wiedergabe von (in einem Netzwerk zur Verfügung stehenden) Texten erfassen. Auch der § 56 UrhG (Vervielfältigungen und öffentliche Wiedergaben durch Geschäftsbetriebe) bedarf einer Anpassung. Dieser sollte auch auf Geräte ausgeweitet werden, die im Zug der digitalen Übermittlung und Nutzung geschützter Werke zum Einsatz kommen. Eine Erweiterung des § 58 UrhG (Benutzung von Katalogbildern) über die Druckwerke hinaus auch auf die digitale Zurverfügungstellung von Abbildungen der Werke an die Öffentlichkeit in einem elektronischen Netzwerk würde keinen wesentlichen neuen Eingriff darstellen und sollte daher vollzogen werden. Schließlich ist auch der § 59 UrhG (Werke an öffentlichen Plätzen) auszuweiten, so dass de lege ferenda die Verwertung des Straßenbildes auch mit bis dato nicht bekannten Mittel privilegiert ist.

In Frankreich bestehen für die Schrankenbestimmungen des Art. 122-5, 3° und 4° CPI schon deswegen kein Änderungsbedarf, weil diese allgemein gehalten sind und deren Konkretisierung der Rechtsprechung überlassen wurde. Auch eine Einfügung einer Privilegierung für die Vervielfältigungen zu Unterrichts- und Forschungszwecken sowie für die Bibliotheken in den Code de la Propriété Intellectuelle ist aufgrund der französischen Urheberrechtstradition abzulehnen.

Die Schrankenbestimmungen sind mithin sowohl im Urheberrechtsgesetz als auch im Code de la Propriété Intellectuelle, weitestgehend den Anforderungen der modernen Informationsgesellschaft gewachsen und bedürfen lediglich einiger oberflächlicher Änderungen. Diese hauptsächlich in Deutschland notwendigen Änderungen werden zum Teil durch den Diskussionsentwurf eines Fünften Gesetzes zur Änderung des Urheberrechtsgesetzes vom 17.07.1998 des BMJ aufgegriffen. Der Diskussionsentwurf enthält aber eine Reihe Unklarheiten in der Formulierung. Darüber hinaus werden auch nicht immer alle Interessen gleichermaßen berücksichtigt und derart die Gefahr heraufbeschworen, dass das sensible Gebilde der Schrankenbestimmungen aus dem Gleichgewicht gerät. Dennoch geht der Diskussionsentwurf in die richtige Richtung.

Sechstes Kapitel: Die internationale Dimension

"l'importance du droit international privé l'emportera bientôt sur celle du droit privé interne"

R. Savatier, Les métamorphoses économiques et sociales du droit privé d'aujourd'hui, p.70

Die aktuellen elektronischen Netzwerke sind zum größten Teil nicht mehr an nationale Grenzen gebunden. Insbesondere das Internet mit seiner militärischen Entstehungsgeschichte macht an nationalen Grenzen nicht halt und ist als solches auch nicht in einem Land lokalisiert, von wo aus es betrieben wird.[751] Aber auch bestimmte „geschlossene" Abonnentennetze erstrecken sich ebenfalls über mehrere Länder. Es ist heute ein leichtes, so gut wie jedes urheberrechtlich geschützte Werk in digitalisierter Form über die internationalen Datennetze sofort in mehreren Ländern und unter divergierenden Rechtssysteme zu nutzen. Zum ersten Mal in der Geschichte des Urheberrechts kann man daher zu Recht von einer wirklich internationalen Verwertung der Werke sprechen.

Die bereits auf nationaler Ebene nicht immer einfachen Probleme des Urheberrechts auf dem Weg in die Informationsgesellschaft, erreichen somit eine zuvor kaum gekannte internationale Dimension. Die zunehmende weltweite Vernetzung hat damit unter anderem zur Folge, dass angesichts des in den einzelnen Ländern geltenden unterschiedlichen Schutzgrades des Urheberrechts der Frage des anwendbaren Rechts auf grenzüberschreitende Verwertungsakte in internationalen Datennetzen besondere Relevanz zukommt.[752] Dreier macht dann auch darauf aufmerksam, dass insbesondere den Fragen des auf die grenzüberschreitende online Übertragung anwendbaren Rechts große Aufmerksamkeit geschenkt werden sollte.[753] Neben diesem zusätzlichen Anwendungspotential für das internationale Urheberrecht, wird aber auch die grundsätzliche Befürchtung geäußert, dass dieses in seinem gegenwärtigen Entwicklungsstand den Anforderungen des internationalen Urheberrechts-verkehrs nicht mehr gerecht wird. Kreile und Becker meinen gar, dass es den Anschein hat, „dass das klassische

---

[751] Im Gegensatz zu den in Deutschland bisher bekannten Netzwerken (Btx-System, nunmehr T-Online).

[752] So auch *Lehmann*, in: *Lehmann*, Internet- und Multimediarecht, S. 26, 28ff

[753] *Dreier*, Urheberrecht und digitale Werkverwertung, S. 45 [http://www.ipa-uie.org/dreier.html].

Kollisionsrecht in einem „global village“ an die Grenzen seiner Leistungsfähigkeit gelangt ist“.[754]

Auch rechtspolitisch ist die Frage des anwendbaren Rechts von besonderer Aktualität: Sie erfuhr zwar weder in dem Richtlinienvorschlag der Europäischen Kommission vom 10.12.1997 noch in dem Schricker-Gutachten für das Bundesministerium der Justiz[755] beziehungsweise im Diskussionsentwurf eines Fünften Gesetzes zur Änderung des Urheberrechtsgesetzes vom 17.07.1998 eine Erwähnung, wurde jedoch bereits 1995 in dem Grünbuch „Urheberrecht und verwandte Schutzrecht in der Informationsgesellschaft“[756] aufgegriffen. Allerdings hat die Kommission bisher auf der Ebene des Gemeinschaftsrechts eine Lösungsfindung für die Frage des anwendbaren Rechts lediglich angekündigt.[757] Die Klärung der Fragen des anwendbaren Rechts bei der grenzüberschreitenden Verwertung von geistigem Eigentum (§ 18) und der Urheberrechtsverträge (§ 19), aber nicht zuletzt auch die Fragen der gerichtlichen Zuständigkeit (§ 20) und der Rechtsdurchsetzung (§ 21), sind für die Rechtssicherheit der beteiligten Akteure aber unbedingt erforderlich. Andernfalls steht zu befürchten, dass die Rechteinhaber nicht weiter bereit sein werden, ihre Werke in internationalen Datennetzen verwerten zu lassen.

§ 19 Das anwendbare Recht bei der grenzüberschreitenden Verwertung urheberrechtlich geschützter Werke

Art. 3 Abs. 2 S. 1 EGBGB[758] weist ausdrücklich auf den Grundsatz völkerrechtfreundlichen Verhaltens hin und stellt klar, dass völkerrechtliche Vereinbarungen, soweit sie unmittelbar anwendbares innerstaatliches Recht geworden sind, den autonomen Kollisionsnormen vorgehen.

---

754 *Kreile/Becker*, GRUR Int. 1996, 677 (689).

755 Die Ausklammerung der Frage des anwendbaren Rechts in diesem umfassenden Gutachten ist wohl ausschließlich mit der knapp bemessenen Zeit zu erklären, in der dieses angefertigt werden musste.

756 *Grünbuch der Kommission der Europäischen Gemeinschaften*, KOM(95) 382 endg., 19.07.1995 [http://www.ispo.cec.be/infosoc/legreg/sum95382.html].

757 Siehe Begründung zum EG-Richtlinienvorschlag zum Urheberrecht in der Informationsgesellschaft, Kap. 2 Ziffer 8.; sowie *Initiativen zum Grünbuch über Urheberrecht und verwandte Schutzrechte in der Informationsgesellschaft*, KOM(96) 568 endg., 20.11.1996 [http://www.ispo.cec.be/com96586.html].

758 Einführungsgesetz zum Bürgerlichen Gesetzbuche vom 18. August 1896 in der Fassung der Bekanntmachung vom 21. September 1994, BGBl. I S. 2494, ber. 1997 I. S. 1061.

I. Internationale Abkommen

An wichtigen Staatsverträgen[759] kommen vorliegend in Betracht: die revidierte Berner Übereinkunft (RBÜ) vom 09.09.1886, geltend in der Pariser Fassung von 1971, das der RBÜ ähnliche Rom-Abkommen über den Schutz der ausübenden Künstler, der Hersteller von Tonträgern und der Sendeunternehmer vom 26.10.1961[760] sowie das TRIPs-Übereinkommen, welches nach Abschluss der Uruguay-Runde des GATT am 15.04.1994 als integraler Bestandteil des WTO-Übereinkommens verabschiedet wurde.

1. Die revidierte Berner Übereinkunft

Der revidierten Berner Übereinkunft gehören neben Deutschland 125 Vertragsstaaten einschließlich der USA (seit 01.03.1989), China (15.10.1992) und Russland (13.03.1995) an, die sich zwecks internationalen Schutzes des Urheberrechts, unter Ausschluss der verwandten Schutzrechte, zu einem Staatenverband mit eigener Rechtspersönlichkeit[761] zusammengeschlossen haben (Art. 1 RBÜ). Die RBÜ verfolgt hierbei im Wesentlichen drei große Schutzprinzipien: den Grundsatz der Inländerbehandlung (Art. 5 Abs. 1, Abs. 3 RBÜ), eine Gewährung von konventionseigenen Mindestrechten sowie das Gebot der Freiheit von Förmlichkeiten (Art. 5 Abs. 2 S. 1 RBÜ).

Der Grundsatz der Inländerbehandlung gewährt gemäß Art. 5 Abs. 1 RBÜ den Urhebern verbandseigener Werke in den Verbandsländern (mit Ausnahme des Ursprunglandes) denselben Schutz wie einem inländischen Urheber. Die Inländerbehandlung in der RBÜ folgt somit einem Assimilationsprinzip.[762] Die Inländerbehandlung bedeutet für sich allein aber noch keine völlige Gleichbehandlung in allen Verbandsländern, da der Schutzumfang von Land zu Land verschieden sein kann. Die Inländerbehandlung kann unter Umständen etwa zur Folge haben, dass ein ausländischer Urheber in Deutschland höheren Schutz genießen kann als umgekehrt ein deutscher Urheber im verbandsangehörigen

---

759 Das in Genf unterzeichnete Welturheberrechtsabkommen vom 06.09.1952 (WUA) hat nachdem die USA, China und die damalige Sowjetunion der RBÜ beigetreten sind seine Daseinsberechtigung und seine Bedeutung weithin verloren. Im Übrigen bleibt es mit seinem Schutz deutlich hinter dem der RBÜ zurück, die im Verhältnis der RBÜ-Staaten untereinander den Vorrang vor dem WUA hat (Art. XVII WUA).

760 Internationales Abkommen über den Schutz der ausübenden Künstler, der Hersteller von Tonträgern und der Sendeunternehmer (Rom-Abkommen) vom 26.10.1961, BGBl 1965 II 1245.

761 OMPI/WIPO - Organisation Mondiale de la Propriété Intellectuelle; World Intellectual Property Organization.

762 *Rehbinder*, Urheberrecht, Rn. 479.

Ausland.[763] Um die Unterschiede der nationalen Gesetzgebungen abzuschwächen sieht die RBÜ konventionsinterne Mindestrechte vor. Das Urheberpersönlichkeitsrecht (Art. 6bis RBÜ), das Übersetzungsrecht (Art. 8 RBÜ), das Vervielfältigungsrecht (Art. 9 RBÜ), das Aufführungs-, Sende- und Vortragsrecht (Art. 11, 11bis, 11ter RBÜ) und das Bearbeitungsrecht (Art. 12, 14 RBÜ) sind heute iure conventionis geschützt. Wenn also das nationale Recht hinter den Mindestrechten der RBÜ zurückbleibt, mithin Schutzlücken aufweist, können sich die ausländischen Urheber direkt auf die materiellrechtlich gewährten konventionseigenen Mindestrechte berufen.[764] Gewähren hingegen innerstaatlicher Gesetze eines Verbandslandes einen weitergehenden Schutz als die Konvention, so hindern gemäß Art. 19 RBÜ die Bestimmungen der Übereinkunft nicht daran, diesen zu beanspruchen. Der ausländische Urheber kann sich in diesem Fall auf die Rechte berufen, welche die einschlägigen Gesetze den inländischen Urhebern gewähren (Art. 5 Abs. 1, Abs. 3 RBÜ). Art. 19 RBÜ bestätigt damit noch einmal den Grundsatz der Inländerbehandlung[765] und betont, dass das Konventionsrecht nur einen Mindestschutz darstellt.[766]

a) Das Up- und Downloading

Für die grenzüberschreitende Verwertung in internationalen Datennetzen bedeutet dies, dass dem Urheber eines Werkes der Literatur und Kunst (Art. 2 Abs. 1 RBÜ)[767], der die Staatsangehörigkeit eines Verbandslandes besitzt oder sich dort gewöhnlich aufhält (Art. 3 Abs. 1 lit.a, Abs. 2 RBÜ) beziehungsweise, wenn er diese Voraussetzungen nicht erfüllt, sein Werk zuerst in einem Verbandsland veröffentlicht hat (Art. 3 Abs. 1 lit.b RBÜ), zumindest die Konventionsmindestrechte zustehen. Lädt also ein Informationsanbieter ein geschütztes Werk zum Abruf auf seinen Server oder fertigt ein Benutzer von dem im Datennetz übermittelten Werk eine Kopie auf seiner Festplatte an, so steht dem Urheber zumindest das ausschließliche Recht der Vervielfältigung nach Art. 9 Abs. 1 RBÜ zu.

---

763 Vgl. etwa *LG Köln* ZUM 1996, 703, 704; *Masouyé*, Kommentar zur Berner Übereinkunft, Art. 5, 5.2.

764 BGHZ 135, 138.

765 *Masouyé*, Kommentar zur Berner Übereinkunft, Art. 19, 19.2.

766 *Masouyé*, Kommentar zur Berner Übereinkunft, Art. 19, 19.1.

767 Wobei der Werkbegriff in der RBÜ weit gefaßt ist und u.a. auch Computerprogramme und Datenbanken erfasst - so klarstellend Art. 4, 5 WCT (WIPO-Copyright Treaty) vom 20.12.1996 [http://www.public-domain.org/ wipo/dec96/dec96.html].

b) Die digitale Übertragung

Die Erfassung der online-Übertragung eines Werkes ist hingegen etwas schwieriger. Insbesondere scheint das Aufführungs-, Sende- und Vortragsrecht (Art. 11, 11bis, 11ter RBÜ) nicht direkt auf das online-Angebot zu passen, da die online-Übertragung in keinem Fall eine Aufführung beziehungsweise ein Vortrag darstellt und das Senderecht in Art. 11bis RBÜ ausschließlich von der Rundfunksendung ausgeht. Die digitale Übertragung in Netzwerken ist von den Mindestrechten der RBÜ daher auch nicht erfasst.

Mittlerweile haben die Verbandsländer in Art. 8 des WIPO-Copyright Treaty (WCT) vom 20.12.1996 aber klargestellt, dass dem Urheber ein Recht der öffentlichen Mitteilung gewährt wird, welches mit den Fällen, in denen „die Mitglieder der Öffentlichkeit von unterschiedlichen Orten und zu unterschiedlichen Zeiten Zugriff nehmen können“[768], ausdrücklich den elektronischen Abruf geschützter Werke mitumfasst. Der WCT reflektiert damit die Bemühungen der WIPO, den Urhebermindestschutz konstant weiter anzuheben. Die WIPO übernimmt mit dem WCT und WPPT eine Rolle als weltweiter Schrittmacher, denn die online-Werknutzung fand bisher auf nationaler Ebene noch in keinem Land eine ausdrückliche Berücksichtigung.[769] Die Mindestrechte beanspruchen zwar im Ursprungsland keine Geltung (Art. 5 Abs. 3 S. 1 RBÜ), jedoch wächst der Druck auf den nationalen Gesetzgeber, der es in aller Regel vermeiden möchte, dass die inländischen Urheber schlechter behandelt werden als verbandsangehörige ausländische Urheber („*reversed discrimination*“). Der WIPO-Copyright Treaty wurde jedoch bisher weder von Deutschland noch von Frankreich ratifiziert.[770] Die Frage des anwendbaren Rechts auf online-Übertragungen ist folglich nach den Rechtsvorschriften des Landes, in dem der Schutz beansprucht wird, zu beantworten. Mithin ist nach nationalem Kollisions- und Sachrecht zu bestimmen, ob und wie die online-Übertragung urheberrechtlich erfasst wird.

Etwas anderes würde sich jedoch ergeben, wenn die RBÜ im Interesse eines internationalen Entscheidungseinklangs eine Kollisionsregel enthielte und somit die nationalen Vorschriften verdrängen würde. Dem Grundsatz der Inländerbehandlung in der RBÜ liegt der Gedanke zugrunde, dass das Urheberrecht als Immaterialgüterrecht in seiner räumlichen Wirkung territorial beschränkt ist.[771]

---

768 Siehe hierzu auch *Supra § 12 II. 4.*

769 Siehe für Deutschland und Frankreich *Supra Kapitel 4.*

770 Der WCT wurde bisher nur von El Salvador, Indonesien, Kirgistan, Moldawien, Panama, Ungarn, Weißrußland, ratifiziert; Übersicht über den aktuellen Stand der Ratifikation [http://www.wipo.org/fre/ratific/s-copy.htm].

771 *Martiny*, RabelsZ 40 (1976), 224; *Schack*, Urheber- und Urhebervertragsrecht, Rn. 802.

Der Kern dieses sogenannten Territorialitätsprinzip ist die Auffassung, dass es nur ein Bündel jeweils selbständiger nationaler Urheberrechte an dem selben Immaterialgut geben kann,[772] mithin das einzig gemeinsame und universelle am Urheberrecht nur die Idee vom Schutz des geistigen Eigentums ist, es aber Rechte verschiedener Ausprägung sind, die diesem Schutz dienen.[773] Hieraus folgt unter anderem, dass das Urheberrecht nur dort verletzt werden kann, wo es besteht.[774] Das Territorialitätsprinzip zwingt also den Rechtsinhaber, seine Rechte in der Rechtsordnung des jeweiligen Schutzlandes zu suchen. Dieses sogenannte „Schutzlandprinzip"[775] hat auch in Art. 5 Abs. 2 S. 2 RBÜ seinen Niederschlag gefunden. Hiernach richten sich infolge des Territorialitätsprinzips „der Umfang des Schutzes sowie die dem Urheber zur Wahrung seiner Rechte zustehenden Rechtsbehelfe ausschließlich nach den Rechtsvorschriften des Landes, in dem der Schutz beansprucht wird, soweit ... die RBÜ ... nichts anderes bestimmt". Zum Teil[776] wird aus dieser Vorschrift der RBÜ eine kollisionsrechtliche Verweisung auf das Recht des Schutzlandes gefolgert. Dies würde bedeuten, dass für die Entstehung, den Inhalt und den Umfang sowie die Verletzung des Urheberrechts stets an der lex loci protectionis anzuknüpfen wäre[777].

Unabhängig davon, ob eine Anknüpfung an die lex loci protectionis im Allgemeinen und im Besonderen bei einer grenzüberschreitenden Verwertung in internationalen Datennetzen sinnvoll erscheinen mag, ist es bei Art. 5 Abs. 2 S. 2 RBÜ aber überhaupt schon zweifelhaft, eine Kollisionsnorm anzunehmen. Der französische Text des Art. 5 Abs. 2 S. 2 RBÜ - der bei Auslegungszweifeln der Konvention heranzuziehen ist (Art. 37 Abs. 1 lit.c RBÜ) - sieht folgendes vor: *„par suite, en dehors des stipulations de la présente Convention, l'étendue de la protection ainsi que les moyens de recours garantis à l'auteur pour sauvegarder ses droits se règlent exclusivement d'après le législation du pays où la loi est réclamée.*" Neben dem *„par suite*", welches auch in der deutschen Fassung nur als „infolge des Territorialitätsprinzip" verstanden werden kann, ist *„en dehors*"

---

[772] *BGH 02.10.1997* MMR 1998, 35 [http://urteile.kanzlei.de/1-88g95.htm]; *Siehr*, UFITA 108 (1988), 9, 12 .

[773] *Ulmer*, RabelsZ 41 (1977), 495.

[774] *BGH 16.06.1994* BGHZ 126, 252 (256); *Schricker (Katzenberger)*, vor § 120 UrhG, Rn. 72.

[775] BGHZ 118, 394, 397.

[776] *Ulmer*, Die Immaterialgüterrechte im IPR, Nr. 1, 16; *Schricker (Katzenberger)*, vor § 120 UrhG, Rn. 74; *MüKo-Kreuzer*, nach Art. 38 EGBGB Anhang II, Rn. 8; A., *v.Bar*, IPR Bd.2, S. 511 (Rn. 702); *A. Lucas*, Traité de la propriété littéraire et artistique, spéc. n°s 1066f. ; *Kéréver*, in: *Fremont/Ducasse*, Les autoroutes de l'information: enjeux et défis, S. 253, 255.

[777] *Kéréver*, in: *Fremont/Ducasse*, Les autoroutes de l'information: enjeux et défis, S. 253, 255.

wörtlich mit „außerhalb der Übereinkunft" zu übersetzen. Dies bedeutet also, dass außer den Mindestrechten der RBÜ (von Mindestrechten nicht erfasst beziehungsweise weitergehend als diese = außerhalb der Übereinkunft) sich alle weiteren Rechte nach dem Recht des Landes, in dem der Schutz beansprucht wird, richten, insbesondere also auch das anwendbare Recht nach dem Recht des Landes, in dem der Schutz beansprucht wird, zu bestimmen ist. Zu einem anderen Ergebnis käme man nur, sofern anstatt „in dem der Schutz beansprucht wird" mit „für dessen Gebiet der Schutz beansprucht wird" zu lesen wäre.[778] Nur in diesem Fall würde es sich bei Art. 5 Abs. 2 S. 2 RBÜ um eine Kollisionsnorm handeln. Der französische Text (*d'après la législation du pays où la loi est réclamée*) des Art. 5 Abs. 2 S. 2 RBÜ, wie auch im Übrigen der deutsche, bietet für eine derartige Auslegung jedoch nicht den geringsten Anhaltspunkt.

Gegen eine konventionsinterne Kollisionsnorm spricht darüber hinaus auch die Konventionsgeschichte.[779] Die treibenden Kräfte der Berner Übereinkunft, insbesondere die Association littéraire internationale, die Société des Gens de Lettres und der Börsenverein des deutschen Buchhandels, verfolgten das Ziel eines möglichst weltweiten Schutzes der Werke der Literatur und Kunst. Schon schnell erkannte man jedoch, dass dieses Ziel sich nicht über ein einheitliches Gesetz realisieren lassen würde. Um jedoch den Missstand des damaligen internationalen Urheber-rechtschutzes zu überwinden, einigte man sich auf den kleinst möglichen Nenner, der unter weitestgehendem Verzicht von materieller Gegenseitigkeit darin bestand, dass „jedes literarische, wissenschaftliche oder künstlerische Werk in den anderen Ländern nach dem gleichen Grundsatz wie die Werke einheimischen Ursprungs behandelt werden soll".[780] Man beabsichtigte mithin also gerade nicht in das Recht der Verbandsländer einzugreifen. Die RBÜ kam vielmehr nur zu Stande, weil die nationalen Gesetzgeber ihre Gestaltungsautonomie weitestgehend beibehielten. Es ist daher auch ausgeschlossen und fernab jeglicher Wahrscheinlichkeit, dass man mit Art. 5 Abs. 2 S. 2 RBÜ eine Kollisionsnorm aufstellen und derart in die Gestaltungsautonomie der Verbandsländer eingreifen wollte.[781]

---

[778] So u.a. *Ulmer*, RabelsZ 41 (1977), 479, 480.
[779] Siehe hierzu auch *Masouyé*, Kommentar zur Berner Übereinkunft, Art. 1
[780] Vgl. dazu insbes. *Kérever*, in: *Fremont* et *Ducasse*, Les autoroutes de l'information: enjeux et défis, S. 253, 255; *Ulmer*, RabelsZ 41 (1977), 479, 493.
[781] Vgl. *Schack*, Urheber- und Urhebervertragsrecht, Rn. 891.

Die RBÜ enthält mithin keine Kollisionsnorm.[782] Die RBÜ belässt also, abgesehen von den Mindestrechten, den Vertragsstaaten freie Hand in der Ausgestaltung ihres nationalen Urheber- und Urheberkollisionsrechts.[783] Die Frage des anwendbaren Rechts bei einer digitalen Übertragung in internationalen Datennetzen muss daher jeweils nach der nationalen Kollisionsnorm bestimmt werden.[784]

2. Das Rom-Abkommen

Das Rom-Abkommen (RA) vom 26.10.1961 über den Schutz der ausübenden Künstler, der Hersteller von Tonträgern und der Sendeunternehmer wurde bisher von 52 Staaten ratifiziert. Die Schutzlücken sind also wesentlich größer, als bei der RBÜ. Das Rom-Abkommen folgt den selben Schutzprinzipien, wie die RBÜ und wendet ebenfalls den Grundsatz der Inländerbehandlung (Art. 2, 4 – 6 RA) und der Mindestrechte an. Insoweit kann im Ergebnis auf das oben Ausgeführte verwiesen werden.

3. Das ADPIC oder TRIPs-Abkommen

Das TRIPs-Abkommen ist auch unter dem Begriff „Bern-plus“ bekannt geworden, da der Art. 9 Abs. 1 S. 1 TRIPs alle WTO-Vertragsstaaten verpflichtet, neben dem TRIPs-Abkommen, die RBÜ in der Fassung von Paris 1971 zu beachten.[785] Das TRIPs-Abkommen tritt daher nicht in direkte Konkurrenz zur RBÜ, sondern unterstützt diese. Der nicht zu unterschätzende Vorteil des TRIPs im Vergleich zur RBÜ ist jedoch, dass es einen größeren Anwendungsbereich hat und insbesondere in Art. 64 Abs. 1 TRIPs die Anwendbarkeit des allgemeinen Schlichtungsverfahrens des GATT auf die im TRIPs geregelten Rechte sowie neuartige Sanktionen gegenüber Staaten vorsieht, die das vereinbarte Schutzniveau nicht einhalten.[786]

---

782 So i.E. auch *Masouyé*, Kommentar zur Berner Übereinkunft, Art. 5, 5.6; *Ulmer*, RabelsZ 41 (1977), 479, 487; *Schack*, GRUR Int. 1985, 523; vgl. auch *C.A. Paris, 4ème ch., 14.03.1991*, JCP 1992, II, 21780, note *Ginsburg*.

783 *Schack*, Urheber- und Urhebervertragsrecht, Rn. 891.

784 Im Übrigen hat das autonome Kollisionsrecht neben der RBÜ auch noch insbesondere für die Frage der Schranken des Urheberrechts eine große Bedeutung, da die RBÜ diesbezüglich nur ein dürftiges Sicherheitsnetz (vgl. Art. 10, 10bis RBÜ) vorsieht. Die RBÜ beschränkt nur die Schranken und überlässt es im Wesentlichen den Verbandsländern diese auszugestalten.

785 Mit Ausnahme des Urheberpersönlichkeitsrechts.

786 Die WTO kann einem vertragsbrüchigen Staat nach Durchführung eines Streitbeilegungsverfahrens die Handelskonzession entziehen.

Das TRIPs-Abkommen enthält jedoch ebenfalls weder eine konventionsinterne Sachnorm bezüglich des online-Angebots noch eine Kollisionsnorm und klärt mithin ebenfalls nicht einheitlich welches Recht bei einer grenzüberschreitenden Verwertung urheberrechtlich geschützter Werke in internationalen Datennetzen anwendbar ist. Das anwendbare Recht bei der grenzüberschreitenden Verwertung urheberrechtlich geschützter Werke muss mithin nach jeweils autonomen Kollisionsrecht bestimmt werden.

II. Autonomes deutsches Kollisionsrecht

Die deutsche IPR-Kodifikation sieht, im Gegensatz zu Portugal, Spanien, Österreich, der Schweiz oder Paraguay[787] um nur einige Beispiele zu nennen, keine spezielle Verweisungsnorm für das Urheberrecht vor. Insbesondere aus den §§ 120 ff. UrhG lässt sich keine autonome Kollisionsnorm herauslesen.[788] Der Grund hierfür ist, dass das Urheberrecht sich erst im 19. Jahrhundert von seiner Grundlage eines staatlichen Privilegs zu lösen begann und sich zu einem Privatrecht hin entwickelte.[789] Darüber hinaus fügten sich die ebenfalls auf dem Territorialitätsprinzip basierenden Regelungen der internationalen Vereinbarungen nur schwer in das System von Verweisungsnormen ein.[790]

1. Das Territorialitätsprinzip

Das Territorialitätsprinzip, nach welchem das Urheberrecht, als Immaterialgüterrecht in seiner räumlichen Wirkung territorial beschränkt ist,[791] ist ungeeignet, das ubiquitäre Immaterialgut einer bestimmten Rechtsordnung zuzuordnen. Stehen nämlich mehrere Rechte aus dem Bündel der angeblich selbständigen und territorial begrenzten Urheberrechte zur Verfügung, so hilft das Territorialitätsprinzip nicht weiter. Es besagt nämlich gerade nichts darüber aus, welches Recht in einem solchen Fall anwendbar ist. Das Territorialitätsprinzip hat keinen kollisionsrechtlichen Gehalt.[792]

---

787 Vgl. Art. 48 I portug. Código civil, Art. 10 Nr.4 span. Código civil, § 34 österr. IPR-Gesetz, Art. 109-111 IPRG, Art. 2093 parag. Código civil vom 24.07.1984.

788 Unstreitig, vgl. anstatt vieler *Schack* JZ 1995, 837, 838 m.w.N.

789 Vgl. auch *Einleitung*.

790 *Siehr*, UFITA 108 (1988), 9, 10.

791 S.o. § 19 I. 1. b).

792 *MüKo (Kreuzer)*, Anhang II nach Art. 38 EGBGB, Rn. 14; *Schack*, Urheber- und Urhebervertragsrecht, Rn. 890.

2. Die lex loci protectionis

Die kollisionsrechtliche Ausprägung des Territorialitätsprinzips ist die lex loci protectionis, welcher die ganz h.M.[793] sämtliche Immaterialgüterrechte einheitlich unterstellt. Mit der lex loci protectionis ist das Recht des Staates gemeint, für dessen Gebiet der Urheberrechtsschutz beansprucht wird, das heißt, die Entstehung, der Inhalt und der Umfang sowie die Verletzung des Urheberrechts richten sich nach dem Recht des Schutzlandes. Die generelle Anknüpfung an die lex loci protectionis entspricht im Übrigen auch der Auffassung der I. Kommission des Deutschen Rates für IPR[794] und ist auch international weit verbreitet. Die IPR-Kodifikationen der Schweiz[795], Österreichs[796] oder Italiens[797], unterstellen etwa sämtliche Immaterialgüter dem Recht des Schutzlandes. Einzelne Staaten sehen aber auch eine einheitliche Anknüpfung am Recht des Ursprungslandes vor.[798] In der Literatur[799] wird vereinzelt eine dritte vermittelnde Lösung angestrebt, die von der universellen Geltung der Rechte ausgeht. Hiernach sollen Inhalt und Schranken gemäß dem Recht des Schutzlandes, die Entstehung und die Inhaberschaft des Urheberrechts aber gemäß dem Recht des Ursprungslandes zu bestimmen sein.

Die Entstehung und die Inhaberschaft des Urheberrechts stellen für die Frage, welches Recht auf eine grenzüberschreitende Verwertung urheberrechtlich geschützter Werke in internationalen Datennetzen anwendbar ist, eine Vorfra-

---

793 *BGH 02.10.1997* MMR 1998, 35 [http://urteile.kanzlei.de/1-88g95.htm]; BGHZ 118, 394, 397f.; *Ulmer*, Die Immaterialgüterrechte im IPR, S. 51; *Stellungnahme des Max-Planck-Instituts für ausländisches und internationales Patent-, Urheber- und Wettbewerbsrecht*, GRUR Int. 1985, 104, 106; *v.Bar*, IPR Bd.2, S. 511, Rn. 702ff; *MüKo (Kreuzer)*, nach Art. 38 Anh. II, Rdnr. 7; *Schricker (Katzenberger)*, vor § 120ff. Rn. 93; *Stäheli* in: Hilty, Information Highway, 597, 606; *Martiny*, RabelsZ 40 (1976), 218, 223.

794 Art. 46 der 1988 verabschiedeten Empfehlung enthält folgenden Regelungsvorschlag "Immaterialgüterrechte unterstehen dem Staat, für dessen Gebiet ihr Schutz in Anspruch genommen wird".

795 Vgl. Art. 110 Abs. 1 Schweiz. IPRG wonach "Immaterialgüterrechte dem Recht des Staates unterliegen, für den der Schutz der Immaterialgüter beansprucht wird"

796 Vgl. § 34 Abs. 1 öst. IPRG unterstellt das "Entstehen, den Inhalt und das Erlöschen von Immaterialgüterrechten, dem Recht des Staates, in dem eine Benutzungs- oder Verletzungshandlung gesetzt wird"

797 Vgl. Art. 54 ital. Legge 31 maggio 1995, N.218 wonach "i diritti su beni immateriali sono regolati dalla legge dello Stato di utlizzazione".

798 So etwa Art. 60 rumän. IPRG oder Art. 48 I portug. Código civil; für Frankreich siehe nachfolgend *§ 18. III.*

799 *Neuhaus*, RabelsZ 40 (1976), 191ff.: für eine universelle Geltung aller Immaterialgüterrechte; einschränkend nur für das Urheberrecht: *Drobnig*, RabelsZ 40 (1976), 195ff.; *Schack*, Urheber- und Urhebervertragsrecht, Rn. 900ff.

ge[800] dar, denn nur wenn das Bestehen eines Urheberrechts bejaht wird, kann eine Verletzung überhaupt in Betracht kommen. Die Vorfrage wird hierbei selbständig nach dem Kollisionsrecht der lex fori bestimmt.[801] Für die in Deutschland h.M. führt diese Vorfrage allerdings zu keinen weiteren Problemen, da sie das Urheberrecht in seiner Gesamtheit der lex loci protectionis unterstellen. Die Urheberschaft beurteilt sich in allen Fällen nach dem gleichen Recht, wie dessen Inhalt und Umfang sowie dessen Verletzung.

Indes trägt eine Unterstellung des Urheberrechts an das Recht des Schutzlandes in seiner Gesamtheit nicht den einzelnen Interessen der Beteiligten in gleicher Weise Rechnung. Der Verletzer, der sich den Ort der Verwertungshandlung aussuchen kann, bestimmt derart auch über die Existenz des Urheberrechts. Eine einheitliche Anknüpfung an die lex loci protectionis schützt daher primär den inländischen Rechtsverkehr, als es die Urheber schützt.[802] Im Übrigen erscheint es auch zumutbar, demjenigen, der Nutzungsrechte erwerben will eine Prüfung der Rechtsinhaberschaft seines Vertragspartners, ähnlich derjenigen beim Erwerb von Forderungsrechten (§§ 398, 437 BGB), aufzuerlegen.[803] Darüber hinaus trägt die Anknüpfung an die lex originis für die Entstehung und die Inhaberschaft des Urheberrechts dem Kontinuitätsinteresse Rechnung tragen, da die einmal erworbene Urheberschaft nicht einfach wieder erlöschen könnte, um dann gegebenenfalls neu zu entstehen. Im Fall eines Statutenwechsels bleiben dann auch im internationalen Urheberrecht, ähnlich dem internationalen Sachenrecht[804], die wohlerworbenen Rechte geschützt. Eine einheitliche und für die Berechtigten vorhersehbare Bestimmung des Urheberrechts trägt daher wesentlich zur internationalen Verkehrsfähigkeit des Urheberrechts bei.[805]

Indes, nach dem in den internationalen Konventionen verbreiteten Grundsatz der Inländerbehandlung sind im Inland auch Werke zu schützen, die im Ursprungsland ungeschützt sein können. Dies ergibt sich unter anderem aus Art. 5 Abs. 2 S. 1 RBÜ, der die Verbandsländer dazu verpflichtet, auch Werke zu schützen, wenn sie mangels Erfüllung der Formalitäten im Ursprungsland schutzlos sind.[806] Der Grundsatz der Inländerbehandlung gilt einheitlich für Er-

---

800 Siehe zur Vorfrage: *Lüderitz*, IPR, Rn. 137ff.; *Kegel*, IPR, § 9, S. 270ff.; *Koch/Magnus/Winkler von Mohrenfels*, IPR und Rechtsvergleichung, S. 12.

801 h.M.: BGHZ 43, 213, 218ff.; *Palandt (Heldrich)*, Einl. vor Art. 3 EGBGB Rn. 29; *Kegel*, IPR, § 9 II, S. 276.

802 *Schack*, Urheber- und Urhebervertragsrecht, Rn. 918.

803 *Schack*, Urheber- und Urhebervertragsrecht, Rn. 899.

804 Vgl. *Firsching/ von Hoffmann*, IPR, § 12, Rn.28ff.

805 *Drobnig*, RabelsZ 40 (1976), 195, 201f.; *Schack*, UFITA 108 (1988), 51, 56; *Schack*, Urheber- und Urhebervertragsrecht, Rn. 899.

806 *Masouyé*, Kommentar zur Berner Übereinkunft, Art. 5, 5.5 und 5.6.

werb, Bestand und Wirkung des Urheberrechts. Dies bedeutet, dass die Anerkennung eines weltweiten Urheberrechts mit der Folge einer Anknüpfung an die lex originis für das Entstehen und die Inhaberschaft des Urheberrechts zwar zukunftsorientiert und mit der Überwindung des Privilegienwesens[807] sowie der Erkenntnis der grundlegend unterschiedlichen Rechts- und Interessenlage im internationalen Urheberrecht von registrierungspflichtigen Schutzrechten auch geboten sein mag.[808] Die einheitliche Anknüpfung an die lex loci protectionis sich jedoch über Jahrzehnte bewährt und teilweise als effektiver erwiesen hat, als die divergierenden Kollisionsnormen herkömmlicher Prägung.[809]

Beurteilt sich demnach die Entstehung, die Inhaberschaft sowie nach einhelliger Meinung, der Inhalt und die Schranken des Urheberrechts nach dem Recht des Landes, in dem der Schutz beansprucht wird, so ist hiermit aber noch nicht die Frage beantwortet, ob die lex loci protectionis auch geeignet ist, die Verletzung des Urheberrechts im Wege einer grenzüberschreitenden Verwertung in internationalen Datennetzen zu klären.

Die §§ 97 ff. UrhG gehören zum deutschen Deliktsstatut.[810] Die Voraussetzungen und Rechtsfolgen der Verletzung des Urheberrechts müssten sich demnach nach dem Recht des Tatortes richten, wobei dem Geschädigten ein Wahlrecht zwischen Handlungs- und Erfolgsort zusteht[811] beziehungsweise bei nicht ausüben dieses Wahlrechts nach dem von der h.M.[812] erstellten Günstigkeitsprinzip, jeweils das Recht des Landes zur Anwendung gelangt, welches für den Verletzten günstiger ist. Anders als das Sacheigentum hat das Urheberrecht aber keinen situs. Es ist als absolutes Recht, das sich gegen jedermann richtet, überall und nirgends real belegen, und zwar weder im Ursprungsland des Werkes oder des Werknutzers noch am Wohnsitz oder Aufenthaltsort des Urhebers[813] oder im Verletzungsstaat. Einen selbständigen, vom Handlungsort abweichenden Erfolgsort gibt es mithin bei Urheberrechtsverletzungen nicht. Dem Ort des Schadenseintritts kann daher keine Bedeutung zugemessen werden.[814] Das Ubiquitätsprinzip findet demnach auf das ubiquitäre Urheberrecht keine Anwendung.[815] Eine Verletzungshandlung kann nur den Tatbestand erfüllen, der inhaltlich vom

807 *Schack*, Urheber- und Urhebervertragsrecht, Rn. 801.
808 *Schack*, Urheber- und Urhebervertragsrecht, Rn. 808.
809 *Ulmer*, RabelsZ 41 (1977), 479, 496f, 511.
810 *Rehbinder*, Urheberrecht, S. 356; *Martiny*, RabelsZ 40 (1976), 218, 219; *Schack*, Urheber- und Urhebervertragsrecht, Rn. 924.
811 Firsching/ von Hoffmann, IPR, § 11, Rn. 23.
812 *BGH 23.06.1964* NJW 1964, 2012; *Kegel*, IPR § 18 IV, S. 535f.
813 *BGH 14.05.1969* BGHZ 52, 108, 110f.
814 *BGH 14.05.1969* BGHZ 52, 108, 111.
815 Vgl. *Schack*, Urheber- und Urhebervertragsrecht, Rn. 721.

Urheberrecht umfasst ist.[816] Das Deliktsstatut deckt sich also mit dem Recht des Schutzlandes. Man kann daher die lex loci protectionis auch „eine euphemistische Bezeichnung für das Deliktsstatut"[817] nennen.

Die Anknüpfung an die lex loci protectionis (beziehungsweise an die lex loci delicti commissi) bei einer Verletzung urheberrechtlich geschützter Werke in internationalen Datennetzen im Wege der Vervielfältigung durch Up- oder Downloading eines Werkes auf einen Server würde dann zu dem Recht des Staates, in dem die Vervielfältigung stattgefunden hat, führen: Lädt ein illegaler Anbieter ein Werk eines Urhebers aus dem Land A auf seinen Server im Land C, so findet die Vervielfältigung in C statt. Folglich wäre das Recht von C anwendbar. Genauso ist es auch bei einer illegalen Kopie im Wege des Downloading eines Nutzers im Lande B. Anwendbares Recht wäre das Recht von B.

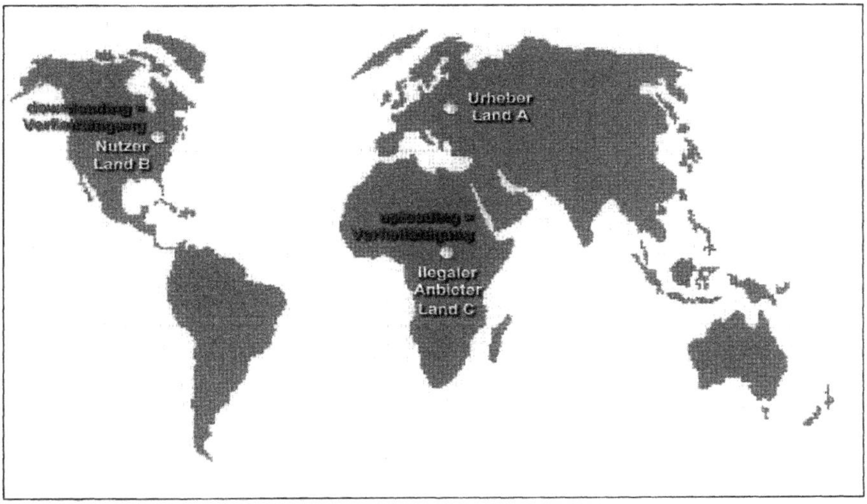

Abbildung 13: Anwendbares Recht beim Up- beziehungsweise Download
Quelle: Eigene Darstellung

Dieses Ergebnis lässt sich jedoch nur deswegen erreichen, da der Vervielfältigungsakt eindeutig in einem Land lokalisierbar ist. Bei der Zurverfügungstellung von Werken an die Öffentlichkeit und deren digitale Übertragung in einem elektronischen Netzwerk ist die Situation weniger klar. Bietet ein illegaler Anbieter im Land C ein urheberrechtlich geschütztes Werk eines Urhebers aus

816 *Schack*, Urheber- und Urhebervertragsrecht, Rn. 924.
817 *Schack*, GRUR Int. 1985, 523, 524.

Land A zur digitalen Übertragung in einem internationalen elektronischen Netzwerk an (etwa über seine Homepage im Internet), so kann das Werk durch individuelle Anfrage der einzelnen Nutzer praktisch weltweit abgerufen werden. Die Situation lässt sich - natürlich mit einigen Abweichungen - mit der eines Theaters vergleichen, dessen Gebäude direkt auf einer Grenze gebaut wurde und dessen Szene im Land A, die Parterreplätze aber im Land B und die Balkonplätze in Land C liegen würden, wobei die Schauspieler jeweils nur auf Abruf des Publikums anfangen würden zu spielen. Es ist hierbei fraglich, in welchem Land die Verwertung stattgefunden hat. Spielt sich der Vorgang der digitalen Übertragung nach seinem Schwergewicht dort ab, wo die Möglichkeit des Empfangs durch die Öffentlichkeit gegeben ist (Land V, W, X, Y oder Z) - der tatsächliche Empfang und der Werkgenuss sind hierbei natürlich urheberrechtlich irrelevant[818] - oder vielmehr in dem Land, in dem das Werk angeboten wird (Land C). Beide Möglichkeiten erscheinen zunächst vertretbar.

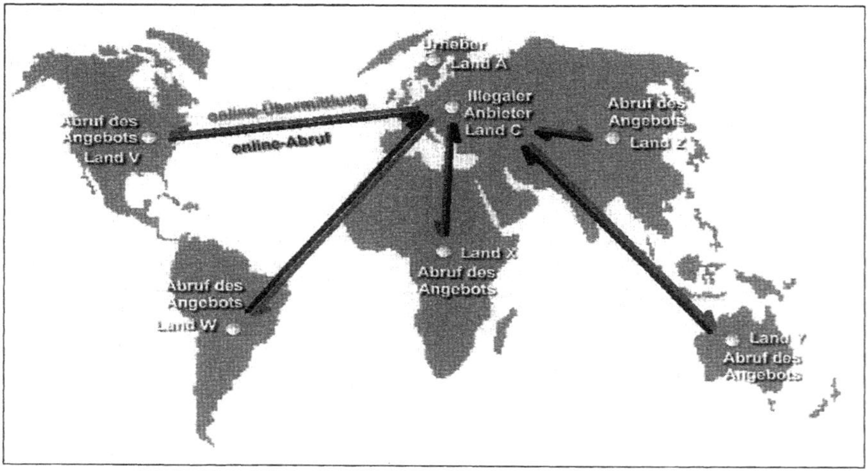

Abbildung 14: Anwendbares Recht bei der digitalen Übertragung
Quelle: Eigene Darstellung

An dieser Stelle schlägt auch die Unsicherheit der rechtlichen Einordnung der digitalen Übertragung (s.o. *§ 12 II.*) durch. Während sich für den Fall der unkörperlichen Werknutzung nämlich die Frage stellt, ob die Verwertung im Land C oder X, Y, Z stattfindet, ist dies für den Fall der Zuordnung zum Recht der körperlichen Verbreitungsrecht nicht nötig. Ausgehend aber von denen im

---

[818] *Dietz*, UFITA 108 (1988), 73, 76; *Ulmer*, RIDA 93 (1977), 5, 24f., 34f.; *Schack*, Urheber- und Urhebervertragsrecht, Rn. 408.

vierten Kapitel gefundenen Ergebnissen wird die Zurverfügungstellung von Werken an die Öffentlichkeit und deren digitale Übertragung in einem elektronischen Netzwerk nicht vom Verbreitungsrecht erfasst. Mithin ist es vorliegend fraglich, in welchem Land die Verwertung stattgefunden hat und folglich auch völlig unklar, wo der Schutz beansprucht werden kann[819]. Mit der alleinigen Anknüpfung an die lex loci protectionis lässt sich demnach das anwendbare Recht auf die neue Art der universellen Verwertung von Werken und Leistungen im Wege der Zurverfügungstellung von Werken an die Öffentlichkeit und deren digitale Übertragung in einem elektronischen Netzwerk nicht eindeutig bestimmen.

3. Sendeland

Dieser Konflikt zwischen dem territorial begrenzten Urheberrecht und der Universalität des Internets ist ein Phänomen, welches an die Mitte der 80er Jahre geführte Diskussion über das anwendbare Recht von Sendungen direktsendender, überregionaler Satelliten erinnert. Die Europäische Kommission schlug in ihrem Grünbuch[820] daher auch vor, das anwendbare Recht analog den Mechanismen in der Satelliten- und Kabelrichtlinie[821] festzulegen und das Recht des Sendelandes anzuwenden. Art. 1 Abs. 2 lit.b der Richtlinie 93/83/EWG sieht folgendes vor:

> *„Die öffentliche Wiedergabe über Satellit findet nur in dem Mitgliedstaat statt, in dem die programmtragenden Signale unter der Kontrolle des Sendeunternehmens und auf dessen Verantwortung in eine ununterbrochene Kommunikationskette eingegeben werden, die zum Satelliten und zurück zur Erde führt."*

Eine Analogie dieser Lösung auf die Frage des anwendbaren Rechts bei online-Übertragungen hat den unbestreitbaren den Vorteil, dass am Ursprung der Übertragung angeknüpft wird, sozusagen an der leicht zu lokalisierenden. Darüber hinaus ist es für den Urheberrechtsinhaber derart relativ einfach, mit einem Lizenzabkommen alle Übertragungen von diesem Server zu lizenzieren.[822]

Abgesehen davon, dass es sich hierbei um rein praktische Fragen handelt, die unter anderem die Verwaltung der Rechte betreffen und die Frage des an-

---

819 *Schønning*, RIDA 170 (1996), S.20, 31 = ZUM 1997, 34, 36.

820 *Grünbuch der Kommission der Europäischen Gemeinschaften*, KOM(95) 382 endg., KOM(95) 382 endg., 19.07.1995 [http://www.ispo.cec.be/infosoc/legreg/sum95382.html].

821 *Richtlinie 93/83/EWG* des Rates vom 30.10.1993 [http://www2.echo.lu/legal/de/ipr/kabsat/kabsat.html].

822 *Schønning*, RIDA 170 (1996), S.20, 43 = ZUM 1997, 34, 38.

wendbaren Rechts als solches nicht beeinflussen, kann aber schon die Ausstrahlung einer Satellitensendung nicht der in den elektronischen Netzwerken stattfindenden online-Übertragung verglichen werden (vgl. oben *§ 12 II. 3.*). Zudem ruft eine Begrenzung des Rechtsanwendungsrisikos durch Vorhersehbarkeitskriterien oder dessen enge Anbindung an eine Rechtsordnung geradezu Umgehungen durch Orts- und Rechtsordnungswahl hervor. Insbesondere in den internationalen Datennetzen besteht ein gesteigertes Risiko der Delokalisierung: Während ein Sendeunternehmen nur unter großem Aufwand zu delokalisieren ist - es müsste hierbei schweres technisches Material sowie das gesamte Personal in ein anderes Land geschafft werden -, ist dies bei online-Angeboten in internationalen Datennetzen ohne großen Aufwand und Kosten zu realisieren[823].

Durch das Aussuchen eines „Urheberrechtsparadieses" würde dann auch dessen Schutzniveau exportiert. Dies würde zugleich eine radikale Absenkung des internationalen Urheberrechtsschutzes bedeuten, welcher derart schwerwiegend ausgehöhlt werden könnte. Dietz spricht hierbei treffenderweise von der Möglichkeit eines *„country shopping"*.[824] Die „Satelliten- oder Sendelandlösung" bietet somit keinen ausreichenden Schutz für die Urheber. Eine Anknüpfung an das Sendeland erscheint nur dann begehbar, soweit ein weltweit vereinheitlichter und in gleicher Weise wirksam durchgesetzter Urheberrechtsschutz garantiert wird. Dies mag zwar in Europa zunehmend der Fall sein,[825] jedoch ist dies auf weltweitem Niveau eine Vorstellung, von der man trotz den Bemühungen der WIPO und des TRIPs-Abkommens auch mittelfristig nicht wird ausgehen können.[826]

---

[823] Vgl. *Spindler*, ZUM 1996, 533, 559; s.o. *§ 19 II. 3.*

[824] *Dietz*, UFITA 108 (1988), 73, 90.

[825] Siehe neben der Satellitenrichtlinie noch: Richtlinie 91/250/EWG des Rates über den Rechtsschutz von Computerprogrammen vom 14. Mai 1991 [http://www2. echo.lu/legal/de/ipr/software/software.html]; Richtlinie 92/100/EWG des Rates vom 19. November 1992 zum Vermietrecht und Verleihrecht sowie zu bestimmten dem Urheberrecht verwandten Schutzrechten im Bereich des geistigen Eigentums [http://www2.echo.lu/legal/de/ipr/verleih/verleih.html]; Richtlinie 93/98/EWG des Rates vom 30. Oktober 1993 zur Harmonisierung der Schutzdauer des Urheberrechts und bestimmter verwandter Schutzrechte [http://www2.echo.lu/legal/de/ipr/ dauer/dauer.html]; Richtlinie 96/9/EG des Europäischen Parlaments und des Rates vom 11. März 1996 über den rechtlichen Schutz von Datenbanken [http://www2. echo.lu/legal/de/ipr/datenbank/datenban.html]; Vorschlag für eine Richtlinie des Europäischen Parlaments und des Rates zur Harmonisierung des Folgerechts der Mitgliedsstaaten von der Kommission vorgelegt am 13. März 1996, KOM (96) 97 endg.

[826] *Dreier*, Urheberrecht und digitale Werkverwertung, S. 45 [http://www.ipa-uie.org/dreier.html].

4. Empfangsland

Ein wichtiges Element bei der in den 80er Jahren geführten Diskussion war die sogenannte Bogsch-Theorie, benannt nach dem damaligen Generaldirektor der WIPO. Hiernach stellen Rundfunksendungen eine Übertragung an die Öffentlichkeit dar. Diese Übertragung findet dort statt, wo sich diese Öffentlichkeit befindet; das heißt überall dort, wo Zuschauer die Sendung empfangen können. Die Nutzung des Werkes findet demnach im Wesentlichen im Empfangsland statt, folglich ist das geltende Recht das Recht aller Länder, in die der Satellit sendet.[827] Diese Theorie lag auch der Entscheidung des LG Stuttgart vom 21.04.1994 zugrunde. Hiernach ist, sofern die Sendungen eines ausländischen Rundfunkveranstalters dazu bestimmt sind, in Deutschland über Parabolantennen direkt empfangen zu werden, als Urheberrecht des Empfangsstaates deutsches Recht anzuwenden[828]. Die Bogsch-Theorie führt also zu einer kumulativen Anwendung des Urheberrechts aller betroffenen Länder. Ein Anspruch auf Schadensersatz oder Unterlassen setzt sich daher jeweils aus einer Vielzahl nationaler Ansprüche der jeweiligen Erscheinungsländer zusammen[829] (Mosaikbetrachtung).

Eine derartige Lösung entspricht natürlich nicht den Interessen der Anbieter, die an der Geltung ihres lokalen Rechts und einer möglichst einfachen Nutzung des Werkes interessiert sind. Für die online-Anbieter urheberrechtlich geschützter Werke hätte eine derartige Lösung zur Konsequenz, dass sie die Verwertungsrechte all derjenigen Staaten benötigen, in denen das Werk abgerufen werden kann.[830] Im Übrigen müssten sie gegebenenfalls auch den Schutz des Urheberpersönlichkeitsrechts sowie die zum Teil höchst unterschiedlich ausgestalten Schranken des Urheberrechts jeweils berücksichtigen. Daher wird gegen diese Lösung vorgebracht, dass die Anbieter derart unkalkulierbaren Risiken ausgesetzten werden.[831] Dem ist jedoch zu entgegnen, dass das Problem im Bereich des Rechteerwerbs allein nicht geeignet ist, die Frage des anwendbaren Rechts zu beeinflussen, denn die Geschichte des Urheberrechtsschutzes war schon immer mit praktischen Schwierigkeiten verbunden gewesen. Im Übrigen lässt sich dieses Problem durch eine engere Zusammenarbeit der verschiedenen Verwertungsgesellschaften lösen. Dies könnte etwa in der Schaffung einer internationalen Clearingstelle geschehen.

---

827 Vgl. *WIPO*, The World Intellectual Property Organisation in 1985, S. 156ff.
828 *LG Stuttgart*, 21.04.1994, GRUR Int. 1995, 412.
829 *Kegel*, IPR, § 18 IV, S. 541.
830 *Schack*, Urheber- und Urhebervertragsrecht, Rn. 933.
831 *Dietz*, UFITA 108 (1988), 73, 87f.

Im Bereich der Rechtsanwendung, insbesondere der potenziellen Rechtsverletzung, scheint die „Empfangslandlösung“ hingegen tatsächlich Schwierigkeiten zu bereiten. Die Anbieter richten sich zum Teil unbewusst nach den Verhaltensstandards, die sie im Laufe ihres Hineinwachsens in eine Gesellschaft aufgenommen haben und mit sich tragen. Ein Unternehmen wird sich zum Beispiel nach seiner territorialen Umgebung gemäß organisieren. Eine Berücksichtigung der Urheberrechte aller betroffenen Länder könnte daher eigentlich nicht verlangt werden. Jedoch muss heutzutage im Zeitalter der Globalisierung und des „Information Highways“ eine andere Logik gelten: Wer nämlich bewusst eine grenzüberschreitende Wirkung seines Angebots erzielen will und die Vorteile einer solchen globalen Zurverfügungstellung nutzen möchte, der muss sich dann auch über die Urheberrechte der möglichen Empfangsländer informieren und für sämtliche intendierte Empfangsstaaten die Verwertungsrechte erwerben. Dies wird schließlich auch dem Verbreiter körperlicher Vervielfältigungsstücke zugemutet.[832] Möchte man im Übrigen die Grundkonzeption eines individual- und persönlichkeitsrechtlich konzipierten Urheberrechts nicht vollends durch ein Leistungsrecht ersetzen, dann müssen die Schwierigkeiten im Bereich der Berücksichtigung des Urheberpersönlichkeitsrechts auch hingenommen werden.[833]

Die Bestimmung des anwendbaren Rechts nach dem Recht des Empfangslandes garantiert, im Gegensatz zu der „Sendelandlösung“, den Urhebern einen ausreichenden Schutz. Angesichts der Tatsache, dass die Urheber die Hauptbeteiligten der grenzüberschreitenden Verwertung in internationalen Datennetzen darstellen, da es ohne ihr Zutun nichts zu verwerten geben kann, sind sie auch vorzugswürdig schutzbedürftig. Die Lösung des Empfangslandes scheint daher geeignet, die Frage des anwendbaren Rechts auf die Zurverfügungstellung von Werken an die Öffentlichkeit und deren digitale Übertragung in einem elektronischen Netzwerk zu beantworten.

Zwar wird durch die Bestimmung des anwendbaren Rechts nach dem Recht des Empfangslandes den Urhebern beziehungsweise Rechteinhabern zwar ein ausreichender Schutz gewährt, jedoch Dennoch birgt diese Lösung noch ein weiteres Problem. Aufgrund der territorialen Mosaikbetrachtung sind die Urheber gezwungen jeden nationalen Teilschaden durch zeitraubende und möglicherweise kostspielige Art stückchenweise einzuklagen, denn ein nationales Gericht, welches sich für zuständig erklärt hat, spricht in der Regel dem verletzten Rechteinhaber nur den Teil des Schadens zu, der auf das Staatsgebiet entfällt, in dem das Gericht seinen Sitz hat.[834] Diesem Problem ist aber möglicherweise mit

---

[832] *Spindler*, ZUM 1996, 533, 559; *Schack*, Urheber- und Urhebervertragsrecht, Rn. 933.

[833] So auch schon *Dietz*, UFITA 108 (1988), 73, 88.

[834] Siehe hierzu *Infra § 21.*

einer Erweiterung der internationalen Zuständigkeit zu begegnen (§ 21). Indes würde sich eine solche Erweiterung der internationalen Zuständigkeit erübrigen, wenn sich durch einen anderen Anknüpfungsmoment dieses Problem von vornherein vermeiden lassen würde.

5. Andere Anknüpfungsmomente

Im internationalen Privatrecht verwenden die Kollisionsnormen häufig nicht nur ein einziges Anknüpfungsmoment. Es finden sich auch Kollisionsnormen, die mehrere Anknüpfungsmomente haben und derart den Kreis der anwendbaren Rechtsordnungen einengen oder ausweiten können.[835]

a) Die gleichzeitige Anknüpfung

Vorliegend könnte etwa eine gleichzeitige Anknüpfung an mehrere Anknüpfungsmomente ebenfalls zu einem befriedigendem Ergebnis führen.[836] Hiernach würde eine Rechtsordnung nur dann zur Anwendung kommen, sofern alle Anknüpfungsmomente auf sie hinweisen. Auf diese Weise könnte die „Empfangslandlösung" etwas eingeschränkt werden und somit das anwendbare Recht für den „Verletzer" vorhersehbarer werden. Derart würden die Interessen der Anbieter ebenfalls mitberücksichtigt. Jedoch gilt hier das bereits bei *§ 19 II. 4.* Gesagte: wer die Vorteile eines globalen Angebots nutzen möchte, der muss auch die Nachteile in Kauf nehmen und sich die Mühe machen, die Urheberrechte der möglichen Empfangsländer zu berücksichtigen. Darüber hinaus geht eine solche kumulative Anknüpfung häufig ins Leere, so dass zur Vermeidung eines Normenmangels noch Hilfsanknüpfungen erforderlich wären.[837]

b) Die alternative beziehungsweise subsidiäre Anknüpfung

Eine Lösung könnte sich jedoch durch eine alternative beziehungsweise subsidiäre Anknüpfung ergeben, bei der mehrere Anknüpfungsmomente gleichrangig nebeneinander stehen. Im Gegensatz zur Mosaikbetrachtung der „Empfangslandlösung", würde hierbei das materielle Recht der berufenen Rechtsordnung das Delikt einheitlich behandeln. Eine Aufteilung des Schadens in mehrere nationale Schäden ließe sich derart verhindern. Dies würde die großen Schwierigkeiten bei der Bemessung des Schadens aber auch jene bei der internationalen

---

835 *MüKo (Sonnenberger)*, Einl. EGBGB, Rn. 498.
836 Beispiel einer gleichzeitigen Anknüpfung: Art. 14 Nr.1, 1.Alt. EGBGB.
837 Firsching/von Hoffmann, IPR, § 5, Rn. 112.

gerichtlichen Zuständigkeit vermeiden[838]. Zur Bestimmung des anwendbaren Rechts könnte etwa stufenweise von dem gewöhnlichen Aufenthalt des in das Netz Einspeisenden ausgegangen werden, um dann sukzessiv an weiteren, an der Übertragung Beteiligten und deren Handlungsorten anzuknüpfen.

Aber auch eine Lösung, die das anwendbare Recht zunächst nach dem Recht des gewöhnlichen Aufenthalts des Verletzten bestimmt ist vorstellbar, denn dort ist das Verhältnis des Verletzten zu seiner sozialen Umwelt am stärksten beeinträchtigt und virtuell gesehen liegt auch hier der Schwerpunkt des Verletzungserfolges.[839] Indes ist es unwahrscheinlich, dass das Urheberrecht gerade am gewöhnlichen Aufenthalt des Verletzten am stärksten ausgeprägt ist, denn das Urheberrecht ist überall und nirgends real belegen. Der Verletzte mag zwar an dem Ort seines gewöhnlichen Aufenthaltes einen Vermögensschaden erlitten haben, doch kommt es darauf nicht an, denn es zählt nur die Handlung.[840] Einen Erfolgsort kann es nicht geben[841] und auch ein virtueller Erfolgsort ist abzulehnen.

Eine weitere alternative Anknüpfung könnte aber ähnlich der „Empfangslandlösung" darin bestehen, jeweils all die Rechtsordnungen zu berufen, in denen der Empfang möglich ist. Jedoch mit dem Unterschied, dass eine territoriale Aufteilung des Schadens ausbleibt und dem Verletzten eine Wahlmöglichkeit zwischen den verschiedenen anwendbaren Rechten an die Hand gegeben wird und für den Fall der Nichtausübung dieser Wahlmöglichkeit, das jeweils zuständige Gericht das für den Verletzten jeweils günstigste Recht bestimmt.[842] Eine solche Lösung würde aber zu einem „*country shopping*" zugunsten des Geschädigten führen und diesen willkürlich bevorzugen. Die Anbieter würden derart noch weit größeren Risiken ausgesetzt als dies durch die „Empfangslandlösung" der Fall ist. Eine derart einseitige Kollisionsnorm ist daher nicht erwägbar.

c) Die technisch begrenzte „Günstigkeitslösung"

Eine Begrenzung der nach der „Empfangslandlösung" theoretisch weltweit möglichen Handlungsorte ließe sich aber durch technische Schutzmaßnahmen erreichen. Derart ließe sich etwa eine individuelle Erfassung der einzelnen Nutzungsvorgänge ermöglichen und die Verwertung des Werkes auf ein bestimmtes Gebiet begrenzen. Dies hätte auch Auswirkungen auf das anwendbare Recht.

---

838 Siehe nachfolgend *§ 20*.
839 *Spindler*, ZUM 1996 533, 558.
840 *Schack*, Internationales Zivilverfahrensrecht, Rn. 303.
841 S.o. § 19 II. 2.
842 *Kérever*, in: *Fremont* et *Ducasse*, Les autoroutes de l'information: enjeux et défis, S. 253, 269; siehe auch oben *§ 19 II. 2.*

Der Urheber oder sonstige Rechteinhaber könnten zum Beispiel das Werk mit einem regionalen Schlüssel kryptieren, so dass dieses nur von Nutzern einer bestimmten Region abgerufen werden kann. Der Anbieter, der sein Angebot nicht für die gesamte Welt sondern nur für eine bestimmte Region bestimmen möchte, müsste demnach nur die Lizenz für die von ihm gewünschte regionale Wirkung erwerben und mithin nicht befürchten, eine für ihn fremde und nicht in Betracht gezogenen Urheberrechtsordnung berücksichtigen zu müssen. Diese technischen Schutzmöglichkeiten müssten natürlich, angesichts der jederzeit gegebenen Umgehungsmöglichkeiten ihrerseits rechtlich geschützt werden.[843] Hieraus könnte sich dann eine einheitliche „universelle" Anknüpfung an das Recht des Empfangslandes ergeben. Der Verletzte könnte dann nicht nur denjenigen Teil der Rechtsgutverletzung und des eingetretenen Schadens, der auf den jeweiligen Ort entfällt, einklagen, sondern aufgrund der einheitlichen Bestimmung des Statutes den gesamten Schaden einfordern.

Diese technische Lösung hat jedoch den bereits erwähnten unbestreitbaren Nachteil, dass jedes technische Modell seine Lücken hat und sich jeweils nur auf dem aktuellen Stand der Technik befinden kann.[844] Darüber hinaus ist ein solcher Weg nicht begehbar, solange das Territorialitätsprinzip weiterhin Geltung beansprucht und bei den Immaterialgüterrechten eine Aufspaltung in mehrere, jeweils räumlich begrenzte Delikte bewirkt.[845] Solange das Urheberrecht immer noch dem Territorialitätsprinzip gehorcht ist mithin die Anknüpfung an das territorial begrenzte Recht der Empfangsländer der einzig begehbare Weg, dem Urheber einen ausreichenden Schutz bei dem online-Angebot geschützter Werke zu garantieren.

III. Autonomes französisches Kollisionsrecht

Die französische IPR-Kodifikation sieht ebenfalls keine spezielle Verweisungsnorm für das Urheberrecht vor. Im Gegensatz zu der in Deutschland hauptsächlich vertretenen Auffassung geht aber in Frankreich die h.M. davon aus, dass die Inhaberschaft des Urheberrechts gemäß dem Recht des Ursprungslandes und nur der Inhalt und die Schranken gemäß dem Recht des Schutzlandes zu

[843] In diese Richtung auch schon der WCT, in dem die Einführung eines angemessenen und wirksam rechtlichen Schutzes gegen Vorrichtungen zur Überwindung technischer Mechanismen angeordnet wird.
[844] S.o. § 16 I. 1. b) (i).
[845] *Schack*, UFITA 108 (1988) 51, 66ff.

bestimmen ist.[846] Diese Auffassung entspricht mithin der in Deutschland von der Literatur und zuletzt insbesondere von Schack vertretenen Meinung. Eine Anknüpfung an die lex originis für die Entstehung und die Inhaberschaft des Urheberrechts trägt zwar dem Kontinuitätsinteresse Rechnung (s.o. § 19 II.) und trägt daher als eine einheitliche und für die Berechtigten vorhersehbare Bestimmung des Urheberrechts wesentlich zur internationalen Verkehrsfähigkeit des Urheberrechts bei.[847] Jedoch wird hierdurch gewissermaßen eine künstliche Aufspaltung der Inhaberschaft und des Inhalts des Urheberrechts vorgenommen.[848] Darüber hinaus bedeutet eine solche Aufspaltung seit dem *Arrêt* der Cour de cassation im Fall „*John Huston*"[849], dass es zwei Urheber für ein und dasselbe Werken geben kann. Während sich nämlich die Inhaberschaft der Verwertungsrechte *(droits patrimoiniaux)* nach der lex originis richtet, kann unter Umständen für das Droit moral französisches Recht zwingend anwendbar sein. Dies bedeutet also, dass ein Urheber für ein Werk mit den Verwertungsrechten ausgestattet ist und zugleich für das selbe Werk ein anderer Urheber das Urheberpersönlichkeitsrecht innehat. Letztendlich spricht aber auch in Frankreich hauptsächlich der in den internationalen Konventionen verbreitete Grundsatz der Inländerbehandlung gegen eine derartige Anknüpfung.[850]

Ist demnach also auch in Frankreich einheitlich nach der lex loci protectionis beziehungsweise lex loci delicti anzuknüpfen, so ist damit das eigentliche Problem der elektronischen Netzwerke aber noch nicht gelöst. Es stellt sich auch hier die Frage, in welchem Land die Verwertung bei der Zurverfügungstellung von Werken an die Öffentlichkeit und deren digitale Übertragung in einem elektronischen Netzwerk stattgefunden hat und wo folglich der Schutz beansprucht werden kann[851]. Auch in Frankreich wird erwogen, ähnlich der Satelliten- und Kabelrichtlinie[852], an dem Recht des Sendelandes anzuknüpfen.[853] Dessemontet er-

---

846 Vgl. etwa: *C.A. Versailles* RIDA 162 (1994) 448, 451; *C.A. Paris* RIDA 143 (1990), 329ff.; *Kéréver*, in: *Fremont* et *Ducasse*, Les autoroutes de l'information: enjeux et défis, S. 253, 261; *Pollaud- Dulian*, J.-Cl. Droit international, Fasc. 563-60, n. 59 und 67.

847 siehe hierzu *Supra § 19 II.*

848 *Lucas*, Droit d'auteur et numérique, Rn. 652.

849 *Cass. civ. 03.03.1988*, Rev. crit. dr. int. priv. 1989, 63: „la personne qui (...) est l'auteur est investie du seul fait de sa création du droit moral".

850 Siehe oben *§ 19. II.* und zur einheitlichen Anknüpfung an die lex loci delicti in Frankreich: *Raynard*, Droit d'auteur et conflits de lois, n.31, n. 528f., *Gautier*, Propriété littéraire et artistique, Rn. 30, 125 und *A. Lucas*, Droit d'auteur et numérique, Rn. 655.

851 *Schønning*, RIDA 170 (1996), S. 20, 31 = ZUM 1997, 34, 36.

852 *Richtlinie 93/83/EWG* des Rates vom 30.10.1993 [http://www2.echo.lu/legal/de/ipr/kabsat/kabsat.html].

853 Vgl. etwa *Gautier,* Dalloz 1996, Chr., S. 131. der eine derartige Anknüpfung zwar ablehnt aber dennoch anerkennt, daß sie solide ist: „si l'on se réfère aux tendances actuelles du

kennt aber, dass durch das Aussuchen eines Landes mit dem niedrigstmöglichen Schutzniveau (Urheberrechtsparadies) dieses exportiert, den anderen Ländern aufoktroyiert und mithin der internationale Urheberrechtsschutz schwerwiegend ausgehöhlt werden könnte.[854] Die Anknüpfung an das Sendeland erscheint für Kéréver daher auch nur dann begehbar, soweit ein weltweiter vereinheitlichter und in gleicher Weise wirksam durchgesetzter Urheberrechtsschutz garantiert wird.[855] Dem ist zuzustimmen. Die Sendelandlösung ist nicht geeignet, die Frage des anwendbaren Rechts bei einer grenzüberschreitenden Verwertung in einem elektronischen Netzwerk für alle beteiligten zufriedenstellend zu lösen.[856] Die h.M.[857] in Frankreich vertritt daher die Empfangslandlösung[858], welche offensichtlich auch von der Cour de cassation angewandt wird.[859] Diese Anknüpfung an das Recht der Empfangsländer bietet den Urhebern, wie gesehen (vgl. *§ 19 II. 4.*), einen ausreichenden Schutz bei der Zurverfügungstellung von Werken an die Öffentlichkeit und deren digitale Übertragung in einem elektronischen Netzwerk.

Angesichts der mit der Empfangslandlösung einhergehenden Schwierigkeiten, und zwar nicht zuletzt im Bereich der Rechtsanwendung und insbesondere der potenziellen Rechtsverletzung, werden aber auch in Frankreich mittels gleichzeitiger oder alternativer beziehungsweise subsidiärer Anknüpfung vermittelnde Lösungen gesucht: Gautier schlägt etwa vor, das Recht des Landes, in dem der Server lokalisiert ist, anzuwenden und für den Fall, dass dieses keinen ausreichenden Schutz gewährt, das Recht des Landes zu berufen, in welchem der Diensteanbieter seinen Sitz habe oder aber (*„pour ne pas trop céder au vertige“*) die lex fori anzuwenden.[860] Dieser Vorschlag ist jedoch nicht geeignet, das anwendbare Recht vorhersehbar zu bestimmen, denn bereits die Feststellung der Gewährung eines ausreichenden Schutzes bereitet schon nahezu unüberwindbare Schwierigkeiten. Dessemontet schlägt daher auch gemeinsam mit Ginsburg eine andere Lösung vor. Hiernach soll das Recht des Landes anzu-

---

droit international privé, désignant la loi du pays où se concentre la substance de la situation litigieuse, il est clair que, ici la „proximité“ est celle du point de départ de la transmission en ligne, unique, avant l'éclatement en millions de points“

854 *Dessemontet* in: *Fremont* et *Ducasse*, Les autoroutes de l'information: enjeux et défis, S. 272, 284; *Schønning*, RIDA 170 (1996), S.20, 43 = ZUM 1997, 34, 38.

855 *Kéréver*, in: *Fremont* et *Ducasse*, Les autoroutes de l'information: enjeux et défis, S. 253, 267.

856 Vgl. auch Supra § 19 II. 3.

857 *Gautier*, Dalloz 1996, Chr., S. 131; *Vivant*, JCP 1996, I, 3969, n. 6; *A. Lucas*, Droit d'auteur et numérique, Rn. 668 ff. m.w.N.

858 Siehe zur Empfangslandlösung: *Supra § 19. II. 4.*

859 Vgl. etwa *Cass. 1ère civ., 14.01.1997*, JCP 1997, II, 22903, note *Muir Watt* (wobei es sich hierbei um eine wettbewerbsrechtliche Streitigkeit handelte).

860 *Gautier*, Dalloz 1996, Chr., S. 131.

Ginsburg eine andere Lösung vor. Hiernach soll das Recht des Landes anzuwenden sein, in welchem der Schaden aufgrund der Urheberrechtsverletzung eingetreten ist; da dieser Schaden sich in der Regel wirtschaftlich am Wohnsitz des Beklagten niederschlägt, soll das anwendbare Recht also das Recht des Ortes sein, an dem der Verletzte seinen Wohnsitz oder gewöhnlichen Aufenthalt hat. Für den Fall, dass der Schadenseintritt an diesem Ort für den Schädiger nicht vorhersehbar ist, soll alternativ das Recht des Sendelandes anwendbar und, sofern beide Anknüpfungen nicht hinreichend bestimmt werden können, das Recht des Ortes, in dem der Beklagte seinen gewöhnlichen Aufenthalt hat, berufen sein.[861] Dieser Vorschlag ist dem von Spindler[862] nicht ganz unähnlich. Wie letzterer krankt aber bereits schon sein erstes Anknüpfungsmoment daran, dass das Urheberrecht überall und nirgends real belegen ist und es einen Erfolgsort mithin auch nicht geben kann.[863]

Die Anknüpfung an das territorial begrenzte Recht der Empfangsländer ist mithin auch in Frankreich der einzig begehbare Weg, dem Urheber einen ausreichenden Schutz bei der Zurverfügungstellung von Werken an die Öffentlichkeit und deren digitale Übertragung in einem elektronischen Netzwerk zu garantieren.[864]

§ 20 Das anwendbare Recht bei Urheberrechtsverträgen

Das auf einen Vertrag anwendbare Recht wird in erster Linie von dem Grundsatz der freien Rechtswahl bestimmt. Dies ergibt sich aus Art. 27 Abs. 1 EGBGB, dem der Art. 3 Abs. 1 des römischen EWG-Übereinkommens über das auf vertragliche Schuldverhältnisse anzuwendende Recht von 1980 (EVÜ)[865] zugrunde liegt. Die Bundesrepublik hat das EVÜ im Rahmen der IPR-Reform vom 01.09.1986 mit kleinen Modifikationen in das EGBGB inkorporiert.[866] Eine solche Inkorporation fand in Frankreich nicht statt; hier finden die Vorschriften des EVÜ direkte Anwendung.

---

861 *Ginsburg* und *Dessemontet*, in: *Fremont* et *Ducasse*, Les autoroutes de l'information: enjeux et défis, post-scriptum, S. 293f.

862 Vgl. *Supra § 19 II. 5 b)*: *Spindler*, ZUM 1996 533, 558.

863 Vgl. Supra § 19 II. 5. b).

864 Ebenso *A. Lucas*, Droit d'auteur et numérique, Rn. 673ff.; siehe auch *Vivant*, JCP 1996, I, 3969, n. 10.

865 Römisches EWG-Übereinkommens über das auf vertragliche Schuldverhältnisse anzuwendende Recht vom 19. Juni 1980, BGBl. 1986 II, S. 810.

866 Siehe zum Problem der sog. inkorporierten Staatsverträge: *Firsching / von Hoffmann*, IPR, § 1, Rn. 79ff.; *Kegel*, IPR, § 18 I, S. 479ff.

Sofern eine Rechtswahl vorliegt, werfen Urheberrechtsverträge über grenzüberschreitende Verwertung in internationalen Datennetzen weder in Deutschland noch in Frankreich besondere Probleme auf. Schwierigkeiten treten jedoch auf, sofern die Parteien keine Rechtswahl getroffen haben. In einem solchen Fall wird das anwendbare Recht aufgrund einer objektiven Anknüpfung ermittelt. Der Vertrag unterliegt gemäß Art. 28 Abs. 1 EGBGB (Art. 4 Abs. 1 EVÜ) dann dem Recht des Staates, mit dem er die engste Verbindung aufweist. Hierbei handelt es sich grundsätzlich um das Recht des Staates, in dem die Partei, welche die charakteristische Leistung zu erbringen hat, im Zeitpunkt des Vertragsschlusses ihren gewöhnlichen Aufenthalt hat (Art. 28 Abs. 2 S. 1 EGBGB; Art. 4 Abs. 2 S. 1 EVÜ). Die charakteristische Vertragsleistung mag bei einem Kauf- oder Werkvertrag leicht zu bestimmen sein, für das Urheberrecht ist diese jedoch nicht so leicht festzustellen. Es ist nicht offensichtlich und daher auch nicht einheitlich zu beantworten, ob es der Urheber oder sein Vertragspartner ist, der dem Vertrag sein Gepräge[867] gibt und ihn von anderen Austauschverhältnissen unterscheidet[868]. Die charakteristische Leistung ist bei einem Vertrag über das Urheberrecht nicht unmittelbar zu bestimmen, sondern hängt vielmehr von den Besonderheiten des Einzelfalles ab.[869] So ist es etwa beim Verlagsvertrag der Verleger, der an seinem Sitz die vertragstypischen Leistungen der Vervielfältigung und Verbreitung erbringt, so dass die Anknüpfung zu dem Recht des Staates, in dem der Verleger seinen Sitz hat, führen wird.[870] Handelt es sich jedoch um eine einfache Lizenzeinräumung, so erbringt der Lizenznehmer nur eine Geldleistung, die nicht charakteristisch ist.[871] In einem solchen Fall findet mithin das Recht des Staates Anwendung, in dem der Lizenzgeber im Zeitpunkt des Vertragsabschlusses seinen gewöhnlichen Aufenthalt hatte.

Diese uneinheitliche Bestimmung der charakteristischen Leistung bei Urheberrechtsverträgen gilt selbstverständlich auch bei der grenzüberschreitenden Verwertung in internationalen Datennetzen. Darüber hinaus ergeben sich bei der Frage des anwendbaren Rechts bei Urheberrechtsverträgen im digitalen Umfeld der elektronischen Netzwerke aber keine weiteren Probleme. Gewährt demnach ein Urheber beziehungsweise eine Verwertungsgesellschaft einem Anbieter von online-Informationen eine einfache Lizenz, so ist das Recht des Staates, in dem der Lizenzgeber im Zeitpunkt des Vertragsabschlusses seinen gewöhnlichen Aufenthalt hatte, anwendbar. Räumt der Urheber dem Vertragspartner hingegen

---

[867] *Palandt (Heldrich)*, Art. 28 EGBGB, Rn.3.

[868] *MüKo (Martiny)*, Art. 28 EGBGB, Rn. 30.

[869] Siehe *Schack*, Urheber- und Urhebervertragsrecht, Rn. 1142ff.

[870] Dies entspricht auch dem von Kegel erhobenen „Prinzip der geringsten Störung", *Kegel*, IPR, § 18 I, S. 490.

[871] Firsching/von Hoffmann, IPR, § 10, Rn. 45.

eine ausschließliche Lizenz zur grenzüberschreitenden Verwertung seines Werkes in internationalen Datennetzen ein und trifft den Lizenznehmer die Ausübungspflicht, so liegt der Schwerpunkt des Vertrages, ähnlich dem Verlagsvertrag, beim Sitz des Lizenznehmers.[872]

Es gilt aber bei der Frage des anwendbaren Rechts bei Urheberrechtsverträgen, auch in den internationalen Datennetzen, die Besonderheit des Urheberpersönlichkeitsrechtes zu berücksichtigen. Angesichts der verfassungs- und menschenrechtlichen Dimension[873] ist es nämlich zweifelhaft, ob einem ausländischen Urheberrechtsstatut auch insoweit zu folgen ist, als dass dieses Personen denen nach inländischem Recht ein Urheberrecht zusteht, ein Urheberpersönlichkeitsrecht verweigern würde. Die Cour de cassation hat im Fall „*John Huston*“ entschieden, dass die Eigenschaft als Urheber, die für die Ausübung des Droit moral präjudiziell ist, dem Recht der öffentlichen Ordnung (*ordre public*) unterliegt.[874] Auch im deutschen Urheber- und Kollisionsrecht kann das Urheberpersönlichkeitsrecht, als inländische Wertvorstellung von überragender Bedeutung, mit Hilfe des Art. 6 EGBGB das Vertragsstatut durchbrechen.[875]

§ 21 Die gerichtliche Zuständigkeit

Bei Vorliegen eines Auslandsachverhaltes, der die Rechtsordnungen mehrerer Staaten berührt, stellt sich auch noch die Frage, in welchem dieser Staaten der Rechtsstreit zu führen ist beziehungsweise wessen Gericht für die Entscheidung international zuständig ist. Die internationale Zuständigkeit bestimmt, ob der Sachverhalt einen ausreichenden Inlandsbezug hat, der es rechtfertigt, den Rechtsstreit vor inländischen Gerichten zu entscheiden.[876]

I. Voraussetzungen

Nach autonomen deutschen Recht indiziert grundsätzlich die örtliche Zuständigkeit die internationale, das heißt, dass in den meisten Fällen das örtlich zuständige Gericht auch international zur Entscheidung berufen ist (Ausnahme sind die §§ 606a, 640a Abs. 2 ZPO[877], §§ 35b, 43a 43b FGG[878] sowie § 12 Ver-

---

872 *Schack*, Urheber- und Urhebervertragsrecht, Rn. 1144.
873 Art. 1 I, 2 I GG; Art. 27 Allgemeine Erklärung der Menschenrechte vom 10.12.1948.
874 *Cass. civ. 03.03.1988*, Rev. crit. dr. int. priv. 1989, 63.
875 Siehe zu diesem Problem des Urheberpersönlichkeitsrechts: *Edelmann*, GRUR Int. 1992, 260ff.; *Schack*, IPRax 1993, 46ff.
876 *Firsching/ von Hoffmann*, IPR, § 3, Rn. 54; § 3, Rn. 228.
877 Zivilprozessordnung vom 30. Januar 1877 in der Fassung vom 12. September 1950, BGBl. S. 533.

schollenheitsG). In den streitgegenstandsbezogenen Fällen der unerlaubten Handlung sieht der § 32 ZPO, der über die Tatbestände der §§ 823 ff. BGB hinausgeht und auch Verletzungen des Urheberrechts umfasst[879], aus Gründen der Beweisnähe einen besonderen Gerichtsstand an dem Ort, an dem das schädigende Ereignis eingetreten ist, vor. Für das französische Recht ergibt sich dies im Übrigen aus dem Art. 46 du Nouveau Code de la procédure civile.

Auch das Brüsseler EWG-Übereinkommen über die gerichtliche Zuständigkeit und die Vollstreckung gerichtlicher Entscheidungen in Zivil- und Handelssachen (EuGVÜ)[880], dessen Beitritt gemäß Art. 63 EuGVÜ an die Mitgliedschaft in der Europäischen Union geknüpft ist und mithin auch in Frankreich gilt sowie des Parallelabkommen von Lugano vom 16.09.1988 über die gerichtliche Zuständigkeit und die Vollstreckung gerichtlicher Entscheidungen in Zivil- und Handelssachen zwischen den EU-Staaten und den EFTA-Staaten (LGVÜ)[881], eröffnen in Art. 5 Nr. 3 EuGVÜ bzw. Art. 5 Nr. 3 LGVÜ ebenfalls einen besonderen Gerichtsstand für Ansprüche aus unerlaubte Handlung an dem Gericht des Ortes, an dem das schädigende Ereignis eingetreten ist. Die unerlaubte Handlung in Art. 5 Nr. 3 EuGVÜ hat der EuGH hierbei autonom definiert als Handlungen, „mit denen eine Schadenshaftung des Beklagten geltend gemacht wird und die nicht an einem Vertrag i.S.v. Art. 5 Nr. 1 EuGVÜ anknüpfen“[882]. Urheberrechtsverletzungen werden von diesem weitem Begriff der nichtvertraglichen Schadenshaftung demnach miteinbezogen.[883]

Der Kläger kann bei dem besonderen Gerichtsstand der unerlaubten Handlung sowohl im autonomen deutschen beziehungsweise französischen Recht als auch im EuGVÜ zwischen dem Handlungs- und dem Erfolgsort als Tatort grundsätzlich frei wählen.[884] Für dieses Wahlrecht ist aber bei der internationalen Zuständigkeit für Streitigkeiten wegen Urheberrechtsverletzungen kein Platz, da diese immer nur an dem Gericht des Handlungsortes gegeben sein

---

878 Gesetz über die Angelegenheiten der freiwilligen Gerichtsbarkeit vom 17. Mai 1898 (RGBl. S. 189) in der Fassung der Bekanntmachung vom 20. Mai 1898, RGBl. S. 771.

879 *Schack*, Internationales Zivilverfahrensrecht, Rn. 290.

880 Brüsseler EWG-Übereinkommen über die gerichtliche Zuständigkeit und die Vollstreckung gerichtlicher Entscheidungen in Zivil- und Handelssachen vom 27. September 1968 (BGBl. 1972 II, S. 774) in der Fassung des 3. Beitrittsübereinkommens vom 26. Mai 1989, BGBl. 1994 II, S. 519.

881 Luganer Übereinkommen über die gerichtliche Zuständigkeit und die Vollstreckung gerichtlicher Entscheidungen in Zivil- und Handelssachen vom 16. September 1988, BGBl. 1994 II, S. 2660.

882 EuGHE 1988, 5565, Rn. 17 - Kalfelis/Schröder.

883 *Spindler*, ZUM 1996, 533, 563.

884 *Schack*, Internationales Zivilverfahrensrecht, Rn. 293ff., 303 m.w.N.

kann, denn dass Urheberrecht kennt keinen selbständigen, vom Handlungsort abweichenden, Erfolgsort.[885]

Bei Delikten in internationalen Datennetzen im Wege der Vervielfältigung ist ein Handlungsort überall dort gegeben, wo Vervielfältigungsstücke hergestellt worden sind. Die internationale Zuständigkeit bei Delikten im Wege der Vervielfältigung ist mithin eindeutig feststellbar und birgt keine weiteren Probleme. Bei Verletzungen des Rechts des online-Angebots hingegen sind grundsätzlich die Gerichte all derjenigen Staaten zuständig, in denen nach materiellem Recht das „Übertragungsrecht" verletzt ist. Dieses Ergebnis ist jedoch problematisch.

II. Probleme bei der Verletzung des „Übertragungsrechts"

Ein wesentliches Problem ergibt sich insbesondere aus dem Umstand, dass soweit das EuGVÜ nicht eingreift[886] und das anwendbare Recht nach der Mosaikbetrachtung des Rechts der Empfangsländer bestimmt wird, ein nationales Gericht, welches sich für zuständig erklärt hat, dem verletzten Rechteinhaber in aller Regel einen Schadensersatz für die gesamte Verletzung nur dann zusprechen wird, sofern es seine Zuständigkeit mit dem Wohnsitz des Beklagten begründet hat.[887] In allen anderen Fällen wird das Gericht aber nur den Teil des Schadens zusprechen, der auf das Staatsgebiet entfällt, in dem dieses seinen Sitz hat.[888] Dies hat zur Folge, dass sofern der Verletzte nicht am Wohnsitz des Beklagten klagen kann oder will, ihm nichts anderes übrig bleibt, als jeden nationalen Teilschaden durch zeitraubende und teure Art und Weise stückchenweise einzuklagen.[889]

---

885 siehe oben *§ 19 II. 2.*

886 Das erklärte Ziel des EuGVÜ ist es Zivilverfahren zu erleichtern und zu beschleunigen. Eine Begrenzung der Zuständigkeit am Schadensort auf den inländischen Schaden würde dem EuGVÜ zuwider laufen. (so aber u.a. *C.A. Paris 19.03.1984* Rev.crit.dr.int.pr. 1985, 141 - wohl aufgrund der haftungsrechtlichen Generalklausel des Art. 1382 C.civ. bei dem im Gegensatz zum deutschen Deliktsrecht, die Verletzung in dem unmittelbar verursachten Vermögensschadens gesehen wird). Der Kläger kann iRd des EuGVÜ deshalb an jedem der zuständigkeitsbegründenden Tatorte seinen gesamten Schaden einklagen - vgl. hierzu: *Schack*, UFITA 108 (1988), 51, 69f.

887 Vgl. nur *Cass. 1ère civ.*, 16 juill. 1997, *Wegmann*: JCP 1997, IV, 1993.

888 *Lucas*, Droit d'auteur et numérique, Rn. 641; vgl. auch *Dreier*, Urheberrecht und digitale Werkverwertung, S. 46 [http://www.ipa-uie.org/dreier.html].

889 Etwas anderes gilt für die Verletzung des Urheberpersönlichkeitsrechts, welches als allgemeines Persönlichkeitsrecht einheitlich und nicht territorial gespalten ist; Der Kläger kann in diesem Fall selbstverständlich an jedem der Tatorte seinen gesamten Schaden einklagen – siehe hierzu: *Schack*, UFITA 108 (1988), 51ff.

Zumindest bei eindeutigen, offensichtlichen Verletzungen, welche in keinem der betroffenen Staaten zu schwierigen Rechtsfragen Anlass geben, erscheint diese Lösung als „misslich und unökonomisch".[890] Dreier erwägt daher, „die internationale Zuständigkeit nationaler Gerichte dahingehend zu erweitern, dass auch die Gerichte derjenigen Staaten, in denen der Verletzer weder Wohnsitz noch geschäftliche Niederlassung hat, in Fällen offensichtlicher Rechtsverletzung ein grenzüberscheitendes Unterlassungsgebot aussprechen und Ersatz des gesamten, durch die Verletzung entstandenen Schadens zusprechen" können.[891]

Dem ist zuzustimmen, fällt doch gerade bei den nicht lokalisierbaren Urheberrechtsverletzungen die Sach- und Beweisnähe nicht ins Gewicht. Dennoch würde sich eine Erweiterung der internationalen Zuständigkeit erübrigen, wenn man nicht von der territorialen Mosaikbetrachtung ausginge, sondern ein einheitliches Statut für das Urheberrecht bestimmen würde. Es wäre dann auch selbstverständlich, dass der verletzte Kläger an jedem der Tatorte seinen gesamten Schaden einklagen kann. Dies ist jedoch aufgrund der weltweiten Geltung des Territorialitätsprinzips als ein Grundpfeiler des internationalen Urheberrechts nicht möglich.[892] Es kann aber dennoch festgestellt werden, dass bei der Verletzung des „Übertragungsrechts" die Unsicherheit des anwendbaren Rechts auch auf die internationale Zuständigkeit durchschlägt und insoweit auch an dieser Stelle Anlass zur Unsicherheit gibt. Eine eindeutige, wenn möglich internationale Klärung der Frage des anwendbaren Rechts der Zurverfügungstellung von Werken an die Öffentlichkeit und deren digitale Übertragung in einem elektronischen Netzwerk ist daher um so dringlicher.

Folgt man nun aber dem Vorschlag Dreiers und weitet die internationale Zuständigkeit aus, so dass auch die Gerichte derjenigen Staaten, in denen der Verletzer weder Wohnsitz noch geschäftliche Niederlassung hat, ein grenzüberscheitendes Unterlassungsgebot aussprechen und Ersatz des gesamten, durch die Verletzung entstandenen Schadens zusprechen können, entsteht hierbei noch ein Problem: Der elektronische Abruf kann, zumindest im Internet, theoretisch weltweit erfolgen. Handlungsort ist hierbei nicht nur der Standort des jeweiligen WWW-Servers, sondern auch jeder Ort, an dem die Homepage von Dritten be-

---

890 *Dreier*, Urheberrecht und digitale Werkverwertung, S. 46 [http://www.ipa-uie.org/dreier.html].

891 *Dreier*, Urheberrecht und digitale Werkverwertung, S. 46 [http://www.ipa-uie.org/dreier.html].

892 Supra § 19 II. 5.

stimmungsgemäß und nicht bloß zufällig abgerufen werden kann.[893] Dies hat folglich eine Multiplizierung der Handlungsorte und die Schaffung einer bisher unbekannten universellen Zuständigkeit beziehungsweise eines „fliegenden Gerichtsstandes“[894] zur Konsequenz. Die hierdurch beschworene Gefahr von Zuständigkeitskonflikten sowie eines nahezu unbegrenzten „*forum shoppings*“ ist nach der herkömmlichen Praxis der Gerichte unerheblich, da diese sowieso nur den Schaden zusprechen, der auf ihr Gebiet entfällt, so dass es grundsätzlich zu gar keinen Zuständigkeitskonflikten kommen kann. Durch eine Erweiterung der internationalen Zuständigkeit nationaler Gerichte könnte sich nun aber der Kläger sein Forum theoretisch nahezu überall auf der Welt aussuchen, um dort den gesamten Schaden einzuklagen.[895] Das *forum shopping* des Klägers mag zwar grundsätzlich legitim sein, es gilt jedoch Missbräuche zu verhindern und ein exzessives *forum shopping* einzugrenzen. Anderenfalls ist eine Ausuferung des Gerichtsstands und Urteile in beziehungsarmen Gerichtsständen zu befürchten, deren Anerkennung im Ausland oft scheitern wird.[896] Es müssen daher bei einer Erweiterung der internationalen Zuständigkeit zugleich auch Abwehrmöglichkeiten gefunden werden, welche die nahezu universellen Zuständigkeit der Gerichte in den Fällen der digitalen Übertragung in internationalen Netzwerken und insbesondere im Internet begrenzen können.[897]

Eine Möglichkeit zur Abdrängung der internationalen Zuständigkeit, wäre die zurückhaltende Ausübung der Zuständigkeit. Das eigentlich zuständige Gericht würde hiernach, seine gegebene Zuständigkeit nicht ausüben, wenn die Streitsache vor einem anderen Gericht deutlich besser aufgehoben wäre. Diese im anglo-amerikanischen Rechtskreis angewandte Lehre des „*forum non conveniens*“ wird in Deutschland von der h.M.[898] jedoch zurecht abgelehnt. Das deutsche System der internationalen Zuständigkeit, basiert in den meisten Fällen auf festen Regeln, die den Gerichtsstand vorhersehbar machen und lässt somit keinen Platz für die Übernahme der Figur des „*forum non conveniens*“[899].

---

[893] *LG Düsseldorf 04.04.1997* WM 1997, 1444; vgl. auch *Schack*, UFITA 108 (1988), 51, 70f.

[894] *Schack*, Urheber- und Urhebervertragsrecht, Rn. 721.

[895] *Vgl. auch Lehmann* in: *Lehmann*, Internet- und Multimediarecht, S. 31 f.; *Kuner*, CR 1996, 453, 456.

[896] *Schack*, UFITA 108 (1988), 51, 70.

[897] Siehe hierzu insbes. *Schack*, MMR 2000, 136 ff.

[898] *Schack*, Die Versagung der deutschen internationalen Zuständigkeit wegen forum non conveniens und lis alibi pendens, RabelsZ 58 (1994), 40ff.; *Koch/Magnus/ Winkler von Mohrenfels*, IPR und Rechtsvergleichung, S. 37

[899] Vgl. *Firsching/ von Hoffmann*, IPR, § 3, Rn. 68; *Schack*, Internationales Zivilverfahrensrecht, Rn. 499ff.

Eine Begrenzung der Zuständigkeit, kann sich aber aus freiwilligen Zuständigkeitsvereinbarungen ergeben. Die Annahme einer Zuständigkeitsvereinbarung durch „Anklicken" ist jedoch schon hinsichtlich der nötigen Schriftform (Art. 17 Abs. 1 lit.a EuGVÜ, § 38 Abs. 2 S. 2 ZPO) problematisch. Im Übrigen ist eine Selbstregulierung zwar sicherlich begrüßenswert, eine solche Lösung wird aber schon allein der Rechtssicherheit wegen staatliches Handeln nicht ersetzen können. Es erscheint mithin als unklar, wie ein Zuständigkeitsverzicht auf staatlicher Ebene aussehen soll; im Übrigen würde ein solcher praktisch einem Souveränitätsverlust gleichkommen, der aber nur bei internationaler Gegenseitigkeit tatsächlich etwas bewirken würde. Die Lösung dieses Problems der internationalen Zuständigkeit, kann daher auch nicht bloß national erfolgen, vielmehr muss auf internationaler Ebene eine Klärung dieser Frage gesucht werden. Als Vorbild könnte hierbei das EuGVÜ dienen. Eine solche weltweite Übereinkunft dürfte leider jedoch in absehbarer Zeit nicht zu erwarten sein.[900]

§ 22 Die Rechtsdurchsetzung

Die Anerkennung einer ausländischen Entscheidung hat grundsätzlich eine Wirkungserstreckung zur Folge, d.h. dass der Entscheidung auch im Inland die Wirkung beigelegt wird, die ihr in dem Staat, in dessen Hoheitsgebiet sie ergangen ist, zukommt.[901] Für das Verfahren der streitigen Gerichtsbarkeit ist die Anerkennung ausländischer Entscheidungen in Deutschland, soweit nicht völkerrechtliche Vereinbarungen eingreifen, in § 328 ZPO geregelt und deren Vollstreckung im Exequaturverfahren gemäß §§ 722, 723 ZPO. Dieser mühsame Gang hat unter anderem im praktischen Ergebnis zur Folge, dass derjenige der bereits im Ausland obsiegt hat, einen doppelten Prozess führen muss.[902] Das EuGVÜ sieht daher eine Erleichterung der Vollstreckung in seinem Titel III von der Anerkennung und Vollstreckung vor. Insbesondere Art. 26 Abs. 1 EuGVÜ normiert, dass die in einem Vertragsstaat ergangenen Entscheidungen in den anderen Vertragsstaaten anerkannt werden, ohne dass es hierfür eines besonderen Verfahrens bedarf. Hieraus folgt dann auch in Art. 34 Abs. 3 EuGVÜ, dass die ausländische Entscheidung keinesfalls in der Sache selbst nachgeprüft werden darf. Für eine Vollstreckung in einem Vertragsstaat muss der Berechtigte gem. Art. 31 EuGVÜ dann auch nur einen Vollstreckungsantrag an das zuständige Gericht (Art. 32 EuGVÜ) des jeweiligen Vertragstaates richten, welches die Entscheidung unverzüglich erlässt (Art. 34 EuGVÜ). Das gleiche gilt im Übrigen auch für das Parallelabkommen von Lugano. Aber selbst im Rahmen

900 Vgl. *Kuner*, CR 1996, 453, 457.
901 Firsching/ von Hoffmann, IPR, § 3, Rn. 155.
902 Firsching/ von Hoffmann, IPR, § 3, S. 182.

des EuGVÜ und des Lugano-Abkommens, die ja gerade zum Zwecke der Erleichterung der Vollstreckung nationaler Titel zumindest innerhalb der EU und der EFTA geschlossen worden sind, ist es in der Praxis zum Teil einfacher und mitunter auch schneller, direkt ein ausländisches Urteil zu erwirken, anstatt ein inländisches Urteil anerkennen zu lassen[903].

Das EuGVÜ gewährt aber zumindest einen Vollstreckungs-mindeststandard. Es besteht jedoch die Gefahr, dass außerhalb Europas und bei Fehlen von bilateralen Vollstreckungsübereinkommen, Betreiber eines Servers sich eine „Vollstreckungsoase" als Standort des Servers aussuchen und von dort urheberrechtsverletzende Verwertungen vornehmen.[904] Recht haben wäre somit nicht gleich Recht bekommen. Eine Erleichterung, bei der sich ohnehin schon schwierig gestaltenden Rechtsdurchsetzung von Urheberrechtsverletzungen in internationalen elektronischen Netzwerken, ist mithin nur zu erreichen sein, wenn weltweite internationale Abkommen nach dem Vorbild des EuGVÜ geschaffen werden und unter anderem auch sicher gestellt wird, dass die Anerkennung und Vollstreckung ausländischer Urteile hierdurch tatsächlich vereinfacht wird.[905] Solange solche weltweiten Konventionen zur Anerkennung ausländischer Urteile noch nicht geschaffen sind, bleibt dem Rechteinhaber - sofern der Verletzer im Inland weder Wohnsitz noch Vermögen hat - nichts anderes übrig, als den im Inland erwirkten Titel im Ausland anerkennen zu lassen und zu vollstrecken.

§ 23 Zusammenfassung

Die „Empfangslandlösung" gewährt den Urhebern und Rechteinhabern im Gegensatz zur „Sendelandlösung" einen ausreichenden Schutz. Angesichts der Probleme der internationalen Zuständigkeit, insbesondere die Unmöglichkeit für den Kläger seinen gesamten Schaden auf einmal einzuklagen, stellt sich aber die Frage, ob die auf dem Schutzlandprinzip beruhende lex loci protectionis als kollisionsrechtliche Ausgestaltung des Territorialitätsprinzips sowie das Staatsvertragssystem der Inländerbehandlung gänzlich oder zumindest teilweise noch den heutigen Erkenntnissen über das Urheberrecht und dessen sachrechtliche Bedeutung gerecht wird.[906]

---

903 *Dreier*, Urheberrecht und digitale Werkverwertung, S. 46 [http://www.ipa-uie.org/dreier.html].

904 *Hoeren*, Rechtsfragen des Internet, S. 152 [http://www.uni-muenster.de/ Jura.itm/hoeren/matintrecht/SkriptIR.doc].

905 So auch *Dreier*, Urheberrecht und digitale Werkverwertung, S. 46 [http://www.ipa-uie.org/dreier.html].

906 *Siehr*, UFITA 108 (1988), 9, 20.

Die grenzüberschreitende Verwertung urheberrechtlich geschützter Werke in internationalen Datennetzen, insbesondere im Wege der Zurverfügungstellung von Werken an die Öffentlichkeit und deren digitale Übertragung in einem elektronischen Netzwerk, wirft die Frage einer Abkehr vom Territorialitätsprinzip und dessen Mosaikbetrachtung erneut auf und dies um so dringlicher, als die territoriale Begrenzung in internationalen, universellen Datennetzen als ein Anachronismus erscheint, der sich seit der Abschaffung des Privilegienwesens für das Urheberrecht nicht mehr unbedingt rechtfertigen lässt. Eine solche Kehrtwende erschiene zwar als zukunftsorientiert, jedoch muss den bestehenden Regelungen und insbesondere der RBÜ Rechnung getragen werden. Diese hat sich in ihrem über 100jährigen Bestehen bewährt und kann sich durchaus als entwicklungsfähig erweisen, wie die letzten Verhandlungen der WIPO in Genf im Dezember 1996 gezeigt haben. Die Lösung des Problems der grenzüberschreitenden Verwertung urheberrechtlich geschützter Werke in internationalen Datennetzen, sollte daher auch eher auf internationaler Ebene - im Rahmen der WIPO, der WTO oder der EU als internationaler Schrittmacher - im Wege vereinheitlichter Sachnormen, als in einer Umgestaltung der Grundpfeiler des internationalen Urheberrechts zu suchen sein.

In diese Richtung hat auch die Lösungsfindung auf der Ebene der internationalen Zuständigkeit sowie der Rechtsdurchsetzung zu gehen. Für die Schaffung einer solchen weltweiten Konvention zur gerichtlichen Zuständigkeit und Vollstreckung oder zumindest Anerkennung ausländischer Urteile kann das EuGVÜ beziehungsweise das Lugano-Abkommen als Vorbild dienen. Die ungehinderte globale Verwertung von urheberrechtlich geschützten Werken verlangt auch Antworten auf internationaler Ebene.

Schluss: Zusammenfassung in Thesen

"Le très grand art est celui dont les imitations sont légitimes, dignes, supportables; et qui n'est pas détruit ni déprécié par elles; ni elles par lui."

Paul Valéry, Choses tues

- Dem Urheberrecht kommt in der Informationsgesellschaft eine erhöhte Bedeutung zu. Es kann als ein tragender Stützpfeiler der Informationsordnung angesehen werden.

- Die französische Gesetzgebungstechnik der generalklauselartigen Rahmensteckung ermöglicht eine flexiblere Erfassung neuer Probleme. Diese Flexibilität geht jedoch zu Lasten der Rechtssicherheit.

- Im Rahmen der Entwicklung des Urheberrechts und des Droit d'auteur von einem Kultur- zu einem Industrierecht sind weiterhin qualitativ-wertende Gesichtspunkte zur Bestimmung der Schöpfung heranzuziehen. Andernfalls bestünde kein Raum eine Schutzgrenze zu bestimmen, und die gesamte Natur des Urheberrechts würde in Frage gestellt.

- Der Werkbegriff des Urheberrechtsgesetzes, aber auch der des Code de la Propriété Intellectuelle, ist den Anforderungen der modernen Informationsgesellschaft gewachsen. Insbesondere lassen sich auch die „multimedialen" Webpages und -sites in den vorhandenen Werkkatalog des Urheberrechtsgesetzes und des Code de la Propriété Intellectuelle einordnen.

- Das Urheberpersönlichkeitsrecht sowie das Droit moral stehen im Informationszeitalter vor einer Renaissance. Sie stellen ein effektives Mittel dar, den Marktwert des urheberrechtlichen Werkes zu kontrollieren.

- Das Urheberpersönlichkeitsrecht und das Droit moral sind geeignet, die in den Datennetzen möglichen Verletzungshandlungen zu erfassen. Der nötige Ausgleich zwischen den Interessen der Urheber und der Werkverwerter ist durch rechtsgeschäftliche Dispositionen über das Urheberpersönlichkeitsrecht zu suchen, wobei deren Zulässigkeit im Interesse der Rechtssicherheit einer ausdrücklichen Regelung unterzogen werden sollte.

- Das Vervielfältigungsrecht, als bisheriges Kernrecht des Urheberrechts, bietet dem Urheber nach deutschem, wie auch nach französischem Recht, einen wirksamen Schutz. Es verliert aber im digitalen Umfeld der elektronischen Netzwerke an Bedeutung.

- Die Digitalisierung, die Einspeicherung des Werkes in ein Netzwerk (Uploading) und auch das gezielte Herunterladen (Downloading), ist mit einer körperlichen Festlegung des Werkes auf einem materiellen Träger verbunden und ist sowohl nach deutschem als auch nach französischem Recht dem Urheber vorbehalten.
- Die vorübergehenden Vervielfältigungen sind grundsätzlich auch dem Urheber vorbehalten, sofern diese eine gesteigerte Werknutzung nach sich ziehen.

- Die hauptsächliche Nutzung eines Werkes in einem Datennetz besteht in dessen Zurverfügungstellung an die Öffentlichkeit und der digitalen Übertragung. Diese stellt die im Urheberrechtsgesetz und im Code de la Propriété Intellectuelle klar angelegte Unterscheidung zwischen der körperlichen Verwertung und der unkörperlichen Werkwiedergabe in Frage.

- Die Zurverfügungstellung eines Werkes an die Öffentlichkeit und dessen digitalen Übertragung lässt sich im deutschen Recht weder mit dem Vervielfältigungsrecht alleine erfassen noch ist das Verbreitungsrecht geeignet eine systemverträgliche Lösung anzubieten. Auch eine Erfassung mit dem Senderecht beziehungsweise der im Urheberrechtsgesetz aufgelisteten Rechte der öffentlichen Wahrnehmbarmachung ist auszuschließen. Mangels einer speziellen Vorschrift bleibt daher nur die Einordnung als unbenanntes Recht der unkörperlichen Werkwiedergabe. Aus Gründen der Rechtssicherheit empfiehlt es sich jedoch, eine klarstellende Regelung in das Urheberrechtsgesetz aufzunehmen. Die nötige Neufassung des § 15 Abs. 2 UrhG sollte aber nur begrenzt dem Diskussionsentwurf eines Fünften Gesetzes zur Änderung des Urheberrechtsgesetzes vom 17.07.1998 des Bundesjustizministeriums folgen, sondern vielmehr in Anlehnung an die WIPO-Verträge vom 20. Dezember 1996 und dem Vorschlag einer Richtlinie zur Harmonisierung bestimmter Aspekte des Urheberrechts und der verwandten Schutzrechte in der Informationsgesellschaft ausgestaltet sein. Die Neufassung des § 15 Abs. 2 UrhG könnte etwa folgendermaßen lauten:

  „Der Urheber hat ferner das ausschließliche Recht, sein Werk in unkörperlicher Form öffentlich drahtgebunden oder drahtlos wiederzugeben. Dieses Recht umfasst die Zurverfügungstellung der Werke an die Öffentlichkeit in der Weise, dass sie Mitgliedern der Öffentlichkeit von Orten und zu Zeiten ihrer Wahl zugänglich sind; das Recht umfasst insbesondere ...“

- Nach französischem Recht ist die Zurverfügungstellung eines Werkes an die Öffentlichkeit und dessen digitalen Übertragung unter das *Droit de représentation* (Art. L. 122-2 CPI) einzuordnen.

- Die Verwendung von externen Links ist sowohl nach dem deutschen als auch nach dem französischen Urheberrecht in den meisten Fällen irrelevant. Hingegen sind die Inline-Links sowie die Frames aufgrund der Intensität der Werknutzung mit einer der digitalen Übermittlung vorangehenden Vervielfältigung zu vergleichen. Zudem sind bei der Verwendung von Inline-Links oder Frames urheberpersönlichkeits-rechtliche Verletzungen denkbar.

- Einige Nutzungshandlungen werden auch im digitalen Umfeld der Netzwerke durch die Schrankenbestimmungen in ihrer aktuellen Fassung privilegiert. Zum Teil bedürfen diese aber insbesondere im deutschen Urheberrechtsgesetz einer Anpassung an die veränderten Gegebenheiten.
    - Keiner Anpassung an das digitale Umfeld der Netzwerke bedürfen: die §§ 45, 47, 48, 51, 52, 55, 57 UrhG sowie die Art. L. 122-5, 1°, 3° und 4° CPI.
    - Auch die Privilegierung zum privaten und sonstigen Gebrauch bedarf sowohl in Deutschland als auch in Frankreich keiner Anpassung an die neuen Anforderungen der Datennetze. Insbesondere ist die „Proxyspeicherung" nicht privilegiert.
    - Anpassungsbedarf besteht hingegen für die §§ 46, 49, 50, 56, 58, 59 UrhG.
    - Die maßgebenden Vergütungssätze erscheinen, insbesondere unter Berücksichtigung des Problems der Vervielfältigung von Daten ohne jeden Qualitätsverlust, als an die Gegebenheiten des digitalen Umfelds der Netzwerke nicht angepasst und sollten neu bemessen werden, wobei dies gemäß §§ 12, 13 UrhWG zwischen den Beteiligten ausgehandelt werden kann.
    - In Frankreich sollte die auf Audiogramme und Videogramme anwendbare Vergütungspflicht ausgedehnt werden, so dass auch hier, wie in Deutschland, die Urheber an ihren Werken angemessen beteiligt werden.
    - Eine Privilegierung für Vervielfältigungen zu Unterrichts- und Forschungszwecken sowie für die Bibliotheken sollte indes nicht in den Code de la Propriété Intellectuelle eingeführt werden.

- Die territoriale Begrenzung des Urheberrechts erscheint in den internationalen und universellen Datennetzen als ein Anachronismus. Die Frage des anwendbaren Rechts bei der grenzüberschreitenden Verwertung urheberrechtlich geschützter Werke in internationalen Datennetzen ist aber auf internationaler Ebene im Wege vereinheitlichter Sachnormen zu suchen und nicht etwa in einer Umgestaltung der Grundpfeiler des internationalen Urheberrechts. Die WIPO-Verträge vom 20. Dezember 1996 gehen hierbei in die richtige Richtung.

- Die revidierte Berner Übereinkunft zum Schutz von Werken der Literatur und Kunst enthält keine die Zurverfügungstellung von Werken an die Öffentlichkeit und deren digitalen Übertragung regelnde Sachnorm. Auch enthält die RBÜ keine konventionsinterne Kollisionsnorm. Insbesondere ist der Art. 5 Abs. 2 S. 2 RBÜ nicht als kollisionsrechtliche Verweisung ausgestaltet. Auch sonstige in Betracht kommenden Staatsverträge regeln die Frage des anwendbaren Rechts bei der grenzüberschreitenden Verwertung urheberrechtlich geschützter Werke nicht.
- Die Anknüpfung an die lex loci protectionis als die kollisionsrechtliche Ausgestaltung des Territorialitätsprinzips (beziehungsweise an die lex loci delicti commissi) führt bei einer Verletzung urheberrechtlich geschützter Werke in internationalen Datennetzen im Wege der Vervielfältigung aufgrund der Möglichkeit der eindeutigen Lokalisierung der Verletzung zu dem Recht des Staates, in dem die Vervielfältigung stattgefunden hat.
- Bei der Zurverfügungstellung von Werken an die Öffentlichkeit und deren digitale Übertragung in einem elektronischen Netzwerk ist eine eindeutige Lokalisierung der Verwertung nicht möglich. Die Bestimmung des anwendbaren Rechts durch die „Empfangslandlösung“ ist in Deutschland, wie auch in Frankreich, der einzig begehbare Weg. Insbesondere gewährt die „Sendelandlösung“ keinen ausreichenden Schutz und lädt zu Missbräuchen ein. Die „Empfangslandlösung“ krankt jedoch daran, dass die Urheber aufgrund der territorialen Mosaikbetrachtung jeden nationalen Teilschaden stückchenweise einklagen müssen, da ein nationales Gericht, welches sich für zuständig erklärt hat, in der Regel dem verletzten Rechteinhaber nur den Teil des Schadens ersetzt, der auf das Staatsgebiet entfällt, in dem das Gericht seinen Sitz hat.
- Andere Anknüpfungsmomente sind nicht geeignet das Problem des anwendbaren Rechts bei der grenzüberschreitenden Verwertung urheberrechtlich geschützter Werke in internationalen Datennetzen interessengerecht zu lösen.

▪ Die Schwierigkeiten bei der Bestimmung des anwendbaren Rechts für den Fall der Zurverfügungstellung von Werken an die Öffentlichkeit und deren digitale Übertragung in einem elektronischen Netzwerk schlägt auch auf die internationale Zuständigkeit durch. Auch in diesem Bereich sowie bei der Rechtsdurchsetzung sind die Antworten auf internationaler Ebene zu suchen. Das Brüsseler EWG-Übereinkommen über die gerichtliche Zuständigkeit und die Vollstreckung gerichtlicher Entscheidungen in Zivil- und Handelssachen sollen hierbei als Vorbild dienen.

Glossar

Access-Provider Zugangsanbieter zum Internet. Vergleichbar mit einer Auffahrt zur Autobahn. (IAP)

Account Zugangsberechtigung z.B. zu einem Netzwerk durch Vergabe eines Passwortes und einer Benutzerkennung.

Active-X Von Microsoft entwickelte Programmiertechnologie.

Analog Kontinuierlich - Gegenteil von digital

Animated GIF Animierte Grafiken im GIF-Format, die aus mehreren Einzelbildern zusammengesetzt sind.

Anker Orientierungspunkt von Hypertext-Links. Anker sind markierte Texte oder Graphikelemente, die als Link zu anderen Punkten innerhalb oder außerhalb eines Dokumentes fungieren können.

Anonymous FTP Besondere Art des FTP; ermöglicht den Zugriff und unbeschränkte Nutzungsmöglichkeiten auf einen Anonymous FTP-Server, ohne dass hierfür ein eigenes Account nötig ist.

ANSI Abkürzung für American National Standard Institut - Standarddefinierungsinstitut in den USA (Gegenstück zum DIN-Institut)

Applet Kleines Programm in der Regel in Java.

Archie Datenbanksystem zur Dokumentation öffentlicher FTP-Server.

ARPANET Abkürzung für Advanced Research Projects Agency Network. Vorgänger des Internet.

ASCII Abkürzung für American Standard Code for Information Interchange.Genormter Code für die Zeichendarstellung in Computern.

Backbone Rechner der oberste Ebene eines hierarchisch strukturierten Netzwerkes.

Baudrate Maßeinheit bei der Datenübertragung. Ein Baud (= Schritt pro Sekunde) entspricht mindestens 1 Bit pro Sekunde. Gängige Übertragungsschritte sind 28800, 33600, 56600 bps.

BBS Abkürzung für Bulletin Board System. System zum Nachrichten- und Messageaustausch, welches auf einem Mailboxnetz basiert.

Bit Kleinste digitale Informationseinheit. Ein Bit erscheint nur entweder als 0 oder 1.

Bookmark Lesezeichen in Browsern. Ermöglicht eine personalisierte Adressendatenbank für Internatadressen.

Bps Abkürzung für Bits per second (siehe Baudrate).

Browser Programm zur Navigation im Internet. Es handelt sich hierbei um einen HyperText-Client (to browse - herumstöbern).

Byte Ein Byte entspricht 8 bits.

Cache Zwischenspeicher zur Verkürzung der Datenübertragungszeiten.

CD-I Abkürzung für Compact Discs Interactive. Interaktive CD, die eine aktive Benutzung multimedialer Informationen ermöglicht.

CD-ROM Abkürzung für Compact Disc Read Only Memory. Dies Art der CD erlaubt nur den Datenzugriff, eine Datenveränderung ist ausgeschlossen.

CERN Abkürzung für Centre Européen de la Recherche Nucléaire. Geburtsort des World Wide Web.

CGI Abkürzung für Common Gateway Interface. Offener Standard zur Ausführung externer Programme auf einem WWW-Server.

Chat	Echtzeitkommunikation mittels Texteingabe in Netzwerken.
Chatrooms	Virtueller Platz, der von Chattern als Diskussionsforum genutzt wird.
Clients	Computer der die Ressourcen eines Gastrechners (Host) oder Server nutzt und auch auf dessen Peripheriegeräte zugreifen kann.
Content-Provider	Dienstleistender Anbieter, der neben dem bloßen Zugang zum Internet auch noch ein eigenes Informationsangebot bereit hält.
Cookie	Kleine Textdatei (Keks), die während des Browsen einer Web-Site auf dem Computer des Nutzers abgelegt wird und Daten über dessen Navigationsverhalten sammelt.
Cracker	Person welche unerlaubt in ein System eindringt. Im Gegensatz zu den Hackern, wollen die Cracker vorsätzlich schädliche Eingriffe in dem System vornehmen.
DCA	Abkürzung für Defense Communication Agency. Die DCA ist eine Unterabteilung des Verteidigungsministeriums der Vereinigten Staaten von Amerika. Die DCA war für die Verwaltung des ARPANET verantwortlich.
DDN	Abkürzung für Defense Data Network. Weltweites Kommunikationsnetz des Verteidigungsministeriums der Vereinigten Staaten von Amerika. Es setzt sich aus dem MILNET, Teilen des Internet und anderen Netzwerken, die nicht dem Internet angehören zusammen.
DE-NIC	Deutsches Internet Information Center. Vergabe und Verwaltung der deutschen Domains.
DFÜ	Abkürzung für Datenfernübertragung.
Digital	Nicht-Kontinuierlich - Gegenteil von Analog
DIN	Abkürzung für Deutsches Institut für Normung e.V.

DNS Abkürzung für Domain Name System. Der DNS ordnet Domains den IP-Adressen zu.

Domain Zuordnungssystem für die Namen von Computern im Internet. Das Domainsystem ist ein paralleles Adressierungsschema zu den IP-Adressen.

Domain-Namen Ein Domain-Namen setzt sich aus mehreren Wörtern zusammen, welche durch einen Punkt voneinander getrennt sind. Jedes Wort bezeichnet eine Domain. Zum Beispiel : uni-sb.de ist der Domainname der Universität des Saarlandes.

Downloading Herunterladen von Daten auf den eigenen Computer.

E-Cash Abkürzung für Electronic Cash. Digitale Bargeldlose Bezahlung.

E-Mail Abkürzung für Electronic Mail. Dienst zum Versand von Nachrichten im Internet.

Ethernet Verbreitetes lokales Netzwerk. In der Regel dient es der Verbindung mehrerer Computer, Drucker und Terminals in einem Gebäude.

FAQ Abkürzung für Frequently Asked Questions. Listenartige Zusammenstellung häufig gestellter Fragen und deren Antworten zu einem Problem.

Firewall Sicherungsvorrichtung, die ein lokales Netzwerk vor unautorisiertem externen Zugriff schützt (Feuerschutzwand).

Frame Von Netscape entwickeltes Verfahren, mit dem die Aufteilung des Bildschirmbereichs eines Browsers in mehrere unabhängig voneinander stehende Abschnitte ermöglicht wird.

Freeware Gratis-Programm.

FTP Abkürzung für File Transfer Protocol. Protokoll zur Übertragung von Dateien zwischen Hosts.

Gateway	Übergang zwischen verschiedenen Netzwerken.
Gbyte	Abkürzung für Gigabyte. 1 GB entspricht 1024 Megabyte.
GIF	Abkürzung für Graphics Interchange Format. Von CompuServe entwickeltes Standardgraphikformat im Internet.
Gopher	Standardanwendung im Internet. Gewissermaßen der Vorläufer des aktuellen WWW.
Hacker	Person, welche unerlaubt, zur persönlichen Befriedigung, in ein System eindringt.
Homepage	Die Empfangs- und Einstiegsseite in eine Web-Site.
Host	Computer in seiner Funktion als elektronischer Ansprechpunkt (Server...) und elektronisches Datenbankarchiv.
HTML	Abkürzung für HyperText Markup Language. Programmiersprache, die Erstellung von Hypertext-Dokumenten ermöglicht.
HTTP	Abkürzung für HyperText Transfer Protocol. Dieses Protokoll dient der Übermittlung von Hypertext-Dokumenten. Das HTTP wird im WWW verwendet.
HyperLink	Teil eines Hypertextes. Verkörpert einen meist farblich hervorgehobenen Hinweis im Dokument, hinter welchem sich logische Verknüpfungen verbergen. Der Link wird durch ein Mausklick aktiviert.
Hypertext	Spezielle Form von Dokumenten, in welchen über Hyper-Links untereinander verknüpfte Texte oder Daten aufgerufen werden können.
IAP	Abkürzung für Internet Access Provider. Siehe Access Provider.
ICP	Abkürzung für Internet Content Provider. Siehe Content Provider.

ING-Link	siehe Inline-Linking.
Inline-Linking	Linking-Technik die es mittels dem ING-Befehl ermöglicht eine fremde externe Graphik, in sein eigenes Hypertextdokument aufzunehmen.
Internet	Größtes weltweites Netzwerk. Netz der Netze, welches auf der Basis von TCP/IP beruht und aus dem ARPANET entstanden ist.
Internet Explorer	WWW-Browser von Microsoft.
Intranet	Internes Netzwerk einer Behörde oder eines Unternehmens, welches mit den selben Programmen und Protokollen des Internets arbeitet. Das Intranet ist vom Internet grds. Durch Firewalls getrennt.
IP	Abkürzung für Internet Protocol.
IRC	Abkürzung für Internet Relay Chat.
ISDN	Abkürzung für Integrated Services Digital Network. Digitales Daten- und Telekommunikationsnetz.
ISO	Abkürzung für International Standard Organisation (Internationale Normierungsorganisation).
Java	Von Sun Microsystems entwickelte objektorientierte Programmiersprache.
Javascript	Skriptsprache zur Verbesserung des Funktionsumfangs von HTML.
JPEG	Standardgrafikformat im WWW.
KByte	Abkürzung für Kilobyte. 1 KB entspricht 1024 Byte.
Kermit	Von der University of Columbia entwickeltes Datentransfer-Protokoll.
LAN	Abkürzung für Local Area Network. Lokales Netzwerk, welches sich aus mindestens zwei Rechnern zusammensetzt.

Link	siehe HyperLink
Listserve	Programme zur Verwaltung einer Mailinglist.
Login	Anmeldung in einem Informationssystem.
Mbyte	Abkürzung für Megabyte. 1 MB entspricht 1024 Kilobyte.
MILNET	Militärischer Teil des Internet, welches aus der Unterteilung und Ausweitung des ARPANET Anfang der achtziger Jahre in einen wissenschaftlichen und einen militärischen Bereich entstand.
Modem	Abkürzung für Modulator/Demodulator. Datenübertragungseinrichtung, welches zur Übermittlung digitaler Signale auf analogen Leitungen dient.
Mosaic	WWW-Browser des NCSA
MPEG	Abkürzung für Motion Picture Experts Group. Komprimierter Dateiformat-Standard für digitale Videodaten.
Netiquette	Wortgebilde aus den Wörtern Network und Etiquette. Die Netiquette stellt die zu befolgenden Verhaltensregln im Netzwerk auf.
Netscape Communicator	WWW-Browser von Netscape. Zur Zeit noch am weitesten verbreiteter Navigator.
News	siehe Usenet
OLE	Abkürzung für Object Linking and Embedding.
OPAC	Abkürzung für Open System Interconnection-Modell
Paket	Dateneinheit, die durch das Internet geschickt werden kann.
PGP	Abkürzung für Pretty Good Privacy. Verschlüsselungsprogramm auf der Basis von Public-Key-Verfahren.
POP	Abkürzung für Point of Presence. Zugangspunkte der Internet-Provider.

Provider — Zugangsvermittler von Internetdiensten (siehe auch Access-Provider, Content-Provider).

Proxy-Server — System zur Regelung und Autorisierung des WWW-Verkehrs in einem Intranet, bei gleichzeitiger Zwischenspeicherung der abgerufenen Daten, zur Verminderung der Belastung des Internetverkehrs.

Pull — Manueller Informationsabruf durch den Nutzer

Push — Automatisierte Informationszustellung im Wege von Abonnements oder Channels.

Routing — Transport, Weiterleitung und Zuordnung von Daten im Internet.

Search-Engine — Suchmaschinensystem im Internet. Zum Teil als Themenkatalog (analog zu den gelben Seiten) anzutreffen (z.B. : Yahoo, Francité...) oder als automatisch erstellter Index nach dem Crawlerprinzip (z.B. AltaVista...).

Server — Computer der Daten und Ressourcen verwaltet und auf Anfrage zur Verfügung stellt.

Simple Mail Transfer Protocol — Protokoll für den e-Mail Transport zwischen zwei Computern.

Site — siehe Website.

SMTP — siehe Simple Mail Transport Protocol

Spider — Spider sind Programme, welche das Web durchforsten und neue Webpages sucht. Die Suchergebnisse werden sodann in einer Datenbank gespeichert.

TCP/IP — Abkürzung für Transmission Control Protocol/Internet Protocol. Das TCP hat die Aufgabe des Datentransports, während das IP die Datenlieferung übernimmt. Diese Protokolle wurden vom Verteidigungsministerium der Vereinigten Staaten von Amerika mit der Absicht entwickelt, Computer die sich in unterschiedlichen Netzwerken befinden in einem gemeinsamen Netzwerk zusammenzuschließen.

Telnet	Internet-Standard-Protokoll für den Remote-Terminal-Access
Token Ring	LAN von IBM
URL	Abkürzung für Uniform Ressource Locator. Einzigartige Adresse, welche die Identifikation eines Hypertextdokuments im WWW ermöglicht. Die Adresse setzt sich typischerweise aus dem Transferprotokoll (HTTP) und dem Domainnamen zusammen. Zum Beispiel : http ://www.uni-sb.de
Usenet	Abkürzung für User's Network. Gesamtheit aller Newsforen die dem Internet angeschlossen sind. Es entstand 1979 als BBS und ist heute ein Zusammenschluß unzähligen Diskussionsgruppen (Newsgroups).
Virus	Selbstreplizierendes Programm, welches sich in anderen Programmen versteckt, um derart in fremde Computer zu gelangen und dort Schäden anzurichten.
WAN	Abkürzung für World Area Network. Es handelt sich hierbei um ein Netzwerk welches eine große geographische Fläche abdeckt.
Webseite (Webpage)	Hypertextdokument im WWW.
Website	Komplette durch HyperLinks verbundene und zusammenhängende Hypertextdokumente eines Informationsanbieters, dessen Einstiegsseite die Homepage darstellt.
World Wide Web (W3)	Vom CERN entwickeltes, auf einer Client-Server-Architektur beruhendes, Hypertext-Informationssystem, in welchem die Benutzer ihre eigenen Hypertextdokumente erzeugen.
WWW	siehe World Wide Web
XML	Abkürzung für Extentible Markup Language.

Literaturverzeichnis

1. Lehrbücher und Monographien

Bensoussan, Alain	Internet, aspects juridiques 1. Auflage, Paris 1996
Bertrand, André; Piette-Coudol, Th.	Internet et la loi 1. Auflage, Paris, 1997
Colombet, Claude	Grands principes du droit d'auteur et des droits voisins dans le monde - Approche de droit comparé 2. Auflage, Paris 1992
Colombet, Claude	Propriété littéraire et artistique et droits voisins 8. Auflage, Paris 1997
Desbois, Henri	Propriété littéraire, artistique et industrielle 4. Auflage, Paris, 1969
Desbois, Henri	Le droit d'auteur en France 3. Auflage, Paris, 1978
Firsching, Karl; von Hoffmann, Bernd	Internationales Privatrecht 4. Auflage, München 1995
Françon, André	La propriété littéraire, artistique et industrielle 5. Auflage, Paris, 1980
Gautier, Pierre-Yves	Propriété littéraire et artistique 2. Auflage, Paris 1994
Hance, Olivier	Business et Droit 1. Auflage, Paris 1996
Haberstumpf, Helmut	Handbuch des Urheberrechts 1. Auflage, Neuwied 1996
Iteanu, Olivier	Internet et le Droit Aspects juridiques du commerce électronique 1. Auflage, Paris 1996
Katzenberger, Paul	Elektronische Printmedien und Urheberrecht Urheberrechtliche und urhebervertragsrechtliche Fragen der elektronischen Nutzung von Zeitungen und Zeitschriften 1. Auflage, Stuttgart 1996
Kegel, Gerhard	Internationales Privatrecht 7. Auflage, München 1995
Koch, Harald; Magnus, Ulrich; Winkler von Mohrenfels, Peter	IPR und Rechtsvergleichung 2. Auflage, München 1996

Kohler, Josef Urheberrecht an Schriftwerken und Verlagsrecht
1. Auflage, Stuttgart 1907

Lucas, André Le droit de l'informatique
1. Auflage, Paris 1987

Lucas, André Droit d'auteur et numérique
1. Auflage, Paris 1998

Lucas, André; Lucas, H.J. Traîté de la Propriété littéraire et artistique
1. Auflage, Paris 1994

Lüderitz, Alexander Internationales Privatrecht
2. Auflage, Neuwied, Kriftel, Berlin 1992

Mallet-Poujol, Nathalie La commercialisation des banques de données
1. Auflage, Paris 1993

Marly, Jochen Softwareüberlassungsverträge
2. Auflage, München 1997

Mc Luhan, Marshall Pour comprendre les médias, Les prolongements technologiques de l'homme (Übersetzung von J. Paré)
1. Auflage, Paris 1977

Rehbinder, Manfred Urheberrecht
10. Auflage, München 1996

Schack, Haimo Urheber- und Urhebervertragsrecht
1. Auflage Tübingen 1997

Schack, Haimo Internationales Zivilverfahrensrecht
2. Auflage, München 1996

Sédaillan, Valérie Droit de l'internet – Réglementation, respsonsabilités, contrats
1. Auflage, Paris 1996

Strömer, Tobias Online-Recht
1. Auflage, Heidelberg 1997

Strowel, A.; Triaille, J.P. Le droit d'auteur, Du logiciel au multimédia
1. Auflage, Bruxelles 1997

Ulmer, Eugen Urheber- und Verlagsrecht
3. Auflage, Berlin u.a. 1980

Ulmer, Eugen Die Immaterialgüterrechte im internationalen Privatrecht : Rechtsvergleichende Untersuchung mit Vorschlägen für die Vereinheitlichung in der Europäischen Wirtschaftsgemeinschaft
1. Auflage, Köln u.a. 1975

Ulmer, Eugen La propriété intellectuelle et le droit international privé : étude réalisée à la demande de la Commission des Communautés européennes
1. Auflage, Luxembourg 1980

von Bar, Christian — Internationales Privatrecht
Band II, Besonderer Teil
1. Auflage, München 1991

Weinknecht,Jürgen / Bellinghausen, Iris — Multimedia-Recht: für Autoren, Produzenten und Nutzer
1. Auflage, Heidelberg 1997

2. Kommentare

Fromm, Friedrich Karl und Nordemann, Wilhelm — Urheberrecht
Kommentar zum Urheberrechtsgesetz und zum Urheberrechtswahrnehmungsgesetz
9. Auflage, Stuttgart, Berlin, Köln 1998

Masouyé, Claude — Kommentar zur Berner Übereinkunft zum Schutz von Werken der Literatur und Kunst (Pariser Fassung vom 24. Juli 1971) - Übersetzung von Michel Walter
1. Auflage, München, Köln 1981

Münchner Kommentar — Münchner Kommentar zum BGB
Band 7: EGBGB/IPR
2. Auflage 1990

Palandt — Bürgerliches Gesetzbuch
55. Auflage, München 1996

Schricker, Gerhard — Urheberrecht: Kommentar
2. Auflage, München 1987

von Gamm, Otto-Friedrich — Urheberrechtsgesetz
1. Auflage, München 1968

3. Dissertationen und ähnliches

Colas, Jean-Noël — Réflexion sur la loi applicable à la contrefaçon « en ligne »
Montpellier, Univ., Mémoire DEA, 1998

Fröhlich, Michael — Les notions clés du droit d'auteur à l'épreuve des réseaux
Montpellier, Univ., Mémoire DEA, 1997

Fröhlich, Michael — Grenzüberschreitende Verwertung urheberrechtlich geschützter Werke in internationalen Datennetzen - anwendbares Recht, gerichtliche Zuständigkeit und Rechtsdurchsetzung
Saarbrücken, Doktorandenseminar im Privat- und Wirtschaftsrecht, 1998

Klett, Alexander — Urheberrecht im Internet aus deutscher und amerikanischer Sicht
Tübingen, Univ., Diss., 1998
1. Auflage, Baden-Baden 1998

König, Mark Michael	Das Computerprogramm im Recht : technische Grundlagen, Urheberrecht und Verwertung, Überlassung und Gewährleistung Frankfurt (Main), Univ., Diss., 1990/91 1. Auflage, Köln 1991
Raynard, Jacques	Droit d'auteur et conflits de lois: essai sur la nature juridique du droit d'auteur Montpellier, Univ., Diss., 1990 1. Auflage, Paris 1990
Lage, Gerhard	Rechtsprobleme im Internet Wien, Univ., Diss., 1998 1. Auflage, Wien 1998
Sirinelli, Pierre	Le droit moral de l'auteur et le droit commun des contrats Paris II, Univ., Diss., 1985 1. Auflage, Paris, 1985

4. Sammelwerke

Becker, Jürgen (Hrsg.)	Liber amicorum für Reinhold Kreile: zu seinem 65. Geburtstag am 1. Dezember 1994 1. Auflage, Baden-Baden, 1995
ALAI (Hrsg.)	Journées d'Etude de l'ALAI à Amsterdam du 4-8 juin 1996: Le droit d'auteur en cyberspace Le droit d'auteur et l'infrastructure mondiale de l'information 1. Auflage, Amsterdam 1996
Becker, Jürgen (Hrsg.)	Rechtsprobleme internationaler Datennetze Arbeitssitzung des Instituts für Urheber- und Medienrecht am 17. November 1995 1. Auflage, Baden-Baden 1996
Becker, Jürgen; Dreier, Thomas (Hrsg.)	Urheberrecht und digitale Technologie 1. Auflage, Baden-Baden 1994
Beier, Friedrich-Karl; Götting, Horst-Peter; Lehmann, Michael; Moufang, Rainer (Hrsg.)	Urhebervertragsrecht Festgabe für Gerhard Schricker zum 60. Geburtstag 1. Auflage, München 1995
Fremont, Jacques; Ducasse, Jean-Paul (Hrsg.)	Les autoroutes de l'information: enjeux et défis Actes du colloque tenu dans le cadre des huitièmes entretiens Centre Jacques Quartier; Rhône-Alpes 5 au 8 décembre 1995
Fürst, Walther, Herzog, Roman, Umbach, Dieter C. (Hrsg.)	Festschrift für Wolfgang Zeidler 1. Auflage, Berlin, New York 1987
Götting, Horst-Peter (Hrsg.)	Multimedia, Internet und Urheberrecht 1. Auflage, Dresden, München 1998

Hilty, Reto M. (Hrsg.)	Information Highway Beiträge zu rechtlichen und tatsächlichen Fragen 1. Auflage, Bern 1996
Lehmann, Michael (Hrsg.)	Rechtsschutz und Verwertung von Computerprogrammen 2. Auflage, Köln 1993
Lehmann, Michael (Hrsg.)	Internet- und Multimediarecht (Cyberlaw) 1. Auflage, Stuttgart 1997
Lerche, Peter; Zacher, Hans; Badura, Peter (Hrsg.)	Festschrift für Theodor Maunz zum 80. Geburtstag am 01.09.1981 1. Auflage, München 1981
Linant de Bellefonds, Xavier (Hrsg.)	Internet saisi par le droit 1. Auflage, Paris, 1997
Loewenheim, Ulrich; Koch, Frank A. (Hrsg.)	Praxis des Online-Rechts 1. Auflage, Weinheim 1998
Poulain, Daniel; Trudel, Pierre; Mackay, Ejan (Hrsg.)	Les autoroutes électroniques - usages, droits et promesses Actes du colloque du 13 mai 1994, Montréal (Conférence organisé par le Centre de recherche en droit public, Montréal) 1. Auflage, Cowansville 1995
Prinz, Matthias; Peters, Butz (Hrsg.)	Medienrecht im Wandel Festschrift für Manfred Engelschall 1. Auflage, Baden-Baden 1996
Schricker, Gerhard (Hrsg.)	Urheberrecht auf dem Weg zur Informationsgesellschaft 1. Auflage, Baden-Baden 1997
Schwarz, Matthias (Hrsg.)	Recht im Internet: der Rechtsberater für Online-Anbieter und Nutzer Loseblatt Stadtbergen, Stand: Oktober 1997
Triaille, Jean-Paul, Vivant, Michel et autres (Hrsg.)	Internet face au droit Cahiers du Centre de Recherches Informatique et Droit (C.R.I.D.) 1. Auflage, Namur 1997
Union des Avocats Européens (Hrsg.)	Le droit des autoroutes de l'information et du Multimédia: un nouveau défi – Monaco, 03 mai 1996 1. Auflage, Paris 1997 ▪ Comptes-rendu: [http://www.iway.fr/groupecx/uae/Comptes-rendus.html] (08/1999)
Vivant, Michel et autres	Lamy Droit de l'informatique Paris 1997
Vivant, Michel et autres	Lamy Droit de l'informatique, Guide Paris 1997

5. Beiträge aus Sammelwerken

Alder, Daniel	Urheberpersönlichkeits- und Persönlichkeitsrechte auf dem Information Highway in: *Hilty*, Information Highway, S. 331
Badura, Peter	Zur Lehre von der verfassungsrechtlichen Institutionsgarantie des Eigentums, betrachtet am Beispiel des „geistigen Eigentums“ in: *Lerche; Zacher; Badura,* Festschrift für Th. Maunz, S. 1
Becker, Jürgen	Einführung in: *Becker*, Rechtsprobleme internationaler Datennetze, S. 1
Cherpillod, Ivan	Droit d'auteur et droits voisins en relation avec les autoroutes de l'information: le contenu des droits et leurs limiations in: *Hilty*, Information Highway, S. 261
Dessemontet, François	Internet, le droit d'auteur et le droit international privé in: *Fremont et Ducasse*, Les autoroutes de l'information: enjeux et défis, S. 271
Flechsig, Norbert P.	Die Auswirkung der digitalen Signalverarbeitung auf Anbieter von Rundfunk und Fernsehen in: *Becker/Dreier*, Urheberrecht und digitale Technologie, S. 27
Götting, Horst-Peter	Einführung in: *Götting*, Multimedia, Internet und Urheberrecht, S. 1
Griese, Joachim; Sieber, Pascal	Internet als erste Stufe des Information Highway in: *Hilty*, Information Highway, S. 43
Haberstumpf, Helmut	Der urheberrechtliche Schutz von Computerprogrammen in: *Lehmann*, Rechtsschutz und Verwertung von Computerprogrammen
Hage, Markus; Hitzfeld, Timm	Technische Gestalt der Kommunikationsnetze in: *Loewenheim/Koch*, Praxis des Online-Rechts, S. 1
Hilty, Reto M.	Der Information Highway – eine Einführung in die Problematik in: *Hilty*, Information Highway, S. 21
Hoeren, Thomas	Das Problem des Multimediaentwicklers: der Schutz vorbestehender Werke in: *Lehmann*, Internt- und Multimediarecht (Cyberlaw), S. 79
Katzenberger, Paul	Electronic Publishing und Multimedia in: *Lehmann*, Internt- und Multimediarecht (Cyberlaw), S. 219
Kéréver, André	La détermination de la loi applicable aux transmissions

numérisées
in: *Fremont et Ducasse*, Les autoroutes de l'information: enjeux et défis, S. 251

Kirchhof, Paul — Der verfassungsrechtliche Gehalt des geistigen Eigentums
in: *Fürst*, *Herzog*, *Umbach*, Festschrift für Zeidler, S. 1639

Köster, Thomas — Urheberkollisionsrecht im Internet - Aufweichung des „Territorialitätsprinzips“ durch das europäische „Ursprungslandprinzip“ ?
in: *Götting*, Multimedia, Internet und Urheberrecht, S. 153

Koumantos, G. — Les aspects de droit international privé
in: ALAI, Le droit d'auteur en cyberspace, S. 257

Lehmann, Michael — Die europäische Datenbankrichtlinie und Multimedia
in: *Lehmann*, Internt- und Multimediarecht (Cyberlaw), S. 67

Lehmann, Michael — Digitalisierung und Urheberrecht
in: *Lehmann*, Internet- und Multimediarecht (Cyberlaw), S. 25

Linant de Bellefonds, Xavier — Les outils logistiques du Net et la propriété intellectuelle
in: *Linant de Bellefonds*, Internet saisi par le droit, S. 147

Loewenheim, Ulrich — Urheberrecht
in: *Loewenheim/Koch*, Praxis des Online-Rechts, S. 269

Moufang, Rainer — Datenbankverträge
in: *Beier; Götting; Lehmann; Moufang*, Urhebervertragsrecht (Festgabe für Schricker), S. 571

Rehbinder, Manfred — Soziologisches zum Information Highway
in: *Hilty*, Information Highway, S. 87

Riekert, Stephan — Multimedia und das Urheberpersönlichkeitsrecht
in: *Götting*, Multimedia, Internet und Urheberrecht, S. 123

Saake, Astrid — Schutzgegenstand und Rechtsinhaberschaft bei Multimediaprodukten
in: *Götting*, Multimedia, Internet und Urheberrecht, S. 19

Salmony, Michael — Multimedia – Chancen und Illusionen
Eine kritische Betrachtung
in: *Lehmann*, Internet- und Multimediarecht (Cyberlaw), S. 1

Samuelson, Pamela — Droit d'auteur, données numériques et utlisation équitable dans les environnements numériques en réseaux
in: *Poulain, Trudel, Mackay*, Les autoroutes électroniques, S. 147

Schmid, Beat — Der Information Highway als Infrastruktur der Informationsgesellschaft
in: *Hilty*, Information Highway, S. 65

Schricker, Gerhard — Abschied von der Gestaltungshöhe im Urheberrecht ?

in: Festschrift für Kreile, S. 715

Schwarz, Mathias — Urheberrecht im Internet
in: *Becker*, Rechtsprobleme internationaler Datennetze, S. 27
- [http://www.jura.uni-muenchen.de/Institute/internet_II.html] (08/1999)

Schwarz, Matthias — Merkmale, Entwicklungstendenzen und Problemstellungen des Internet
in: *Prinz*; *Peters*, Medienrecht im Wandel, S. 183

Schwarz, Matthias — Der urheberrechtliche Schutz audiovisueller Werke im Zeitalter der digitalen Medien
in: *Becker/Dreier*, Urheberrecht und digitale Technologie, S. 105

Stäheli, Thomas — Kollisionsrecht auf dem Information Highway
in: *Hilty*, Information Highway, S. 597

Tissot, Nathalie — La protection juridique du contenu des autoroutes de l'information
in: *Hilty*, Information Highway, S. 199

Triaille, Jean-Paul — Création et diffusion des oeuvres sur Internet
in: Triaille, Jean-Paul, Vivant, Michel et autres, Internet face au droit, S. 173

Vivant, Michel — La mesure due défi: Le virtuel saisi par le droit, le droit bousculé par le virtuel
in: *UAE*, Le droit des autoroutes de l'information et du Multimédia: un nouveau défi, S. 27

Vivant, Michel — Internet et modes de régulation
in: Triaille, Jean-Paul, Vivant, Michel et autres, Internet face au droit, S. 215

von Lewinski, Silke — Musikwerke und Multimedia
in: *Lehmann*, Internt- und Multimediarecht (Cyberlaw), S. 149

Wand, Peter — Technische Identifizierungs- und Schutzsysteme – Urheber- und Wettbewerbsrecht
in: *Lehmann*, Internet- und Multimediarecht (Cyberlaw), S. 35

6. Aufsätze aus Zeitschriften und Zeitungen

Baronikians, Patrick — Kopienversand durch Bibliotheken - rechtliche Beurteilung und Vorschläge zur Regelung
ZUM 1999, 126

Bechtold, Stefan — Multimedia und Urheberrecht – einige grundsätzliche Anmerkungen
GRUR 1998, 18

Bechtold, Stefan — Der Schutz des Anbieters von Informationen – Urheberrecht und gewerblicher Rechtsschutz im Internet
ZUM 1997, 427
- [http://www.jura.uni-tuebingen.de/~s-bes1/sem96/] (08/1999)

Becker, Jürgen — Neue Übertragungstechniken und Urheberrechtsschutz
ZUM 1995, 231

Bercovitz, Alberto — Vermögensrecht in den Informationsautobahnen
GRUR Int. 1996, 1010

Bitan, Hubert — Les rapports de force entre la technologie du multimédia et le droit, Gaz. Pal. 27.01.1996, S. 12

Brault, Nicolas — Le droit applicable à Internet – de l'abîme aux sommets
Légicom 1996 n°12, 1

Carrière, Laurent — Hypertextes et hyperliens au regard du droit d'auteur: quelques éléments de réflexion
Les cahiers de propriété intellectuelle 1997, vol. 9, S. 467
- [http://www.robic.ca/publications/205.htm] (08/1999)

Dangu, Sophie — Multimédia: faut-il repenser le droit moral ?
Cahiers Lamy informatique, octobre 1995, S. 7

Däubler-Gmelin; Herta — Private Vervielfältigung unter dem Vorzeichen digitaler Technik
ZUM 1999, 769

Desurmont, Thierry — Qualification juridique de la transmission numérique
RIDA 170 (1996), 55

Dietz, Adolf — Urheberrecht und Satellitensendungen
UFITA 108 (1988), 73

Dreier, Thomas — Harmonisierung des Urheberrechts in der Informationsgesellschaft
ZUM 1996, 69

Dreier, Thomas — Der französische „Rapport Sirinelli" zum Urheberrecht und den neuen Technologien
GRUR Int. 1995, 840

Dreier, Thomas — Urheberrecht an der Schwelle des 3. Jahrtausends - Einge Gedanken zur Zukunft des Urheberrechts
CR 2000, 45

Dreier, Thomas — Urheberrecht auf dem Weg zur Informationsgesellschaft – Anpassung an die Bedürfnisse der Informationsgesellschaft
GRUR 1997, 859

Drobnig, Ulrich — Originärer Erwerb und Übertragung von Immaterialgüterrechten im IPR
RabelsZ 40 (1976), 195

Dünnwald, Rolf — Die Leistungsschutzrechte im TRIPs-Abkommen
ZUM 1996, 725

Edelmann, Bernard — Das anwendbare Recht bei der Verwertung nachkolorierter amerikanischer Filme in Frankreich
GRUR Int. 1992, 260

Edelmann, Bernard — Création et banalité
Dalloz 1983 chron. 73ff.

Erdmann, Willi — Schutz von Werbeslogans
GRUR 1996, 550

Ernst, Stefan — Rechtliche Fragen bei der Verwendung von Hyperlinks im Internet
NJW-CoR, 1997, 224

Ernst, Stefan — Urheberrechtliche Probleme bei der Veranstaltung von On-demand-Diensten
GRUR 1997, 592

Flechsig, Norbert P. — EU-Harmonisierung des Urheberrechts und der verwandten Schutzrechte in der Informationsgesellschaft – Der Richtlinienvorschlag der EG-Kommission zur Harmonisierung bestimmter Aspekte des Urheberrechts und verwandter Schutzrechte in der Informationsgesellschaft vom 10.12.1997
ZUM 1998, 132

Flechsig, Norbert P. — Urheberrecht und verwandte Schutzrechte in der Informationsgesellschaft – Der Richtlinienvorschlag der EG-Kommission zur Harmonisierung bestimmter Aspekte dieser Rechte
CR 1998, 225

Flechsig, Norbert P. — Rechtmäßige private Vervielfältigung und gesetzliche Nutzungsgrenzen
GRUR 1993, 532

Gautier, Pierre-Yves — Suite de la promenade à travers un site immatériel: des condamnations de justice en nature sur l'Internet
Dalloz 1997, Chronique, S. 176

Gautier, Pierre-Yves — Oeuvres „multimédia"
Juris-Classeurs Propriété littéraire et artisitique
Fasc. 1165

Gautier, Pierre-Yves — Du droit applicable dans le „village planétaire" au titre de l'usage immatériel des œuvres
Dalloz 1996, Chronique, S. 132

Gautier, Pierre-Yves — L'œuvre écrite par autrui
RIDA 139 (1989), S. 63

Genton, Frédérique — Multimedia im französischen Urheberrecht: der zweite Sirinelli-Bericht
GRUR Int. 1996, 693

Ginsburg, Jane C. — Die Rolle des nationalen Urheberrechts im Zeitalter der internationalen Urheberrechtsnormen
GRUR Int. 2000, 97

Ginsburg, Jane C.; Gauthier, Myriam — The celestial jukebox and earthbound courts: judicial competence in the European Union and the United States over copyright infringements in Cyberspace
RIDA 173 (1997), S. 61

Goutal, Jean-Louis — Multimédia et réseaux: l'influence des technologies numériques sur les pratiques contractuelles en droit d'auteur
Dalloz 1997, Chronique, S. 357

Heermann, Peter W. — Urheberrechtliche Probleme bei der Nutzung von E-Mail
MMR 1999, 3

Herzog, Roman — Engagement für den Schutz der kulturellen Vielfalt
41. Internationale CISAC-Konferenz; Grußwort des Bundespräsidenten
JurPC Web-Dok. 155/1998, Abs. 1 – 10
- [http://www.rw22big3.jura.uni-sb.de/jurpc/aufsatz/19980155.htm] (08/1999)

Hoeren, Thomas — Urheberrecht in der Informationsgesellschaft – Überlegungen zu einem Rechtsgutachten von Gerhard Schricker et al.
GRUR 1997, 866

Hoeren, Thomas — Rechtsoasen im Internet – eine erste Einführung
MMR 1998, 297

Hoeren, Thomas — Der Softwareüberlassungsvertrag als Sachkauf – Anstände zu einer neuen Vertragstypologie im Bereich der Standardsoftware
CR 1988, 908

Hoeren, Thomas — Softwareüberlassung an der Schnittstelle von Urheber- und Vertragsrecht – Zugleich eine kritische Auseinandersetzung mit Heussen, GRUR 1987, 779ff.
GRUR 1988, 340

Hoeren, Thomas	Überlegungen zur urheberrechtlichen Qualifizierung des elektronischen Abrufs CR 1996, 517
Katzenberger, Paul	Elektronische Printmedien und Urheberrecht AfP 1997, 434
Kayser, Pierre	L'image des biens Dalloz 1995, Chronique S. 291
Kindermann, Manfred	Technik und Urheberrecht – Wechselwirkungen und gegenseitige Abhängigkeiten ZUM 1987, 219
Koch, Frank A.	Grundlagen des Urheberrechtsschutzes im Internet und in Online-Diensten GRUR 1997, 417
Koch, Frank A.	Neue Rechtsprobleme der Internet-Nutzung NJW-CoR 1998, 45
Köhler, Markus R.	Der Schutz von Websites gemäß §§ 87a ff. UrhG ZUM 1999, 548
Krause, Wolfgang	Das neue Kopierrecht – eine Reform im Wirtschaftsinteresse der Verlage ? GRUR 1986, 789
Kreile, Reinhold	Bericht über die WIPO-Sitzungen zum möglichen Protokoll zur Berner Konvention und zum „Neuen Instrument" vom 1. bis 9. Februar 1996 ZUM 1996, 564
Kreile, Reinhold; Becker, Jürgen	Neuordnung des Urheberrechts in der Europäischen Union GRUR Int. 1994, 901
Kuner, Christopher	Internationale Zuständigkeitskonflikte im Internet CR 1996, 453
Laga, Gerhard	Neue Techniken im World Wide Web – Eine Spielwiese für Juristen ? JurPC Web-Dok. 25/1998, Abs. 1 – 50 ▪ [http://jura.uni-sb.de/jurpc/aufsatz/19980025.htm] (08/1999)
Leupold, Andreas	„Push" und „Narrowcasting" im Lichte des Medien- und Urheberrechts ZUM 1998, 99
Leutheusser-Schnarrenberger, Sabine	Urheberrecht am Scheideweg ? Von der politischen Verantwortung für Urheber ZUM 1996, 631
Loewenheim, Ulrich	Die urheber- und wettbewerbsrechtliche Beurteilung der Herstellung und Verbreitung kommerzieller elektronischer Pressespiegel GRUR 1996, 636

Loewenheim, Ulrich	Urheberrechtliche Probleme bei Multimediaanwendungen GRUR 1996, 830
Mallet-Poujol, Nathalie	Marché de l'information – Le droit d'auteur injustement „tourmenté" RIDA 167-168 (1996), S. 93
Martiny, Dieter	Verletzung von Immaterialgüterrechten im internationalen Privatrecht RabelsZ 40 (1976), 218
Melchiar, Ferdinand	Virtuelle Bibliotheken und Urheberrecht CR 1995, 756
Müller, Georg	Eyke von Repgow als Urheber UFITA 10 (1937), 382
Müller-Hengstenberg, Claus D.	Nationale und internationale Rechtsprobleme im Internet NJW 1996, 1777
Nordemann, Axel; Goddar, Heinz; Tönhardt, Marion; Czychowski, Christian	Gewerblicher Rechtsschutz und Urheberrecht im Internet CR 1996, 645
Ostermaier, Christian	Urheberrechtliche Einordnung von Abrufdiensten – Darstellung am Beispiel von Video on Demand CR 1998, 539
Rehbinder, Manfred	Multimedia und das Urheberpersönlichkeitsrecht ZUM 1995, 684
Reinbothe, Jörg; Martin-Prat, Maria; von Lewinski, Silke	The New WIPO Treaties: A first Résumé EIPR 1997, 171
Rüttgers, Jürgen	Telekommunikation und Datenvernetzung – eine Herausforderung für Gesellschaft und Recht CR 1996, 51
Schack, Haimo	Wem gebührt das Urheberrecht, dem Schöpfer oder dem Produzenten ZUM 1990, 59
Schack, Haimo	Kolorierung von Spielfilmen : Das Persönlichkeitsrecht des Filmregisseurs im IPR IPRax, 1993, 46
Schack, Haimo	Internationale Urheber-, Marken- und Wettbewerbsrechtsverletzungen im Internet - Internationales Zivilprozessrecht MMR 2000, 135
Schack, Haimo	Die Versagung der deutschen internationalen Zuständigkeit wegen forum non conveniens und lis alibi pendens RabelsZ 58 (1994), 40
Schack, Haimo	Neue Techniken und Geistiges Eigentum JZ 1998, 753

Schack, Haimo	Die grenzüberschreitende Verletzung allgemeiner und Urheberpersönlichkeitsrechte UFITA 108 (1988), 51
Schack, Haimo	Urheberverletzung im internationalen Privatrecht - Aus der Sicht des Kollisionsrechts GRUR Int. 1985, 523
Schønning, Peter	Applicable law in transfrontier on-line transmissions (Anwendbares Recht bei grenzüberscheitenden Direktübertragungen) RIDA 170 (1996), 20 = ZUM 1997, 34
Schraube, Conrad	Vom Schutz der „kleinen Münze" UFITA 61 (1971) 127
Schricker, Gerhard	Urheberrecht zwischen Industrie- und Kulturpolitik GRUR 1992, 242
Schwarz, Mathias	Urheberrecht und unkörperliche Verbreitung multimedialer Werke GRUR 1996, 836
Siehr, Kurt	Das Urheberrecht in neueren IPR-Kodifikation UFITA 108 (1988), 9
Spindler, Gerald	Deliktsrechtliche Haftung im Internet - nationale und internationale Rechtsprobleme ZUM 1996, 533
Ulmer, Eugen	Einspeicherung und Wiedergewinnung urheberrechtlich geschützter Werke durch Computer-Anlagen GRUR 1971, 297
Ulmer, Eugen	Gewerbliche Schutzrechte und Urheberrechte im internationalen Privatrecht RabelsZ 41 (1977), 479
Visky, Károly	Geistiges Eigentum im Antiken Rom UFITA 106 (1987) 17
Vivant, Michel	Cybermonde : droit et droits des réseaux JCP 1996, I, 3969
von Lewinski, Silke	Multimedia und Urheberrecht Berichte aus dem In- und Ausland – Das europäische Grünbuch über das Urheberrecht und neue Technologien GRUR Int. 1995, 831
von Lewinski, Silke	Die Multimediarichtlinie - Der EG-Richtlinienvorschlag zum Urheberrecht in der Informationsgesellschaft MMR 1998, 115
von Lewinski, Silke	Die WIPO-Verträge zum Urheberrecht und zu verwandten Schutzrechten vom Dezember 1996 CR 1997, 438

von Lewinski, Silke — Die diplomatische Konferenz der WIPO 1996 zum Urheberrecht und zu verwandten Schutzrechten
GRUR Int. 1997, 667

Wachter, Thomas — Multimedia und Recht
GRUR Int. 1995, 860

Wand, Peter — Dreifach genäht hält besser ! – Technische Identifizierungs- und Schutzsysteme
GRUR Int. 1996, 897

Zscherpe, Kerstin — Urheberrechtsschutz digitalisierter Werke im Internet
MMR 1998, 404

7. Werke von Institutionen

Deutsche Gesellschaft für Recht und Informatik e.V. — Stellungnahme der Deutschen Gesellschaft für Recht und Information e.V. zum Diskussionsentwurf eines Fünften Gesetzes zur Änderung des Urheberrechtsgesetzes vom 17.07.1998
- [http://www.dgri.de/ak/akswsst5gu.rtf] (08/1999)

Börsenverein des Deutschen Buchhandels und Bundesvereinigung Deutscher Bibliotheksverbände, — Gemeinsame Erklärung des Börsenvereins des Deutschen Buchhandels und der Bundesvereinigung Deutscher Bibliotheksverbände zu den urheberrechtlichen Fragen im Zusammenhang mit der Bund-Länder-Initiative zur Beschleunigung der Literatur- und Informationsversorgung
- [http://dbix01.dbi-berlin.de/infos/downloads/erksubit.doc] (08/1999)

Bundesministerium der Justiz — Begründung zum Diskussionsentwurf eines fünften Gesetzes zur Änderung des Urheberrechtsgesetzes, BMJ 3600/13 - 5300/98
- [http://www.bmj.bund.de/misc/urh_98.htm] (08/1999)

Bundesministerium der Justiz — Diskussionsentwurf eines fünften Gesetzes zur Änderung des Urheberrechtsgesetzes
- [http://www.bmj.bund.de/misc/urh_98.htm] (08/1999)

Bundesregierung — Begründung des von der Bundesregierung eingebrachten Entwurfs eines Gesetzes über Urheberrecht und verwandte Schutzrechte (Urheberrechtsgesetz)
BT-Drucks. IV/270, S.27 = UFITA 45 (1965), 240

Deutsche Gesellschaft für Recht und Information e.V. — Stellungnahme der Deutschen Gesellschaft für Recht und Information e.V. zum Diskussionsentwurf eines Fünften Gesetzes zur Änderung des Urheberrechtsgesetzes vom 17.07.1998
- [http://www.dgri.de/ak/akswsst5gu.rtf] (08/1999)

Enquête-Kommission des Deutschen Bundestages	Zukunft der Medien in Wirtschaft und Gesellschaft – Deutschlands Weg in die Informationsgesellschaft, öffentliche Anhörung am 27.01.1997, Protokoll Nr.20 ▪ [http://www.bundestag.de/ftp/9000500a.htm] (08/1999)
Enquête-Kommission des Deutschen Bundestages	Zweiter Zwischenbericht der Enquête-Kommission Zukunft der Medien in Wirtschaft und Gesellschaft – Deutschlands Weg in die Informationsgesellschaft BT-Drucks. 13/8110 = AfP 1997, 792 ▪ [http://www.bundestag.de/ftp/9000500a.htm] (08/1999)
Jospin, Lionel	Préparer l'entrée de la France dans la société de l'information Hourtin - Université de la communication, 25.08.1997 ▪ [http://www.bundestag.de/ftp/9000500a.htm] (08/1999)
Kommission der Europäischen Gemeinschaften	Grünbuch zum Urheberrecht und verwandten Schutzrechten in der Informationsgesellschaft vom 19. Juli 1995 KOM(95) 382 endg., 19.07.1995 ▪ [http://www.ispo.cec.be/infosoc/legreg/ com95382.doc] (08/1999)
Kommission der Europäischen Gemeinschaften	Initiativen zum Grünbuch über Urheberrecht und verwandte Schutzrechte in der Informationsgesellschaft KOM(96) 568 endg., 20.11.1996 ▪ [http://www.ispo.cec.be/com96586.html] (08/1999)
Livre blanc du groupe audiovisuel et multimédia de l'édition	Questions juridiques relatives aux oevres multimédias Syndicat national de l'édition (SNE) Paris, 1994
Max-Planck-Instituts für ausländisches und internationales Patent-, Urheber- und Wettbewerbsrecht (gez.: Beier/Schricker/Ulmer)	Stellungnahme des Max-Planck-Instituts für ausländisches und internationales Patent-, Urheber- und Wettbewerbsrecht GRUR Int. 1985, 104
Rapport de la Commission présidée par Pierre Sirinelli	Industries culturelles et nouvelles techniques Ministère de la Culture et de la Francophonie Paris 1994
Rapport de Martin-Lalande au Premier Ministre	L'internet: un vrai défi pour la France Paris, 1997
Rapport du sénateur Laffite pour l'Office parlemaentaire d'évaluation des choix scientifiques et technologiques	Rapport sur la France dans la société de l'information. Un cri d'alarme et une croisade nécessaire 07.02.1997; Assemblée nationale, n° 3335, Sénat, n° 213

8. Sonstige zitierte Materialien

Berners-Lee, Tim

Was ist ein Link ?
Axiome der Web-Architektur: 2
Deutsche Übersetzung von Hartmut Semken

- [http://192.41.48.33/hering/Pages/linklaw.html] (08/1999)

Berners-Lee, Tim

Information Management: A Proposal

- [http://www.w3.org/History/1989/proposal.html] (08/2000)

Burkert, Herbert

Internet und Recht

- [http://www.gmd.de/People/Herbert.Burkert/Welcome.html] (08/1999)

Cailliau, Robert

A little history of the World Wide Web

- [http://www.w3.org/History.html] (08/2000)

Czychowski, Christian

Bogsch-Theorie im Kommen ?
Entgegnung zu Leupold: Urheberrechtsverletzungen im Cyberspace
23.05.1998

- [http://www.anwaltsforum.de/gebiete/urheber/czychowski/cyber.htm] (08/1999)

Czychowski, Christian

WCT und WPPT – Ein weiterer Baustein auf dem langen Weg zu einem internationalen Urheberrecht
23.05.1998

- [http://www.anwaltsforum.de/gebiete/urheber/czychowski/wct.htm] (08/1999)

Dreier, Thomas

Urheberrecht und digitale Werkverwertung - Die aktuelle Lage des Urheberrechts im Zeitalter von Internet und Multimedia
Gutachten für die Friedrich-Ebert-Stiftung
1. Auflage, Bonn 1997

- [http://www.ipa-uie.org/dreier.html] (08/1999)

Dreier, Thomas

Copyright issues in a digital publishing world
UNESCO, Paris, 19. - 23. Februar 1996

- [http://www.grainger.uiuc.edu/icsu/dreier.htm] (08/1999)

Eidgenössisches Institut für Geistiges Eigentum

Datenautobahn aus der Sicht des Urheberrechts und der verwandten Schutzrechte – 30.05.1996

- [http://www.admin.ch/ejpd/d/bj/internet/indexd.htm] (08/1999)

Gautier, Pierre-Yves

Le mandat en droit d'auteur
Mélanges Françon, Dalloz, 1995

Hoeren, Thomas — Online-Recht unter besonderer Berücksichtigung des Urheberrechts
- [http://www.garos.de/DIK97/vortraege/lhoerens.html] (08/1999)

Hoeren, Thomas — Rechtsfragen des Internet – Skript
1. Auflage 1997
- [http://www.uni-muenster.de/Jura.itm/hoeren/matintrecht/SkriptIR.doc] (08/1999)

Jahn, Carsten — Les exigences de l'article 2 al. 2 de la loi allemande sur le droit d'auteur du 9 septembre 1965: Comparaison avec les caractéristiques retenues en France pour qu'une oeuvre puisse être protégée par la loi du 11 mars 1957
- [http://www.jura.uni-sb.de/urheberrecht/915-jahn.htm] (08/1999)

Koch, Frank A. — Urheberrecht an Homepages – Hinweise zu Urhebervermerken, Schutzfähigkeit, Links und Haftung für die Praxis NJW-CoR online
- [http://www.njw-cor.de] (nicht mehr verfügbar)

Langlois, Philippe — Le droit moral des auteurs et l'Internet
- [http://www.argia.fr/lij/ArticleMars3.html] (08/1999)

Leupold, Andreas — Urheberrechtsverletzungen im Cyberspace
10.12.1997
- [http://www.anwaltsforum.de/gebiete/urheber/leupold/cyberspace.htm] (08/1999)

Leiner, Cerf, Clark, Kahn, Kleinrock, Lynch, Postel, Roberts, Wolff — A brief history of the Internet, Internet Society (ISOC) All about the Internet
- [http://www.isoc.org/internet-history/brief.html] (08/1999)

Nordemann, Axel; Czychowski, Christian — Urheberrecht in globalen Netzen
Vortrag gehalten auf dem Symposium „Kommunikation im Zeitalter der Globalisierung und Hyperinformation"
17.11.1997
- [http://www.gen.com/ihnolaura/copyrght.html] (nicht mehr verfügbar)

Richter, Klaus; Ferdinand, Andreas — Internet und Urheberrecht
1997
- [http://www.web-master.de/Recht.htm] (08/1999)

Spiegel-Gespräch mit John Chambers — „Ich war ja selber skeptisch"
Der Spiegel 10/1999, S. 110

Spiegel-Gespräch mit Nathan Myhrvold — „Strumpfhosen liegen vorn"
über die Zukunft der Kommunikation
Der Spiegel 11/1999, S. 188

Weber, Daniel; Zauner, Franz — Das Vietnam des Internet
NZZ Folio 10/1997
- [http://www-x.nzz.ch/folio/archiv/1997/10/articles/ weberzauner.html] (08/1999)

Weinknecht, Jürgen — Urheberrecht im Internet
- [http://www.weinknecht.de/uii01.html] (08/1999)

Wendel, Dominik — Urheberrecht im Internet
- [http://www.ra-dr-d-wendel.de/parts/download/ inturh.txt] (08/1999)

Wolf, Gerhard — Möglichkeiten der Computernutzung für Juristen
Beilage zu JuS 1/1997

Zakon, Robert H'obbes' — Hobbes' Internet Timeline v3.3
- [http://www.isoc.org/guest/zakon/Internet/History/ HIT.html] (08/1999)

Gesetzesverzeichnis

Zahlen = Seiten

EG-RICHTLINIEN

Schweiz

USA

Sachverzeichnis

Zahlen = Seiten

Frankreich

Saarbrücker Studien zum Privat- und Wirtschaftsrecht

Herausgeber:
Johann Paul Bauer, Michael Martinek und Helmut Rüßmann

Band 1 Susanne Jaschinski: Die Haftung von Schwestergesellschaften im GmbH-Unterordnungskonzern. Ein Beitrag zum Konzernverfassungsrecht. 1997.

Band 2 Roman Sascha Ahnert: Die *actio individualis*. Ein Beitrag zur verfassungsrechtlichen Fundierung der Aktionärsklage bei sogenannten Aktien-Interessenverbänden. 1997.

Band 3 Torsten Peters: Der Cateringvertrag. Rechtstatsachen, Rechtsnatur und Rechtsprobleme eines modernen Dienstleistungsvertrags. 1998.

Band 4 Michael Meissner: Persönlichkeitsschutz juristischer Personen im deutschen und US-amerikanischen Recht. Eine rechtsvergleichende Untersuchung des allgemeinen Persönlichkeitsrechts juristischer Personen. 1998.

Band 5 Thomas Tegen: Joint Venture-Vertrag und Projektträgergesellschaft im amerikanischen und deutschen Recht. 1998.

Band 6 Gerhard Wolter: Treuhandrecht im Umbruch? Ein Blick nach Frankreich, Luxemburg, in die Schweiz und in den Libanon sowie auf das Haager Trust-Übereinkommen. 1999.

Band 7 Thomas Dehlfing: Das Recht der irreführenden Werbung in Deutschland, Großbritannien und Frankreich. 1999.

Band 8 Hanno Dornseifer: Börsentermingeschäfte und Börsentermingeschäftsfähigkeit. Zur börsengesetzlichen Behandlung von finanzwirtschaftlichen Festgeschäften, Options- und Optionsscheingeschäften. 1999.

Band 9 Patrick Lenz: Absatzförderung durch *zinssubventionierte* Darlehen. Eine wettbewerbs- und kartellrechtliche Studie zur Zulässigkeit von Niedrigzins-Kreditangeboten unter besonderer Berücksichtigung des Automobilmarktes. 1999.

Band 10 Mansur Pour Rafsendjani: Der Goodwill-Ausgleichsanspruch des Franchisenehmers. Ein Vergleich des deutschen, französischen und US-amerikanischen Franchiserechts. 1999.

Band 11 Jörg Hartmann: Juristische und ökonomische Regelungsprobleme des Insiderhandels. Eine rechtsvergleichende Darstellung USA – Deutschland. 1999.

Band 12 David Altmeier: Rückstellungsbilanzierung in Deutschland und Frankreich. Eine vergleichende Untersuchung der französischen Rückstellungsbilanzierung aus der Perspektive des deutschen Bilanzrechts. 1999.

Band 13 Barbara Günther: Aktivische Bilanzierungshilfen im deutschen und französischen Bilanzrecht. 1999.

Band 14 Bernhard Glasow: Vertikale Preisbindung, Wettbewerbstheorie und Wettbewerbsrecht in den USA, Deutschland und Europa. Bestandsaufnahmen, Kritik und Zukunftsperspektiven. 2000.

Band 15 Dorota Nowak-James: Der Börsenzugang für Anleger in Deutschland und Polen. Eine rechtsvergleichende Untersuchung zum deutschen Finanzkommissionsgeschäft und zum polnischen Brokerauftragsvertrag. 2000.

Band 16 Mathias Queck: Der Nießbrauch am Anteil einer offenen Handelsgesellschaft. Eine Form der (un-)mittelbaren Unternehmensbeteiligung. 2000.

Band 17 Ina Roth: Umweltbezogene Unternehmenskommunikation im deutschen und europäischen Wettbewerbsrecht. 2000.

Band 18 Jörg Preiss: Die Anwendung des markenrechtlichen Erschöpfungsgrundsatzes auf Dienstleistungsmarken. 2000.

Band 19 Kevin M. McDonald: Der Begriff der Dienstleistung im europäischen Binnemarkt und WTO-System (GATS). 2001.

Band 20 Carolin Opgenhoff: Die europäische Fusionskontrolle zwischen Wettbewerbsrecht und Industriepolitik. 2001.

Band 21 Susanne Schäfer: Die Deliktsfähigkeit juristischer Personen. Eine rechtsvergleichende Untersuchung. 2001.

Band 22 Kay Diedrich: Die Interventionswirkung – Ausprägung eines einheitlichen Konzepts zivilprozessualer Bindungswirkung. 2001.

Band 23 Michael Fröhlich: Zentrale Institutionen des deutschen Urheberrechts und des französischen Droit d'auteur auf dem Prüfstand der elektronischen Netzwerke. 2001.

Peter Lang · Europäischer Verlag der Wissenschaften

Robert Jofer

Strafverfolgung im Internet

Phänomenologie und Bekämpfung kriminellen Verhaltens in internationalen Computernetzen

Frankfurt/M., Berlin, Bern, New York, Paris, Wien, 1999. 252 S.
Europäische Hochschulschriften: Reihe 2, Rechtswissenschaft. Bd. 2555
ISBN 3-631-34335-3 · br. DM 84.–*

Das Internet hat Straftätern neue Betätigungsfelder eröffnet, mit denen sich Justiz und Gesetzgeber zunehmend auseinandersetzen müssen. Nach der Darstellung der bisher aufgetretenen Kriminalitätsphänomene und der zugehörigen Erkenntnisquellen widmet sich ein zweiter Schwerpunkt materiell-rechtlichen Fragestellungen. Unter anderem werden die Anwendbarkeit deutschen Strafrechts und die Strafbarkeit des Providers – unter Berücksichtigung des neuen TDG – intensiv erörtert. Im dritten Teil werden die technischen und prozessualen Probleme der Strafverfolgung in Computernetzen sowie die Möglichkeiten und Grenzen der Strafverfolgung untersucht. Schwierigkeiten bereitet die Internationalität des Mißbrauchs und der Auslandsbezug von Ermittlungen. Der staatliche Zugriff auf Mailboxen ist mit dem vorhandenen rechtlichen Instrumentarium kaum zu rechtfertigen. Verschlüsselungsverbote werden ausführlich behandelt.

Aus dem Inhalt: Erscheinungsformen des Verbrechens im Internet · Strafbarkeit von Providern und Nutzern · Technische und strafprozessuale Probleme der Strafverfolgung im Internet · Überwachung von Mailboxen · Das Kryptographieproblem

Frankfurt/M · Berlin · Bern · Bruxelles · New York · Oxford · Wien
Auslieferung: Verlag Peter Lang AG
Jupiterstr. 15, CH-3000 Bern 15
Telefax (004131) 9402131
*inklusive Mehrwertsteuer
Preisänderungen vorbehalten

FSC
www.fsc.org
MIX
Papier | Fördert
gute Waldnutzung
FSC® C083411

Kolibri 360 GmbH
Ferdinand-Jühlke-Straße 7
99095 Erfurt, Deutschland
produktsicherheit@kolibri360.de

Druck:
CPI Druckdienstleistungen GmbH
im Auftrag der
Kolibri 360 GmbH
Ferdinand-Jühlke-Str. 7
99095 Erfurt